中国地质大学(武汉)"十二五"规划教材

U0813947

石油工业技术经济学

（第二版）

黄耀琴　编著

中国地质大学出版社
ZHONGGUO DIZHI DAXUE CHUBANSHE

内容简介

本书是介绍石油工业技术经济学基本原理和油气勘探开发建设项目经济评价基本知识的教材。

本书根据国家投资体制改革、税制改革的新情况和学科新发展，依据《建设项目经济评价方法与参数》(第三版)、《石油建设项目经济评价方法与参数》、新的税制政策和实践中的实际做法，在借鉴国内外近年来技术经济学及相关领域文献的基础上，通过编者多年的石油技术经济学教学与科研经验，并结合作者心得，在该书第一版的基础上修改而成。本书全面系统地介绍了石油工业技术经济学的分析与决策的基本理论和方法，以及这些理论和方法在油气勘探开发投资项目经济评价、油气田改扩建项目等方面的应用。

本教材系统完整、思路清晰、案例丰富、难易得当；在结构和内容上既适合学校教学的要求，又能满足石油企业实际工作的需要。

本书可作为高等学校石油专业本科生和研究生课程教材，也可供从事经济分析的石油工业规划咨询、设计研究、生产经营管理人员和技术人员参考。

图书在版编目(CIP)数据

石油工业技术经济学(第二版)/黄耀琴编著．—武汉：中国地质大学出版社，2014.2
(2018.8重印)

ISBN 978－7－5625－3331－3

Ⅰ．石…
Ⅱ．黄…
Ⅲ．石油工业-技术经济学
Ⅳ．F407.223.7

中国版本图书馆 CIP 数据核字(2014)第 007861 号

石油工业技术经济学(第二版) 黄耀琴 **编著**

责任编辑：王凤林 张晓红 责任校对：代莹

出版发行：中国地质大学出版社(武汉市洪山区鲁磨路 388 号) 邮政编码：430074
电 话：(027)67883511 传 真：67883580 E－mail：cbb @ cug. edu. cn
经 销：全国新华书店 http://www. cugp. cug. edu. cn

开本：787 毫米×1 092 毫米 1/16 字数：493 千字 印张：19.25
版次：2014 年 2 月第 1 版 印次：2018 年 8 月第 2 次印刷
印刷：湖北睿智印务有限公司 印数：2001-3000册

ISBN 978－7－5625－3331－3 定价：38.00 元

第二版前言

该教材自2000年出版以来，经过13年的使用，得到了其他同行的认可，2012年被中国地质大学(武汉)列入“十二五”规划教材。为适应我国人才培养的新需求，第二版吸纳了编者在本领域多年的教学成果和科研成果，力争适应我国投资体制、财税体制和会计制度改革的新要求，对该书的内容进行了适当的修改、完善和补充，现说明如下：

(1)在各章的开头增加了学习要点，简明扼要地介绍了本章内容，以便让读者快速把握核心内容。

(2)根据知识结构的逻辑性，调整了相关章节的顺序，便于学生理解和教师讲解。

(3)对书中的关键概念、原理和方法的文字表述尽量清晰、准确、通俗，并阐明它们之间的内在联系，力求使学生既知其然，亦知其所以然，为今后的进一步学习打下良好的基础。

(4)增加了油气田开发改扩建项目经济评价，新增了油气勘探项目经济评价案例、油气田产能建设项目经济评价案例、气田调整方案经济评价案例。

全书共分3个部分：第一部分为基础理论知识；第二部分为基本原理和方法；第三部分为石油技术经济分析方法在油气勘探开发中的应用。书中适当安排了油气勘探项目与油气田开发项目技术经济评价案例，并附有思考与练习题。本书力求在体现本学科系统性的同时做到理论联系实际，突出石油工业技术经济分析的特点。

本书出版13年来，受到众多师生和读者的呵护。非常感谢大家的支持及提出宝贵的建议；在本书编写过程中，学习、参阅和引用了许多同行的学术成果，以及国内外相关优秀教材和资料；同时感谢研究生王佳盛在教材编写案例中所做的工作；在出版过程中，中国地质大学出版社张晓红老师和王凤林老师给予了热情的支持和帮助。对此，一并表示衷心的感谢！

尽管编者作了许多努力，但是石油工业技术经济学是一门发展中的学科，涉及到不同的学科领域，有许多内容尚待进一步研究与开发。由于编者的水平有限，不足之处在所难免，欢迎读者批评指正，以便今后进一步改进提高。

编　者

2013年11月

目　录

第一章　石油工业技术经济学概述

学习要点

- 了解石油技术与经济的关系
- 了解石油技术经济学研究的主要内容和对象
- 理解石油技术经济学的特点
- 熟悉石油技术经济学研究的方法
- 掌握石油技术经济学分析的基本程序

第一节　技术与经济的关系

一、技术的含义

古今中外许多哲学家、经济学家、科学家和工程技术专家，从不同的角度对“技术”下过各种定义。随着时间的推移，技术的内涵越来越广泛，归纳起来主要有狭义和广义之分。

狭义的技术是指用于改造自然的各种生产工具、装备、工艺等物质手段的总和，即物化形态的“硬技术”，具体表现为：① 技术是技巧、技能或操作方法的总称；② 技术是劳动手段的总和；③ 技术是客观的自然规律在生产实践中有意思的运用，是根据生产实践经验和科学原理而发展成的各种工艺操作方法与技能。狭义技术的基础和核心是劳动工具。

广义的技术是指技术在人类认识自然的实践中，按照科学原理及一定的经济需要和社会目的发展起来的，为达到预期目的而对自然和社会进行协调、控制和改造的知识、技能、手段、方法及规则的复杂系统，包括了“硬技术”和“软技术”，具体表现为：① 技术是完成某种特定目标而协同运作的方法、手段和规则的完整体系；② 技术是按照某种价值的实践目的，用来控制、改造和创造自然与社会的过程，并受科学方法制约的总和。广义的技术是石油工业技术经济学研究的对象。

二、经济的含义

我国古代就有经济的概念，当时的经济是指经世济民、治理国家救济庶民，包括政治、经济、文化、军事、外交等一切治国方针，含义很广。在西方，经济是家产管理的意思。在现代社会活动中，经济范畴主要是指以下几个方面：

(1)经济是指社会生产关系的总和，是人类历史发展到一定阶段的社会经济制度，是指社会政治赖以存在的经济基础，如经济基础中的经济。

(2)经济是指物质资料的生产以及与之相适应的交换、分配、消费等社会经济活动，如经济增长、经济发展等。

(3)经济是指一个社会或者一个国家国民经济的总称及其组成部分,如国民经济计划、工业经济、农业经济、商业经济、旅游经济等。

(4)经济是指一个国家、实体或个人物质财富积累的程度,如经济实力雄厚、经济富裕。

(5)经济是指社会劳动的合理性,即节省或节约,如节约劳动时间、合理利用资源等。

石油工业技术经济学所研究的"经济",是指在社会物质生产领域的生产、交换、分配、消费活动中所取得的最大节约,即主要指在一定条件下,技术活动的合理性。除此以外,还包括国民经济发展的方针、政策和设施等。

三、技术与经济的关系

随着科学技术的进步和社会经济的发展,技术和经济的关系越来越密切。没有哪一项社会经济活动或经济问题不与技术特别是现代科学技术密切联系,也没有哪一项技术问题不与经济相联系或不受经济制约。技术与经济之间的密切关系,可以概括为以下几个方面。

(一)技术和经济的相互并存关系

技术和经济是人类社会进行物质生产不可缺少、相互并存的两个方面。技术进步不仅推动着社会经济的快速发展,同时,经济发展对先进技术成果的需求已成为技术进步的直接动力。人类社会发展可以证明,社会经济的不断发展需要人们发现和创造新技术、新方法,以满足人们日益增长的物质和文化生活的需要。例如对石油资源的开采,技术要求越来越高,方法越来越先进,特别是随着世界石油资源逐步减少,地下原油的性质也越来越复杂、黏度越来越大,采用常规的开采方法已经难以满足经济发展的需要,这就需要开发新的技术,利用蒸汽吞吐或蒸汽驱等新工艺进行开发。随之而来的石油加工也必须采用新的工艺。这一切都需要雄厚的经济基础做后盾。由于新技术的应用,会更大程度地满足经济发展的需要,促进国民经济的高速发展。

(二)技术与经济的制约关系

技术与经济虽然属于两个不同的范畴,但两者有内在的联系。正确认识和处理技术与经济之间可能存在的矛盾,寻求两者之间的合理协调关系,寻找它们共同发展的客观规律,是技术经济工作的基本任务。人类发展技术的目的是为了经济,因而发展技术的过程,也就是经济效果不断提高的过程。随着技术的进步,先进的技术替代了落后的技术,社会经济就不断地向前发展。这表明技术的先进性与经济的合理性之间是相互一致的。但是,在技术的先进性与经济的合理性之间又存在着一定的矛盾,这就是因为新技术的采用不是无条件的。新技术的采用和应用于生产,必然要消耗一定的人力、物力、财力,必须要具备赖以发挥其效用的条件,如果先进技术的采用耗费过大,或缺乏相应的条件(如人力资源),先进的技术就不可能产生良好的经济性,甚至会产生巨大的浪费,这在经济上讲是不合理的。例如 ,现代企业生产和销售的计算机网络化管理,可以说是最先进的生产管理技术,但建计算机网络,各方面要花费大量的资金,并且要求生产技术人员、销售人员都要具备较高的文化素养和综合技术,以及熟练的操作技能,因此,不具备这些条件的许多企业并没有采用,而一些不具备条件又盲目追求自动化管理的企业、事业单位,不但没有提高效率,反而造成了巨大的物质资源浪费。技术的发展要受到经济条件的制约,即技术进步不仅取决于经济上的需要,还必须考虑技术使用的可能性和经济的合理性。这种可能性和经济性是指采用新技术是否具备与之相适应的物质条件及经济条件。例如,超大规模集成电路、超导技术、煤炭地下气化、海底矿物资源的采掘等技术的应用,都要受到经济条件的限制,正由于这样,目前有些先进技术,还只能在少数国家和重点地区得到采用。各个国家或地区要根据具体情况采用适合于本国或本地区的适用技术。如核能发电是当今世界发达国家所采用的主要技术之一,并且也是发展中国家发展的方向。对于我们国家而言,国土面积广阔,水利资源和煤炭资源丰富,电力工业的发展方向应该是水力、火力和核能发电并举,并要求在条件允许的情况下大力发展核能发电,以满足国民经济发展的需要。

(三)技术进步引起各种经济要素的变革

技术进步引起的变革有劳动资料、劳动对象、劳动者素质。在人类社会发展的过程中,技术与经济是紧密联系在一起的,没有可以脱离技术的经济,也没有独立于经济之外的技术。技术的进步总是在一定的经济需要条件下实现的,经济的发展又必须采用一定的技术。因此,寻求技术与经济最佳配合与协调发展的客观规律,是技术与经济分析的基本任务。

总之,技术的先进性与经济的合理性两者必须统一,既不能盲目追求某些先进技术而不考虑经济效益,又不能单纯强调经济核算而拒绝某些先进技术。为了研究技术与经济之间的关系就产生了技术经济学。正确认识和处理好技术与经济之间的关系,以取得最大的经济效益,是技术经济学的重要任务。

第二节 石油工业技术经济学的含义、研究的对象及研究内容

一、石油工业技术经济学的含义

技术经济学是一门研究技术与经济之间辩证关系的新学科。它是应用经济学的一个分支。应用经济学是指应用理论经济学的基本原理,研究国民经济各部门、各个专业领域的经济活动和经济关系的规律性,或对非经济活动领域进行经济效益、社会效益的分析而建立的经济学科。石油工业技术经济学是一门应用理论经济学基本原理,研究技术领域经济问题和经济规律,研究技术进步与经济增长之间的相互关系的科学,是研究技术领域内资源的最佳配置,寻找技术与经济的最佳结合求得可持续发展的科学。

二、石油工业技术经济学研究的对象

石油工业技术经济学研究的对象是指在社会生产实践中,技术与经济的关系及其最佳结合,并为达到某一预定的目的可能采用的各种技术方案而进行的有关经济效益方面的计算、分析和评价。

必须明确,石油工业技术经济学研究的是技术与经济的关系及其相互促进作用和最佳结合,而不是技术本身。关于各种技术的原理和应用,不是本学科的研究范围。另外,石油工业技术经济学不是笼统地研究经济效果,也不是研究经济效果的一切因素,而是研究各种技术方案的经济效果或推广应用某种技术所产生的经济效果。至于影响经济效果的其他因素,在进行综合评价时要系统考虑,但不是本学科研究的对象。

三、石油工业技术经济学研究的内容

技术经济学的研究范围十分广泛，它包括社会再生产过程中生产、交换、分配、消费各个环节的技术经济问题，也包括科学技术进步中的技术经济问题。随着科学技术的进步、经济建设的发展、相邻学科的相互渗透，技术经济学的研究内容不断拓宽。技术经济学的研究内容分为宏观和微观两个方面。

宏观技术经济主要研究技术进步对经济发展速度、比例、效果、结构的影响，以及它们之间的紧密关系问题。具体包括如下方面：

(1)经济效益与经济发展速度、比例、结构的关系问题。

(2)生产力的合理布局、合理转移及其论证分析。

(3)投资方向、投资选择问题。

(4)能源的开发与供应、生产与运输、节约与替代问题。

(5)技术引进方案的论证问题。

(6)外资的利用与偿还，引进前的可行性研究与引进后的经济效果评价问题。

(7)技术政策的认证、物流流通方式与渠道的选择性问题。

微观技术经济研究涉及局部性问题，如具体的建设项目、技术方案、技术措施、技术经济分析认证等。因此，微观技术经济学的主要研究内容包括如下方面：

(1)需求分析与规模的确定问题。

(2)油气田开发区的选择与认证。

(3)产品方向的确定与认证。

(4)技术设备的选择、使用与更新。

(5)原材料路线的选择与论证。

(6)新技术、新工艺的经济效果分析。

(7)新产品开发的论证与经济评价。

本课程的研究内容主要分为三大部分：一是石油工业技术经济的基础理论；二是石油工业技术经济学分析的基本方法；三是技术经济学在石油工业中的应用。

第三节　石油技术经济的特点

从整体上系统地考察石油工业的特点，已成为进一步认识石油工业发展规律的一个十分迫切的研究课题。从石油工业的特点出发，研究发展战略、制定技术经济政策、加强企业管理、开展经济体制改革、推进科学技术进步有着不可低估的理论意义和现实意义。

石油工业是对石油、天然气资源进行勘探开采，加工炼制和以页岩、煤炭为原料提炼人造石油的综合性工业部门。由于现阶段勘探开发石油、天然气资源仍然是石油工业的主体和基础，因此对石油工业来说，采掘型工业的特点尤为突出。马克思曾不止一次地强调采掘工业是物质生产中的一种特殊领域。而石油的开采与其他矿业资源(如煤炭、金属矿)的开采又有所不同，石油的初加工与储运也有自己的特点，据此在各个工业部门之间进行综合对比，可以看到石油工业具有下列一些技术经济特点。

一、生产技术活动的风险性

由于油、气资源深埋在地下，并具有流动性，其生成、运移、聚集及保存条件十分复杂。世界石油分布和储量又很不平衡，这就给石油勘探带来了很大的风险。“尽管使用了最有效的方法，勘探工作仍因经常未发现油气而失败，不管成功与否，勘探资金和技术力量的消耗都很巨大。据估计世界上约有近600个有希望的大小盆地中，约有240个已经部分地勘探过或进行过中等程度的勘探，但没有商业性发现。只有约160个盆地正在进行商业性生产，31个发展中国家及石油集团的统计资料表明，大约每打25口预探井才能发现一个有商业价值的小油田。政治因素对石油勘探的制约也较大，如有些国家政治上不允许外国公司介入，有的立法体制不健全，有的经常有政治危机，有的地区有边界争议。至于战争的爆发、政权的变更，国际集团的政治交易，都影响着石油勘探的风险性。在经济上，石油价格的涨落，通货膨胀率的升降，利率汇率的变化，也对石油勘探开发的风险性产生较大的影响。

认识石油勘探风险性大的特点，对于评价资源潜力，选择勘探方向，筹措勘探资金，研究国际石油动向，制定勘探战略和政策，并如何同国外签订勘探和开发合同(租让制、合资经营、产品分享、风险合同等形式)，以及如何利用世界银行贷款等方面，都具有重要的意义。

二、广泛的国际间的技术经济联系

在现代世界经济总联系中，石油工业是国际联系十分突出的工业部门之一。这是因为:第一，世界石油的生产和消费地很不一致，因此造成世界性的石油能源流动，中东和北非是石油主要出产地，其本身消费甚少，主要是输出。美国、日本和西欧是原油的主要消费国，因此，石油主要流向之一是通过海运由中东、北非流向美、日、西欧。前苏联是世界上最大的产油国，除本身消耗外，原油出口量较大。因此，石油主要流向之二是从前苏联流向东欧并延伸到西欧。除此之外，其他产油国和消费国的国际交往也十分频繁。第二，石油作为当代“能源之王”，是各国经济发展的战略物资，国际性争夺异常激烈，加上政治、军事等利害关系，石油几乎成为国际斗争中许多方面的“砝码”。第三，石油储量丰富的地区，主要在发展中国家，而其石油勘探开发所需的资金和技术不足，大多数发达国家则石油资源不足，但有雄厚的资金和技术。据估计，今后20年内发展中国家能源消费的增长速度将比工业化国家快2%～4%。这种不平衡必然带来石油技术的转让和勘探、开发资金的投放等国际联系的加强。

因此，近几十年来国际石油组织和跨国公司相继建立和发展，各国石油勘探、生产、消费必然受世界石油市场的强烈影响。不论哪一国其石油工业的许多技术装备几乎都是在全世界范围内购置。世界石油价格的波动不但直接影响石油进口国、出口国，而且也波及其他许多国家。

认识到国际联系广泛密切这一特点，近年来我国石油工业对外开放局面已经打开，石油工业国际联系密切，要求我们必须认真研究世界石油工业和世界石油市场的发展动向及趋势，为我国石油工业的发展和参与国际石油贸易提供必要的科学依据。

三、投资效果和技术效果对于石油资源状况及自然条件的依赖性强

在许多工业企业(如加工业、装配业等)中，企业的投资与收益之间，技术的投入与效益之间，几乎呈正比关系。而在石油工业中，这种关系繁杂得多，它在很大程度上依赖于油田地质

条件(如原始储量多少),原油性质好坏(黏度、组成等),油层的天然能量是否丰富,油层物性(含油饱和度、孔隙率、渗透率等)是否良好,以及油层物性在油田范围内是否均匀等一系列相互作用的复杂因素。油田的地理、气候等条件,也会对收益产生重要影响。同样的投资,在高产油田收效极大,在低产油田却收效甚微。同样是先进的技术装备设施,在条件好的油田能够充分发挥其效益,在条件差的油田就可能效果很差。

投资效果和技术效果对资源等自然条件的依赖性强的这一特点,也必然会带来石油企业管理和技术应用方面与其他工业有所不同,并且也会带来石油工业内部低产油田与高产油田的技术和管理方面的差别。

四、再生产结构费用的比例不断趋于增大

世界油气勘探的发展动向是从陆地到浅海、深海,从地理条件较好的地区进入沙漠和极地,从地质结构相对简单的地区扩展到复杂地区,从简单的构造型油藏到勘探非背斜油藏或非常规油气藏。全世界完全没有或很少进行过油气勘探的盆地约有200个(占盆地数的1/3)。这些盆地大部分位于北极、深海或各大陆的边远地区自然条件苛刻的前缘地带,加之交通不便,这些地区的勘探和开采费用将会很高。

勘探趋势预示着未来的开发趋势。今后在继续开发大油田的同时,将会更多地注意许多小油气田。“仅仅几年前,这些小油气田还被认为是无商业价值的,现在这些小油气田必须投入开发”。另一方面,为了弥补老油田和老油井产量递减并满足社会对石油日益增长的需要,老油田的二次开采、三次开采都需要比以往有更多的投入。石油勘探和油田开发建设的总工作量的年增长幅度将不断地加大。因此,石油工业再生产的结构费用逐渐加大是必然的趋势。

这一特点要求我们在进行石油工业战略预测研究、战略规划的制定方面,在国家考虑对石油工业的投资方面,在协调石油科技与经济、协调各工业部门的平衡发展方面都应予以充分重视。

五、劳动对象的动态变化性

在一般工业产品的生产过程中,劳动对象是稳定的、基本不变的,因而在形成生产能力以后,只要保证原材料、动力、燃料的供给,保持原有劳动力和生产关系,就可以维持简单再生产。石油开采的劳动对象是地下的非再生性资源——石油和天然气,原油生产过程中,油气层中的油气量在不断变化,油层及多种相关因素在不断变化,因而许多技术参数也在不断变化。变化的方向是石油储量品位不断降低,地层压力下降,渗透率减小。因此开采工艺(注水、压裂、净化、脱水、集输等)及设施装备也随之需要不断地变换和调整。这一点与加工型工业有明显区别。一般加工型工业的生产,其基础设施一次投资后便可以连续生产;而石油工业则不同,它随着生产过程的延续,需要连续投资,并不断增设或更换某些设施和装备。一般加工型工业或装配工业,其产品定型后,生产过程就有相对稳定性;而石油生产过程对地下的情况变化要连续不断地监视,不断地认识和控制。处置不当,情况就会更加复杂,油田产量和最终采出率就会减少。因此,在油田开发过程中,必须不间断地进行生产试验,开辟试验区,寓试验于生产之中,并使其走在生产前面,为调整、制定和修正新的开发方案提供科学依据。近年来出现的“滚动勘探开发”正是适应了这一特点。

六、油田开发的寿命周期律

油田开发有它的寿命周期，一般是产量随时间呈“倒浴盆”曲线变化，达到一定开发期，产量递减，开发难度加大。油田开发早期，由于地层压力旺盛，单井产量和生产井数增加，总产量上升，但已经孕育着未来产量递减的因素。达到一定开发期，地层压力递减，油气量递减，必然导致生产能力自然递减。由于递减规律的存在，就必然要增加投入量，其相应的产出值也必然减少。因此，要使油田保持稳产，实质不是简单再生产，而是扩大再生产。

油田产量自然递减的规律与延长稳产期、提高采收率的矛盾，是石油开发生产中的一个基本矛盾。解决这一矛盾要求：第一，在油田开采一开始就要考虑延长油田寿命周期的问题，采取措施保持地层压力，保护油层，防止破坏性开采；第二，开采过程即使维持一定的技术水平和条件，也必须追加投资，才能保持正常生产；第三，在整个开采过程中不断采用新技术，改造油层，补充能量，调整挖潜，还要寻找新的储量，建设新的生产能力，延长稳产期，提高可采油气资源的采出率。

开发寿命周期还带来油田设备服务期限的特殊性。在一般加工工业中，劳动工具和固定资产的服务期限，取决于有形磨损和无形磨损的程度；而在油田开发生产中，劳动工具和固定资产的服务期限，则往往取决于油气储量的开采期限或开采阶段期限。如单井枯竭，油井设施便报废，油田早期的某些设施到一定开发阶段即使尚未损坏也必须更换，而这些更换下去的设施，一般无法转移和再利用。采油工业的固定资产总值中约90%是厂房管道，达到开采期限，不论是否损坏，也会毫无例外地被报废。

认识这一特点对于油田中后期投资预算，投资结构调整，保持石油稳产和增产的总体策略研究，及时采用最新技术组织科研攻关，不失时机地促进技术的更新换代，都具有重要的意义。

七、油田开发系统的随机性

由于油气资源分布的必然性，自然条件的多样性，开采的变化性，决定了在石油开发系统中，未知因素和不确定因素多。人们运用不断进步的技术手段，不断提高认识水平，虽然大大地改进了对该系统的了解程度，但是又会出现技术指标的不确定性(如可采储量随着对油田认识的加深也会有变化)。石油勘探开发过程中所得到的地下情况的资料，往往是一些点上的、局部的，所作的统计或计算常常是概率性的。

油田开发之前，由于对油藏及油藏性质描述的不确定性，会导致油藏储量计算的不确定性，进而也导致开发效果评价的不确定性。所以，有人说，“油田虽被研究百余年，但充其量也只能称为灰色系统”。

这一特点表明，在石油科学研究和技术应用中，正确的哲学思想的指导，辩证思维方法的运用尤为重要。

八、生产高度集中，综合性强

这一特点表现为以下几个方面：

第一，企业规模大。现在开发建设的主要是大油田。有关资料指出：世界已发现的大油田数不到油田总数的1%,但其储量却占世界探明储量的75%,产量约占世界总产量的70%。大油田伴随着大企业,其生产管理、劳动组织高度集中。

第二,生产环节的连续性强。石油工业“是依靠经常需要革新的一套专门技术建设发展起来的”,它涉及的设备器材种类非常多;从井口开始到炼油厂,经过储罐到输油管线或油轮,直至送到消费者手中,几乎是一个连续不断的运转过程。在这条供应线中任何环节发生堵塞,那就立即需要投入大量的资金,修建更多的设施,否则就有中断生产的可能。生产的连续性也要求生产系统的高度集中,分散的、孤立的经营几乎是不可能的。

第三,综合性强。从石油生产总体过程的纵向发展看,它是包括石油勘探、油田开发设计、钻井、油田地面建设、采油、加工、储运等多环节的综合体。每一环节又由一系列生产环节构成,各大小环节之间,按时间划分的阶段十分明显,阶段的衔接存在着滞后性和时间差。除主要生产过程之外,还有供水、供电、机修、通信、供应等辅助生产。从生产的空间分布看,各生产单元之间和生产部门之间又相互交错、相互渗透、相互制约、密不可分。由此可见,石油工业是一个庞大的综合性工业体系。

石油生产的各环节之间,一方面各自有其相对独立的特殊性,另一方面各环节和各生产阶段又都是多学科、多专业、多种技术的联合作业。石油工业技术设备和工艺,专门化程度高,几乎每种作业都有各自独有的特殊设备、设施和工具,有各自的工艺,相互难以通用和代替,这种分工专门化本身也是生产综合性强的一种表现。

九、企业分布依赖于资源分布

哪里有油田,就在哪里开发建设。世界上大部分油田在平原、沿海、盆地、沼泽、荒漠,多数地区自然条件差、交通不便,远离大城市和经济发达地区。因此在矿区建设上不得不花相当大的力量,用于社会性公共设施和服务业上。从区域公路到排水工程,从铁路运输到空运线,都要予以足够的考虑,以保证油田生产和职工生活的需要。这就带来了矿区建设的社会性特点。这与某些工业可择优选点建设企业的情况大不相同。大油田的开发必然产生相应的石油基地或石油城市。石油基地或石油城市的建设与一般城市建设有共同点也有其特点。

在油田内部,勘探开发工作具有点多、线长、面广、施工分散、工作条件艰苦等特点。因此在油田基地建设与油田内部生产和工程设施建设方面,需要做统筹安排,使之既有利于生产,又方便于生活。

石油企业分布的地理特点,必然带来企业经营指挥系统、政企体制等诸方面的特殊性。同时也要求我们在进行技术经济分析时更要注意到企业效益与社会效益的统一,当前利益和长远利益的兼顾。

第四节　学习石油技术经济学的必要性

石油工业是我国重要的能源基础,又是决定国民经济命脉的重要工业部门。而石油工业的特点是投资多、风险大,决策的正确与否会长期发生作用,并且对国民经济的发展起着举足轻重的作用。

近年来,为了加速石油工业的发展,我国除大力开发陆地石油资源外,还加速勘探开发海洋石油资源，引进国外先进技术，吸引外资从事石油勘探与开发。所有这些，都对石油技术经济研究工作提出了更高的要求。为了不断提高石油工业的经济效益，必须要求从事石油工业的各项专业人才都具备必要的技术经济知识，要求他们掌握技术经济分析和评价的基础知识与技能。本课程正是为了适应这一需要而开设的一门新课程，课程的任务就是帮助学生学习技术经济理论和方法，启发学生应用这些理论和方法去解决石油工业中的技术经济问题。

技术和经济是紧密联系的，作为一个现代的石油工程技术人员，不仅需要精通本专业的技术，同时必须具有经济头脑。强调这一点，对于我国高等院校石油专业的学生尤为重要，这是因为，长期以来，在我国的高等教育中，工程技术教育与经济管理教育是相互分离的，学工程技术专业的学生不学经济，只能造就出只懂技术、不懂经济的工科毕业生。他们走上工程技术岗位之后，由于缺少经济知识，没有经济头脑，所以不关心与自己所从事的工作有关的经济问题，在设计产品和制订工艺时不考虑如何降低成本，增加利润，或者不会进行必要的经济分析，因而不能完全适应社会主义现代化建设的需要。

作为石油工程技术人员应当知道，尽管产品是由工人在生产过程中制造出来的，但是产品的技术先进程度和制造费用高低在很大程度上是由工程技术人员在设计产品、选择工艺过程中早已决定了的。如果石油工程技术人员在设计产品、选择工艺时不考虑市场需要，不考虑生产成本，产品就没有竞争能力。我们现在所处的是社会主义市场经济环境。工程技术人员所设计的产品要作为商品到市场上进行竞争，如果产品没有竞争能力，无人购买，就不能实现其价值和使用价值，生产这种产品的企业也就无法生存与发展。要提高产品的竞争能力，就必须在产品设计与制造的全过程中既注意提高其性能和质量，又注意降低生产成本，做到“物美价廉”。一个理工科大学生，如果不学习必要的经济知识，就不能在未来的工作中正确处理技术与经济的关系，就难以做到使自己的工作真正有益于社会。

美国麻省理工学院电机专业的早期毕业生到一家公司工作后，设计了一种电机，技术够得上一流水平，但因成本太高，价格太贵，在市场上却卖不出去。美国的教育家从这里找出的原因是学生不懂经济。后来就在这所著名的学校里成立了斯隆管理学院，对未来的工程师们进行经济知识教育，让他们懂得什么是市场，什么是竞争，什么是成本，以及如何使产品做到既物美又价廉。因此，作为一个工程师，不仅必须精通本行的专业技术，具有较强的解决技术问题的实际能力，而且还要有强烈的经济意识和解决实际生产问题的本领，能够进行经济分析和经济决策。

在企业工作的石油工程技术人员，最终的发展方向可能是管理人员、专业技术人员或学者。从国内外的实际情况看，工程师们存在着担任企业最高层领导职务的很大可能性，已有越来越多的工程师成为公司的负责人，或关键部门的领导人，或决策者最亲近的参谋人员。所以，工程师们必须克服单纯技术观点，学习经济知识，掌握进行经济分析和经济决策的本领。

综上所述，学一点石油技术经济学，树立经济观点，建立经济意识，掌握经济分析和经济决策的方法与技能，提高解决实际的技术经济问题的能力，对于石油专业工程技术人员来说是十分必要的，这是社会主义现代化建设对新一代工程师提出的要求。

第五节 石油技术经济的研究方法与程序

一、石油技术经济学的研究方法

石油技术经济学是一门以技术经济分析方法为主体的应用学科。因此，方法是石油技术经济学的重要组成部分。其方法体系主要分为3个层次：第一层次是哲学意义上的方法论，如唯物辩证法是石油技术经济学的基本分析方法；第二层次为基本方法和专门方法，基本方法是适用于解决技术经济问题的普遍方法，专门方法是石油技术经济学某些特定领域或者解决某个特定问题的方法；第三层次则是一些具体的分析方法。

(一)系统分析法

系统分析法是将研究对象置身于一个系统内，采用系统分析、因素分析、因果分析、需求分析、人均分析、弹性分析等方法进行研究，然后对系统研究成果进行整体分析与最优分析，以整体最优产准则选择最佳方案。该方法常用于宏观的技术经济研究中，如经济社会发展战略、地区发展战略、技术发展战略、技术发展规划，以及建设研制、推广与应用等活动中，它是一种以定量为主、定量与定性相结合的研究方法。

(二)方案比较法

方案比较法是石油技术经济方法中应用最广、最成熟的一种，现已有一套比较完整、成熟的工作程序与评价方法。主要通过对等选方案的选择与比较，对最优方案的选择与比较，对完成同一任务、同一经济活动目标而进行的技术经济分析、评价。

(三)效益评价法

效益评价法主要通过对成果与消耗、所得与所费、产出与投入的对比分析，最后选择经济效益好的利国利民的技术方案。

二、石油技术经济分析的程序

石油技术经济分析主要对各种可能的技术方案进行综合分析、计算、比较和评价，全面衡量方案的经济效果，在评价经济效果的基础上作出最佳选择，为决策提供科学依据。石油技术经济是一项多环节、多方位、顺序性强的工作，通常石油技术经济分析的程序包括以下几个步骤。

(一)确定方案目标

确定目标即界定系统对象，提出系统的预期任务或最终要取得的结果。这种目标大致分为社会目标和具体目标两部分。社会目标是从宏观角度来把握的；而具体目标则是从部门、地区和企业等中、微观角度确定的，这一目标应服从于社会的总体目标。具体目标常包括科技发展、新工艺研究、油气开发工程建设项目等。

（二）调查研究、收集资料

方案的目标确定后，就要围绕方案的目标进行调查分析，要尽量收集相关问题的历史资料，重点收集有关技术、经济、财务、市场、政策法规等方面的资料，并根据资料进行分析和预测，明确是否具有实现目标所需的资料、技术、经济和信息等条件。资料是分析的基础，资料正确与否直接影响技术经济分析的效果。因此，这是石油技术经济分析的一项基础性工作，必须给予高度重视。

（三）建立各种备选的方案

为了满足同一种需要，一个问题可采用多种方法来解决，因而可以采用许多不同彼此可以替代的方案。例如降低油气生产成本，可采用专业化分工的方式，也可以采用雇用廉价劳动力的方式；新设备可降低产品允许的废品率，但同样的结果也可以通过质量控制方法得到。石油技术经济分析过程本身就是多方案选优，如果只有一个方案，决策的意义就不大了。

（四）计算技术经济评价指标

根据确定目标的内容和建立各种备选的方案确定石油技术经济分析的评价指标，这是进行方案评价的依据。同时，由于各种备选方案的评价指标和参数不同，还必须将各种备选方案的评价指标统一起来，即将不能直接比较的数量指标、质量指标等尽可能地转化为统一的可比指标，使各方案具有可比性。

（五）方案评价

方案评价分为定性分析和定量评价。定性分析是指从国民经济整体利益并兼顾企业利益的角度出发，分析各方案的利弊得失，剔除一些不合理的方案。定量评价是指采用一定的定量计算，根据所拟定的技术经济分析评价指标进行评价，淘汰不可行的方案，保留可行的方案。

（六）优选方案

根据方案的评价结果，选出能够达到方案目标，技术上先进、经济上合理的最佳方案。这是石油技术经济分析的最终目的。在优选方案时，也会出现备选方案都不能满足目标方案的情况，这说明方案目标定得不合理，或者是备选方案没有涵盖最佳方案。此时，必须重新确定目标或者重新制定备选方案，以完成项目决策任务。

（七）完善方案

在可行的条件下，应进一步将确定的最优方案进行完善，使方案更利于实现，并具有更好的经济效益。

石油技术经济分析的一般程序可以用图 1-1 表示。这些分析步骤只是技术经济分析的主要程序，但不是唯一的程序，根据问题的性质不同，还可以采用其他研究方法和程序。

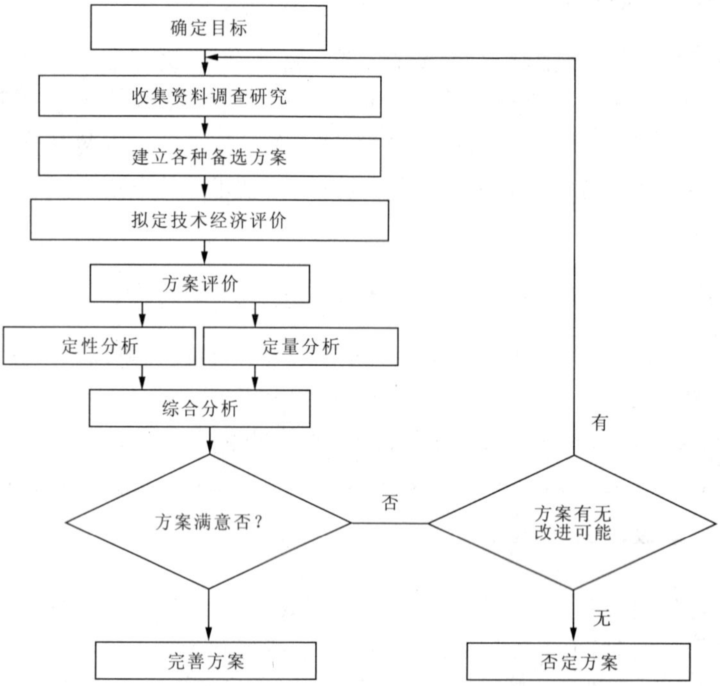

图 1-1 石油技术经济研究基本程序

思考与习题

1. 什么是技术？什么是经济？二者有什么样的关系？
2. 石油技术经济学的含义是什么？
3. 石油技术经济学研究的对象、内容是什么？
4. 石油技术经济有哪些基本特点？
5. 石油技术经济分析的基本程序有哪些？
6. 从石油工业的实际出发，你认为学习石油工业技术经济学有什么必要性？

第二章　现金流量及其构成

学习要点

- 了解现金流量的概念及现金流量的构成
- 掌握现金流量中的各类经济要素、特点及计算方法
- 理解固定资产、无形资产、流动资产及其他资产的含义和区别
- 熟悉固定资产原值、重估值、净值的含义
- 掌握投资、成本费用、营业收入、税金和利润之间的关系

第一节　现金流量

一、现金流量的概念

现金流量是指投资项目从筹建、施工、投产使用直到报废的整个期间内，所发生的向该项目系统资金流入（销售产品获得一定的营业收入）和由该项目系统资金流出（项目在建设时期和生产运营期间要进行资源的投入）金额的总称。这里的“现金”是广义的，除各种货币资金外，还包括各种有形和无形资本的相应价值。为项目所消耗的一切现金称作现金流出，取得的收入则称作现金流入，现金流入与现金流出之差称净现金流量。现金流量是经济评价的基础，许多经济指标的计算是借助于现金流量完成的。

现金流量的特点是现金何时发生就在何时计入，现金流量只计算现金支出，而不计算非现金支出（如折旧费、摊销费在建设期内已经发生计入，所以生产经营期间就不应再计入现金流出，只是内部转移支付）。

二、现金流量图

每一项具体的经济方案（或项目）都包含着一些在不同时刻发生的现金流出和现金流入，因此现金流量常表现为在不同时刻具有不同值的多种资金流通的情况。为了清晰明了地表现出一个投资项目在各个时期所发生的现金流入和现金流出情况，最方便的方法就是绘制现金流量图。所谓现金流量图，就是用时间坐标轴表示的一项经济活动的资金流入、流出全过程图。现金流量图的具体做法如下：

作一水平线，在该横轴线上画出等分间隔，每一个等分段代表一个时间单位，通常是“年”（在特殊情况下也可以是半年、季、月、周、日等）；将初始点定为零点，表示投资过程的开始时刻，沿轴线自左向右对每一等分间隔点依次连续编号。其中编号“t”表示第“t”年的终点，也就是第“$t+1$”年的起点。整个横轴又可看成是我们考察的“系统”；相对于水平轴线画出垂直箭头线，以表示项目在该时点上的资金流动情况。其中，箭头表示资金流动的方向：向上表示现

金流入(正现金流量),向下表示现金流出(负现金流量),箭头的长短代表资金额的大小,同时还要注明每一笔现金流量的金额(图 2-1)。

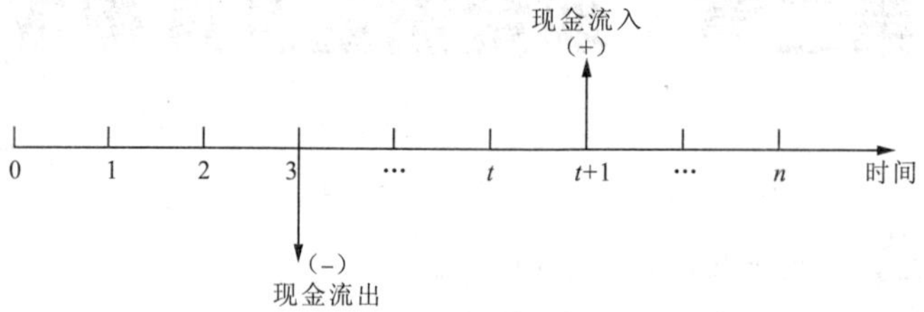

图 2-1 现金流量图

对一项经济活动的现金流量的考察与分析,因考察的角度和所研究系统的范围不同会有不同的结果。例如,企业向银行贷款,由于借款人和贷款人立足点不同,其现金流入与现金流出的方向正好相反,对企业来看是现金流入,对银行来看是现金流出;又如,国家对企业征收的税金,从企业来看是现金流出,从整个国民经济的角度来看既不是现金流入也不是现金流出,而是在国家范围内资金分配权与使用权的一种转移。在技术经济分析中,必须在明确考察角度和系统范围的前提下正确区分现金流入与现金流出。

第二节 现金流量的构成

对于石油勘探开发生产活动来说,投资、成本、营业收入、税金和利润等经济量是构成经济系统现金流量的基本经济要素,也是进行技术经济分析最重要的基本数据,其中油气田勘探开发建设项目的现金流入由营业收入、补贴收入、回收固定资产余值和回收流动资金构成;现金流出由利用探井、评价井投资(资本化部分)、建设投资、流动资金、经营成本、营业税金及附加、维持运营投资(资本化部分)、弃置费用等构成,下面分别加以阐述。

一、投资

(一)投资的基本概念

投资是指国家、集体、个人以预期财务收益或社会收益为目的的资源投入行为及其运动过程。投资有实物投资和非实物投资之分。实物投资是指直接对机器、设备、建筑物等固定资产的投资。非实物投资主要是指文教、卫生、科研、国防、市政设施、社会福利等事业的投资。投入的资源可以是资金,也可以是人力、技术或其他资源。本书中所讨论的投资是狭义的,是指人们在社会经济活动中为实现某种预定生产、经营目标而预先垫支的资金。

(二)投资的构成及估算方法

油气开发建设项目总投资是指项目建设和投入运营所需要的全部投资,包括建设投资、建设期利息和流动资金投资三大部分组成(图 2-2)。

- 油气开发建设项目总投资
  - 建设投资
    - 工程费用
      - 开发井工程投资
      - 地面工程投资
    - 工程建设其他费用
      - 固定资产其他费用
      - 无形资产费用
      - 其他资产费用
    - 预备费用
      - 基本预备费
      - 涨价预备费
  - 建设期利息
  - 流动资金

图 2-2　油气开发建设项目总投资构成图

1. 建设投资

油气开发项目建设投资是指项目从建设到投入运营所花费的全部资本性支出，由工程费用、工程建设其他费用和预备费用 3 部分组成。建设投资中包含增值税中的进项税。

1)工程费用

开发工程投资包括已发生的工程投资和新增开发工程投资。已发生的开发工程投资按原值计入，包含开发井投资和地面工程投资两部分；新增工程投资由新开发井投资和新增地面工程投资两部分构成。

(1)开发井工程投资。油气田开发建设以井口(采油树)为界，从钻井到安装完井口止为开发井工程。从开发井建造到投产的全部工作量构成开发井的工程内容。

开发井工程包括钻前准备、钻井、固井、录井、测井、试油(气)等单项工程。投资估算包括从钻前准备至试油(气)结束并安装完采油井口(采油树)的全部工程项目投资。由钻井工程投资和采油工程投资两部分组成。

钻井工程投资：钻井工程费用包括新区临时工程、钻前工程、钻井工程、录井测井作业、固井工程、钻井施工管理等，以上费用采用定额法和设计成本法估算。开发井钻井成本也可根据本油田或相似油田历史成本资料，并考虑钻井工艺水平的提高和物价上涨因素进行估算，即按综合成本法估算。

钻井工程投资按项目确定的钻井工程方案，参照《中国石油化工集团公司或中国石油天然气集团公司等石油专业工程定额》测算。

钻井投资＝∑(不同井型钻井进尺×对应井型的单位钻井工程造价)

钻井进尺＝平均井深(m)×钻井井数(口)

钻井井数为项目设计方案中所有的新钻井，包括采油井和注水井等。

采油工程投资：采油工程投资以项目确定的采油工程方案为准，参照采油工程估算指标测算，具体包括完井费用(含射孔液、射孔枪、射孔弹及其作业费)，机采费用(含抽油杆、泵、油管、井下工具及其作业费)，对老探井或开发准备井投产发生的费用和新井投产及增加产能的措施费等。

(2)地面工程投资。地面工程投资依据项目确定的地面工程方案，参照地面工程估算指标测算。具体包括从井口(采油树)以后到商品原油天然气外输为止的全部工程，油田地面建设主体工程包括井场、油井计量、油气集输、油气分离、原油脱水、原油稳定、原油储运、天然气处理、注水等，气田地面建设主体工程包括井场装置、集气站、增压站、集气总站、集气管网、天然气净化装置、天然气凝液处理装置等。油气田地面建设配套工程包括采出水处理、给排水及消防、供电、自动控制、通信、供热及暖通、总图运输和建筑结构、道路、生产维修和仓库。

地面工程投资、测算可采用以下3种方法：① 按单井折算地面投资测算；② 按钻井与地面投资比测算；③ 按产能规模测算。

(3)工程费用其他估算方法。工程费用在缺少详细资料的情况下，可以用单位生产能力投资估算法和生产规模指数法进行估算。

单位生产能力投资估算法：单位生产能力投资估算法是根据已知的同类型工程项目的单位生产能力投资额来近似地估算拟建项目投资。计算公式为：

$$I=I_sXP_f \tag{2-1}$$

式中：I 为拟建项目工程费用；X 为拟建项目生产能力；I_s 为已知同类型工程项目单位生产能力投资；P_f 为差价系数，P_f =投资估算年份价格/取得数据年份价格。

由于已知的同类型工程项目的单位生产能力投资是以实际生产的工程费用计算的，而发生的时间可能离拟建项目比较久远，机器设备等造价又在不断涨价，为了准确估算工程费用，必须乘以差价系数。

生产规模指数法：从式(2-1)中看出，生产能力与费用成正比，即生产能力扩大两倍，工程费用也扩大两倍。而实际生产中两者不是成正比的直线关系，而是呈指数曲线的关系。

如果已知一个工程项目的生产规模、工程费用及其生产规模指数，那么不同生产能力的新建同类型工程项目的投资可按下式估算：

$$I_2=I_1\left(\frac{X_2}{X_1}\right)^nP_f \tag{2-2}$$

式中：I_2 为新建工程项目的工程费用；I_1 为已知工程项目的工程费用；X_1 为已知工程项目的生产规模；X_2 为新建工程项目的生产规模；n 为生产规模指数。

生产规模指数 n 的取值规律一般是：在提高工程项目(或设备)的效率、功率等扩大生产规模时，取值为0.6～0.7；在以增加工程项目的机器设备的数量等扩大生产规模时，取值为0.8～1.0。

2)工程建设其他费用

工程建设其他费用是指从工程筹建到工程竣工验收交付使用为止的整个建设期间，除建筑安装工程费用和设备及工器具购置费以外的，为保证工程建设顺利完成和交付时发生的各项费用，包括固定资产其他费用、无形资产费用、其他资产(原称递延资产)费用。

固定资产其他费用：土地费用、建设单位管理费用、可行性研究费用、环境影响评价费、劳动安全卫生评价费、研究试验费、勘察设计费、场地准备及临时设施费、引进技术和引进设备其他费用、施工队伍调遣费、工程保险费、联合试运转费、锅炉及压力容器安装检验费、超限设备运输特殊措施费等。

无形资产费用：主要包括专利及专有技术使用费、软件费、土地使用权费等。

其他资产费用：以前称为递延资产，主要包括生产准备有开办费、图纸资料翻译费等。

工程建设其他费用估算依据按照石油专业有关规定和可能发生的费用取值计算。

3)预备费

预备费包括基本预备费和涨价预备费两部分。

基本预备费：指估算时难以预见的工程和费用，所以又称不可预见费。常以工程费用合计和其他费用之和为基础，乘以基本预备费率来估算。一般是工作深度越浅，费率越高，例如编制项目建议书投资估算时采用的基本费率高于编制可行性研究报告时采用的基本预备费率。现行规定基本预备费按工程费用与其他费用之和（包括引进部分）的 12%～15%计取。

涨价预备费：又称差价预备费，是指从估算时到项目建成期间因建设费用上涨而增加的费用。一般是取定价格上涨指数后，以估算年价格水平下估算的投资额为基数，采用复利方法计算涨价预备费。现行规定涨价预备费只限于国内购置的设备及安装和建设工程费用材料，为简化计算，可将国内部分工程费用作为计算基数来计算。其计算公式为：

$$P = \sum_{t=1}^{n} I_t [(1+f)^{m+t} - 1] \tag{2-3}$$

式中：P 为涨价预备费；I_t 为建设期内各年按投资使用计划分配的投资额；n 为建设期年数；f 为年价格上涨指数；m 为估算期到建设开始的年数。式中的年价格上涨指数（f）现阶段取值 6%，将来国家有新规定时再进行调整。价格指数 6%仅适用于可行性研究报告报审期及建设期的设备材料价格计算。

【例 2－1】 如某项目可行性研究报告评估意见上报至项目建设开始年为 2 年，建设期 3 年中每年的投资额分别为 100 万元、500 万元、400 万元。试计算涨价预备费。

据题意：
$$\begin{aligned} P &= 100\times[(1+6\%)^{2+1}-1]+500\times[(1+6\%)^{2+2}-1]+400\times[(1+6\%)^{2+3}-1] \\ &= 100\times 0.1910+500\times 0.2625+400\times 0.3382 \\ &= 285.83(\text{万元}) \end{aligned}$$

涨价预备费为 285.83 万元。

2. 建设期利息

建设期利息指筹措债务资金时在建设期内发生并按规定允许在投产后计入固定资产原值的利息，即资本化利息。建设期利息包括银行借款和其他债务资金在建设期内发生的利息以及其他融资费用。

按我国规定企业长期负债的应计利息支出，在筹建期间的，计入开办费，视为其他资产；与购建固定资产或无形资产、其他（递延）资产有关的，计入相应的固定资产或无形资产、其他（递延）资产的价值；投产后继续发生的借款利息不作为建设期利息计入固定资产原值，而是作为运营期利息，计入财务费用。已发生的投资全部按资本金处理，计入项目第 0 年，不计算借款利息。

油气开发建设项目分年使用的并不是在一年中的某一时刻一次性投入的，而是按工程进度安排年度投资计划。在项目进行经济评价时，假设借款是自年初至年末陆续支用，平均起来就是借款发生在年中支用，故假设贷款均在每年的年中支用，借款当年按半年计息，其后年份按全年计息，按付息方式，建设期利息计算分以下两种情况：

（1）采用自有资金付息，建设期利息按单利计算。

$$\text{建设期每年应计利息} = \left(\text{年初借款本息累计} + \frac{\text{本年借款额}}{2}\right)\times \text{名义年利率} \tag{2-4}$$

（2）采用银行借款付息，建设期利息按复利计算。

$$建设期每年应计利息=\left(年初借款本息累计+\frac{本年借款额}{2}\right)\times有效年利率 \quad (2-5)$$

建设期利息为建设期各年利息之和。

其他融资费用系指某些债务融资发生的手续费、承诺费、管理费、信贷保险等融资费用，原则上应按贷款合同上的约定单独计算，但一般情况下可简化为粗约估算，并一次性进入建设期利息。

3. 流动资金

流动资金是指企业在运营期内长期占有并周转使用的营运资金。不包含营运中需要的临时性营运资金。当项目寿命期结束，流动资金成为企业在期末的一项可回收的现金流入。流动资金通常是在项目投产前预先垫付，在投产后的生产经营过程中，用于购买原材料、燃料动力、备品备件、支付工资和其他费用等，投入生产，经过加工制成产品，经过销售回收资金，完成一个生产过程，流动资金就是这样由生产领域进入流通领域，又从流通领域进入生产领域，依次通过供、产、销 3 个环节，不断周转，长期占用。

在生产经营活动中流动资金以现金及各种存款、存货、应收及预付款项等流动资产的形态出现。流动资金通常是可以在一年内或超过一年的一个生产经营周期内变现或耗用的资产，在整个寿命期结束时，全部流动资金才能退出生产与流通，以货币资金的形式被回收。

估算流动资金的方法一般有两种：扩大指标估算法、分项详细估算法。项目在进行经济评价时要依深度的要求适当选用。

(1)扩大指标估算法。扩大指标估算法是按照流动资金占某种费用的比率来估算的流动资金。扩大指标估算法按占正常年份经营成本的比例计算，一般取 25%。扩大指标估算法简便易行，适用于项目初选阶段。

(2)分项详细估算法。分项详细估算法按项目流动资产和流动负债的各项周转次数或最低周转天数分别估算。

$$流动资金=流动资产-流动负债 \quad (2-6)$$

$$流动资产=应收账款+预付账款+存货+现金 \quad (2-7)$$

$$流动负债=应付账款+预收账款 \quad (2-8)$$

$$流动资金本年增加额=本年流动资金-上年流动资金 \quad (2-9)$$

流动资金的估算：首先确定各分项最低周转天数，计算出周转次数，然后进行流动资产和流动负债中的各项计算，公式如下：

$$周转次数=\frac{360}{最低周转天数} \quad (2-10)$$

应收账款：是指企业对外销售商品后尚未收回的资金，计算公式为：

$$应收账款=\frac{年经营成本}{应收账款周转次数} \quad (2-11)$$

预付账款：是指企业对外购买各种材料、半成品或服务所预先支付的款项，计算公式为：

$$预付账款=\frac{外购商品或服务年费用金额}{预付账款周转次数} \quad (2-12)$$

存货：根据油气田开发建设项目特点，为简化计算，项目存货仅考虑外购原材料、燃料、在产品和产成品等，并分项计算，计算公式为：

$$存货=外购材料+外购燃料+在产品+产成品 \tag{2-13}$$

$$外购材料=\frac{年操作成本\times百分比}{外购材料周转次数} \tag{2-14}$$

式中：百分比为外购材料占年操作成本的比例，可根据统计数据或经验确定。

$$外购燃料=\frac{年操作成本\times百分比}{外购燃料周转次数} \tag{2-15}$$

式中：百分比为外购燃料占年操作成本的比例，可根据统计数据或经验确定。

$$在产品=\frac{年操作成本}{在产品周转次数} \tag{2-16}$$

$$产成品=\frac{年经营成本-年营业费用}{产成品周转次数} \tag{2-17}$$

现金：是指企业为维持正常生产营运必须预留的货币资金，计算公式为：

$$现金=\frac{年经营成本\times百分比}{现金周转次数} \tag{2-18}$$

式中：百分比为年需要货币支出的年经营成本的比例，可根据统计数据或经验确定。

应付账款：是指企业对外购买各种材料、燃料、动力等所应付但未付的款项，计算公式为：

$$应付账款=\frac{年经营成本\times百分比}{应付账款周转次数} \tag{2-19}$$

式中：百分比为外购材料、燃料、动力等费用占年经营成本的比例，可根据统计数据或经验确定。

预收账款：是指企业对外销售商品所预先收取的款项，计算公式为：

$$预收账款=\frac{预收的营业收入年金额}{预收账款周转次数} \tag{2-20}$$

流动资金一般在投资前开始筹措。按现行规定，流动资金在投产第一年开始按生产负荷进行安排，其借款部分按全年计算利息。流动资金利息应计入财务费用，项目计算期末回收全部流动资金。

$$油气开发建设项目总投资=建设投资+建设期利息+流动资金$$

（三）油气勘探工程投资

油气勘探工程投资是为了识别勘探区域探明油气储量而进行的地质调查、地球物理勘探、钻探等活动以及其他相关活动发生的费用。油气勘探支出包括钻井勘探支出和非钻井勘探支出。

油气勘探工程投资可分为资本化部分和未资本化部分。资本化部分的投资是指钻探井在完井后，确定该井发现了探明经济可采储量的，应当将钻探井的支出结转为井及相关设施成本（不包括海洋钻探）；未资本化部分的投资是指确定该井段未发现探明经济可采储量的，应当将钻探该井的支出扣除净残值后计入当期损益；未能确定该探井是否发现探明经济可采储量的，应在完井后一年内将钻探该井的支出暂时资本化。因此，在勘探阶段为获得探明储量而发生的勘探投资，按照“成果法”的原则，成功探井、评价井所花费的费用予以资本化，在油气开发建设项目经济评价中，利用的探井、评价井投资是已经发生的勘探投资，不包括在油气开发项目建设投资中，但形成油气资产、计提折耗并在现金流量表中作为建设期第一年的现金流出，未资本化部分不计入现金流。

勘探投资＝二维地震费用＋三维地震费用＋评价井费用＋其他费用 (2-21)

二维地震费用＝二维地震工程量(km)×二维地震单位综合成本(万元/km) (2-22)

三维地震费用＝三维地震工程量(km^2)×三维地震单位综合成本(万元/km^2) (2-23)

探井费用＝探井数×平均井深(m)×单位进尺综合成本(元/m) (2-24)

地震综合成本包括地震资料采集和解释费；评价井综合成本包括新区临时工程费、钻前准备工程费、钻井工程费、录井测试作业费、固井工程费、施工管理费和试油工程费7项费用；其他费用是指地震精查、综合研究和储量计算等费用。

(四)维持运营投资

维持运营投资是指油气田滚动开发建设项目，为完成油气产量目标，在生产期新增探明储量而发生的勘探投资以及为弥补产量递减打加密井或扩边井而发生的钻井和地面投资。

维持运营投资分为费用化勘探投资、资本化勘探投资和开发投资3个部分。费用化勘探投资直接进入总成本费用，资本化勘探投资和开发投资全部计入固定资产原值并提取折耗(旧)。作为“维持运营投资”在现金流量表中直接列入现金流出，其资金来源一般按项目或企业自有资金考虑。

(五)弃置费用

1. 弃置成本

弃置成本是为了进行油气勘探和开发工作所使用的油气水井、油气水集输设施、输油气管线，以及其他油气资产在废弃时发生的拆卸、搬运、封井、场地清理、环境恢复等支出。弃置成本是一种预提费用，不属于项目建设投资。

2. 弃置费用

弃置费用在生产期末发生弃置费用。弃置费用等于弃置成本与各年计提财务费用之和。弃置成本应按照油气资产废弃的工艺标准进行测算。计提额以目前价格水平和工艺要求进行清理所需的支出(又称未折现弃置成本)为基准，以经营期为折现期，以规定的长期付息资金利率为贴现率，将未折现弃置成本折现到运营期的第1年，并将其作为弃置成本。在财务分析中可按原油资产原值(不包括弃置成本)的一定比例计算未折现弃置成本。

弃置成本作为一项单独的资产，增加油气资产原值，同时增加负债(在资产负债表中为预计负债)，采用年限平均法计提折旧。

(六)投资建成后形成的资产

项目总投资投入项目建设，开始运营后分别形成固定资产、无形资产、其他资产(递延资产)和流动资产4个部分。固定资产、无形资产和其他资产的价值通过逐期从产品的营业收入中提取折旧(或摊销)予以回收；流动资产通过当期从产品营业收入中提取经营成本予以回收。

1. 固定资产

固定资产(又称油气资产)是指同时具有下列特征的有形资产：为生产商品、提供劳务、出租或经营管理而持有的；使用寿命超过一个会计年度；单位价值在2000元以上，在生产过程中为多个生产周期服务，并且在使用过程中保持原有实物形态的资产；固定资产的成本能够可靠地计量。

油气开发建设项目总投资中，开发井工程投资、地面建设工程投资中除去形成无形资产和其他资产部分、固定资产其他费用、预备费、建设期利息、勘探工程投资中资本化部分和维持运营投资中资本化部分均形成固定资产。建设投资中的增值税不形成固定资产。

2. 无形资产

无形资产是指企业拥有或者控制的没有实物形态的可辨认非货币性资产。无形资产为法律所承认、许可并给予保护的，能为企业带来营业利润，并具有独占性或优越性的无形的属于权利性质的特种资产。无形资产包括专利权、商标权、著作权、版权、土地使用权、非专利技术(技术诀窍)等。油气田开发项目中的无形资产主要指取得土地使用权所发生的费用和采矿权的取得成本。

3. 其他资产(递延资产)

其他资产是指不能全部计入当年损益，应当在以后的年度内分期摊销的费用，除长期投资、固定资产、无形资产、流动资产以外的其他资产，如长期待摊费用。其他资产包括由工程建设其他费中的生产准备费、开办费、样品费等企业在筹建期间发生的费用、未资本化的勘探投资和其他需要摊销的费用，其中未资本化的勘探费用不计入当期现金流。按照有关规定，除购置和建造固定资产以外，所有筹建期间发生的费用，先在长期待摊费用中归集，待企业开始生产经营起计入当期的损益。

4. 流动资产

流动资产是指可以在一年或者超过一年的一个营业周期内变现或耗用的资产，包括存货、现金、银行存款、应收账款、预付账款、短期投资等，由总投资中的流动资金与流动负债共同构成。

(七)资金筹措

投资项目的资金来源可划分为项目资本金(原称自有资金、项目股份资金)和项目债务资金两大类。企业项目资本金是投资者缴付的出资额(包括资本金和资本溢价)，是企业用于项目投资新增资本金、资本公积金、提取的折旧费与摊销费以及未分配的税后利润等。项目债务资金指银行和非银行机构的贷款及发行债券的所得等。债务资金包括长期债务(长期借款、应付长期债券和融资租赁的长期应付款项等)和短期债务(如短期借款、应付账款等)。投资项目中很多是采用引进技术的方式进行的，这就需要使用外汇。通过向外国政府与财团、国际金融机构、国外银行和企业筹措外汇，已成为资金来源的重要渠道。中国石化油气田开发项目经济评价的资金筹措只考虑资本金和银行贷款，不考虑其他融资方式。

为了让投资者具有风险投资的意识，国家对项目资本金一般规定最低数额与比例，还规定资本金筹集到位的期限，并在整个运营期间内不得任意抽走。资本金的出资方式多种多样，投资者可以用货币资金出资，也可以用实物、工业产权、非专利技术、土地使用权和资源开采权等作价出资，但要经具有资质的单位评估作价，出具验资报告。其中，以工业产权、非专利技术作价出资的比例一般不得超过项目资本金的 20%(经特别批准，部分高新技术企业可以达到 35%)。所有这些规定，其目的是让投资者承担必要的风险，不能搞无本经营或过渡的负债经营。

归纳以上所述，投资资金来源、投资构成和形成的资产可用图 2－3 简要表述。

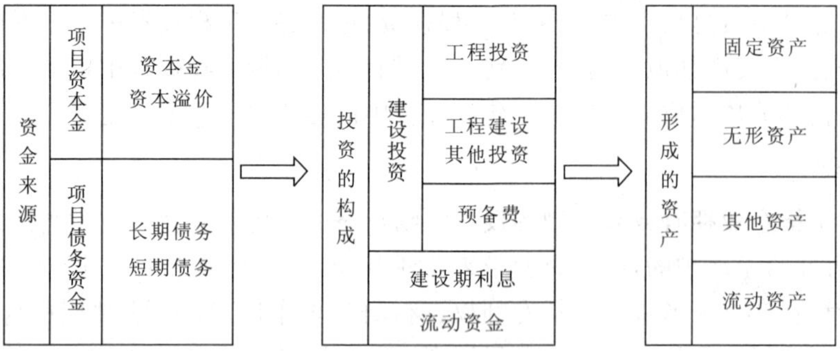

图 2-3 投资构成简图

(八)编制投资估算表

投资估算表包括油气田开发项目总投资估算表和投资使用计划与资金筹措表。

(1)油气开发项目总投资估算表,其表格如表 2-1 所示。

表 2-1 油气开发项目总投资估算表 单位:万元

序号	工程或费用名称	估算金额	其中:美元(万美元)	占总投资的比例(%)	备注
1	建设投资				
1.1	工程费用				
1.1.1	开发井投资				
1.1.1.1	钻井工程投资				
1.1.1.2	采油工程投资				
1.1.2	地面工程投资				
1.2	其他费用				
1.2.1	固定资产其他费用				
1.2.2	无形资产费用				
1.2.3	其他资产费用				
1.3	预备费				
1.3.1	基本预备费				
1.3.2	涨价预备费				
2	建设期利息				
3	流动资金				
	合计				

(2)投资使用计划与资金筹措表。显示各年度分类投资使用资金额度及资金来源,按照项目投资的使用要求所进行的规划与安排。该表是投资估算和融资方案两部分的衔接点。其表格如表 2-2 所示。

表 2-2　投资计划与资金筹措表　　单位:万元

序号	项目	总计	计算期					
			1	2	3	4	…	n
1	总投资							
1.1	建设投资							
1.2	建设期利息							
1.3	流动资金							
	小计							
2	资金筹措							
2.1	项目资本金							
2.1.1	用于建设投资							
2.1.2	用于流动资金							
2.1.3	用于建设期利息							
2.2	债务资金							
2.2.1	用于建设投资							
2.2.2	用于流动资金							
2.2.3	用于建设期利息							
	小计							

二、成本与费用

(一)成本和费用的概念

成本是指企业为生产商品和提供劳务所发生的各项费用;费用是指企业在生产经营过程中发生的各种耗费。

总成本费用是指企业在运营期内为生产和销售产品或提供劳务所发生的全部成本费用。按成本计算范围,分为单位产品成本和总成本费用;按成本与产量的关系,分为固定成本和可变成本;按财务评价的特定要求,分为总成本费用和经营成本;按评价项目经济可行性,分为沉没成本和机会成本。总成本估算应与营业收入的计算口径对应。

(二)成本和费用的构成及估算方法

油气总成本费用是指油气田企业在生产经营过程中所发生的全部消耗,包括油气生产成本和期间费用。

1. 油气生产成本

油气生产成本包括油气田企业生产过程中所发生的包括实际消耗的直接材料、直接工资、其他直接支出和其他开采费用等费用和折旧、折耗。

1)油气操作成本

油气操作成本(也称作业成本)是指对油水井进行作业、维护及相关设备设施生产运行而发生的费用。根据油气开采企业的有关财务规定,油气操作成本包括直接材料、直接燃料、直接动力、直接生产人员工资、驱油物注入费、井下作业费、测井试井费、维护及修理费、稠油热采费、轻烃回收费、油气处理费、天然气净化费、运输费、其他直接费、厂矿管理费共15项。

油气操作成本=直接材料+直接燃料+直接动力+直接生产人员工资+驱油物注入费+井下作业费+测井试井费+维护及修理费+稠油热采费+轻烃回收费+油气处理费+天然气净化费+运输费+其他直接费+厂矿管理费 (2-25)

2)折旧(折耗)

折旧(折耗)是为了补偿固定资产在生产过程中价值的损耗而提取的补偿费用。

(1)固定资产折旧的概念。固定资产折旧是指固定资产在使用过程中,因磨损而损耗,这部分价值应该随着损耗程度而转移到产品成本中去,这种固定资产价值转移的过程,称之为折旧。也可以理解为折旧是从收入中所作的一种扣除,它反映的是有形设备的价值因损坏和老化而造成的损失。折旧是通过从每年的收入中分摊(折旧)一部分成本的方法,减少应纳税的收入。

(2)固定资产的计价。固定资产在其使用过程中发生磨损(有形磨损和无形磨损),其磨损程度以折旧的形式逐渐地、部分地转移到产品的成本中去,固定资产的价值通过折旧的方法得到补偿。由于不断地磨损和折旧,因而固定资产价值处于不断变化之中,有原值、重估值和净值之分。

原值:指已形成固定资产的原始价值。计算公式为:

固定资产原值=建设投资(不含增值税)-无形资产-其他资产+建设期利息+勘探工程投资中资本化部分+维持运营投资中资本化部分 (2-26)

重估值:即固定资产重估值,指在重新估价瞬间,根据当时的条件重新制造同类设备(或建厂房)所需的费用,即不论设备投产于何年,均按重估时的现行价格、运费及人工费进行估价。

净值:即固定资产净值,指固定资产的原值减去累计折旧额后的净额。净值也称折余价值,它反映投资固定资产上的价值尚未收回的部分。用公式表示为:

固定资产净值=固定资产原值-累计折旧额 (2-27)

(3)固定资产折旧的计算。在投资项目计算期的现金流量表中,折旧费和摊销费并不构成现金流出。但是,在估算利润总额和所得税时,它们是总成本费用的组成部分。从企业角度看,折旧与摊销的多少与快慢并不代表企业这项费用的实际支出的多少与快慢,因为它们本身就不是实际的支出,而只是一种计算的手段,把以前(如建设期)发生的一次性支出在运营各年度中进行分摊,以核算当年应缴付的所得税和可以分配的利润。

计算固定资产折旧时,必须考虑3个因素:资产折旧费用、使用期限(即折旧年限)以及固定资产在使用期末的残值。固定资产折旧一般有以下几种方法。

直线折旧法：又称平均年限法，是使用最广泛、最简单的一种折旧计算方法。直线折旧法的特点是任何一年的折旧率、折旧额都是相等的。按照直线折旧法，固定资产每年折旧额的计算公式为：

$$年折旧额=\frac{固定资产原值-固定资产净残值}{折旧年限} \tag{2-28}$$

或

$$年折旧额=固定资产原值\times年折旧率 \tag{2-29}$$

$$年折旧率=\frac{1-预计净残值率}{折旧年限}\times100\% \tag{2-30}$$

固定资产净残值是预计的折旧年限终了时的固定资产残值减去清理费用后的余额。固定资产净残值与固定资产原值之比称为净残值率，预计净残值率一般按固定资产原值的3%～5%计取，不同类型油气资产的折旧年限不同。在经济评价中，为简化计算，可根据油气开发建设项目的油气资产结构，确定综合年限。目前油气开发建设项目主要采用直线折旧法。

加速折旧法：又称递减折旧费用法，其特点是在折旧年限内，计提的年折旧额先多后少，使固定资产价值在使用年限内尽早得到补偿的折旧计算方法。加速折旧的方法有很多种，使用较多的有双倍余额递减法和年数总和法。

双倍余额递减法：是在不考虑固定资产净残值的前提下，以直线折旧法确定折旧率的两倍计提固定资产折旧。其特点是年折旧率不变，折旧基数递减。用年初固定资产净值(即固定资产价值余额)乘以直线折旧率的两倍。计算公式为：

$$年折旧率=\frac{2}{折旧年限}\times100\% \tag{2-31}$$

$$年折旧额=固定资产净值\times年折旧率 \tag{2-32}$$

应指出，实行双倍余额递减法计提折旧的固定资产，在其固定资产折旧年限到期前两年内，将固定资产净值扣除预计净残值后的净额予以平均摊销。折旧年限到期前的最后两年，年折旧额的计算公式为：

$$年折旧额=\frac{固定资产净值-固定资产净残值}{2} \tag{2-33}$$

年数总和法：是以固定资产原值扣除预计净残值后的余额作为基数，按照逐年递减的折旧率计提折旧的一种方法。其特点是折旧基数不变，而年折旧率递减。其计算公式为：

$$年折旧率=\frac{折旧年限-固定资产已使用年限}{折旧年限\times(折旧年限+1)\div2}\times100\% \tag{2-34}$$

$$年折旧额=(固定资产原值-固定资产净残值)\times当年折旧率 \tag{2-35}$$

【例2-2】 某油气开发项目投资1000万元，预计寿命期5年，净残值率为5%。试用直线折旧法、双倍余额递减法及年数总和法计算年折旧额。

【解】 (1)直线折旧法。

由式(2-29)、式(2-30)得：

$$年折旧率=\frac{1-预计净残值率}{折旧年限}\times100\%=\frac{1-5\%}{5}\times100\%=19\%$$

$$年折旧额=固定资产原值\times年折旧率=1000\times19\%=190(万元)$$

(2)双倍余额递减法。

由式(2－31)、式(2－32)、式(2－33)得：

$$年折旧率=\frac{2}{折旧年限}\times100\%=\frac{2}{5}\times100\%=40\%$$

$$年折旧额=\frac{2\times固定资产净值}{折旧年限}$$

则

$$第1年折旧额=\frac{2\times1000}{5}=400(万元)$$

$$第2年折旧额=\frac{2\times(1000-400)}{5}=240(万元)$$

$$第3年折旧额=\frac{2\times(1000-400-240)}{5}=144(万元)$$

$$第4年、第5年折旧额=\frac{(1000-400-240-144)-50}{2}=83(万元)$$

(3)年数总和法。

由式(2－34)、式(2－35)得：

$$年折旧率=\frac{折旧年限-固定资产已使用年限}{折旧年限\times(折旧年限+1)\div2}\times100\%$$

$$各年折旧率为:\frac{5}{15},\frac{4}{15},\frac{3}{15},\frac{2}{15},\frac{1}{15}$$

$$年折旧额=(固定资产原值-固定资产净残值)\times当年折旧率$$

$$第1年折旧额=(1000-50)\times\frac{5}{15}=316.7(万元)$$

$$第2年折旧额=(1000-50)\times\frac{4}{15}=253.3(万元)$$

$$第3年折旧额=(1000-50)\times\frac{3}{15}=190.0(万元)$$

$$第4年折旧额=(1000-50)\times\frac{2}{15}=126.7(万元)$$

$$第5年折旧额=(1000-50)\times\frac{1}{15}=63.3(万元)$$

3种折旧方法计算结果如表2－3所示。

从表2－3中数据可看出，直线折旧法每年折旧额都是相等的；双倍余额递减法和年数总和法在固定资产使用前期计提折旧额较多，而使用后期折旧额较少，折旧年限5年内，3种折旧方法计提的折旧额相同。一般来说，加速折旧有利于企业进一步的发展。

$$油气生产成本=油气操作成本+折旧(折耗)$$

2. 期间费用

期间费用包括管理费用、财务费用、运营费用和勘探费用，作为当期损益，不计入油气生产成本。其中，勘探费用指勘探工程投资中未资本化部分摊销所形成的费用。

表 2-3　3 种折旧方法折旧率、固定资产净值、年折旧额

年份	平均年限法			双倍余额递减法			年数总和法		
	年折旧率	固定资产净值（万元）	年折旧额（万元）	年折旧率	固定资产净值（万元）	年折旧额（万元）	年折旧率	固定资产净值（万元）	年折旧额（万元）
1	0.19	1000	190	0.4	1000	400	5/15	1000	316.7
2	0.19	810	190	0.4	600	240	4/15	683.3	253.3
3	0.19	620	190	0.4	360	144	3/15	430.0	190.0
4	0.19	430	190		216	83	2/15	240.0	126.7
5	0.19	190	190		133	83	1/15	113.3	63.3
资产残值		50			50			50	
合计			950			950			950

1)管理费用

管理费用是指石油公司一级的行政管理部门为管理和组织经营活动而发生的各项费用，包括公司经费、工会经费、职工教育经费、劳动保险费、待业保险费、董事会费、咨询费、审计费、诉讼费、排污费、绿化费、税金、土地使用费、矿产资源补偿费、土地损失补偿费、技术开发费、无形资产摊销费、业务招待费、坏账损失费、存货盘亏、毁损和报废以及其他管理费用等。为简化计算，管理费用分为摊销费、矿产资源补偿费、石油特别收益金和其他管理费用 4 个部分。

(1)无形资产摊销从开始使用之日起，按 10 年分期摊销；其他资产摊销自投产之日起，按照 5 年分期摊销。

(2)矿产资源补偿费按营业收入为基础计取，计算公式为：

矿产资源补偿费＝油气营业收入×补偿费费率×开采回收率系数

石油、天然气的矿产资源补偿费费率为 1%；开采回收率系数是国家主管部门核定的开采回收率与油气田实际开采回收率的比值。为简化计算，在油气田开发建设项目中，开采回收率系数取 100%。

(3)石油特别收益金是指国家对石油开采企业销售国产原油因价格超过一定水平所获得的超额收入按比例征收的收益金。凡在中华人民共和国陆地领域和所辖海域独立开采并销售原油的企业，以及在上述领域以合资、合作等方式开采并销售原油的其他企业均应当按照规定缴纳石油特别收益金。

石油特别收益金实行五级超额累进从价定率计征，按月计算、按季缴纳。征收比率按石油开采企业销售原油的月加权平均价格确定。石油特别收益金计算公式如下：

石油特别收益金＝[(原油价格－起征原油价格)×征收比率－速算扣除数]×吨桶换算系数×汇率×原油商品率　(2-36)

在财务分析中，为简化计算，石油特别收益金的计算和缴纳均以年为单位，石油特别收益金具体征收比率及速算扣除数如表 2-4 所示。

表 2－4 石油特别收益金具体征收比率及速算扣除数

原油价格(美元/桶)	征收比率(%)	速算扣除数(美元/桶)
40～45(含)	20	0
45～50(含)	25	0.25
50～55(含)	30	0.75
55～60 (含)	35	1.50
60 以上	40	2.50

原油吨、桶换算系数为：

1 吨(t)＝7.33 桶(bbl)(全球平均)＝1174 升(L)

1 桶(bbl)＝0.137 吨(t)＝137 千克(kg) (全球平均)

(4)其他管理费是指管理费用中除摊销费、矿产资源补偿费、石油特别收益金以外的部分。根据管理费用的构成和变动规律，其他管理费用以全部定员为基础进行估算。如果没有定员计划，其他管理费以总井数为基础按单井费用指标计算。

2)财务费用

财务费用是项目筹集资金在运营期间发生的各项费用，包括利息和其他财务费用。根据油气开发建设项目特点，为简化计算，在经济评价中不计算其他财务费用。运营期间发生的利息支出，包括长期借款[长期借款利息指对建设期间借款余额(含未支付的建设期利息)应在生产期支付的利息]、流动资金借款和短期借款的利息净支出。在项目经济评价时，应根据项目(企业)具体情况及银行债权人要求选择利息计算方法。

3)营业费用

营业费用是指企业在销售商品和提供劳务等过程中发生的各项费用以及专设销售机构的经费，包括应由企业负担的运输费、装卸费、包装费、保险费、展览费、委托代销手续和广告费，以及为销售本企业商品而专设的销售机构的职工工资、福利费、业务费、物料耗费、折旧费、修理费、低值易耗品摊销以及其他经费等。营业费用按营业收入的一定比例计算。

4)勘探费用

勘探费用是指地质调查、地球物理勘探费用、其他物化探和地震费用及未发现经济可采储量探井、评价井的费用和成功探井、评价井的无效井段费用，即勘探工程投资未资本化部分。根据财务规定，勘探费列入当期损益，按 5 年直线摊销。

3. 固定成本和可变成本

成本和费用按其与油气产量的关系可分为固定成本和变动成本。

固定成本是指不受油气产量增减变动影响的各项成本费用。油气开发建设项目固定成本包括直接材料费、测井试井费、直接生产人员费用、折旧(耗)费、维护及修理费、其他直接费、厂矿管理费、摊销费、其他管理费用和财务费用。

可变成本是指随产品产量增减而成正比例变化的各项费用。油气开发建设项目可变成本包括直接燃料费、直接动力、驱油物注入费、井下作业费、稠油热采费、轻烃回收费、油气处理费、天然气净化费、运输费、营业费用、矿产资源补偿费和石油特别收益金等。

总成本费用＝油气生产成本＋管理费用＋财务费用＋销售费用 (2-37)

或 总成本费用＝固定成本＋可变成本 (2-38)

(三)经营成本

经营成本是工程项目经济评价中应用的一个很重要的成本概念,经营成本是为了经济分析方便从总成本中分离出来的一部分费用。其计算公式为:

经营成本＝总成本费用－折旧费－摊销费－财务费用 (2-39)

对油气开发建设项目进行技术经济评价时,必须考察特定经济系统的现金流出与现金流入。按照会计核算方法,总成本费用中含有既不属于现金流出也不属于现金流入的折旧费与摊销费。因此,要计算项目运营期间各年的现金流出,必须从总成本费用中将折旧费与摊销费剔除。借款利息是由于企业借用资金而付的代价,并不是生产产品实际耗费的资金,也不能计入到经营成本中去,故也不能将借款利息计入现金流出。为了计算方便,技术经济分析中将经营成本作为一个独立的现金流出项。

(四)沉没成本和机会成本

1. 沉没成本

沉没成本是指以往发生的与当前决策无关的费用。经济活动在实践上是具有连续性的,但从决策的角度来看,以往发生的费用只是造成当前状态的一个因素,当前状态是决策的出发点,当前决策所要考虑的是未来可能发生的费用及所能带来的收益,不考虑以往发生的费用。如开发已探明储量的油田,其已发生的勘探投资可以作为沉没成本考虑。

2. 机会成本

机会成本是指将一种具有多种用途的有限资源置于特定用途时所放弃的收益。当一种有限的资源具有多种用途时,可能有许多个投入这种资源获取相应收益的机会,如果将这种资源置于某种特定用途,必然要放弃其他资源投入机会,同时也放弃了相应的收益,在所放弃的机会中最佳的机会可能带来的收益,就是这种资源置于特定用途的机会成本。

例如,一个农民有一块有限的土地,若在地上种植小麦可得年收入6000元,种植大豆则可收入7000元,种棉花则可得5000元。这个农民若选择了种小麦,则机会成本为7000元(即没种大豆造成的损失),因此可判断,农民在这块土地上种小麦的方案不是最优方案。由于机会成本大于实际收益,这说明有限的资源(土地)没有得到最优的利用。显然,在技术经济分析中,沉没成本不会在现金流量中出现,而机会成本则会以各种方式影响现金流量。

(五)编制成本费用估算表

首先编制油气操作成本估算表(表2-5);其次编制固定资产折旧(折耗)与摊销计算表(表2-6),包括固定资产折旧估算、无形资产及递延资产摊销估算,其数值根据投资形成的资产估算和石油行业规定的折旧及摊销办法计算;再次编制借款还本付息计划表(表2-7)包括固定资产投资借款(或称长期投资借款)还本付息和流动资金借款还本付息的估算;最后编制总成本费用估算表(表2-8),计算各年总成本费用总额,为了便于计算经营成本,表中需先列出各年的油气生产操作成本、固定资产折旧和借款利息额。

表 2-5 油气操作成本估算表 单位:万元

序号	项目名称	合计	评价期						
			1	2	3	…	…	…	n
1	直接原材料								
2	直接燃料								
3	直接动力								
4	直接生产工人工资及福利								
5	驱油物注入费								
6	井下作业费								
7	测井试井费								
8	维护及修理费								
9	稠油热采费								
10	轻烃回收费								
11	油气处理费								
12	天然气净化费								
13	运输费								
14	其他直接费								
15	厂矿管理费								
	操作成本合计(1+2+…+15)								
	单位操作成本(元/吨)								

表 2-6 固定资产折旧(折耗)与摊销计算表 单位:万元

序号	项目名称	合计	计算期						
			1	2	3	…	…	…	n
1	固定资产折旧								
1.1	固定资产原值								
1.2	当期折旧								
1.3	固定资产净值								
2	无形资产摊销								
2.1	无形资产原值								
2.2	当期摊销								
2.3	无形资产净值								
3	其他资产摊销								
3.1	其他资产原值								
3.2	当期摊销								
3.3	其他资产净值								

表 2－7　借款还本付息计划表　单位:万元

序号	项目名称	合计	计算期						
			1	2	3	…	…	…	n
1	借款								
1.1	期初借款余额								
1.1.1	其中:长期借款								
1.1.2	流动资金借款								
1.2	当期借款								
1.2.1	其中:长期借款								
1.2.2	流动资金借款								
1.3	当期还本								
1.3.1	其中:长期借款还本								
1.3.2	流动资金还本								
1.4	当期还利息								
1.4.1	其中:长期借款还利息								
1.4.2	流动资金还利息								
1.5	期末借款余额								

计算指标:

利息备付率

偿债备付率

表 2－8　总成本费用估算表　单位:万元

序号	项目名称	合计	评价期						
			1	2	3	4	5	…	n
1	油气生产成本								
1.1	油气操作成本								
1.2	折旧(折耗)								
2	期间费用								
2.1	管理费用								
2.1.1	无形资产摊销								
2.1.2	其他资产摊销								
2.1.3	矿产资源补偿费								
2.1.4	石油特别收益金								
2.1.5	其他管理费								
2.2	财务费用								
2.2.1	长期借款利息								
2.2.2	流动资金利息								
2.2.3	短期借款利息								
2.2.4	弃置成本财务费用								
2.3	营业费用								
2.4	勘探费用								
3	总成本费用(1＋2)								
3.1	其中:固定成本								
3.2	可变成本								
4	经营成本(3－1.2－2.2)								

三、收入与税金

(一)营业收入

营业收入是企业生产经营的主要收入来源,是指销售产品或者提供劳务所获得的货币收入。营业收入是反映工程项目真实收益的经济参数,也是工程经济分析中现金流入的一个重要项目。

油气营业收入=∑[油(气)产品产量×油(气)商品率×油(气)产品销售价格] (2-40)

1. 商品率

油气商品率是油气商品量与油气产量的比率,应根据油气生产过程中发生的损耗和自用情况综合确定。

2. 销售价格

油气开发建设项目评价中采用的原油、天然气及副产品的销售价格为不含增值税价格。①原油销售价格有政府发布的按照政府定价执行,无政府定价的应该在分析国内外历史价格的基础上,采用预测出厂价;②天然气价格实行政府指导价,供需双方可以国家规定的出厂基准价为基础,在规定的浮动幅度内协商确定具体价格;③副产品如轻烃、液化气、硫磺等销售价格按国家定价或市场价格计取。

(二)补贴收入

某些项目还应按有关规定估算企业可能得到的补贴收入,包括先征后返的增值税(如煤层气的开采)和符合企业会计制度的财政补贴。补贴收入同营业收入一样,应列入利润与利润分配表、财务计划现金流量表和项目投资现金流量表与项目资本金现金流量表。应根据财政、税务部门的规定,分别计入应税收入。

(三)税金

税金是国家依据法律对有纳税义务的单位和个人征收的财政资金。国家采用这种筹集财政资金的手段叫税收。税收是国家筹集资金的一种手段,不仅可为社会主义建设积累资金,而且是国家调节经济发展和经济结构的一个重要经济杠杆,具有强制性、无偿性和固定性等特点。根据目前有关税法的规定,国家向企业和个人征收缴纳的税有10多种,目前,油气开发建设项目经济评价中涉及的税金主要有增值税、城乡维护建设税、教育费附加、资源税、所得税等。城乡维护建设税、教育费附加、资源税等构成营业税金及附加。

1. 增值税

增值税是以商品生产、流通和劳务服务各个环节的增值额为征税对象,是一种实行税款抵扣制的流转税。增值税的特点是对增值额计税,实行价外计税,征收范围广,连续征收且不重复纳税。也就是说由消费者负担,有增值才征税,没增值不征税。2009年1月1日起,扩大增值税的抵扣范围,允许抵扣购置固定资产的增值税额。增值税既不进入成本费用,也不进入营业收入。增值税作为城市维护建设税和教育费附加的计税依据,不作为项目的现金流出。

根据增值税税法和油气开发建设项目的特点,增值税可简化计算,计算公式为:

$$增值税=销项税-进项税 \tag{2-41}$$

1)销项税

按销售额和规定的税率计算出的增值税称为销项税额，由纳税人向购买方在销售价格外收取的增值税额，为销项税额。计算公式为：

$$销项税=营业收入(不含税)\times增值税税率 \tag{2-42}$$

目前，陆地原油增值税率为17%，天然气增值税率为13%；海洋原油开采增值税税率为5%；油田内部生产的自用产品、内部调拨材料和设备、提供的劳务以及产品销售过程所发生的费用免交增值税。

2)进项税

进项税额为纳税人购进货物或者接受应税劳务所支付或负担的增值税额。进项税包括建设投资中的进项税和生产成本中的进项税。

(1)建设投资进项税。建设投资中固定资产(主要是机器、机械、运输工具以及其他与生产、经营有关的设备、工具、器具等)允许抵扣进项税。

(2)生产成本进项税。在油气开发建设过程中消耗的外购材料、动力等支付的增值税，均应该予以扣除；为缓解原油、天然气产量递减所进行的各种油田维护、井下作业等，属于措施性工作，其消耗的材料和动力等是采油、采气成本的一部分，其进项税额也应该扣除。按生产要素法计算，计算时成本项所采用的价格是不含税价格。

材料费、燃料费、动力费按100%的比例计算增值税进项税额，计算方法为：

$$进项税额=(材料费+燃料费+动力费)\times100\%\times增值税税率 \tag{2-43}$$

维护及修理费、稠油热采费、轻烃回收费按50%的比例计算增值税进项税额，计算方法为：

$$进项税额=(维护及修理费+稠油热采费+轻烃回收费)\times50\%\times增值税税率 \tag{2-44}$$

井下作业费、驱油物注入费、测井试井费、油气处理费、天然气净化费按30%的比例计算增值税进项税额，计算方法为：

$$进项税额=(井下作业费+驱油物注入费+测井试井费+油气处理费+天然气净化费)\times30\%\times增值税税率 \tag{2-45}$$

2. 营业税金及附加

营业税金及附加包括城乡维护建设税、教育费附加、资源税等。

1)城乡维护建设税

城乡维护建设税是以缴纳的增值税、消费税、营业税税额为计税依据，专项用于城乡维护和建设资金来源的一个税种。税率根据项目所在地分市区，县、镇和县镇以下3个不同等级确定。目前城乡维护建设税仍以增值税为计税基础。计算公式为：

$$城乡维护建设税=增值税额\times税率 \tag{2-46}$$

石油开采项目征收的城乡维护建设税税率为：城区7%；县、镇5%；县镇以下3%。

2)教育费附加

教育费附加是为了加快地方教育事业的发展，扩大地方教育经费的资金来源而开征的一种税。教育费附加是对缴纳增值税、消费税、营业税的单位和个人征收的一种附加税，专项用于发展地方性教育事业，计税依据也是增值税额，税率由地方确定，其计算公式为：

$$教育费附加=增值税\times教育费附加率 \tag{2-47}$$

油气田开发项目征收的教育费附加率为3%。

3)资源税

资源税是为调节资源级差收入,促进企业合理开发资源,加强经济核算,提高经济效益而征收的一种税,目前主要对生产矿产品和生产盐的单位及个人征税。开采油气过程中用于加热、修井等油气免资源税,油气在储存集输过程所损耗免资源税。从2011年11月1日起实施新的资源税条例,原油、天然气开采的资源税按营业额的5%～10%征收。计算公式为:

$$资源税=营业额\times(5\%\sim10\%) \tag{2-48}$$

3. 所得税

企业所得税是指对中华人民共和国境内的企业(外商投资企业和外国企业除外)的生产经营所得征收的一种税。它是国家与企业利润分配并直接调节其利润水平的一个关键性税种。国家对企业生产、经营和其他所得一律按25%的统一税率征收企业所得税。计算公式为:

$$应纳所得税额=应纳税所得额\times所得税率 \tag{2-49}$$

$$应纳税所得额=利润总额-准予扣除项目金额 \tag{2-50}$$

所得税法规定,企业每一纳税年度的收入总额,减除不征税收入、免税收入、各项扣除以及允许弥补以前年度亏损后的余额,为应纳税所得额。企业纳税年度发生的亏损,准予向以后年度结转,用以后年度的所得弥补,但结转年限最长不得超过5年,5年内不足以弥补的,用税后的利润等弥补。因此,当财务评价中出现年度亏损时应该注意用下一年的所得予以弥补。

在项目融资前分析中的所得税为息税前所得税,称为调整所得税,以息税前利润为计算基础。

4. 编制营业收入与营业税金及附加

营业收入由预测的产量、商品率和价格计算,营业税金及附加按税务部门规定计算,如表2-9所示。

四、利润

利润是企业经济目标的集中表现,投资项目投产后所获得的利润可分为利润总额和净利润(税后利润)两个层次。

利润总额是营业收入减去营业税金及附加和总成本费用之和后的余额。即:

$$利润总额=营业收入-总成本费用-营业税金及附加 \tag{2-51}$$

$$净利润=利润总额-所得税 \tag{2-52}$$

企业缴纳所得税后的利润除国家另有规定者外,税后利润一般按照下列顺序分配:①被没收的财产损失,支付各项税收的滞纳金和罚款;②弥补企业以前年度的亏损;③提取法定盈余公积金,法定盈余公积金用按照税后利润扣除前两项后的10%提取,盈余公积金已达注册资金50%时不可再提取;④向投资者分配利润,企业以前年度未分配的利润,可以并入本年度向投资者分配。

表 2-9　营业收入、营业税金及附加计算表　单位:万元

序号	项目名称	合计	计算期						
			1	2	3	…	…	…	n
1	营业收入								
1.1	原油营业收入								
1.1.1	原油商品量								
1.1.2	原油价格								
1.1.3	销项税								
1.2	天然气营业收入								
1.2.1	天然气商品量								
1.2.2	天然气价格								
1.2.3	销项税								
1.3	其他产品营业收入								
1.3.1	其他产品商品量								
1.3.2	其他产品价格								
1.3.3	销项税								
2	增值税(2.1－2.2)								
2.1	销项税(1.1.3＋1.2.3＋1.3.3)								
2.2	进项税								
3	营业税金及附加								
3.1	城乡建设维护税								
3.2	教育费附加								
3.3	资源税								

第三节　现金流量中经济要素间的关系

油气开发建设投资、成本、收入、税金和利润是项目各阶段经济活动的体现，是石油技术经济分析的基本经济要素。

为保证工程项目的投产经营，首先要进行项目基本建设，投入资金即购买机器设备、施工安装、建设建筑物等，这部分投资形成资产(如固定资产、无形资产、其他资产和流动资产)。资产用于生产(或服务)经营，生产产品(或提供劳务)产生营业收入。营业收入取得后向国家缴纳营业税金及附加，然后扣除总成本费用，得到利润总额。企业在取得利润后须向税务部门申报缴纳所得税，所得税后利润作为企业净利润，可用于弥补以前年度亏损、提取盈余公积金、向投资者分配利润等。

项目每次从营业收入中扣除总成本费用，总成本费用中的折旧与摊销用于弥补固定资产、无形资产和其他资产的磨损或耗损，回收项目投资；总成本费用中的经营成本所含原材料、燃料动力费用于补偿当期产品生产中原材料、燃料动力等流动资金投资。

投资、收入、成本、税金和利润之间的关系如图 2-4 所示。

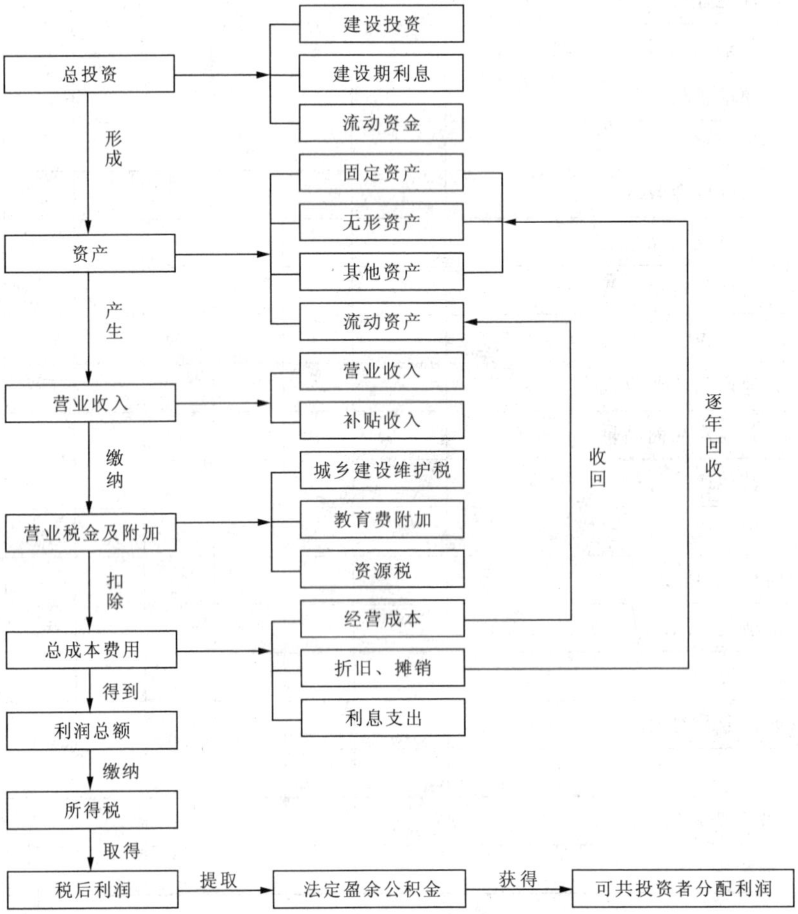

图 2-4　投资、收入、成本、税金和利润之间的关系图

思考与练习

1. 建设项目总投资由哪几部分组成？各部分如何估算？
2. 总成本费用由哪几部分组成？各部分包括哪些项目？
3. 总成本费用和经营成本有什么区别？
4. 生产成本和操作成本有什么区别？
5. 固定成本和变动成本有什么区别？分别由哪些费用组成？
6. 何谓固定资产和流动资产？
7. 年净现金流量包含年折旧费吗？为什么？

8. 有哪些折旧方法？不同的折旧方法各有什么特点？

9. 固定资产原值、固定资产净值及固定资产残值的含义是什么？

10. 石油工业中营业税金及附加包括哪些税及费用？各种税怎样计算？增值税、资源税、所得税的征税对象分别是什么？

11. 什么是现金流量、净现金流量？石油工业企业中常见的现金流入和现金流出分别有哪些？

12. 简述营业收入、总成本费用、税金和利润的关系。

13. 某建设项目固定资产投资第1年为4184万元，第2年为6973万元，第3年为2780万元，假设投资全部均为借款，年利率为10%，计算建设期利息。

14. 假设第13题中的固定资产经营期为5年，固定资产残值率为5%，试以平均年限法、双倍余额递减法及年数总和法计算每年的折旧额。

15. 假定第13题中估算期到建设期开始年的年数为两年，年价格上涨指数为6%，试求每年的涨价预备费。

第三章　资金的时间价值与等值计算

学习要点

- 了解资金时间价值的概念、产生的原因及影响资金时间价值的因素
- 掌握利息计算的方法
- 熟悉名义利率和实际利率的关系及年实际利率的计算
- 掌握各种资金等值计算公式并能熟练应用

第一节　资金时间价值的基本概念

一、资金的时间价值

（一）资金时间价值的概念

所有项目的建设与运行、技术方案的实施，都有一个时间上的延续过程。资金的时间价值是指资金的价值与时间有关，它的价值随时间的推移发生了增加或减少的变化，其增加或减少的部分称为资金的时间价值。

例如，我们把钱存入银行，一定时期后，我们所得到的资金就不是原来的价值，而是按一定利率计算的本利和，即资金发生了变化，多出的资金是银行付给我们的存款利息。又如，用一定的资金开办工厂，工厂投产后得到了一定的预期利润，这样，原始投资资金的价值也发生了变化。其资金价值的变化额（存款利息或预期利润）就是资金在该时期的时间价值。

（二）资金时间价值产生的原因

(1)从投资者的角度来看。资金之所以会发生增值，是因为资金属于商品经济范畴的概念，在商品经济条件下，当资金进入生产和流通领域以后，利用流通和交换使货币转换成劳动资料，再经过生产领域，由劳动者加工成新的产品，形成新的价值，这些新的产品再次回到流通领域，完成资金的循环。资金的运动伴随着生产与交换活动会给投资者带来利润，从而实现价值的增值。从投资者角度讲，资金的增值特性使资金具有时间价值。

(2)从消费者的角度来看。资金的时间价值体现为对放弃所做的必要补偿。资金一旦用来投资（如消费者用自己的收入去购买有价证券、购买房屋或存入银行），就不能用于现期消费。牺牲目前消费的目的是为了能在将来的消费中得到比现期消费更大的效用，个人储蓄及投资的动机和国家积累的目的都是如此。因此，从消费者的角度讲，资金的时间价值体现为对放弃现期消费损失的一种必要补偿。

(三)影响资金时间价值的因素

资金的时间价值受很多因素的影响,从投资者角度看主要有以下几个方面:

(1)投资收益率。它是资金在一定时期内价值的增量与本金的比值。一般来讲,在其他条件不变的情况下,投资收益率越大,资金的时间价值越大。例如,一项投资的年收益率为10%时,1000元资金一年的时间价值是100元;收益率是15%时,1000元资金一年的时间价值是150元,显然投资收益率为15%的资金时间价值大于10%的资金时间价值。

(2)时间。在其他条件不变的情况下,时间越长,资金的时间价值越大;反之越小。例如,100元以10%的投资收益率投资两年的时间价值为121元,大于投资一年的时间价值110元。

(3)通货膨胀。如果出现通货膨胀,会使资金贬值,资金的时间价值增大,即对因货币贬值造成的经济损失给予补偿。

(4)风险因素。投资是一项充满风险的活动。项目投资以后,其寿命期、每年的收益等都可能发生变化,既可能使项目遭受损失,也可能使项目获得意外收益,这就是风险的影响。风险往往同收益成正比,风险越大的项目,一旦经营成功,其收益也越大,即对因风险的存在可能带来的损失所应做的补偿。

二、衡量资金时间价值的尺度

1. 利息与盈利

利息的概念可以理解为:①利息就是资金所有者出借资金使用权所获得的报酬;②利息就是资金使用者获得资金使用权所付出的代价;③利息就是对时间的支付,是随时间的推移按一定利率而计的报酬。例如,将一笔资金存入银行,这笔资金称为本金。经过一段时间后,储户可在本金之外提到一笔利息,这一过程可表示为:

$$F_n = P + I_n \tag{3-1}$$

式中:F_n 为本利和;P 为本金;I_n 为利息;下标 n 表示计算利息的周期数。计息周期是指计算利息的时间单位,如“年、季、月、日”等。

盈利是把资金投入生产建设所获得的那部分资金增值,也称为利润。

2. 利率与盈利率

利率是指一家银行或其他借款者为了在一段时间里使用货币而必须支付给一个出借人的价格。利息通常根据利率来计算。利率是指在一个计息周期内所得到的利息与借贷金额(即本金)之比,通常用百分数表示。表达式为:

$$i = \frac{I_1}{P} \times 100\% \tag{3-2}$$

式中:i 为利率;I_1 为一个计息周期的利息。

利率是银行根据国家的政治、经济形势及政策方针确定的,它可以反映国家在一定经济发展时期的经济状况及特色。利率的经济含义是每单位本金经过一个计息周期后的增值额。

盈利率是利润与原投入的资金的比率,又称为资金使用报酬率,一般用百分数表示。

在石油技术经济分析中,利息与盈利、利率与盈利率是不同的概念,一般在研究某一项目投资的经济效果时，往往使用盈利（利润）和盈利率的概念，而在计算分析资金信贷时，则使用利息与利率的概念。

三、计算资金时间价值的方法

利息的计算有单利法和复利法两种。

（一）单利法

单利法是每期按原始本金计算利息，即不管计息周期为多少，第一期按原始本金计息一次，利息不再生息。此时，利息的大小与本金、利率、计息期成正比。

若以 P 代表本金，i 表示计息周期内的利率，n 代表计息次数，F 代表本利和，则单利法计算每期利息和本利和的过程见表 3-1。

表 3-1 单利法利息及本利和计算过程

计息周期	期初欠款	当期利息	期末本利和
0	P	0	$P+0$
1	P	Pi	$P+Pi=P(1+i)$
2	$P(1+i)$	Pi	$P(1+i)+Pi=P(1+2i)$
3	$P(1+2i)$	Pi	$P(1+2i)+Pi=P(1+3i)$
4	$P(1+3i)$	Pi	$P(1+3i)+Pi=P(1+4i)$
⋮	⋮	⋮	⋮
n	$P[1+(n-1)i]$	Pi	$P[1+(n-1)i]+Pi=P(1+ni)$

单利计息时的利息计算公式为：

$$I_n=Pni \tag{3-3}$$

n 个计息期后的本利和为：

$$F_n=P(1+ni) \tag{3-4}$$

【例 3-1】 某石油公司现存入银行 100 万元，共存 5 年，年利率为 6%，问 5 年后本利和是多少？

【解】 $F_5=P(1+5i)=100(1+5\times6\%)=130$（万元）

（二）复利法

复利法计算利息，是指在计算利息时，不仅本金生息，而且利息还要生息，俗称“利滚利”。在计算利息时，将本金加上先前周期累计利息之和为基数，来计算各期利息。

若仍以 P 代表本金，i 表示计息周期内的利率，n 代表计息次数，F 代表本利和，则复利法计算每期利息及本利和的过程如表 3-2 所示。

表 3-2　复利法利息及本利和计算过程

计息周期	期初欠款	当期利息	期末本利和
0	P	0	$P+0$
1	P	Pi	$P+Pi=P(1+i)$
2	$P(1+i)$	$P(1+i)i$	$P(1+i)+P(1+i)i=P(1+i)^2$
3	$P(1+i)^2$	$P(1+i)^2 i$	$P(1+i)^2+P(1+i)^2 i=P(1+i)^3$
4	$P(1+i)^3$	$P(1+i)^3 i$	$P(1+i)^3+P(1+i)^3 i=P(1+i)^4$
⋮	⋮	⋮	⋮
n	$P(1+i)^{n-1}$	$P(1+i)^{n-1} i$	$P(1+i)^{n-1}+P(1+i)^{n-1} i=P(1+i)^n$

由表 3-2 可以看出用复利计算公式为：

$$F_n=P(1+i)^n \tag{3-5}$$

【例 3-2】 在例 3-1 中，若采用复利法计算，5 年后的本利和是多少？

【解】 $F_5=P(1+i)^5=100(1+6\%)^5=133.8$(万元)

很明显，单利法计算的利息永远不会大于复利法计算的利息，这也说明复利法更充分地反映了资金的时间价值。因此，在石油工业技术经济学中，一般都用复利法来计算利息。但是，由于单利法计算方便，因此在现实生活中，银行存款就用单利法计算利息。

(三)名义利率和实际利率

在技术经济分析中，复利的计算通常是以年为计息周期，但在实际经济活动中，计息周期有年、季、月、日等多种。当利率的时间单位与计息周期不一致时，同样的年利率下，不同计息周期所得的利息不同，这是因为名义利率与实际利率不同，这样就出现了不同计息周期的利率换算问题。

名义利率是计息周期的利率与一年的计息次数之乘积。假如按月计算利息，且其月利率为 1%，通常称为“年利率 12%，每月计息一次”。这个年利率 12%称为“名义利率”。若按单利计息，名义利率与实际利率是一致的。但是按复利计息，上述“年利率 12%，每月计息一次”的实际年利率就不等于名义利率。

例如，有本金为 1000 元，年利率为 12%，每年计息一次，一年后的本利和为：

$$F=1000(1+0.12)=1120(\text{元})$$

按年利率 12%，每月计息一次，一年后的本利和为：

$$F=1000\left(1+\frac{0.12}{12}\right)^{12}=1126.18(\text{元})$$

实际年利率 i 为：

$$i=\frac{I}{P}\times 100\%=\frac{F-P}{P}\times 100\%=\frac{1126.18-1000}{1000}\times 100\%=12.68\%$$

这个“12.68%”就是实际利率。

由于按名义利率计算相当于将本金与年利率运算后得到年息而得出的利率，而按实际利率计算，如每月计息一次，即是将年利率除以 12，每月计息一次，计算后，利息连同本金作为下一次计息的本金(复利)，这样得出的年利息显然高于名义利率得出的利息，即实际利率高于名义利率。

设名义利率为 r，一年中计息次数为 m，则一个计息周期的利率应为 r/m，一年后的本利和为：

$$F=P\left(1+\frac{r}{m}\right)^{m}$$

利息为：$$I=F-P=P\left(1+\frac{r}{m}\right)^{m}-P$$

按利率定义得实际利率 i 为：

$$i=\frac{I}{P}=\frac{P(1+\frac{r}{m})^{m}-P}{P}=\left(1+\frac{r}{m}\right)^{m}-1$$

所以名义利率转换成实际利率的公式为：

$$i=\left(1+\frac{r}{m}\right)^{m}-1 \qquad (3-6)$$

由名义利率和有效利率的关系可见：当 $m=1$ 时，$i=r$，实际利率等于名义利率；只要一年中的计息次数 $m>1$ 时，$i>r$，实际利率大于名义利率，并且计息次数越多，两者差别越大；当 $m\to\infty$时，即按连续复利计算时，i 与 r 的关系为：

$$i=\lim_{m\to\infty}\left[\left(1+\frac{r}{m}\right)^{m}-1\right]$$

$$i=\lim_{m\to\infty}\left[\left(1+\frac{r}{m}\right)^{\frac{m}{r}}\right]^{r}-1=e^{r}-1$$

则连续复利的利率为：$i=e^{r}-1(e=2.718\,28)$ (3-8)

在上例中，若按连续复利计算，实际利率为：

$$i=e^{0.12}-1=1.1275-1=12.75\%$$

实际利率对于描述一年之内利上滚利的复利效果是有用的。表 3-3 给出了名义利率为6%时，分别按年、半年、季、月、日，按连续不同计息周期计算的年实际复利计算结果。

表 3-3 不同计息周期情况下的实际利率的计算比较

计息周期	一年中的计息周期数(m)	年名义利率(r)%	各期的有效利率(r/m)%	年有效利率(i)%
年	1	6%	6.0000	6.0000
半年	2	6%	3.0000	6.0900
季	4	6%	1.5000	6.1364
月	12	6%	0.5000	6.1678
日	360	6%	0.0164	6.1799
连续	∞	6%	——	6.1837

复利计息有间断复利和连续复利之分。如果计息周期为一定的时间区(如年、季、月)并按复利计息，称为间断复利；如果计息周期无限缩短，则称为连续复利。从理论上讲，资金在不停地运动，每时每刻都通过生产和流通在增值，但是在实际商业活动中，计息周期不可能无限缩

短，因而采用较为简单的间断复利计息。

【例 3－3】 某石油企业欲向银行贷款 1000 万元，借款期为 3 年，银行提出了两种借款方案，甲方案为年利率 6％，按月计复利；乙方案为年利率 6.15％，按年计复利。问企业会选择哪种方案？

【解】 甲方案按月计算复利，月利率为 6％÷12＝0.15％，借款在第 3 年末本利和为：

$$F=1000(1+0.5)^{36}=1196.68(\text{万元})$$

乙方案按年计算复利，借款在第 3 年末本利和为：

$$F=1000(1+6.15)^{3}=1196.08(\text{万元})$$

甲方案第 3 年末应支付的利息为：1196.68－1000＝196.68(万元)

乙方案第 3 年末应支付的利息为：1196.08－1000＝196.08(万元)

虽然乙方案的年利率比甲方案的年利率要高，但由于计息周期不同，最终实际支付的利息比甲方案少，故企业应选择乙方案。

第二节　资金等值计算及基本公式

一、资金等值的概念

在石油技术经济分析中，资金时间价值的等值是一个非常重要的概念。资金等值是指在考虑时间因素的情况下，不同时间的两笔资金或一系列资金，可按某一利率换算至某相同的时点使之彼此“相等”，这就是资金等值的概念。资金等值是考虑货币时间价值的等值，即不同时期绝对值不等而价值相等的资金。例如，今年 100 元，在年利率 10％复利条件下，一年后相当于 110 元，两年后相当于 121 元等等。从资金的绝对值看，100 元不等于 110 元和 121 元，是在年利率 10％的条件下，可以说今年的 100 元与一年后的 110 元和两年后的 121 元其价值是相等的。在石油技术经济评价中，等值是必须运用的一个十分重要的概念。

下面以借款、还本付息的例子来进一步说明资金等值的概念。

【例 3－4】 某石油企业以年利率 8％向银行借款 10 000 万元，在 4 年内将本利还清。这笔借款有很多种归还方式，现选择 3 种归还方法列于表 3－4。

第一种方法：前三年每年年末仅偿还借款的利息 10 000×8％＝800 万元，第 4 年末归还全部借款和第 4 年借款的利息。

第二种方法：将所借本金作分期均匀摊还，每年年末偿还本金 2500 万元，同时偿还到期利息。由于所欠本金逐年递减，所以利息也随之递减，至第 4 年末全部还清。

第三种方法：在 4 年中对本金和利息不作任何偿还，只是在最后的第 4 年末将本利一次偿还清。

从上面的例子可以看出，如果年利率为 8％不变，上述 3 种不同偿还方法与原来的 10 000 万元本金是等值的。从借款人的立场来看，企业如果同意今后以 3 种方案中任何一种方案来偿还借款，企业今天就可以得到 10 000 万元的使用权。从贷款银行立场来看，今后以 3 种方案中任何一种都可以抵偿他现在所贷出的 10 000 万元，因此现在银行愿意提供 10 000 万元的贷款。

表 3-4　3 种特殊的等值形式　　单位:万元

偿还方法 ①	年 ②	年初欠款金额 ③	欠款利息额 ④=③×8%	年末欠款金额 ⑤=③+④	归还利息 ⑥	归还本金 ⑦	年终还款总额 ⑧=⑥+⑦
一	1	10 000	800	10 800	800	0	800
	2	10 000	800	10 800	800	0	800
	3	10 000	800	10 800	800	0	800
	4	10 000	800	10 800	800	10 000	10 800
	Σ		3200				13 200
二	1	10 000	800	10 800	800	2500	3300
	2	7500	600	8100	600	2500	3100
	3	5000	400	5400	400	2500	2900
	4	2500	200	2700	200	2500	2700
	Σ		2000		2000	10 000	12 000
三	1	10 000	800	10 800	0	0	0
	2	10 800	864	11 664	0	0	0
	3	11 664	933	12 597	0	0	0
	4	12 597	1008	13 605	3605	10 000	13 605
	Σ		3605		3605	10 000	13 605

1. 现值(P)

现值是指现在时刻的货币价值或者说把某一时刻的货币价值换算成现在的价值,即现值,又称为“期初值”或“基期的价值”。需要说明的是,“现值”并非专指一笔资金“现在”的价值,它是一个相对的概念。一般来说,将 $t+n$ 个时点上发生的资金折现到第 t 个时点上,所得到的等值金额就是第 $t+n$ 个时点上资金金额的现值,现值用符号 P 表示。现值 P 的现金流量如图 3-1 所示。

2. 将来值(F)

在复利条件下,按一定利率可以将“现值”换算到将来某一时刻的价值,即将来值,又称为“终值”“期末值”或“本利和”。终值用符号 F 表示。终值 F 的现金流量如图 3-2 所示。

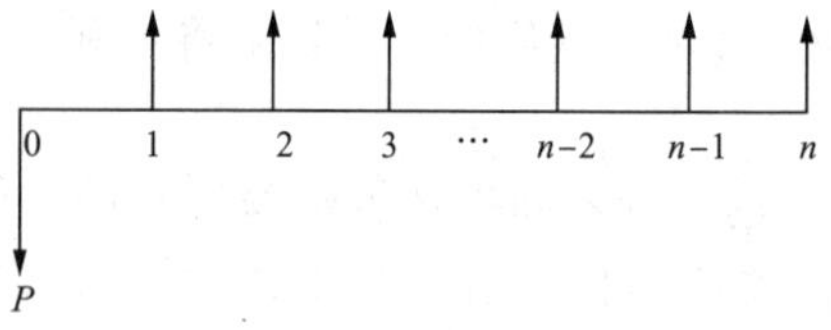

图 3-1　现值(P)的现金流量图

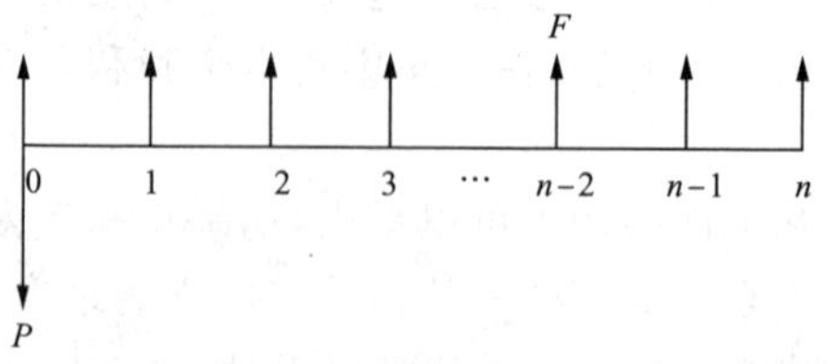

图 3-2　终值(F)的现金流量图

现值与终值是相对的概念,在确定利率情况下,如果第 n 周期的资金值 a 是第 $n-m$ 周期

的资金值 b 的终值，则 b 是 a 的现值；如果 a 又是第 $n+k$ 周期的资金值 c 的现值，则 c 是 a 的终值；此时 b 和 c 也互为现值和终值。现值与终值之间的关系为：

$$终值=现值+复利利息 \tag{3-7}$$

$$现值=终值-复利利息 \tag{3-8}$$

3. 年金(A)

年金又称等年值。表示一个期末支付的等额均匀序列。要满足这个定义，它们必须是等量的支付，并且必须出现在每一个周期的末尾，而且是连续的。年金用符号 A 表示。年金 A 的现金流量如图 3－3 所示。

4. 递增(或递减)年值(G)

递增(或递减)年值是指在第一年末的现金流量的基础上，以后每年末递增(或递减)一个数量 G，G 称为"等差值"或梯度，第一年末的现金流量称为基础付款额，递增年值的现金流量如图 3－4 所示。

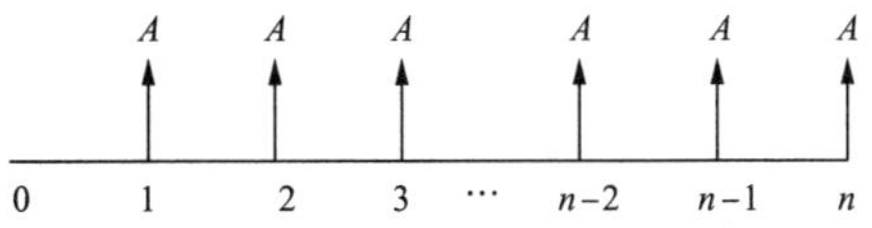

图 3－3　年金(A)的现金流量图

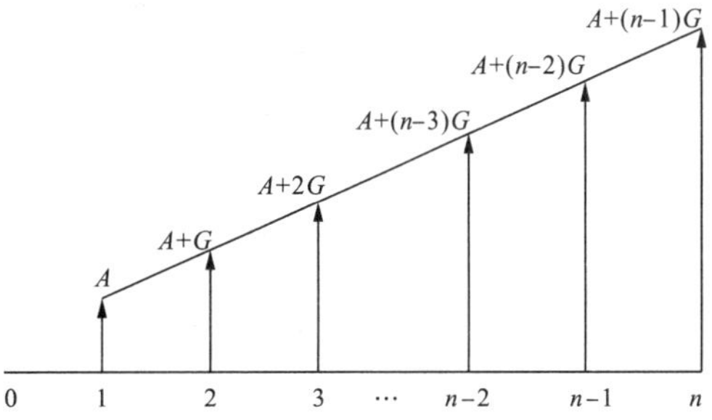

图 3－4　递增年值的现金流量图

根据资金等值的概念，价值测度 P、F、A、G 之间可以互相转换，即现金流量可以转换成不同的形式。

利用等值的概念，可以把一个时点发生的资金金额换算成另一个时点的等值金额，这一过程叫资金等值计算。把将来某一时刻的资金金额换算成现在时点的等值金额称为"折现"或"贴现"。

进行资金等值计算中使用反映资金时间价值的参数叫折现率，例 3－3 中是以银行利率(6%)作为折现率的。

二、资金等值计算基本公式

在石油工业技术经济分析中，为了考察投资项目的经济效果，必须对项目寿命期内不同时间发生的全部费用和全部收益进行计算及分析。在考虑资金时间价值的情况下，不同时间发生的收入或支出，其数值不能直接相加或相减，只能通过资金等值计算将它们换算到同一时点上进行分析。资金等值计算是借助于普通复利计算公式来进行的。

(一)一次支付类型

一次支付又称整付，是指所分析系统的现金流量，无论是流出还是流入，均在一个时点上发生。对于所考虑的系统来说，如果在考虑资金时间价值的条件下，现金流入恰恰能补偿现金流出，则 F 与 P 就是等值的。F 是 P 的终值，P 是 F 的现值。

1. 一次支付终值公式

已知期初投资为 P，期利率为 i，求第 n 期期末的终值（本利和）F 是多少。一次支付现金流量图如图 3－5 所示。

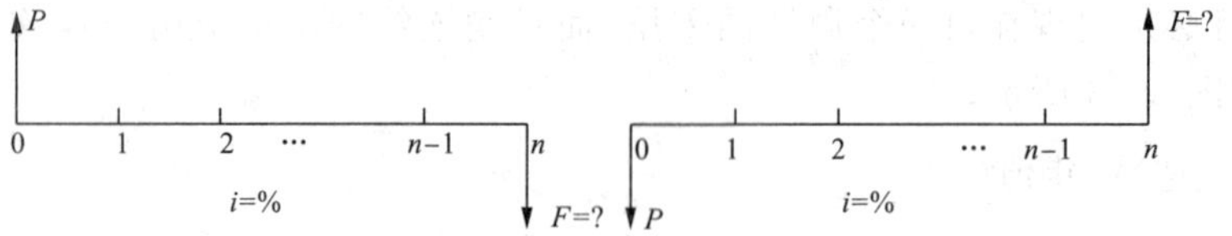

图 3－5　一次支付终值现金流量图

$$F=P(1+i)^n \tag{3-9}$$

公式（3－9）与复利计算的本利和公式（3－5）相同。但在等值计算中，一般称 P 为现值；F 为终值；i 为折现率；n 为时间周期数。$(1+i)^n$ 为一次支付复利终值系数，也可以用符号 $(F/P,i,n)$ 表示，其中斜线右边字母表示已知的数据与参数，左边表示欲求的等值现金流量，其系数可通过查“一次支付终值系数表”求得。则式（3－9）可简化为：

$$F=P(F/P,i,n) \tag{3-10}$$

【例 3－5】　某石油公司决策进行油气开发项目，需向银行借款 10 000 万元，年利率为 6%，一年计息一次，借期 3 年，问 3 年后一次归还银行的终值（本利和）金额是多少？

【解】　3 年后归还银行的本利和应与现在的借款金额等值，折现率就是银行利率。

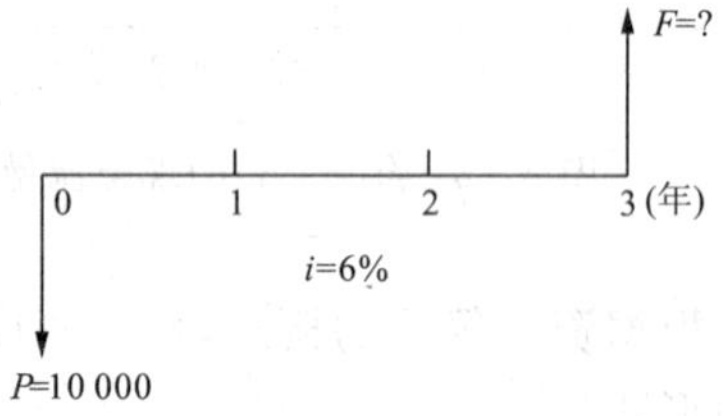

图 3－6　一次支付 10 000 元的现金流量图

解法一：由式（3－9）得：

$F=P(1+i)^n=10\ 000(1+6\%)=11\ 910$（万元）

解法二：查复利系数表，$i=6\%$，$n=3$ 的一次支付终值系数 $(F/P,6\%,3)$ 为 1.191，由式（3－10）得：

$$F=P(F/P,i,n)=10\ 000(F/P,6\%,3)=10\ 000\times1.191=11\ 910\text{（万元）}$$

3 年后一次归还银行 11 910 万元。

2. 一次支付现值公式

已知第 n 期期末的终值 F，期利率为 i，求现值 P 是多少？一次支付现值现金流量图如图 3－7 所示。此问题与一次支付终值问题正好相反。由式（3－9）可直接推导出一次支付现值公式：

$$P=F\left[\frac{1}{(1+i)^n}\right] \tag{3-11}$$

式（3－11）中 $\frac{1}{(1+i)^n}$ 为一次支付现值系数，亦可用 $(P/F,i,n)$ 表示，系数可通过查“一次支付现值系数表”求得。则式（3－11）可简化为：

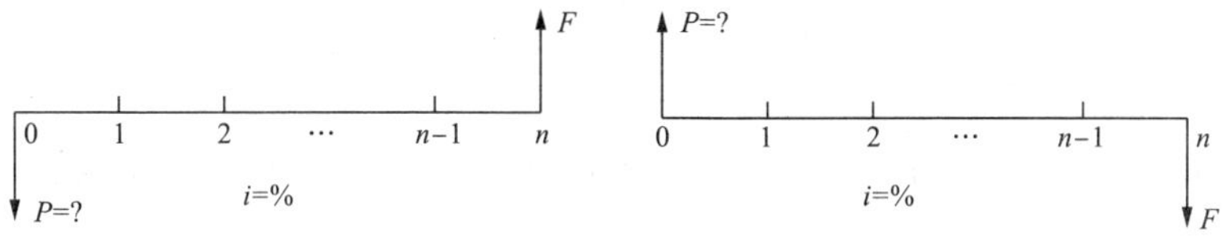

图 3-7　一次支付现值现金流量图

$$P=F(P/F,i,n) \tag{3-12}$$

【例 3-6】 某采油厂要想在 5 年末一次从银行提取 5000 万元钱，年利率为 15%，问现在必须一次性存入银行多少钱？

【解】 根据题意画出现金流量图如图 3-8 所示。

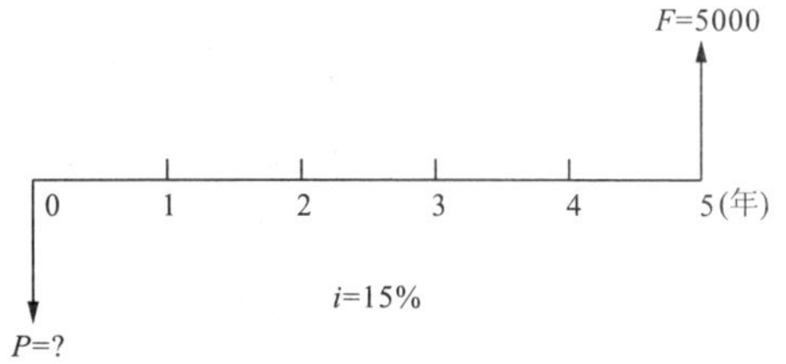

图 3-8　5 年末一次提取 5000 元的现金流量图

解法一：由式(3-11)得：

$$P=F\left[\frac{1}{(1+i)^n}\right]=5000(1+15\%)^{-5}$$

$$=2486(万元)$$

解法二：查复利系数表，$i=15\%$，$n=5$ 的一次支付现值系数$(P/F,15\%,5)$为 0.4972

由式(3-12)得：

$$P=F(P/F,i,n)=5000(P/F,15\%,5)=5000\times0.4972=2486(万元)$$

现在必须一次性存入银行 2486 万元。

(二)等额支付类型

等额分付是多次支付形式中的一种。多次支付是指现金流入和现金流出在多个时点上发生，而不是集中在某一个时点上。现金流数额的大小可以是不等的，也可以是相等的。当现金流序列是连续的，且数额相等，则称为等额系列现金流。下面介绍等额系列现金流的 4 个等值计算公式。

1. 等额支付年金终值公式

已知每期期末等额支付资金额为 A，连续支付 n 期，期利率为 i，求第 n 期的终值 F。如图 3-9 所示，从第 1 年末至第 n 年末有一等额的现金流序列，在考虑资金时间的条件下，n 年内系统的总现金流出等于总的现金流入，n 年末的现金流入 F 应与等额现金流出序列等值。F 相当于等额年值序列的终值，可把等额序列视为 n 个一次支付的组合，利用一次支付终值公式推导出等额分付终值公式：

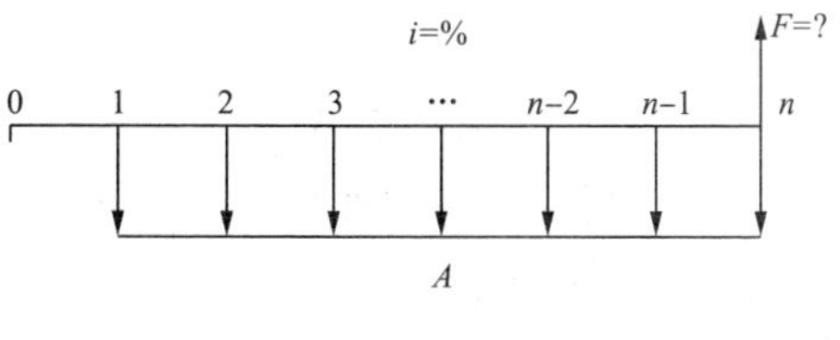

图 3-9　等额序列的现金流量图

$$F=A+A(1+i)+A(1+i)^2+A(1+i)^3+\cdots+A(1+i)^{n-2}+A(1+i)^{n-1} \quad ①$$

将式①两边×$(1+i)$得式②：

$$(1+i)F=A+A(1+i)+A(1+i)^2+A(1+i)^3+\cdots+A(1+i)^{n-1}+A(1+i)^n \quad ②$$

式②－式①，得等额分付年金终值公式：

$$F=A\left[\frac{(1+i)^n-1}{i}\right] \tag{3-13}$$

式(3－13)中$\frac{(1+i)^n-1}{i}$为等额分付年金终值系数，亦可用$(F/A,i,n)$表示。其值可以通过查“等额支付年金终值系数表”求得。则式(3－13)可简化为：

$$F=A(F/A,i,n) \tag{3-14}$$

【例 3－7】　某采油厂连续 6 年每年年末从利润中提取 300 万元存入银行，年利率为 10%，问 6 年后一次可以提取多少万元？

【解】　根据题意画现金流量图如图 3－10 所示。

查复利系数表，$i=10\%$，$n=6$ 的等额支付终值系数$(F/A,10\%,6)$为 7.716，由式(3－14)得：

$$F=300(F/A,10\%,6)=300\times7.716=2314.8(\text{万元})$$

6 年后一次可以提取 2314.8 万元。

2. 等额支付资金积累公式

已知第 n 期期末的将来值为 F，期利率为 i，求连续 n 期每期期末的等额支付值 A。等额支付资金积累公式是上述等额支付终值公式的逆运算，现金流量图如图 3－11 所示。由式(3－13)直接推导出等额支付资金积累公式：

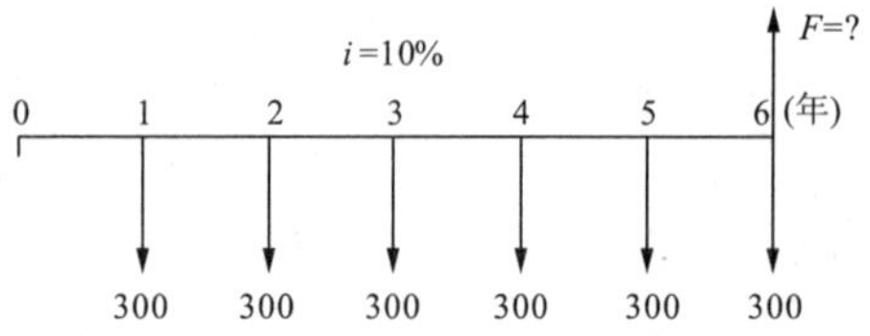

图 3－10　等额提取 300 万元的现金流量图

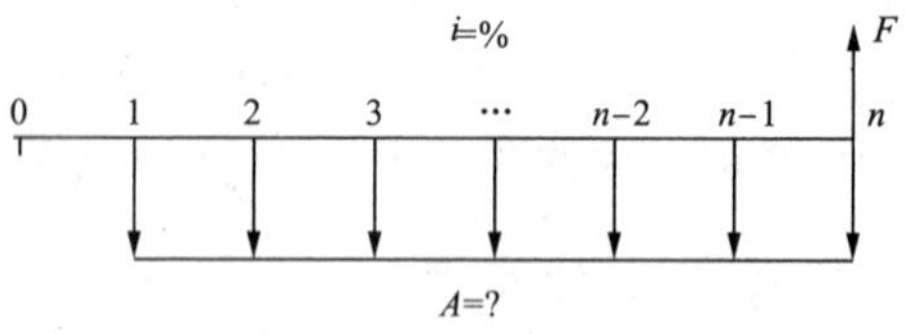

图 3－11　等额序列的现金流量图

$$A=F\left[\frac{i}{(1+i)^n-1}\right] \tag{3-15}$$

式(3－15)中$\frac{i}{(1+i)^n-1}$为等额支付资金积累系数，亦可以用$(A/F,i,n)$表示，其系数可查“等额支付资金积累系数表”求得。则式(3－15)可简化为：

$$A=F(A/F,i,n) \tag{3-16}$$

【例 3－8】　有一炼油厂欲在 8 年末更新一台设备，其购置费为 40 万元，年利率为 10%。现在每年应该存入银行多少万元？

【解】　根据题意画现金流量图如图 3－12 所示。

查复利系数表，$i=10\%$，$n=8$ 的等额支付资金积累系数$(A/F,10\%,8)$为 0.087 44，由式(3－16)得：

$$A=F(A/F,i,n)=40(A/F,10\%,8)=40\times0.08744=3.498(\text{万元})$$

现在每年应该存入银行 3.498 万元。

3. 等额支付年金现值公式

已知每期期末等额支付资金为 A，连续支付 n 期，期利率为 i，求现值 P。现金流量图如图

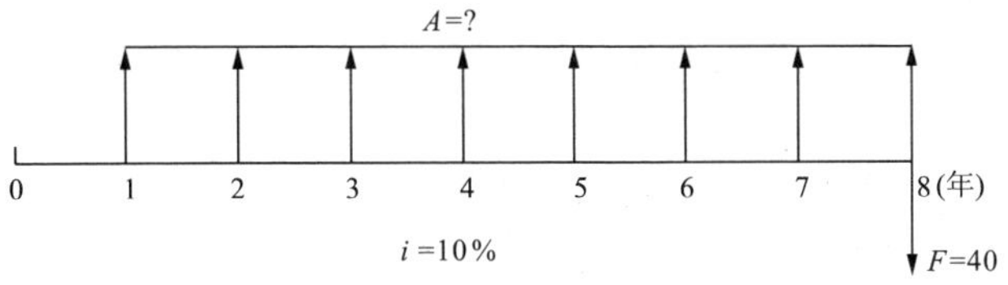

图 3-12　40 万元购置费的等额序列现金流量图

3-13 所示。

在考虑资金时间价值的条件下，n 年内系统的总现金流出等于总现金流入，则第 0 年末的现金流出 P 应与从第 1 年到第 n 年的等额现金流入序列等值，P 就相当于等额年值序列的现值。

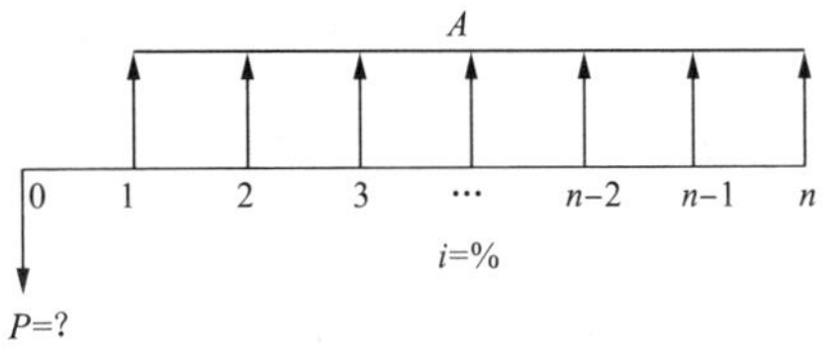

图 3-13　等额支付序列现金流量图

将式(3-13)两边各乘以 $\frac{1}{(1+i)^n}$，可得到等额支付年金现值公式：

$$\frac{1}{(1+i)^n}F=A\left[\frac{(1+i)^n-1}{i}\right]\frac{1}{(1+i)^n}$$

$$P=A\left[\frac{(1+i)^n-1}{i(1+i)^n}\right] \qquad (3-17)$$

式(3-17)中 $\frac{(1+i)^n-1}{i(1+i)^n}$ 为等额支付年金现值系数，亦可以用 $(P/A,i,n)$ 表示。其系数可查"等额支付年金现值系数表"求得。则式(3-17)可简化为：

$$P=A(P/A,i,n) \qquad (3-18)$$

【例 3-9】 某石油工程项目建成后预计每年可获利 1000 万元，其寿命期为 10 年，银行存款年利率为 10%。问如果该项目可行，总投资应控制在多少万元以内？

【解】 根据题意，现金流量图如图 3-14 所示。

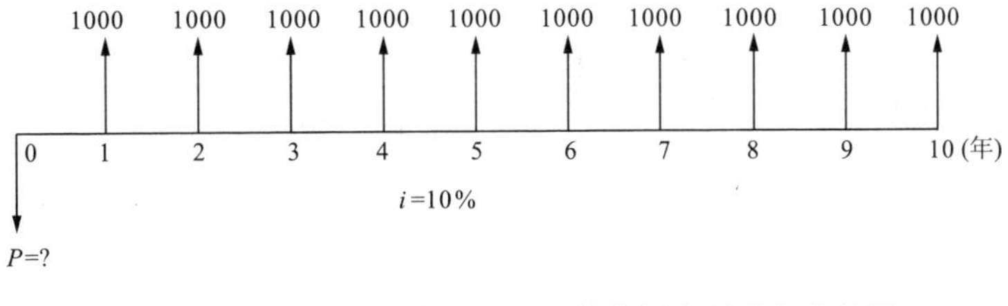

图 3-14　每年可获利 1000 万元的等额序列现金流量图

查复利系数表，$i=10\%$，$n=10$ 的等额支付年金现值系数 $(P/A,10\%,10)$ 为 6.144，由式(3-18)得：

$$P=A(P/A,i,n)=1000(P/A,10\%,10)=1000\times 6.144=6144(\text{万元})$$

总投资应控制在 6144 万元。

4. 等额支付资金回收公式

已知现值为 P，期利率为 i，求连续 n 期每期期末的等额支付值 A。等额支付资金回收公式是上述等额支付年金现值公式的逆运算，现金流量图如图 3-15 所示。由公式（3-17）直接推导出等额支付资金回收公式：

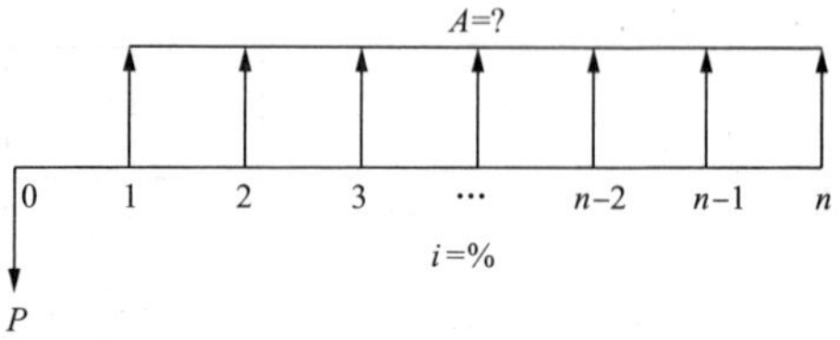

图 3-15 等额序列现金流量图

$$A=P\left[\frac{i(1+i)^n}{(1+i)^n-1}\right] \quad (3-19)$$

式（3-19）中 $\frac{i(1+i)^n}{(1+i)^n-1}$ 为等额支付资金回收系数，亦可以用 $(A/P,i,n)$ 表示。其系数可以查"等额支付资金回收系数表"求得。则式（3-19）可简化为：

$$A=P(A/P,i,n) \quad (3-20)$$

【例 3-10】 某石油工程项目投资贷款 200 万元，银行 4 年内等额收回全部投资贷款，已知贷款利率为 10%，该项目每年的净收益至少应有多少万元？

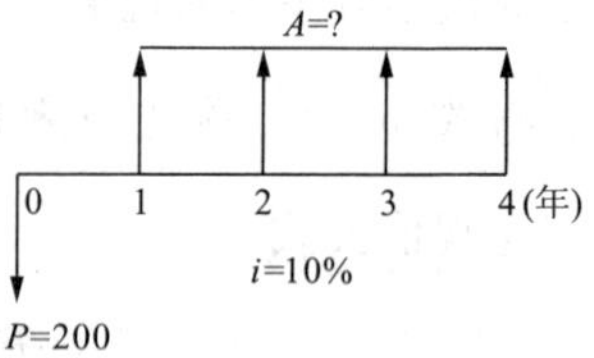

图 3-16 投资 200 万元的等额序列现金流量图

【解】 根据题意画现金流量图如图 3-16 所示。

查复利系数表，$i=10\%$，$n=4$ 的等额支付资金回收系数 $(A/P,10\%,4)$ 为 0.315 47，由式（3-20）得：

$$A=P(A/P,i,n)=200(A/P,10\%,4)=200\times 0.315\,47$$
$$=63.09（万元）$$

该项目每年的净收益至少应有 63.09 万元。

（三）均匀梯度系列公式

已知第一期期末支付值为 A_1，以后每期期末等额增加（或减少）支付值为 G，连续支付 n 期，期利率为 i，求每期等额支付值 A。现金流量图如图 3-17 所示。

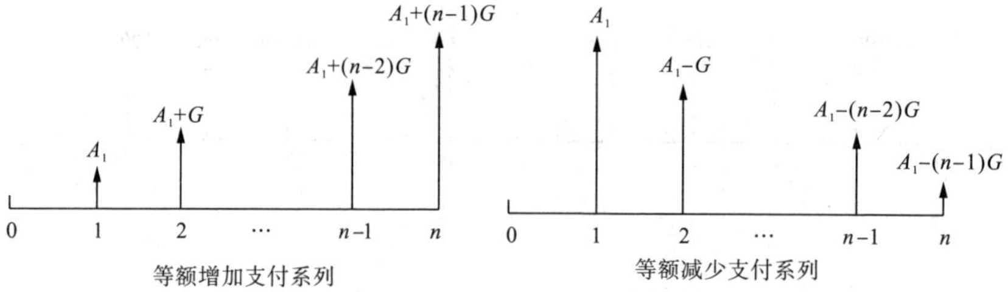

图 3-17 等额增加（减少）序列现金流量图

以等额增加支付系列的情况来分析。比较简单的方法是把一个均匀增加的支付系列看成是由两部分组成的：一个是等额支付系列，其等额支付值为 A_1；另一个是由 $0,G,2G,3G,\cdots,(n-1)G$ 所组成的梯度系列，我们可以把它转换成等额支付值为 A_2 的等额支付系列。这样，所求的等额支付年值 $A=A_1+A_2$，如图 3-18 所示。

A_1 是已知的，A_2 可通过梯度系列分解而求得。

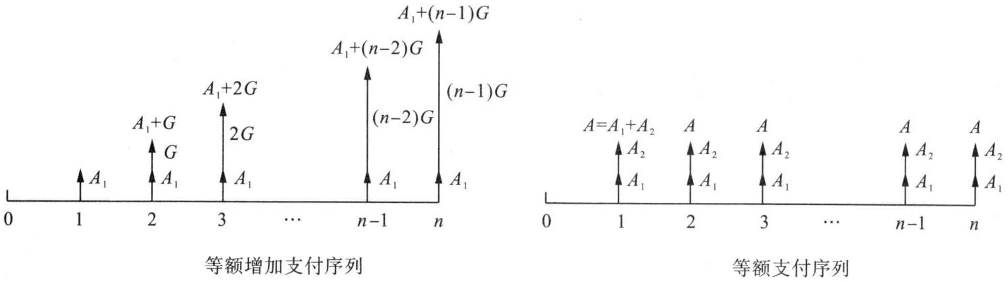

图 3-18　等额增加序列分解转换现金流量图

先把梯度系列 0，G，$2G$，$3G$，…，$(n-1)G$ 分解为 $(n-1)$ 个年末支付值为 A 的等额支付系列，并通过等额支付终值公式求得终值。其现金流量如图 3-19 所示。

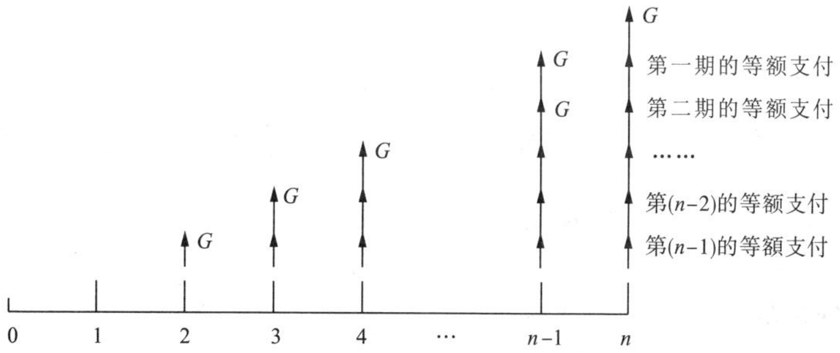

图 3-19　梯度系列现金流量图

那么，梯度系列的终值 F 为：

$$
\begin{aligned}
F &= G(F/A,i,n-1)+G(F/A,i,n-2)+\cdots+G(F/A,i,2)+G(F/A,i,1)\\
&= G\left[\frac{(1+i)^{n-1}-1}{i}\right]+G\left[\frac{(1+i)^{n-2}-1}{i}\right]+\cdots+G\left[\frac{(1+i)^{2}-1}{i}\right]+G\left[\frac{(1+i)-1}{i}\right]\\
&= \frac{G}{i}\left[(1+i)^{n-1}+(1+i)^{n-2}+\cdots+(1+i)^{2}+(1+i)-(n-1)\right]\\
&= \frac{G}{i}\left[(1+i)^{n-1}+(1+i)^{n-2}+\cdots+(1+i)^{2}+(1+i)+1\right]-\frac{nG}{i}\\
&= \frac{G}{i}\left[\frac{(1+i)^{n}-1}{i}\right]-\frac{nG}{i}
\end{aligned}
$$

因此，均匀梯度系列终值公式为：

$$F=G\frac{1}{i}\left[\frac{(1+i)^{n}-1}{i}-n\right] \tag{3-21}$$

式(3-21)中 $\frac{1}{i}\left[\frac{(1+i)^{n}-1}{i}-n\right]$ 为均匀梯度系列终值系数，可用 $(F/G,i,n)$ 表示，所以，式(3-21)又可以表示为：

$$F=G(F/G,i,n) \tag{3-22}$$

将式(3-21)两端乘以系数 $\frac{1}{(1+i)^{n}}$，则可得均匀梯度系列现值公式为：

$$F\left[\frac{1}{(1+i)^n}\right]=\frac{G}{i}\left[\frac{(1+i)^n-1}{i}-n\right]\left[\frac{1}{(1+i)^n}\right]$$

化简得： $$P=G\left[\frac{(1+i)^n-ni-1}{i^2(1+i)^n}\right] \quad (3-23)$$

式(3-23)中$\frac{(1+i)^n-ni-1}{i^2(1+i)^n}$为均匀梯度系列现值系数，可用$(P/G,i,n)$表示，式(3-23)又可以表示为：

$$P=G(P/G,i,n) \quad (3-24)$$

求出将来值以后，再根据等额支付系列资金积累公式求得等额支付值A。将F代入式(3-15)得：

$$A_2=\frac{G}{i}\left[\frac{(1+i)^n-1}{i}\right]\left[\frac{i}{(1+i)^n-1}\right]-\frac{nG}{i}\left[\frac{i}{(1+1)^n-1}\right]$$

$$=\frac{G}{i}-\frac{nG}{i}\left[\frac{i}{(1+i)^n-1}\right]$$

$$=G\left\{\frac{1}{i}-\frac{n}{i}\left[\frac{i}{(1+i)^n-1}\right]\right\} \quad (3-25)$$

式(3-25)中$\frac{1}{i}-\frac{n}{i}\left[\frac{i}{(1+i)^n-1}\right]$称为梯度系数，常用$(A/G,i,n)$表示，其值可通过查"梯度系列等额增加(或等额减少)系数表"求得。

等额增加支付年值公式为：$A=A_1+A_2=A_1+G(A/G,i,n)$ (3-26)

等额减少支付年值公式为：$A=A_1-A_2=A_1-G(A/G,i,n)$ (3-27)

【例3-11】 某油田原油成本第一年为100元，以后9年每年递增5元。若银行存款利率为10%，问每年的平均成本是多少？

【解】 查复利系数表，$i=10\%$，$n=10$的梯度系列等额增加(减少)系数表$(A/G,10\%,10)$为3.7255，根据式(3-26)得：

$$A=A_1+A_2=A_1+G(A/G,i,n)=100+5(A/G,10\%,10)$$
$$=100+5\times3.7255=118.83(\text{元})$$

每年的平均成本是118.83元。

三、资金等值计算

(一)求利率问题

【例3-12】 要使目前的1000元与10年后的2000元等值，年利率应该为多少？

【解】 $F=P(1+i)^n$

$$2000=1000(1+i)^{10}$$

解得：$i=7.17\%$

年利率应该为7.17%。

(二)求计息期问题

【例3-13】 如果年利率为5%，现在1000万元的投资经过多少年后可达到2000万元？

【解】 $F=P(F/P,i,n)$

$$2000=1000(F/P,5\%,n)$$

$$(F/P,5\%,n)=2.0$$

查一次支付复利系数表得：当 $i=5\%$时，落于 14～15 年之间。

$n=14$ 时，$(F/P,5\%,14)=1.980$

$n=15$ 时，$(F/P,5\%,15)=2.079$

用直线内插法可得：$\frac{2.079-1.980}{15-14}=\frac{2.0-1.980}{n-14}$

解得：$n=14.2$(年)

现在 1000 万元的投资经过 14.2 年后可达到 2000 万元。

(三)支付周期与计息周期一致的问题

【例 3-14】 某石油企业在 3 年后建成一座新的办公楼，若每季度末从企业盈利中提取 10 万元作为存储资金，若银行年利率为 12%，每季度计息一次，问这笔资金在 3 年末是多少？

【解】 根据题意画出现金流量图如图 3-20 所示。

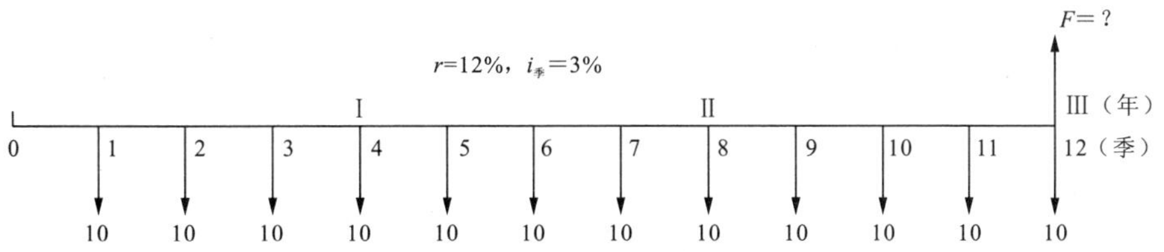

图 3-20　现金流量图

据题意，显然这是一个等额支付问题。在这里付息周期是一年，计息周期是一季度，支付周期也是一季度，可直接套用公式计算：

$$F=A(F/A,i,n)=10(F/A,\frac{12\%}{4},4\times 3)$$

查表得：$(F/A,3\%,12)=14.192$

所以：$F=10\times 14.192=141.92$(万元)

这笔资金在 3 年末是 141.92 万元。

(四)支付周期大于计息周期的问题

【例 3-15】 在例 3-14 中，若把每“季度”末改成每“年”末从企业盈利中提取 10 万元，其他条件不变。那么这笔资金在 3 年末是多少？

【解】 据题意画出现金流量图如图 3-21 所示。

这也是一个等值支付问题，在这里计息周期还是一季，而支付周期却换成了一年。显然，支付周期大于计息周期，不可以直接套用公式计算。要解决这类问题，需使计算期与支付期一致起来，计算方法有以下 3 种。

方法一：计算期向支付期靠拢，求出支付期的实际利率，其年实际利率。

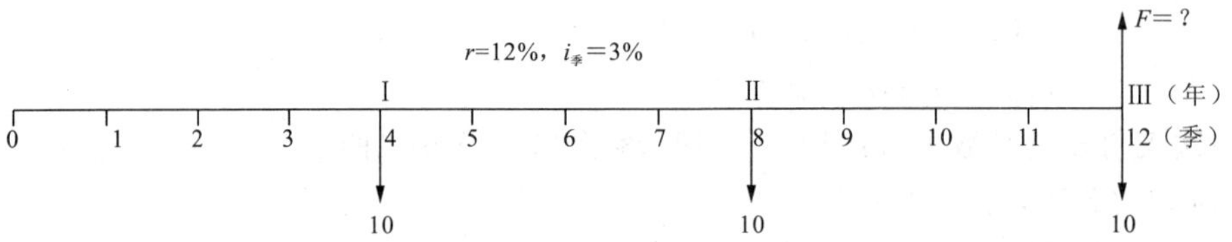

图 3-21　现金流量图

$$i=\left(1+\frac{r}{m}\right)^m-1=\left(1+\frac{12\%}{4}\right)^4-1=12.55\%$$

则：$F=A(F/A,i,n)=10(F/A,12.55\%,3)$

查复利系数表得：$(F/A,12\%,3)=3.374$

$(F/A,15\%,3)=3.472$

用直线内插法可得：

$$(F/A,12.55\%,3)=3.374+\frac{3.472-3.374}{15\%-12\%}\times(12.55\%-12\%)=3.392$$

所以：$F=10\times3.392=33.92$(万元)

方法二：支付期向计算期靠拢，求出计算期末的等额支付。

$$A=F(A/F,i,n)=10\left(A/F,\frac{12\%}{4},4\right)=10\times0.239\ 03=2.3903(\text{万元})$$

$$F=A(F/A,i,n)=2.3903\left(A/F,\frac{12\%}{4},12\right)=2.3903\times14.192=33.92(\text{万元})$$

方法三：把等额支付的每一个支付看作一次支付，求出每个支付的终值。

$$\begin{aligned}F&=P(F/P,i,n)=10+10\left(F/P,\frac{12\%}{4},4\right)+10\left(F/P,\frac{12\%}{4},8\right)\\&=10+10\times1.1255+10\times1.2668\\&=33.92(\text{万元})\end{aligned}$$

这笔资金3年末是33.92万元。

(五)计息期大于支付周期的问题

【例3-16】 在例3-14中，若把“每季度计息一次”改成“每年计息一次”，其他条件不变。那么这笔资金在3年末是多少？

【解】 据题意画现金流量图如图3-22所示。

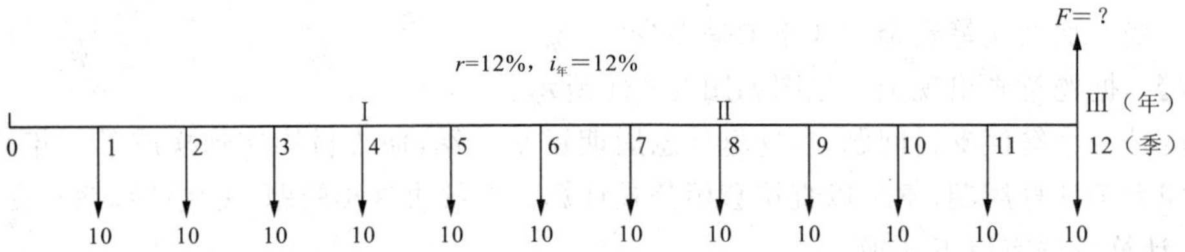

图 3-22　现金流量图

这又是一个等额支付问题。在这里付息周期还是一年，支付周期还是一季，而计息周期却换成了一年。支付周期小于计息周期，也不可以直接套用公式计算。

要解决这类问题，应遵循以下原则：在计息周期内的存款，应在本计息周期末开始计息(相当于在下一个计息期初存入这笔金额)；在计息周期内的提款，应在本计息周期初结束计息(相当于在前一个计息期末提取了这笔金额)。即以计息周期为准，计息周期内的支付款(存款或提款)都不计算利息。这样，该问题可以简化为如图 3-23 所示。

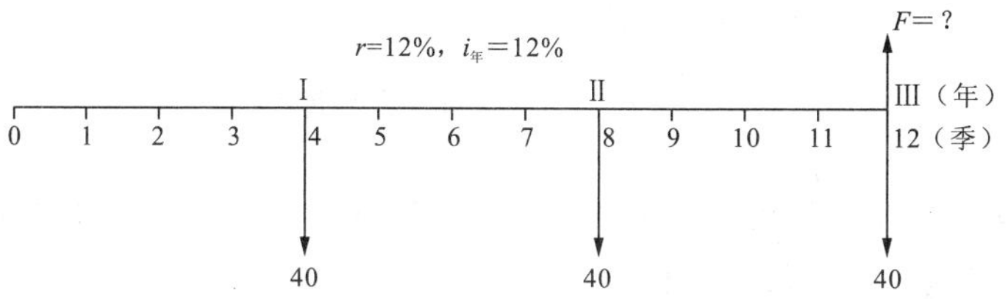

图 3-23 简化后的现金流量图

简化后支付周期变成了一年，与计息周期相等，可以套用公式计算。

$$F=A(F/A,i,n)=40(F/P,12\%,3)=40\times3.374=134.96(万元)$$

这笔资金在 3 年末是 134.96 万元。

(六)综合运算问题

【例 3-17】 某一石油项目投资 100 万元，3 年后建成投产，项目寿命期为 10 年，残值为 8 万元，年利率为 10%，请预测每年净值收益多少才能收回本金？

【解】 根据题意画现金流量图如图 3-24 所示。

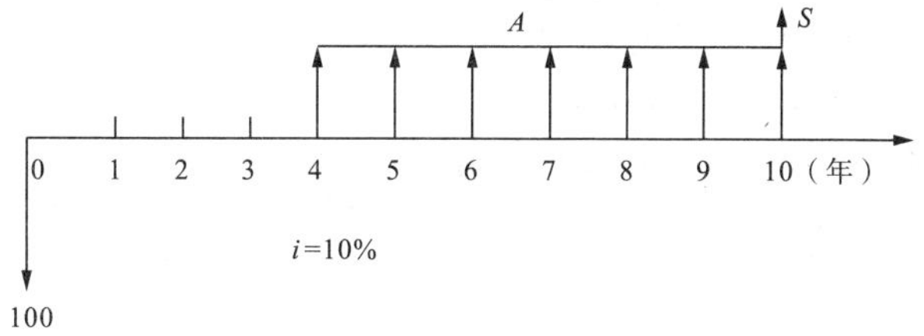

图 3-24 现金流量图

$F_1=P(F/P,i,n)=100(F/P,10\%,10)=100\times2.594=259.4(万元)$

$F=F_1-S=259.4-8=251.4(万元)$

$A=F(A/F,i,n)=251.4(A/F,10\%,7)=251.4\times0.10541=26.5(万元)$

每年净值的收益为 26.5 万元才能收回本金。

【例 3-18】 某采油厂购买一台钻机，价值为 3500 万元。供货商要求先支付 500 万元，剩余的钱以后分 10 年等额支付，年利率为 12%。但在支付了 6 年以后，因通货膨胀，银行年利率调整为 15%。用户一共需要支付多少钱？这些钱 10 年末的等值是多少？

【解】 第一步，求用户一共需要支付的钱数。

(1)先求剩余 3000 万元钱的等额支付值，其现金流量图如图 3-25 所示。

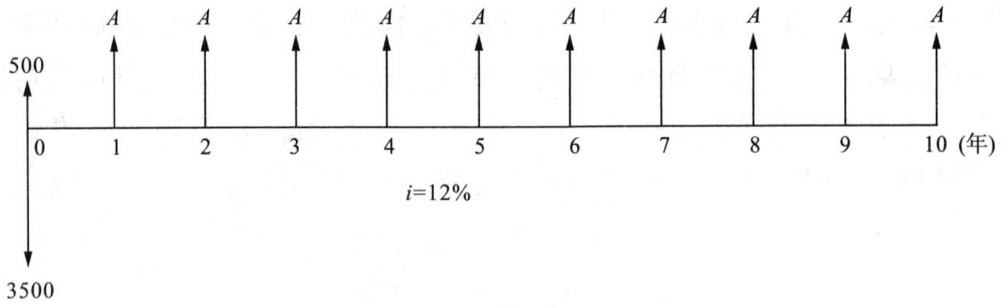

图 3-25　等额支付现金流量图

$$A=P(A/P,i,n)=(3500-500)(A/P,12\%,10)=3000\times0.177=531(万元)$$

(2)再求用户一共需要支付的钱数。

$$500+531\times10=5810(万元)$$

第二步，这些钱 10 年末的等值是多少？

(1)求开始支付的 500 万元在第 6 年末等值。

$$F=P(F/P,i,n)=500(F/P,12\%,6)=500\times1.974=987(万元)$$

(2)求已经支付的 6 期在第 6 年末的等值，其现金流量图如图 3-26 所示。

$$F=A(F/A,i,n)=531(F/A,12\%,6)$$
$$=531\times8.1158=4309.07(万元)$$

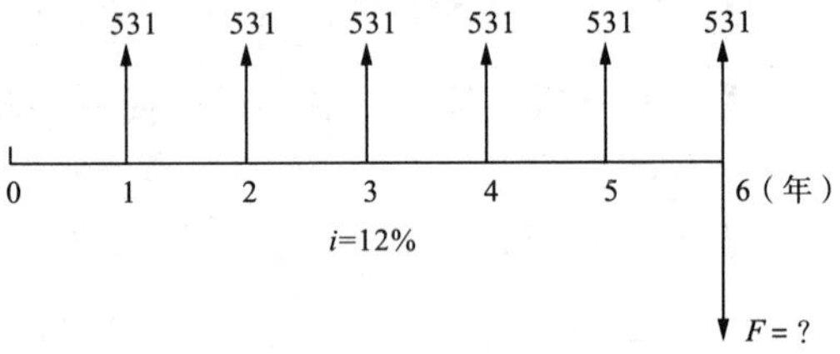

图 3-26　等额支付现金流量图

(3)求开始支付的 500 万元在第 6 年末等值和已经支付的 6 期在第 6 年末的等值的第 10 年末的等值是多少？其现金流量图如图 3-27 所示。

$$F=P(F/P,i,n)=(987+4309.07)(F/P,15\%,4)=5296.07\times1.749=9262.83(万元)$$

(4)求最后支付的 4 期在第 10 年末的等值，其现金流量图如图 3-28 所示。

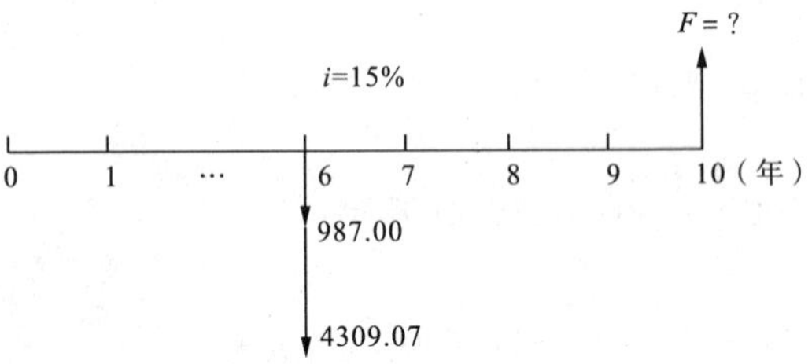

图 3-27　一次支付现金流量图

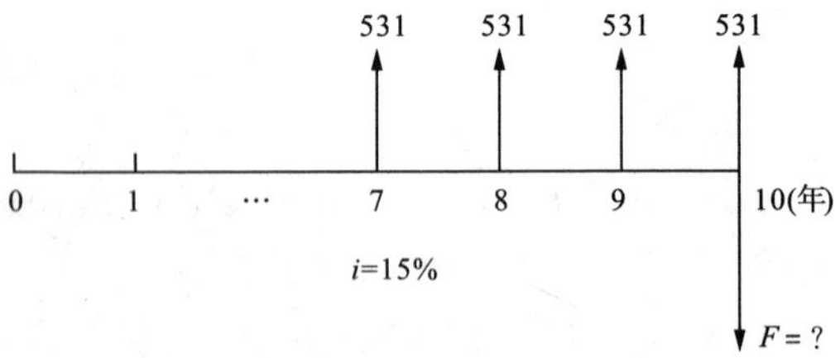

图 3-28　等额支付现金流量图

$$F=A(F/A,i,n)=531(F/A,15\%,4)=531\times4.993=2651.23(万元)$$

(5)这些钱 10 年末的等值是

$$9262.83+2651.29=11\,914.12(万元)$$

用户一共需要支付5810万元，这些钱10年末的等值是11 914.12万元。

四、资金等值计算小结

为了更好地理解资金时间因素的各种公式，以便与以上的资金等值换算情况进行对比、分析和查阅，现将它们的换算方式名称、计算公式及利率系数等汇总成表3-5。其中一次支付终值公式、一次支付现值公式、等额支付年金终值公式、等额支付年金现值公式、等额支付资金积累公式、等额支付资金回收公式是6个常用的基本公式。这6个常用基本公式中是以一次支付公式为最基本的公式推导出来的。均匀梯度系列公式是在此基础上经过数学运算得到的。在具体运用公式时应注意下列问题：

表3-5　普通复利公式表

类别	复利公式名称	已知	求解	复利公式	系数名称及符号
一次支付	一次支付终值公式	现值 P	终值 F	$F=P(1+i)^n$ $F=P(F/P,i,n)$	一次支付终值系数 $(F/P,i,n)$
	一次支付现值公式	终值 F	现值 P	$P=\frac{F}{(1+i)^n}$ $P=F(P/F,i,n)$	一次支付现值系数 $(P/F,i,n)$
等额支付	年金终值公式	年金 A	终值 F	$F=A\frac{(1+i)^n-1}{i}$ $F=A(F/A,i,n)$	等额支付年金终值系数 $(F/A,i,n)$
	资金积累公式	终值 F	年金 A	$A=F\frac{i}{(1+i)^n-1}$ $A=F(A/F,i,n)$	等额支付资金积累系数 $(A/F,i,n)$
	年金现值公式	年金 A	现值 P	$P=A\frac{(1+i)^n-1}{i(1+i)^n}$ $P=A(P/A,i,n)$	等额支付年金现值系数 $(P/A,i,n)$
	资金回收公式	现值 P	年金 A	$A=P\frac{i(1+i)^n}{(1+i)^n-1}$ $A=P(A/P,i,n)$	等额支付资金回收系数 $(A/P,i,n)$
均匀梯度系列	均匀梯度系列终值公式	等额增加(减少)值 G	终值 F	$F=\frac{G}{i}\left[\frac{(1+i)^n-1}{i}-n\right]$ $F=G(F/G,i,n)$	均匀梯度系列终值系数 $(F/G,i,n)$
	均匀梯度序列现值公式	等额增加(减少)值 G	现值 P	$P=G\left[\frac{(1+i)^n-ni-1}{i^2(1+i)^n}\right]$ $P=G(P/G,i,n)$	均匀梯度系列现值系数 $(P/G,i,n)$
	均匀梯度序列年金公式	等额增加(减少)值 G	年金 A	$A=G\left\{\frac{1}{i}-\frac{n}{i}\left[\frac{i}{(1+i)^n-1}\right]\right\}$ $A=G(A/G,i,n)$	均匀梯度系列年金系数 $(A/G,i,n)$
	等额增加支付年值公式	G,A_1	年金 A	$A=A_1+G\left\{\frac{1}{i}-\frac{n}{i}\left[\frac{i}{(1+i)^n-1}\right]\right\}$ $A=A_1+G(A/G,i,n)$	
	等额减少支付年值公式	G,A_1	年金 A	$A=A_1-G\left\{\frac{1}{i}-\frac{n}{i}\left[\frac{i}{(1+i)^n-1}\right]\right\}$ $A=A_1-G(A/G,i,n)$	

(1)利用公式进行资金等值计算时,要充分利用现金流量图。现金流量图不仅可以清楚地反映方案的现金收支情况,而且有助于准确确定计算期数,使计算不致发生错误。

(2)现值 P 是在当前年度开始时发生,实施方案的初始投资一般发生在方案寿命期初。

(3)终值 F 是在当前年以后的第 n 年年末发生。

(4)各期的等额支付 A,一般发生在各计息期期末。

(5)本年的年末是下一年的年初。

(6)年金 A 是在考察期间各年年末发生,当问题包括 P 和 A 时,系列的第一个 A 是在 P 发生一年的年末发生;当问题包括 F 和 A 时,系列的最后一个 A 和 F 同时发生。

只有满足上述条件才可套用公式。

(7)存款必须存满一个整计息期时才计算利息。在计息期间存款、提款都不计算利息,要到下一期才计算利息,计息期间的存款应放在期末,而计息期间的提款应放在期初。

(8)当支付周期=计息周期时,可套用公式计算;当支付周期>计息周期时,将名义利率换算成实际利率;当支付周期<计息周期时,计息期内不计算利息。

(9)通过对表 3-5 的分析可以发现,某些利率系数之间存在着一定的数量关系。

倒数关系:$(F/P,i,n)=\dfrac{1}{(P/F,i,n)}$

$$(A/P,i,n)=\frac{1}{(P/A,i,n)}$$

$$(A/F,i,n)=\frac{1}{(F/A,i,n)}$$

乘积关系:$(F/A,i,n)=(F/P,i,n)(P/A,i,n)$

$$(F/P,i,n)=(F/A,i,n)(A/P,i,n)$$

等差关系:$(A/P,i,n)-(A/F,i,n)=i$

要注意的是,只有在 i、n 等条件相同的情况下,P、F、A 满足假定条件下,上述系数之间的关系才能成立。抓住了各系数之间的关系,就抓住了计算公式的关键。

思考与练习

1. 什么是资金的时间价值?影响资金时间价值的因素有哪些?

2. 单利法和复利法的区别是什么?试举例说明。

3. 名义利率和实际利率的相互关系是怎样的?

4. 资金时间价值计算方法有哪些?

5. 某银行为鼓励农民兴修水利,用单利方式向农民贷款 80 万元,年利率为 5%,还款期为 3 年。

问:(1)1 年后银行可获得多少利息?

(2)3 年后银行的本利和是多少?

6. 某人以单利方式在银行存款 50 万元,年利率为 8%,问多少年后他可以从银行取得现款 90 万元?

7. 某石油企业从银行贷款 15 万元用于企业设备的更新改造,计划在 5 年后连本带利一次还清,还款总额为 119.5 万元,若以单利法计息,问银行贷款的利息率是多少?

8. 名义利率和有效利率的本质区别是什么？甲银行的贷款年利率为 15%，一年计息一次，其名义利率和实际利率各为多少？乙银行的贷款年利率也为 15%，但它一年计息 4 次，其名义利率和实际利率又各为多少？若乙银行在其他条件不变的情况下，一年计息无数次，其名义利率和实际利率又为多少？

9. 工商银行按 2%的月利率办理储蓄业务，试分别按单利法和复利法计算下列存款的本利和。

(1)现存入 1000 元，9 个月后取出。

(2)现存入 100 元，5 年后取出。

(3)零存整取，每月存入 10 元，期限为 1 年。

10. 年利率为 12%，求现值。

(1)5 年末积累资金为 6200 元。

(2)每月计息一次，5 年末共得 6200 元。

(3)每年年末支付 5000 元，连续支付 6 年。

(4)每季度计息一次，每年年末支付 5000 元，连续支付 6 年。

11. 年利率为 10%，求将来值。

(1)500 元存款，存期 4 年。

(2)3000 元存款，每季度计息一次，存期 8 年。

(3)每年年末存入银行 1000 元，连续存 10 年。

(4)每半年计息一次，每月存入 300 元，连续存 3 年。

12. 年利率为 10%，求等额支付。

(1)每年年末支付一次，连续支付 6 年，6 年末积累资金 20 000 元。

(2)贷款 5000 元，得款后的第一年年末开始归还，连续 5 年，分 5 次还清。

(3)每半年计息一次，每年年末支付一次，连续支付 10 年，10 年末积累 3500 元。

(4)每季度计息一次，每月月末支付一次，连续支付 15 年，15 年末积累 17 000 元。

(5)贷款 16 000 元，连续 8 年分 8 次还清，半年计息一次。

(6)贷款 5000 元，连续两年分 8 次还清，每季度计息一次。

13. 某油田开发投资为 1000 万元，每年年初投入资金如下表所示。

方案 \ 年投资比例 \ 年份	第 1 年	第 2 年	第 3 年	第 4 年
方案 A	10%	20%	30%	40%
方案 B	25%	25%	25%	25%
方案 C	40%	30%	20%	10%

若贷款利率为 10%，按复利计算 3 种投资方案 4 年末各欠银行多少钱？其结果说明了什么？

14. 某炼油厂投入新产品，第 1 年末从银行贷款 8 万元，第 2 年末又贷款 6 万元，第 3 年末用利润还款 4 万元，若年利率为 10%，请问该厂第 5 年还要还银行多少钱？画出现金流量图。

15. 某石油企业兴建一项目，第 1 年投资 20 万元，第 2 年投资 30 万元，第 3 年投资 50 万元，建成后当年受益，寿命期 10 年，若年利率为 12%，问平均年收益多大才能将投资收回？画出现金流量图。

16. 某采油厂，第 1 年投资 1000 万元，第 2 年投资 2000 万元，第 3 年投资 1500 万元，投资均在年初发生，其中第 2 年和第 3 年的投资使用银行贷款，年利率为 12%。该项目从第 3 年起开始获利并偿还贷款，10 年内每年获净收益 1500 万元，银行贷款分 5 年等额偿还，问每年应偿还银行多少钱？画出该采油厂的现金流量图。

17. 某石油公司购买了一台机器，原始成本为 12 000 元，估计能使用 20 年，20 年末的残值为 2000 元。运行费用固定为每年 800 元。此外每使用 5 年后必须大修一次，大修修理费用每次 2800 元。年利率为 12%，试求机器的等值年费用。

18. 某人借了 5000 元，打算在 48 个月中以等额月末支付分期还款。在归还 25 次之后，他想第 26 次以一次支付立即归还余下借款，年利率为 24%，每月计息一次，问此人归还的总金额为多少？

19. 某石油企业 2011 年初借外资购进设备，按年利率 10%计息。外商提出两个还款方案：第一方案要求于 2014 年年末一次偿还 650 万美元；第二方案为用产品补偿欠债，相当于 2012 年、2013 年、2014 年每年年末还债 200 万美元。试画出两个方案的现金流量图，并计算哪一个方案更经济？

20. 某采油厂向两个银行贷款，甲银行年利率为 12.5%，按年计息；乙银行年利率为 12%，按月计息。问该厂应向哪个银行贷款？为什么？

21. 假如有一财务活动，其现金流量如下图所示。试求按季度计息的一年末的等值现金流量。

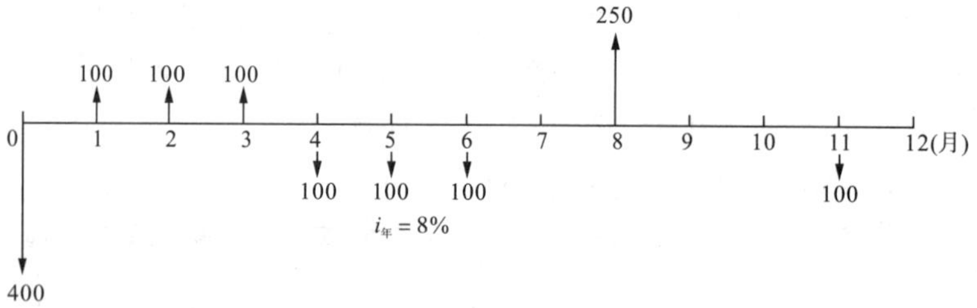

某项财务活动的现金流量图

22. 某油田勘探开发研究院欲购一办公楼，向银行贷款，借款合同约定，每半年贷款人需支付本利和共 2000 万元，还款期 10 年，求 10 年后的等值将来值。利息分别按下列 3 种情况计算：

(1)年利率为 8%；每年计息一次。

(2)年利率为 8%，每半年计息一次。

(3)年利率为 8%，每季度计息一次。

23. 下列梯度系列等值的年末等额支付为多少？

(1)第 1 年末存款 1000 元，以后 3 年递增存款 100 元，年利率为 5%。

(2)第 1 年末存款 5000 元，以后 9 年每年递增存款 500 元，年利率为 10%。

第四章　石油技术经济评价的基本原则和方法

学习要点

- 了解石油技术经济评价的基本原则
- 掌握价值型经济评价指标(净现值、净年值、费用现值、费用年值),熟悉这些指标对油气勘探开发项目的评价方法及应用
- 掌握效益型经济评价指标(内部收益率、净现值比率、投资收益率),熟悉这些指标对油气勘探开发项目的评价方法及应用
- 掌握风险型经济评价指标(投资回收期),熟悉这些指标对油气勘探开发项目的评价方法及应用
- 熟悉经济评价指标的比较,投资回收期、净现值、内部收益率的共同点、优缺点、相互关系及适用情况
- 掌握独立方案的比选方法并能熟练应用
  寿命期相同(净现值法、内部收益率法)
  寿命期不同(最小公倍数法、研究期法、年值折现法)
- 掌握互斥方案的比选方法并能熟练应用
  产出相同、寿命期相同(年度费用法)
  产出不同、寿命期相同(差额净现值法、差额内部收益率法)
- 熟悉相关型方案的比选方法并能熟练应用
  现金流具有相关性的方案(互斥方案组合法)
  投资有限情况下的方案(整体净现值法)

第一节　石油技术经济评价的基本原则

对油气开发项目的技术方案进行分析、比较和评价,是石油技术经济学的核心内容。利用石油技术经济学的方法,分析一项投资项目产生的经济效果,还要系统、全面地分析研究其社会、技术、环境及资源等多方面的因素,结合社会对该项目的要求,认证得出最佳方案,并付诸实施,以期取得良好的效益。由于现代科学技术的迅速发展以及管理方法、管理手段的日益完善,在考虑一个项目时,往往有多种方案可供选择。各方案由于所考虑、解决问题的重点不同,有时会带来诸多技术、经济、资源、环境及社会等方面的问题。如何确定这些问题所带来的影响,并有针对性地考察各个不确定性因素以及项目本身所带来的各种风险,就需要对项目及方案进行科学的评价,以便为决策提供依据,选择效果最好的方案。

在石油技术经济分析中,对油气勘探开发项目或技术方案进行经济评价的原则有如下几项。这些原则从不同的角度对项目或方案进行评价,以得到项目或方案的综合评价结果,为决

策者提供参考。

一、经济效益原则

所谓经济效益是指在合理利用资源、保护环境与生态的前提下，人们为了实现某一工程技术方案或进行某项生产活动或建设某工程项目所取得的成果与消耗的劳动之间的比较。简言之，经济效益就是所得与所费之比较、投入与产出之比较、收入与支出之比较、使用价值与劳动消耗之比较。用公式可表示为：

$$E=V-C \tag{4-1}$$

或

$$E'=\frac{V}{C} \tag{4-2}$$

式中：E 为工程技术方案的绝对经济效益；E' 为工程技术方案的相对经济效益；V 为工程技术方案的使用价值（或所得、产出、收入）；C 为工程技术方案的劳动消耗（或所费、投入、支出），通常包括活劳动消耗和物化劳动消耗。

式(4－1)是绝对经济效益的表达式，反映的是投入的劳动消耗所能得到的是纯收益，因此，衡量经济效益的起码要求是 $E>0$。式(4－2)是相对经济效益表达式，反映的是单位劳动消耗所能得到的劳动成果。因此，衡量经济效益的起码要求是 $E'>1$。

以上两式都可以用来表达经济效益。用式(4－1)时，V 与 C 的单位必须相同，一般用价值指标表示才有经济意义，如当 V 与 C 单位均为“万元”时，E 表示每投入一万元能产出多少万元的经济效益。而用式(4－2)时，V 与 C 的单位可以相同，也可以不相同，均具有经济意义。例如，对油田企业来说，当 V 表示采油量（吨），C 表示活劳动消耗（人・年）时，则 E 表示每人每年平均采油量（吨/人・年）；当 V 表示地质储量（万吨），C 表示活劳动消耗（人・年）时，则 E 表示每人每年平均探明储量（万吨/人・年），等等。此处，经济效益大小正反映了企业劳动生产率的高低。

从经济效益表达式可以看出，一项工程技术方案的经济效益可能出现以下 3 种情况：

第一种，当 $E=0$ 或 $E'=1$ 时，说明工程技术方案的投入等于产出，处于盈亏平衡状态，企业的经济活动只能维持在原有水平上，无法进行扩大再生产。

第二种，当 $E>0$ 或 $E'>1$ 时，说明工程技术方案的产出大于投入，处于盈利状态，该工程技术方案的实施使企业的经济活动取得了良好的经济效益。

第三种，当 $E<0$ 或 $E'<1$ 时，说明工程技术方案的投入大于产出，处于亏损状态，从经济上看，该工程技术方案没能为企业经济活动产生良好的经济效益，企业必须对方案进行改造或采取新方案，以提高企业经济效益。

通过以上 3 种情况的分析，可以看出只有绝对经济效益 $E\geqslant0$ 或相对经济效益 $E'\geqslant1$ 时，工程技术方案才是可行的。如果有若干个可行方案可供选择时，则选择其中经济效益最大的方案。经济效益原则就是要求人们以尽可能少的劳动消耗取得尽可能多的使用价值。这是石油技术经济评价的核心原则，是根本出发点。

二、石油技术经济评价的可比原则

为实现某一经济目标，可以采用不同的工程技术方案。可比原则就是研究如何使不同的工程技术方案能建立在同一基础上进行比较评价，从而保证工程经济评价结果可靠的一条重要原则。主要包括满足需要上可比、消耗费用上可比、价格上可比和时间上可比 4 个可比条件。

（一）满足需要上的可比

任何工程技术方案最主要的目的都是为了满足一定的需要。例如，机床制造的方案是为了满足机器加工的需要；油田开发方案是为了满足国家和人民生产及生活需要等。没有一个技术方案不是以满足一定的客观需要为基础的。因此，某一方案若要和其他方案比较，二者必须满足相同的需要，否则，它们之间就不能互相代替，也就不能进行比选。各方案满足相同需要的含义是指方案在品种、质量、产量上相同。若品种、质量、产量不同，则不能直接比较各方案的投资、成本等指标，而必须先进行相应的校正，使各方案具有相同的使用价值。

1. 品种可比

要满足相同的需要，首先表现在技术方案的品种必须可比。不同的品种是满足不同需要的，如果相互比较的两个方案的品种不同，必须采用一定的方法使之可比。例如，一个单品种方案与一个多品种方案比较，需要把多品种方案分解成多个单品种方案，并根据实际情况把多品种方案的费用分摊到各个单品种方案上去，然后用分解的单品种方案与独立的单品种方案进行比较，这样才具有可比性。对油田企业，产品单一，主要是原油，只要各方案所提供的总采油量大致相同就可相比。但对于石油化工企业，由于产品品种多达上百种，若要求各方案产品品种、产量完全相同是不可能的。在比较时，只要它们年处理量相近、加工方向一致、主要产品的品种数量一致时，就可以比较。

2. 产量可比

如果不同的工程技术方案其品种、质量相同，但产量不相同，就需要采用以下方法将它们修正，然后进行比较。

若相比较的方案其产量指标相差很大，可设想重复建设方案以满足产量上可比。例如，一个年加工能力为 100 万吨的炼油厂与一个年加工能力为 300 万吨的炼油厂，二者不能直接比较经济效益，但可以用 3 个年加工能力为 100 万吨的炼油厂方案 与一个年加工能力为 300 万吨的炼油厂方案进行比较。

若相比较的方案其产量差别不大时，一般用单位产品消耗指标进行比较，即不比较总费用而比较其单位产品的费用，如只对比各方案单位产品投资额或单位产品经营费用等。

3. 质量可比

不同的工程技术方案由于其技术特性不同，产品质量也不同，这时需要满足质量上的可比条件。一般把质量问题转化为数量问题进行比较。其公式为：

$$Q'=\frac{\theta_2}{\theta_1}Q_2 \qquad (4-3)$$

式中：Q'为消除质量差别后的产量；θ_1、θ_2 分别为方案 1、方案 2 的质量参数，且 $\theta_2>\theta_1$；Q_2 为方案 2 的产量。

【例 4-1】 某灯泡厂计划引进生产 600 万只普通灯泡生产线，甲生产线定价为 65 万元，生产灯泡的平均寿命为 6000 小时；乙生产线定价为 60 万元，生产灯泡的平均寿命为 5000 小时，其他条件相同，试比较两方案。

【解】 两种生产线生产的灯泡平均寿命不同，不符合质量可比原则，故不能直接对比两方案的投资额。根据式(4-3)得：

$$Q'=\frac{\theta_{甲}}{\theta_{乙}}Q_{甲}=\frac{6000}{5000}\times600=720(\text{万只})$$

由于甲生产线生产的灯泡平均寿命长，所以，600 万只平均寿命为 6000 小时的灯泡相当于平均寿命为 5000 小时的灯泡 720 万只的使用价值。现计算两方案每只灯光的投资额：

$$\text{I}_{甲}=\frac{65\text{ 万元}}{720\text{ 万只}}=0.09(\text{元/只})$$

$$\text{II}_{乙}=\frac{60\text{ 万元}}{600\text{ 万只}}=0.10(\text{元/只})$$

可见，引进甲生产线优于引进乙生产线。

（二）消耗费用上可比

每个方案的实施都必须花费一定的劳动，即消耗一定的费用。所谓消耗费用上可比，就是要求在计算各个方案的消耗费用时应采取统一的原则和方法，即各方案的费用计算范围和费用结构应当一致，各种费用的计算方法也应当一致。例如，对两个新建的石油化工企业投资费用的估算，方案甲只计算生产部分的投资费用，而方案乙除了计算生产投资费用外，还计算由项目建设而产生的生活区、铁路、学校等非生产性建设投资。这显然是不可比的，必须采取统一的费用计算范围和结构才能进行比较。

消耗费用上的可比，还要求我们在评价中，不仅要考虑技术方案本身的各种消耗费用，而且应该从整个国民经济出发，考虑一切与之密切相关相邻部门增加或减少的各种消耗费用。例如，火电站和水电站两个建设方案相比较，两者都能满足生产生活的需要，可是，没有煤炭，火电站就不能生产电能。所以火电站生产建设方案的实施和煤炭的开采及运输的生产建设密切相关。当我们计算火电站投资费用时，不仅要计算电站本身的投资，而且必须考虑因供应火电站用煤而需要增加的煤矿和煤炭运输工程的投资。这样才使得水电站和火电站两方案在消耗费用的计算上具有可比性。

（三）价格上可比

对多种技术方案进行比较评价，不论是投入的费用，还是产出的收益，一般都是借助价格来计算。如果价格运用不当，不具备可比性，那么据之计算出来的多种方案经济效益，也就缺少可比性。所谓价格上可比，就是在计算各种工程技术方案经济效益时，必须采用合理一致的价格。合理的价格是指价格能够真实地反映产品的价值，各产品之间的比价合理。一致的价格是指价格种类的一致。目前价格的种类很多，如国家制定的现行价格、市场价格、国内价格、国际价格、预测价格、不变价格等等。从 1998 年 4 月起我国油价已与国际油价接轨，采用国际油价。

（四）时间上可比

各种工程技术方案不仅消耗的资源不同，而且建设、投产和服务的时间也不尽相同。有的方案建设期长、有的短；有的方案投产早、有的晚；有的方案服务年限长、有的短；等等。所有这些都影响各方案的经济效益。因此，在进行方案比较时必须考虑时间上的可比性。时间上的可比性主要包括两个方面的含义：一是具有统一的计算期；二是把各项投入与产出按资金的时间价值推算到同一时点进行比较。

统一的计算期是不同方案比较的必要条件。如果各方案寿命期不同，则要将其调整到统一的基础上加以比较。调整的方法一般有最小公倍数法、研究期法和年等值法等。

三、经济效益、社会效益与生态效益相结合的原则

评价一个石油工程技术项目不应考虑总的社会效益。经济学认为总的社会效益包括经济效益、社会效益和生态效益 3 个方面。经济效益是指以货币收入的效益，社会效益是指无货币收入的效益，它不仅包括促进社会生产水平的提高，还应该有利于人民身心健康，促进科技、教育、文化事业发展等内容；生态效益是指涉及生态平衡、环境污染和人类生存的自然条件等方面的利弊影响。因此，在评价石油工程技术项目的效益时，应坚持 3 种效益密切结合的原则。

四、宏观经济效益与微观经济效益相结合的原则

宏观经济效益是指涉及整个国民经济利益，带有全局性的经济效益；微观经济效益是指一个企业、一个项目的经济效益，两者必须有机结合，辩证统一。微观经济效益必须在符合国民经济发展的总体要求，促进社会经济增长的前提下实现。当微观经济效益和宏观经济效益发生矛盾时局部必须服从全局，以符合宏观经济效益为宗旨，按宏观经济效益政策进行调整。

五、近期经济效益与远期经济效益相结合的原则

近期经济效益与远期经济效益必须兼顾。一个石油工程技术项目应当既有良好的近期经济效益，又能保证稳定发展的远期经济效益。评价时应该掌握近期经济效益和远期经济效益相结合的原则，防止短期行为的倾向。

六、直接经济效益与间接经济效益相结合

直接经济效益上指工程技术项目本身直接体现的经济效益；间接经济效益是指由于该项目带来的其他方面的经济效益。例如，油田的开发，带动了石油化工的进一步繁荣，促进了市场的经济发展。一个工程项目首先要有良好的直接经济效益，同时也要有较好的间接效益，两者应相互统一。但在现实经济活动中两者也可能发生矛盾，这时在考虑直接经济效益时，决不能损害其他有关方面的利益。

第二节　静态评价方法

静态评价方法是指在不考虑资金时间价值的情况下，对工程技术方案在经济寿命期内的收支情况进行分析、计算和评价的方法。静态评价方法比较简单，易于计算，常用于可行性研究，对方案进行粗略分析评价和初选。

静态评价方法主要有静态投资回收期法和投资收益率法，追加投资回收期法将在本章第

四节讨论。

一、静态投资回收期法

1. 定义

静态投资回收期法，又称投资返本期法或投资偿还期法。所谓投资回收期是指投资项目从投资建设之日起每年所获得的净收益(包括利润和折旧)回收(抵偿)全部投资(包括流动资金投资)所需要的时间，一般以“年”为计算单位。

静态投资回收期是反映项目在财务上投资回收能力的重要指标，是用来考察项目投资盈利水平的经济效益指标。

2. 计算公式

静态投资回收期的公式为：

$$\sum_{t=0}^{P_t}(CI-CO)_t=0 \tag{4-4}$$

式中：P_t 静态投资回收期；CI 为现金流入；CO 为现金流出；$(CI-CO)_t$ 为第 t 年的净现金流量。

静态投资回收期亦可根据全部投资的财务现金流量表中累计净现金流量计算求得，其详细计算公式为：

$$P_t=\begin{bmatrix}\text{累计净现金流量开始}\\ \text{出现正值的年份数}\end{bmatrix}-1+\frac{\text{上年累计净现金流量绝对值}}{\text{当年净现金流量}} \tag{4-5}$$

3. 判别标准

用投资回收期评价投资项目时，需要与根据同类项目的历史数据和投资者意愿确定基本投资回收期进行比较，或与石油行业规定的基准投资回收期(P_c)进行比较，以判别项目的可行性。判别标准如下：

若 $P_t \leqslant P_c$，可以考虑采纳该项目；若 $P_t > P_c$，应该舍弃该项目。

【例 4-2】 斯库尔油田天然气开采投资项目的投资及年净收入如表 4-1 所示，基准投资回收期为 8 年，求静态投资回收期。

【解】 根据式(4-5)，计算得：

$$P_t=7-1+\frac{|-200|}{1200}=6.17(\text{年})$$

$P_t < P_c$，该项目可行可以采纳。

4. 对 P_t 指标的评价

P_t 指标的优点：第一是概念清晰、直观，计算简便；第二便于投资者衡量项目承担风险的能力，同时在一定程度上反映了投资效果的优劣；第三在实际工作中作为项目评价的辅助指标得到广泛的应用。

P_t 指标的缺点：第一，没有考虑资金的时间价值，无法正确地判断项目的优劣可能导致错误的选择；第二，由于它舍弃了回收期以后的收入与支出的数据，故不能全面反映项目在寿命期内的真实状态，难以对不同方案的比较选择作出正确判断。

表 4-1　斯库尔油田天然气开采项目现金流量表　（单位:万元）

项目 / 年份	现金流出		现金流入	净现金流量	累计净现金流量
	投资①	经营成本②	营业收入③	④=③-①-②	⑤
0	500			-500	-500
1	200			-200	-700
2	600			-600	-1300
3	600			-600	-1900
4	1400	480	1680	-200	-2100
5	500	480	1680	700	-1400
6		530	1730	1200	-200
7		530	1730	1200	1000
8		530	1730	1200	2200
9		260	860	600	2800
10		260	860	600	3400
11		260	860	600	4000
12		260	860	600	4600
13		260	860	600	5200
合计	3800	3850	12 850	5200	

总之，静态投资回收期不考虑资金的时间价值，不考虑投资项目全过程，加上基准投资回收期难以准确确定，这些可能导致评价、判断的失误。因此，静态投资回收期 P_t 指标不是全面衡量投资项目的理想指标，只能用于粗略评价或者作为辅助指标，应和其他指标结合起来用。

二、投资收益率法

1. 定义

投资收益率，是项目达到设计生产能力后的一个正常年份的年息税前利润与项目总投资的比率。对生产期内各年的年息税前利润变化幅度较大的项目，则应计算生产期内年平均年息税前利润与项目总投资的比率。它适用于项目外在初期勘察阶段或者项目投资不大，生产比较稳定的财务盈利性分析。

2. 计算公式

投资收益率公式为：

$$ROI=\frac{EBIT}{TI}\times 100\% \tag{4-6}$$

式中：ROI 为投资收益率；TI 为投资总额，包括可利用探井评价井投资、项目总投资和维持运营投资之和；$BEIT$ 为运营期内年平均息税前利润或达产后某年的息税前利润，包括利润总额和支出利息。

3. 判别标准

求出的投资收益率(ROI)必须与国家规定的基准投资收益率(R_b)进行比较,以判别该投资项目的可行性。

若 $ROI \geqslant R_b$,可以考虑采纳该项目;若 $ROI < R_b$,应该舍弃该项目。

4. 对 ROI 指标的评价

投资收益率指标存在着与静态投资回收期指标相似的优缺点,即计算简便,意义明确,但没有考虑资金的时间价值,而且没有考虑项目建设期、寿命期等众多经济数据,故一般仅用于项目初步可行性研究阶段,因而在实际工作中投资收益率指标仅作为一种辅助指标。

第三节 动态评价方法

考虑资金时间价值的评价方法叫动态评价方法。它以等值计算公式为基础,把投资方案中发生在不同时间点的现金流转换成同一时点的值或者等值序列,计算出方案的特征值(指标值),然后依据所选定的指标基准值并在满足时间可比的条件下,进行评价比较,以确定较优方案。

动态评价方法主要包括净现值法、净现值比率法、净年值法、费用现值法、费用年值法、内部收益率法、动态投资回收期法等。

一、净现值法

1. 定义

净现值指标要求考虑项目寿命期内每年发生的现金流量,净现值是指按一定的折现率(或基准折现率),将投资方案在寿命期内各年净现金流量折现到同一时点(通常是期初)的现值代数和就是净现值。

2. 计算公式

净现值的计算公式为:

$$NPV = \sum_{t=0}^{n}(CI - CO)_t(1 + i_0)^{-t} \tag{4-7}$$

式中:NPV 为净现值;$(1+i_0)^{-t}$ 为第 t 年的折现系数(或贴现系数);i_0 为基准折现率;n 为投资方案的寿命期。

若工程项目只有初始投资,以后各年末的净收益相等,则 NPV 计算可表示为:

$$NPV = -I + A(P/A, i, n) \tag{4-8}$$

3. 判别标准

若 $NPV \geqslant 0$,可以考虑采纳该投资项目;若 $NPV < 0$,应该舍弃该投资项目。

多方案比选时,应选择净现值最大的方案,净现值越大的方案相对越优(净现值最大准则)。

【例 4-3】 在例 4-2 中,试计算折现率为 10%时的净现值,并判断项目是否可行。

【解】 根据题意画出现金流量图如图 4-1 所示。

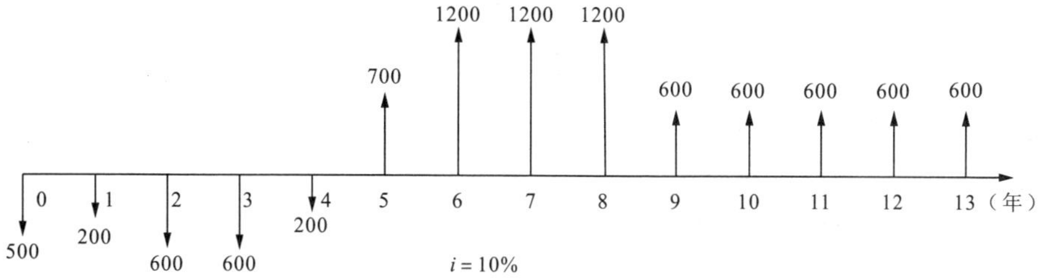

图 4－1　斯库尔油田天然气开采项目净现金流量图

解法一：

$$
\begin{aligned}
NPV &= -500-200(1+10\%)^{-1}-600(1+10\%)^{-2}-600(1+10\%)^{-3}-200(1+10\%)^{-4}+700(1+10\%)^{-5}+1200(1+10\%)^{-6}+1200(1+10\%)^{-7}+\\
&\quad 1200(1+10\%)^{-8}+600(1+10\%)^{-9}+600(1+10\%)^{-10}+600(1+10\%)^{-11}+600(1+10\%)^{-12}+600(1+10\%)^{-13}\\
&= 1583.68(\text{万元})
\end{aligned}
$$

解法二：

$$
\begin{aligned}
NPV &= -500-200(P/F,10\%,1)-600(P/A,10\%,2)(P/F,10\%,1)-200(P/F,10\%,4)+700(P/F,10\%,5)+1200(P/A,10\%,3)\\
&\quad (P/F,10\%,5)+600(P/A,10\%,5)(P/F,10\%,8)\\
&= 1583.54(\text{万元})
\end{aligned}
$$

解法三：净现值也可采用现金流量表来计算，如表 4－2 所示。

表 4－2　斯库尔油田天然气开采项目净现金流量过程贴现值表　　单位：万元

项目 年份	现金流出		现金流入	净现金流量	现值系数	净现金流量现值⑥＝④×⑤	累计净现金流量现值⑦
	投资①	经营成本②	营业收入③	④＝③－①－②	$(P/F,10\%,n)$⑤		
0	500			－500	1.000	－500.00	－500.00
1	200			－200	0.9091	－181.82	－681.82
2	600			－600	0.8264	－495.84	－117.66
3	600			－600	0.7513	－450.78	－1628.44
4	1400	480	1680	－200	0.6830	－136.60	－1765.04
5	500	480	1680	700	0.6209	434.63	－1330.41
6		530	1730	1200	0.5645	677.40	－653.01
7		530	1730	1200	0.5132	615.84	－37.17
8		530	1730	1200	0.4665	559.80	522.63
9		260	860	600	0.4241	254.46	777.09
10		260	860	600	0.3855	231.30	1008.39
11		260	860	600	0.3505	210.30	1218.69
12		260	860	600	0.3186	191.16	1409.85
13		260	860	600	0.2897	173.82	1583.67
合计	3800	3850	12 850	5200			

4. 净现值函数

从净现值计算公式(4-7)可以看出,若不改变净现金流量而变动折现率 i,NPV 将随 i 的增大而减小。当 i 连续变化时,可以得到 NPV 与 i 变化的函数,即净现值函数。现举例分析。

【例 4-5】 某石油工程项目初始投资 500 万元,寿命期 10 年。在 10 年内每年净收益均为 140 万元,试画出净现值函数曲线。

【解】 NPV 随折现率 i 变化的数值如表 4-3 所示。

表 4-3 不同的 i 所对应的 NPV 值

i(%)	0	5	10	15	20	25	30	40	50	∞
NPV(万元)	900	581	360	203	87	0	−67	−162	−225	−500

由表 4-3 可知,NPV 将随 i 的增大而减小,现画出净现值函数曲线,如图 4-2 所示。

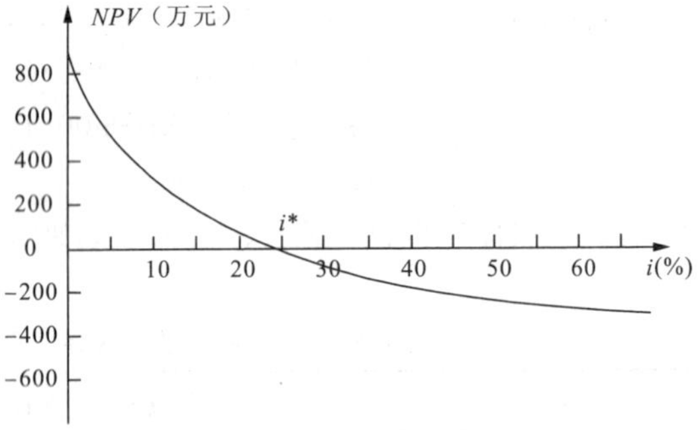

图 4-2 净现值函数曲线

从图 4-3 中,可以发现净现值函数的特点。

(1)同一净现金流量其净现值随折现率(i)的增大而逐渐减小。故当基准折现率(i_0)越大,则净现值就会越小,甚至为零或负值,因而可能被接受的方案就越少。

(2)净现值随折现率的增大可从正值变为负值,因此,必然有当 i 为某一数值 i^* 时,使得净现值 $NPV=0$,如图 4-2 所示,$i(\%)<i^*$ 时,$NPV_{(i)}>0$;$i>i^*$ 时,$NPV_{(i)}<0$;只有当净现值函数曲线与横坐标相交时(即 $i^*=25\%$,$NPV_{(i)}=0$),i^* 是一个具有重要经济意义的折现率临界值,后面还要对它作详细分析。

5. 净现值对 i 的敏感性问题

净现值对折现率(i)的敏感性问题是指,当 i 从某一值变为另一值时,若按净现值最大的原则优选项目方案,可能出现前后相悖的情况。表 4-4 中列出了两个互相排斥的方案 A 和方案 B 的净现金流量及其所在折现率分别为 10%和 20%时的净现值。

表 4-4 方案 A、B 在基准折现率变动时的净现值 单位:万元

方案 \ 年份	0	1	2	3	4	5	NPV (i=10%)	NPV (i=20%)
A	−230	100	100	100	50	50	83.91	24.81
B	−100	30	30	60	60	60	75.40	33.58

由表 4-4 可知,在 i 为 10%和 20%时,两方案的净现值均大于零。根据净现值越大越好的原则,当 $i=10\%$时,$NPV_A>NPV_B$,故方案 A 优于方案 B;当 $i=20\%$时,$NPV_A<NPV_B$,

则方案B优于方案A，这一现象对投资决策具有重要意义。例如，假设在一定的基准折现率(i_0)和投资总限额I_0下净现值大于零的项目有5个，其投资总额恰为I_0，故上述项目均被接受；按净现值的大小，设其排序为A、B、C、D、E。但当投资总额压缩至I_1时，新选项目是否仍然会遵循A、B、C、D、E的原来顺序直至达到投资总额为止呢？一般来说不会的。随着投资额的减少，为了减少被选取的方案数(准确地说，是减少被选取项目的总投资额)，应当提高基准折现率，但基准折现率提高到一定数值时，由于各项目方案净现值对基准折现率的敏感性不同，原先净现值小的项目，其净现值现在可能大于原先净现值大的项目，因此，在基准折现率随着投资总额变动的情况下，按净现值准则选项目不一定会遵循原有的项目排列顺序。所以，基准折现率是投资项目经济效果评价中一个十分重要的参数。

6. 对NPV指标的评价

NPV指标的优点：考虑了资金的时间价值，可以清楚地表明方案在整个寿命期内的绝对收益，简单、直观。

NPV指标的局限性：折现率或基准折现率的确定比较困难，但折现率或基准折现率的大小又直接影响方案的经济性。若折现率或基准折现率选取得过高，则会使经济效果较好的方案变为不可行；选取得太低，又会使经济效果不好的方案变为可行。此外，净现值所反映的是方案绝对经济效益，不能说明资金的利用效果大小。当各方案投资不同时，易选择投资大、盈利也大的方案，而忽视投资较少、盈利较多的方案。特别是当各方案投资额相差很大时，仅根据净现值的大小选取方案可能会导致错误的选择。为了解决这一问题，常需要借助于净现值比率这一指标。

二、净现值比率法

净现值比率法(又称净现值指数法)是在净现值法的基础上发展起来的。当净现值用于多方案比较时，虽然能反映每个方案的盈利水平，但是由于没有考虑各方案投资额的多少，因而不能直接反映资金的利用效率。为了考察资金的利用效率，可采用净现值比率作为净现值的一个补充指标。

1. 定义

净现值比率是方案的净现值与投资现值之比，它反映了单位投资现值所获得的净现值。也就是单位投资现值所取得的超额净收益，净现值比率的最大化将有利于实现有限投资取得净贡献的最大化。

2. 计算公式

净现值比率计算公式为：

$$NPVR = \frac{NPV}{I_p} = \frac{NPV}{\sum_{t=0}^{n} I_t (1 + i_0)^{-t}} \tag{4-9}$$

式中：$NPVR$为净现值比率；I_t为第t年的投资；I_p为投资现值，即如果工程项目的投资是分次投入，应将各次投资均换算为现值后相加。

3. 判别标准

净现值比率反映了方案的相对经济效益，净现值比率越大，投资方案的经济效益越好。

当 $NPVR \geqslant 0$ 时，方案可行，可以考虑接受；当 $NPVR < 0$ 时，方案不可行，应予以拒绝。

用净现值比率进行方案比较时，应选择净现值比率最大的方案为优，净现值比率一般作为净现值的辅助指标来使用。净现值比率主要适用于多方案的优劣排序。

净现值指标与净现值比率指标两者关系密切。一般情况下，净现值大的方案，其净现值比率也大，但有时净现值最大的方案，其净现值比率并不大。当用净现值与净现值比率两个指标在选择方案发生矛盾时，应区别不同情况，作出恰当的选择。在资金供应充足即无资金限额时，我们可以追求最大收益，而不太注重资金的利用效果是否最大。此时应以净现值作为评价标准，选择净现值最大方案为最优方案。在资金供应紧张或各方案投资额相差很大时，我们强调资金的利用效果，即单位投资应获得较高的收益。此时应以净现值比率为评价标准，选择净现值比率最大的方案为最优方案。

【例 4-4】 油田采油有 A、B 两个方案均可行，现金流量如表 4-5 所示。基准收益率为 10%，试用净现值法和净现值比率法比较评价选优。

表 4-5 A、B 方案现金流量表 单位：万元

年份		0	1	2	3	4	5
投资	A	2000					
	B	3000					
现金流入	A		1000	1500	1500	1500	1500
	B		1500	2500	2500	2500	2500
现金流出	A		400	500	500	500	500
	B		1000	1000	1000	1000	1000

【解】 按净现值评价优选

$$
\begin{aligned}
NPV_A &= -2000+(1000-400)(P/F,10\%,1)+\\
&\quad (1500-500)(P/A,10\%,4)(P/F,10\%,1)\\
&= 1427(\text{万元})\\
NPV_B &= -3000-1000(P/A,10\%,5)+1500(P/F,10\%,1)+\\
&\quad 2500(P/A,10\%,4)(P/F,10\%,1)\\
&= 1777(\text{万元})
\end{aligned}
$$

由于 $NPV_B > NPV_A$，所以方案 B 为优选方案。

按净现值比率评价优选：

$$NPVR_A = \frac{1427}{2000} = 0.7135$$

$$NPVR_B = \frac{1777}{3000} = 0.5923$$

由于 $NPVR_A > NPVR_B$，所以方案 A 为优选方案，这与用净现值法计算的结论相反。

由此可见，当方案的投资额不相等时，除用净现值法外，往往需要用净现值比率作为辅助评价指标，才能作出合理的评价。

本例中，方案 A 的净现值率为 0.7135，其经济含义是方案 A 除了有 10%的基准收益率外，每万元现值投资尚可获得 0.7135 万元的现值收益。

4. 对 $NPVR$ 指标的评价

$NPVR$ 指标的优点：净现值比率指标能明确反映单位投资可获得的净现值。这对于提高资金利用效果，加强资金运用的管理工作有着重大的意义。该指标与净现值指标紧密结合，既考虑了投资方案的绝对值收益，又考虑了其相对经济效益。

$NPVR$ 指标的局限性：在多方案选择时，易选择投资较少、收益较大的方案，而放弃投资大、收益也大的方案。

三、净年值法

净年值法是年等值法的一种。其基本思路是不论方案在寿命期最小公倍数的时间内重复多少次，其年值是等值的。所以，只要计算各方案在各自寿命期的净年值就可以进行方案的比较。

1. 定义

净年值就是以基准收益率或给定的折现率将投资方案寿命期内的各年净现金流量均换算为等额年值。

2. 计算公式

净年值计算公式为：

$$NAV=NPV(A/P,i,n)$$

$$=\sum_{t=0}^{n}(CI-CO)_t(1+i)^{-t}(A/P,i,n) \qquad (4-10)$$

式中：NAV 为净年值；$(A/P,i,n)$为等额支付系列资金回收系数，其余符号意义同式(4－7)。

若投资方案只有一次初始投资 I，以后各年有相同的净收益 A，且寿命期末残值为 S。则净年值可表示为：

$$NAV=A-I(A/P,i,n)+S(A/F,i,n) \qquad (4-11)$$

4. 判别标准

当 $NAV\geqslant 0$ 时，方案可行，则项目在经济效果上可以考虑接受；当 $NAV<0$ 时，方案不可行，则项目在经济效果上应予以拒绝。

多方案比较时，应选择 $NAV>0$，且 NAV 最大的方案为最优方案。

将净现值的计算公式及判别标准与净年值的作比较可知，$\frac{NAV}{NPV}=(A/P,i,n)>0$，故净年值与净现值在项目评价的结论上总是一致的。因此，就项目的评价结论而言，净年值与净现值是等效评价指标。净现值给出的信息是项目在整个寿命期内获取的超出最低期望盈利的超额收益的现值，与净现值所不同的是，净年值给出的信息是寿命期内每年的等额超额收益。由于信息的含义不同，而且由于在某些决策结构形势下，采用净年值比采用净现值更为简便和易于计算(后面再详述)。

四、费用现值与费用年值

在对多个方案比较选优时，如果诸方案产出价值相同时，或者诸方案能够满足同样需要但其产出效益难以用价值形态（货币）计量（如环保、教育、保健、国防等）时，可以通过对各方案费用现值或费用年值的比较进行选择。

（一）费用现值

1. 定义

费用现值法就是将工程服务年限内的年经营费用以基准贴现率或给定的折现率折现为现值与项目的投资现值相加（若有残值应扣除残值的现值），以求得工程项目总费用现值。

2. 计算公式

费用现值计算公式为：

$$PC = \sum_{t=0}^{n} CO_t(P/F,i,n)$$
$$= \sum_{t=0}^{n}(I+C-S-W)_t(P/F,i,n) \qquad (4-12)$$

式中：PC 为费用现值；C 为年的经营成本；S 为计算期末回收的固定资产余值；W 为计算期末回收的流动资金。

（二）费用年值法

1. 定义

费用年值法是指以基准折现率或给定的折现率，把各个方案的费用转化为经济寿命期内的等额年值，或者直接将费用现值换算为等额年值。

2. 计算公式

费用年值计算公式为：

$$AC = PC(A/P,i,n)$$
$$= \sum_{t=0}^{n}(I+C-S-W)_t(P/F,i,n)(A/P,i,n) \qquad (4-13)$$

费用现值与费用年值指标只能用于多个方案的比选，其判别标准是：费用现值或费用年值最小的方案为最优方案。

五、内部收益率法

内部收益率法和净现值法一样，是石油技术经济评价指标中最重要的评价指标之一。

1. 定义

所谓内部收益率，就是使净现值为零时的折现率。内部收益率是效率型指标，它能够反映项目所占用资金的盈利率，即考察项目资金使用效率的重要指标。

在图 4-2 中，随着折现率的不断增大，净现值则不断减小。当折现率增至 25%时，此时项目净现值为零。对该项目而言，其内部收益率即为25%。一般而言，NPV与横坐标交点处对应的折现率就是内部收益率。

2. 计算公式

内部收益率可从式(4-14)的计算得出：

$$\sum_{t=0}^{n}(CI-CO)_t(1+IRR)^{-t}=0 \tag{4-14}$$

式中：IRR为内部收益率。

若投资方案只有一次初始投资I，以后各年有相同的净收益A，则内部收益可表示为：

$$-I+A(P/A,IRR,n)=0 \tag{4-15}$$

3. 计算方法

由式(4-14)知，当$t=0,1,2,\cdots,n$时，$\sum_{t=0}^{n}(CI-CO)_t(1+IRR)^{-t}=0$是一个高次方程，不能采用一般的代数方法求解，通常采用"试算内插法"求IRR的近似解，求解过程如下：

先任意取一个折现率i_1，计算相应的$NPV_{(i_1)}$，若$NPV_{(i_1)}>0$，说明欲求的$IRR>i_1$，则增加折现率i_1的值，若$NPV_{(i_1)}<0$，说明欲求的$IRR<i_1$，则减小折现率i_1的值，根据此信息，将折现率修正为i_2，求$NPV_{(i_2)}$的值。如此反复试算，直到净现值等于零或接近于零为止，然后用线性插值的方法求出内部收效率IRR的近似值。计算公式为：

$$IRR=i_1+\frac{NPV_1}{NPV_1+|NPV_2|}(i_2-i_1) \tag{4-16}$$

式中：i_1、i_2分别是使净现值由正转为负的两个相近折现率，且$i_2>i_1$；$NPV_{(i_1)}$、$NPV_{(i_2)}$分别为i_1、i_2时计算的净现值，$NPV_{(i_1)}>0$，$NPV_{(i_2)}<0$。

式(4-16)的推导可参照图4-3，该图根据净现值与折现率的函数关系画出。当i_1与i_2很接近时，可将曲线段$\overset{\frown}{AB}$近似看成直线段$\overline{AB}$，$\overline{AB}$与横坐标交点处的折现率i^*即为IRR的近似值，三角形$\triangle Ai_1i^*$相似于$\triangle Bi_2i^*$，根据相似三角形原理可得：

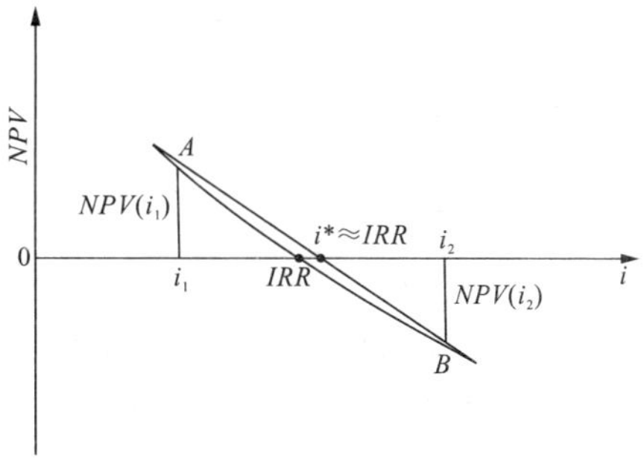

图4-3　用内插法求IRR图解

$$\frac{NPV_1}{NPV_2}=\frac{IRR-i_1}{i_2-IRR}$$

则

$$\frac{NPV_1}{NPV_1+|NPV_2|}=\frac{IRR-i_1}{i_2-i_1}$$

化简

$$IRR-i_1=+\frac{NPV_1}{NPV_1+|NPV_2|}(i_2-i_1)$$

所以

$$IRR=i_1+\frac{NPV_1}{NPV_1+|NPV_2|}(i_2-i_1)$$

由于上式计算误差与i_2-i_1的大小有关，且i_2与i_1相差越大，误差也越大，为控制误差，i_2与i_1之差一般不应超过5%。

5. 判别标准

计算出内部收益率IRR后，应与基准收益率i_0相比较。

若 $IRR \geqslant i_0$，则认为方案在经济效果上是可行的，可以考虑采纳该投资项目；若 $IRR < i_0$，则认为方案在经济效果上是不可行的，应放弃该投资项目。

在多方案比选中，若各方案内部收益率 $IRR_1, IRR_2, \cdots, IRR_n$，均大于 i_0，均可取，则此时应该与净现值指标结合起来考虑。一般是选择 IRR 较大且 NPV 也较大的方案，而非 IRR 越大的方案就越好。

【例 4-5】 在例 4-2 中，设其行业基准折现率为 15%。试用内部收益率法分析判断方案是否可行。

【解】 根据式(4-14)得：

$$-500-200(P/F,IRR,1)-600(P/A,IRR,2)(P/F,IRR,1)-$$
$$200(P/F,IRR,4)+700(P/F,IRR,5)+1200(P/A,IRR,3)(P/F,IRR,5)+$$
$$600(P/A,IRR,5)(P/F,IRR,8)=0$$

设 $i_1=22\%$，$i_2=23\%$，分别计算其净现值。

$$\begin{aligned} NPV_1 &= -500-200(P/F,22\%,1)-600(P/A,22\%,2)(P/F,22\%,1)- \\ &\quad 200(P/F,22\%,4)+700(P/F,22\%,5)+1200(P/A,22\%,3)(P/F,22\%,5)+ \\ &\quad 600(P/A,22\%,5)(P/F,22\%,8) \\ &= 28.16(\text{万元}) \end{aligned}$$

$$\begin{aligned} NPV_2 &= -500-200(P/F,23\%,1)-600(P/A,23\%,2)(P/F,23\%,1)+ \\ &\quad 200(P/F,23\%,4)+700(P/F,23\%,5)+1200(P/A,23\%,3)(P/F,23\%,5)+ \\ &\quad 600(P/A,23\%,5)(P/F,23\%,8) \\ &= -43.81(\text{万元}) \end{aligned}$$

再用内插法计算出内部收益率 IRR：

则 $$IRR = i_1 + \frac{NPV_1}{NPV_1 + |NPV_2|}(i_2 - i_1)$$

$$= 22\% + \frac{28.16}{28.16 + |-43.81|}(23\% - 22\%) = 22.39\%$$

由于 IRR(22.39%)大于基准折现率(15%)，故斯库尔油田天然气开采项目在经济效果上是可以接受的。

6. 内部收益率的经济涵义

从内部收益率(IRR)的定义可知，内部收益率是现金流入量的现值与现金流出量的现值相等时的利率，内部收益率完全由方案本身的参数确定，不同方案由于寿命期不等，现金流量模式不同就具有不同的内部收益率。但从内部收益率的经济含义来理解，内部收益率可以有以下几种意义：

(1)如果方案的投资全部靠借款，而还本付息的资金又都来自方案寿命期内现金流入，则内部收益率(IRR)表示方案可以承担的最大贷款利率。表现利率的一个临界值，我们要求贷款利率只能小于它，绝不能大于它。

(2)在方案整个寿命期内，在 i_0 的条件下，始终存在着未被回收的投资及其利息，仅在方案寿命期末，它们才恰恰被完全回收。所以内部收益率是使现金流入量到方案寿命终了时将投资及其利息抵消为“0”的投资收益率。

【例 4-6】 按例 4-5 的净现金流量及计算求得的内部收益率 IRR=23.31%，计算和分析收回全部投资的过程，如表 4－6 所示。

表 4－6　以 *IRR* 为利率的斯库尔油田天然气开采项目投资回收过程计算表　单位：万元

项目 / 年份	净现金流量（年末）	年初未回收的投资	年初未回收的投资到年末的金额	年末尚未回收的投资
	①	②	③＝②×(1＋*IRR*)	④＝③－①
0	－500			
1	－200	500	612	812
2	－600	817	994	1594
3	－600	1607	1951	2551
4	－200	2581	3122	3322
5	700	3383	4065	3365
6	1200	3472	4119	2919
7	1200	3081	3572	2372
8	1200	2599	2904	1704
9	600	2005	2085	1485
10	600	1873	1818	1218
11	600	1709	1490	890
12	600	1507	1089	489
13	600	1259	600	0

由表 4－6 可以明显看出，从第 0 年年末直到第 13 年年末的整个寿命期内，每年均有尚未收回的投资，只有到了第 13 年年末即寿命期结束时，才完全收回了投资。

为了更清楚、直观地考察和了解内部收益率的经济涵义，将表 4－6 收回全部投资过程的现金流量变化状况表示为如图 4－4 所示。

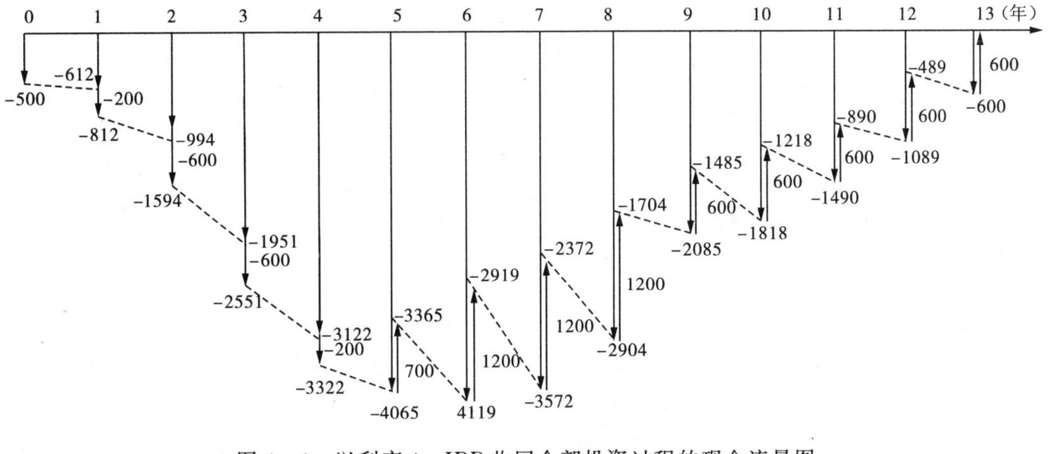

图 4－4　以利率 i＝*IRR* 收回全部投资过程的现金流量图

由表 4－6 及图 4－4 可见，不能将内部收益率错误地理解为一个期初投资的收益率，因为它不仅仅回收期初投资，而是随着时间变化使未回收投资余额得到不断回收的一个利率，只有用这个利率回收投资，在项目寿命期末时投资余额恰好为零。

(3)作为方案的收益率，当方案的收益率小于 *IRR* 时，*NPV* 为正值；当方案的收益率大于 *IRR* 时，*NPV* 为负值，此时方案不可取(没有经济价值)。而在收益率等于 *IRR* 时，*NPV* 正好等于零。所以，内部收益率可以理解为一个临界值，即在方案具有经济价值的前提下，内部收益率可显示方案可以达到的最大可能的收益率。

7. 对 *IRR* 指标的评价

IRR 指标的优点：该指标考虑了资金的时间价值及方案在整个寿命期内的经营情况。此外，还有一个独特的优点是不需要事先设定折现率而可以直接求出。该指标以百分数表示，比净现值更能反映方案的相对经济效益。

IRR 指标的局限性：对于非常规投资项目内部收益率可能多解或无解，在这种情况下内部收益率难以确定。

六、动态投资回收期法

投资回收期是分析工程项目投资回收快慢的一种重要方法。作为投资者，非常关心投资回收期。通常，投资回收期越短投资风险就越小。投资回收快，收回投资后还可以进行新的投资。因此，投资回收期是投资决策的重要依据之一。为了弥补静态投资回收期没有考虑资金时间价值的缺陷，现引入动态投资回收期的概念。

1. 定义

动态投资回收期就是在基准收益率或一定折现率下，投资项目用其投资后的净收益现值回收全部投资现值所需的时间，一般以“年”为单位。

2. 计算公式

动态投资回收期一般从投资开始年算起，由式(4－17)求得：

$$\sum_{t=0}^{P_t'}(CI-CO)_t(1+i)^{-t}=0 \tag{4-17}$$

式中：P_t'为动态投资回收期。

动态投资回收期(P_t')也可以用项目财务现金流量表中的累计净现金流量计算求得，其计算公式为：

$$P_t'=\begin{bmatrix}\text{累计净现金流量折现值}\\\text{开始出现正值的年份数}\end{bmatrix}-1+\frac{\text{上年累计净现金流量折现值的绝对值}}{\text{当年净现金流量的折现值}} \tag{4-18}$$

3. 判别标准

采用动态投资回收期法进行方案评价时，应将计算所得投资回收期(P_t')与国家有关部门规定的基准投资回收期(P_{t0})相比较，以确定方案的取舍。故其判别标准是：若 $P_t'\leqslant P_{t0}$ 项目可以被接受，否则应予以拒绝。

【例 4－7】 斯库尔油田天然气开采项目有关数据如表 4－6 所示。收益率 $i=10\%$，基准动态投资回收期 $P_{t0}=8$ 年，试计算动态投资回收期，并判别该项目是否可行。

表 4-6　斯库尔油田天然气开采项目现金流量表　单位:万元

年份＼项目	净现金流量 ①	现值系数 ②	净现金流量现值 ③=①×②	累计净现金流量现值 ④
0	−500	1.000	−500.00	−500.00
1	−200	0.9091	−181.82	−681.82
2	−600	0.8264	−495.84	−117.66
3	−600	0.7513	−450.78	−1628.44
4	−200	0.6830	−136.60	−1765.04
5	700	0.6209	434.63	−1330.41
6	1200	0.5645	677.40	−653.01
7	1200	0.5132	615.84	−37.17
8	1200	0.4665	559.80	522.63
9	600	0.4241	254.46	777.09
10	600	0.3855	231.30	1008.39
11	600	0.3505	210.30	1218.69
12	600	0.3186	191.16	1409.85
13	600	0.2897	173.82	1583.67
合计	5200			

【解】 据式(4-18),求得动态投资回收期,将表 4-6 中最末一列的有关数据代入式(4-18),得:

$$P_t'=8-1+\frac{|-37.17|}{559.80}=7.07(\text{年})$$

因为 $P_t'<P_{t0}$,故该项目可行可以接收。

4. 对 P_t'指标的评价

动态投资回收期指标的优点是概念明确,计算简单,突出了资金回收速度。需要注意的是动态投资回收期与静态投资回收期相比,尽管考虑了资金的时间价值,但仍未考虑投资回收以后的现金流量,没有考虑投资项目的使用年限及项目的期末残值。此外,由于人们对投资与净收益的理解不同往往会影响该指标的可比性。因此,它常常被广泛地用作辅助指标。只有在资金特别紧缺、投资风险很大的情况下,才把动态投资回收期作为评价方案最主要的依据之一。

七、评价指标小结

从经济效果角度评价项目的常用指标,包括净现值、净年值、费用现值、费用年值、净现值比率、内部收益率、投资收益率、静态投资回收期和动态投资回收期。在这些指标中,净现值、内部收益率和投资回收期是最常用的项目评价指标。

就指标类型而言,净现值、净年值、费用现值和费用年值是以货币表述的价值型指标;内部收益率、投资收益率和净现值比率则是反映投资效果的效率型指标。

在价值型指标中，就考察的内容而言，费用现值和费用年值分别是净现值和净年值的特例，即在方案比选时，前两者只是考察项目方案的费用支出。就评价结论而言，净现值与净年值是等效评价指标；费用现值与费用年值是等效指标。图 4－5 给出了各评价指标的类型及关系。

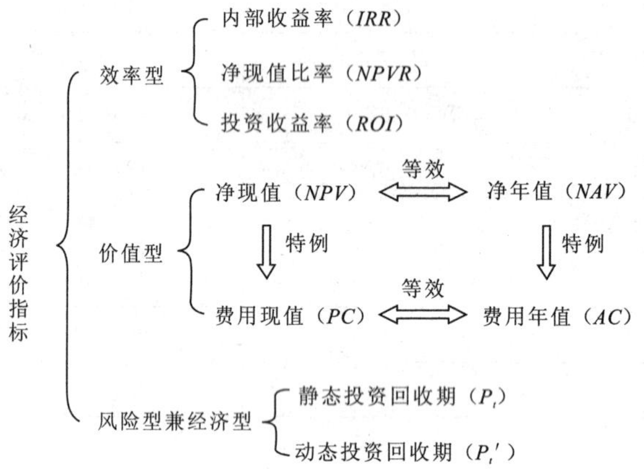

图 4－5 评价指标的类型和关系图

一些主要指标在投资项目评价中的意义也可以由图 4－6 形象地表示出来。

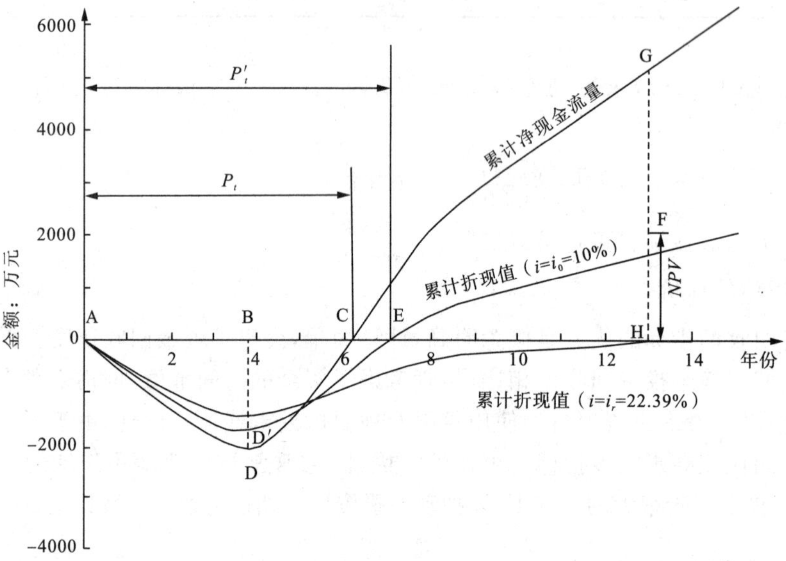

图 4－6 累计净现金流量和累计折现值曲线图

图 4－6 是根据斯库尔油田天然气开采项目表 4－1、表 4－2 和表 4－6 的有关数据绘出的示意图。图中项目寿命期为 13 年，第 5 年末投资结束并开始投资回收过程，投资总额为 BD。在不考虑资金时间价值的情况下，累计净现金流量曲线 ADCG 在 C 点与横坐标轴相交，AB

表示项目建设期阶段，BH 表示生产经营期阶段。静态投资回收期为 AC，到项目寿命期末累计净现金流量为 GH。

当项目各年净现金流量以基准折现率 i_0 折现时，累计折现值曲线 AD′EF 与横坐标轴交于 E 点，这条曲线反映了项目逐年累计折现值随时间的变化。BD′表示总投资现值，动态投资回收期为 AE，项目寿命期末的累计折现值 FH 即为项目的净现值。

当项目各年净现金流以内部收益率（IRR）折现时，在项目寿命期内累计折现值始终为负值，意味着始终存在未被收回的投资，到项目寿命期结束时，投资恰被全部收回，这意味着若以内部收益率为折现率，项目净现值等于零。

第四节　投资方案的比较和优选

对石油工程项目方案进行经济评价，一般常遇到两种情况：一种是单方案评价，即投资项目只有一种技术方案或独立的项目方案可供评价；另一种是多方案评价，即投资项目有几种可供选择的技术方案。对单方案的评价，采用前述的经济指标就可以决定项目的舍取。但是，在实践中，由于决策结构的复杂性，往往只有对多方案进行比较与评价，才能决策出技术上先进适用、经济上合理有利、社会效益大的最优方案。

不同的投资方案，投资、费用、收益及方案的寿命期都不尽相同，使得我们在上节中对单方案分析所得出的一些结论，如方案的净现值越大越好、内部收益率越高越好、投资回收期越短越好等，不能直接用于多方案的比较和选择。在多方案的选择中，我们不仅要考虑单方案的经济可行性，而且要考虑项目群或组合方案的整体最优。因此，本节在划分决策类型的基础上，讨论如何正确运用前面讲过的各种评价指标进行项目评价与选择。

任何一个企业或部门总有能力同时在若干个项目上平行地投资，但是可供选择的投资机会往往多于公司的资金预算所允许的投资能力。或者，为达到某一经济目标，有众多的投资方案可供选择。在这种情况下，人们常常根据方案的性质及其相互间的关系，选用不同的评价方法。从方案之间的相互关系来说，可分为 3 种类型，即独立型方案、互斥型方案和相关型方案。

一、独立型方案的比选

独立型方案是指在一系列方案中，各方案的现金流量相互独立存在，互不排斥，当接受其中某一方案时，并不影响其他方案的接受，这种方案叫做独立型方案。由此可见，独立型方案之间的效果具有可加性。例如某石油企业应生产发展所需，欲购置钻机、采购运输车辆、登广告、建立安全系统等，这些方案具有不同的作用，其间不存在替代关系，可以看作是独立型方案。

独立型方案的采用与否，只取决于方案自身的经济性，即只需检验它们是否能够通过净现值、净年值或内部收益率指标的评价标准。在一组独立型方案中，各方案的寿命期可以相同，也可以不相同，并不影响决策的结果。因此，多个独立方案与单一方案的评价方法是相同的。

用经济效果评价标准（如 $NPV \geqslant 0$，$NAV \geqslant 0$，$IRR \geqslant i_0$）检验方案自身的经济性，叫“绝对（经济）效果检验”。凡通过绝对效果检验的方案，就认为它在经济效果上是可以接受的，否则就应予以拒绝。

【例 4-8】 现有 A、B 两个独立方案，现金流量如表 4-8 所示。若基准收益率要求 20%，应选择哪个方案？

表 4-8 独立方案 A、B 的现金流量

方案	投资(万元)	年收益(万元)	残值(万元)	寿命期(年)
A	20 000	6000	4000	5
B	30 000	10 000	0	20

【解】 因为该例题为独立方案，应先计算方案自身的绝对经济果指标（NPV、NAV、IRR），然后再根据各指标的判别标准进行绝对效果检验并决定舍取。

(1) $NPV_A = -20\,000 + 6000(P/A, 20\%, 5) + 4000(P/F, 20, 5) = -448.8$(万元)

$NPV_B = -30\,000 + 10\,000(P/A, 20\%, 20) = 18\,696$(万元)

因 $NPV_A < 0$，$NPV_B > 0$，根据净现值判别标准，B 方案可行，A 方案不可行。

(2) $NAV_A = NPV_A(A/P, 20\%, 5) = -448.8 \times 0.334\,38 = -150.07$(万元)

$NAV_B = NPV_B(A/P, 20\%, 20) = 18\,696 \times 0.205\,36 = 3839.41$(万元)

因 $NAV_A < 0$，$NAV_B > 0$，根据净年值判别标准，B 方案可行，A 方案不可行。

(3) 设 IRR_A 为 A 方案内部收益率，IRR_B 为 B 方案内部收益率，则：

$$-20\,000 + 6000(P/A, IRR_A, 5) + 4000(P/F, IRR_A, 5) = 0$$

$$-30\,000 + 10\,000(P/A, IRR_B, 20) = 0$$

解得各方案的内部收益率为：$IRR_A = 19\%$，$IRR_B = 30\%$，因为 $IRR_A < i_0(20\%)$，$IRR_B > i_0(20\%)$，所以 B 方案可行，A 方案不可行。

对于独立型方案来说，经济上是否可行的判据是其绝对经济效果指标是否优于一定的检验标准。不论采用净现值、净年值和内部收益率当中哪一种评价指标，评价结论都是一致的。

二、互斥型方案的比选

互斥型方案是指为了解决某一问题，有多个方案可供选择，但各方案之间是相互排斥的，当接受其中一个方案时就会排除其他方案的采纳。由此可见，互斥型方案之间的效果不具有可加性。互斥型方案又叫排他型方案或替代型方案。例如在某地是建一座年加工能力为 100 万吨的炼油厂，还是建 150 万吨的炼油厂？又如某采油厂欲购置一台抽油机，有 4 家厂商可以提供货源，究竟应选择哪一家厂商；等等，这都属于互斥型方案的选择问题。

互斥型方案决策的特点是：互斥型方案一般在满足需要上是相同的，可以互相替代；各方案比较时应有相同的经济寿命期，若不相等，应按一定方法进行调整后再比较；应有一个企业能够接受的基准收益率（i_0）作为方案舍取的标准；为选出最优方案，除了考察各个方案自身的经济效果，即进行绝对（经济）效果检验，还要考察哪个方案相对最优，称“相对（经济）效果检验”。两种检验的目的和作用不同，通常缺一不可。下面讨论互斥方案的比选。

我们分方案寿命期相等与方案寿命期不相等两种情况讨论互斥方案的经济效果评价。讨论中使用的主要评价指标有净现值、净年值、费用现值、费用年值和内部收益率。

(一)寿命期相同互斥方案的比选

对于寿命周期相同的互斥方案，计算期通常设定为其寿命周期，这样，在利用资金等值原理进行经济效果评价时，各方案在时间上具有可比性。

1. 增量分析法

首先分析一个互斥方案评价的例题。

【例 4-9】 有 3 个相互排斥的投资方案，寿命期均为 10 年，各方案的初始投资和年净收益如表 4-9 所示。试在基准折现率 10%的条件下选择最优方案。

表 4-9　3 个互斥方案的净现金流量表　　单位：万元

方案	初始投资	年净收益
A	490	100
B	600	120
C	700	130

【解】 根据题意计算 3 个方案的绝对经济效果指标 *NPV* 和 *IRR*，并对 3 个方案进行比选。

根据净现值计算公式计算 3 个方案净现值如下：

$$NPV_A=-490+100(P/A,10\%,10)=124.46(\text{万元})$$

$$NPV_B=-600+120(P/A,10\%,10)=137.35(\text{万元})$$

$$NPV_C=-700+130(P/A,10\%,10)=98.80(\text{万元})$$

根据内部收益率计算公式计算 3 个方案内部收益率如下：

$$-490+100(P/A,IRR_A,10)=0$$

$$-600+120(P/A,IRR_B,10)=0$$

$$-700+130(P/A,IRR_C,10)=0$$

计算出内部收益率为：$IRR_A=15.6\%$，$IRR_B=15.13\%$，$IRR_C=13.21\%$。

NPV_A、NPV_B、NPV_C 均大于零，IRR_A、IRR_B、IRR_C 均大于基准折现率($i_0=10\%$)，所以方案 A、方案 B 和方案 C 都能通过绝对经济效果检验，且使用 *NPV* 指标和使用 *IRR* 指标进行绝对经济效果检验结论是一致的。

由于 $NPV_B>NPV_A>NPV_C$，故按净现值最大准则方案 B 为最优方案。而计算结果还表明 $IRR_A>IRR_B>IRR_C$，若以内部收益率最大为比选原则，则方案 A 为最优方案，这与按净现值最大准则比选的结论相矛盾。

为什么 *NPV* 与 *IRR* 法得出的结论不一致？解决这个问题需要分析投资方案比选的实质。投资额不等的互斥方案比选的实质是判断增量投资(或称差额投资)的经济合理性，即投资大的方案相对于投资小的方案应考察多投入的资金能否带来满意的增量收益。显然，若增量投资能够带来满意的增量收益，则投资额大的方案优于投资额小的方案，若增量投资不能够带来满意的增量收益，则投资额小的方案优于投资额大的方案。

以上分析中采用的通过计算增量净现金流评价增量投资经济效果，对投资额不等的互斥方案进行比选的方法称为增量分析法或差额分析法。这是互斥方案比选的基本方法。

2. 增量分析指标

对于寿命期相等的互斥方案，净现值、净年值、投资回收期、内部收益率等评价指标都可以用增量分析，下面就代表性指标净现值和内部收益率在增量分析中的应用作进一步讨论。

1)差额净现值

差额净现值就是指两个方案的净现金流量之差额的净现值，或理解为两个方案净现值之差额。

设A、B为投资额不等的互斥方案，A方案比B方案投资大，两方案的差额净现值可由下式求得：

$$\Delta NPV = \sum_{t=0}^{n}[(CI_A - CO_A)_t - (CI_B - CO_B)_t](1+i_0)^{-t}$$

$$= \sum_{t=0}^{n}(CI_A - CO_A)_t(1+i_0)^{-t} - \sum_{t=0}^{n}(CI_B - CO_B)_t(1+i_0)^{-t} \quad (4-19)$$

或

$$\Delta NPV = NPV_A - NPV_B \quad (4-20)$$

式中：ΔNPV 为差额净现值；$(CI_A - CO_A)_t$ 为方案A第 t 年的净现金流量；$(CI_B - CO_B)_t$ 为方案B第 t 年的净现金流量；NPV_A、NPV_B 分别为方案A和方案B的净现值。

用增量分析法进行互斥方案比选时，若 $\Delta NPV \geqslant 0$，表明增量投资可以接受，投资(现值)大的方案经济效果好；若 $\Delta NPV < 0$，表明增量投资不可接受，投资(现值)小的方案经济效果好。

由式(4-19)可知，差额净现值等于两个互斥方案的净现值之差。显然，用增量分析法计算两方案的差额净现值进行互斥方案比选，用式(4-20)分别计算两方案的净现值，根据净现值最大准则进行互斥方案比选结论是一致的。因此，实际工作中应根据具体情况选择比较方便的比选方法。当有多个互斥方案时，直接用净现值最大准则选择最优方案比两两比较的增量分析更为简便。分别计算各备选方案的净现值，根据净现值最大准则选择最优方案可以将方案的绝对效果检验和相对经济效果检验结合起来。判别准则可表述为：净现值最大且非负的方案为最优方案。这一判别准则可以推广至净现值的等效指标净年值，即净年值最大且非负的方案为最优方案。

对于仅有或仅需计算费用现金流量的互斥方案，只需进行相对效果检验，通常使用费用现值或费用年值指标，一般情况下不需要进行增量分析，方案选择的判别准则是：费用现值或费用年值最小的方案为最优方案。

用差额投资净现值法选择方案的步骤如下：

(1)把各方案按初始投资递增的次序排列。

(2)选初始投资最小的方案作为临时最优方案，其他方案作为竞选方案。此时需要注意的是，唯有投资较小的方案被证明是合理时，才能成为临时最优方案，其他投资较大的方案才能与之比较。

(3)计算两个方案的差额净现值，并进行判断：若 $\Delta NPV_{A-B} > 0$，选投资大的方案A，淘汰投资小的方案B；若 $\Delta NPV_{A-B} < 0$，选投资小的方案B，淘汰投资大的方案A。

(4)用选出来的较优方案与下一方案比较。比较一次淘汰一个方案，依次比较、选优，直至选出最优方案。

根据上述步骤，我们用差额投资净现值法分析例 4-9。

首先，以 A 方案为临时最优方案，并证明其合理性：

$$\Delta NPV_{A-0}=NPV_A=-490+100(P/A,10\%,10)=124.46(\text{万元})$$

因为 $\Delta NPV_{A-0}>0$，故方案 A 是可行的。

其次，计算方案 B 与方案 A 的差额投资净现值：

$$\Delta NPV_{B-A}=-(600-490)+(120-100)(P/A,10\%,10)=12.89(\text{万元})$$

因为 $\Delta NPV_{B-A}>0$，故投资大的方案 B 优，淘汰方案 A。

以方案 B 为临时最优方案，计算方案 C 与方案 B 的差额投资净现值：

$$\Delta NPV_{C-B}=-(700-600)+(130-120)(P/A,10\%,10)=-38.55(\text{万元})$$

因为 $\Delta NPV_{C-B}<0$，故投资小的方案 B 优，淘汰方案 C。

结论是方案 B 最优，与净现值法一致。

本例还可以直接根据两方案净现值之差来判断优劣：

$NPV_A=124.46$ 万元>0，方案 A 是可行的。

$\Delta NPV_{B-A}=NPV_B-NPV_A=137.35-124.46=12.89(\text{万元})>0$

故投资大的方案 B 为优选方案。

$\Delta NPV_{C-B}=NPV_C-NPV_B=98.80-137.35=-38.55(\text{万元})<0$

故投资小的方案 B 优，即方案 B 为最优方案。

读者可以证明，用差额投资净年值（ΔNAV）法所得出的结论相同于差额投资净现值法。

2）差额内部收益率

差额投资内部收益率就是指使两个互斥方案的差额投资净现值等于零时的折现率。其计算方程式为：

$$\sum_{t=0}^{n}(\Delta CI-\Delta CO)_t(1+\Delta IRR)^{-t}=0 \tag{4-21}$$

式中：ΔIRR 为差额内部收益率；ΔCI 为互斥方案（A、B）的差额（增量）现金流入，即 $\Delta CI=CI_A-CI_B$；ΔCO 为互斥方案（A、B）的差额（增量）现金流出，即 $\Delta CO=CO_A-CO_B$。

差额内部收益率定义的另一种表达方式：也可以理解为使两个方案净现值相等时的折现率（即两条净现值函数曲线的交点所对应的折现率）。其计算方程式也可以写成：

$$\sum_{t=0}^{n}(CI_A-CO_A)_t(1+\Delta IRR)^{-t}-\sum_{t=0}^{n}(CI_B-CO_B)_t(1+\Delta IRR)^{-t}=0 \tag{4-22}$$

计算两互斥方案的差额投资内部收益率和计算单方案的内部收益率方法相同，用试算法（参见内部收益率的求法）。利用式（4-21）和式（4-22）求解 ΔIRR 的结果是一样的。

用差额内部收益率比选方案判别的标准是：若 $\Delta IRR>i_0$（基准折现率），则投资（现值）大的方案为优选方案；若 $\Delta IRR<i_0$（基准折现率），则投资（现值）小的方案为优选方案。用差额内部收益率进行方案比选的情况见图 4-7。

在图 4-7 中，D 点为 A、B 两方案净现值曲线的交点，在这一点两方案净现值相等。D 点所对应的折现率即为两方案的差额内部收益率 ΔIRR。由图中可以看出，当 $\Delta IRR>i_0$ 时，$NPV_A>NPV_B$，当 $\Delta IRR<i_0$ 时，$NPV_A<NPV_B$。用 ΔIRR 与 NPV 比选方案的结论是一致的。

由此可知，在对互斥方案进行比较选择时，净现值最大准则（以及净年值最大准则、费用现值和费用年值最小准则)是正确的判别准则，而内部收益率最大准则不能保证比选结论的正确性。

净现值最大准则的正确性，是由基准折现率——最低希望收益率的经济意义决定的。一般来说，最低希望收益率应该等于被拒绝的投资机会中最佳投资机会的盈利率，因此净现值就是拟采纳方案较之被拒绝的最佳投资机会多得的盈利，其值越大越好，这符合盈利最大化的决策目标的要求。

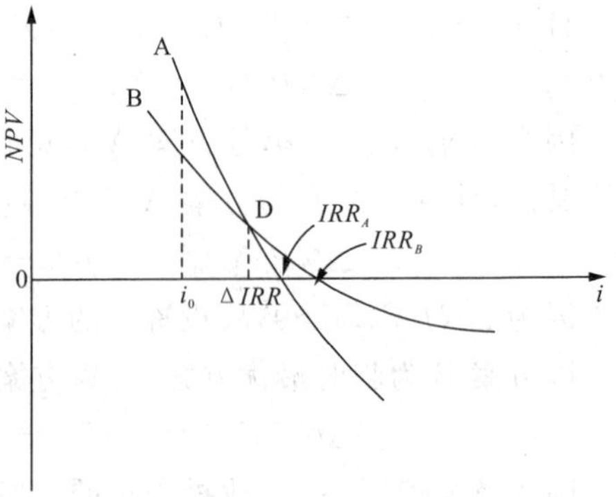

图 4－7 用于方案比较的差额内部收益率

内部收益率最大准则只在基准折现率大于被比较两方案的差额内部收益率的前提下成立。也就是说，如果将投资大的方案相对于投资小的方案的增量投资用于其他投资机会，会获得高于差额内部收益率的盈利率，用内部收益率最大准则进行方案比选的结论就是正确的。如图 4－7 所示，如果所取的基准折现率 $i_0>\Delta IRR$，则用内部收益率最大准则与净现值最大准则比选方案的结论就是一致的。但是倘若基准折现率 $i_0<\Delta IRR$，用内部收益率最大准则选择方案就会导致错误的抉择。由于基准折现率是独立确定的，不依赖于具体待比选方案的差额内部收益率，故用内部收益率最大准则比选方案是不可靠的。

用内部收益率评价互斥方案的步骤和方法如下：

(1)根据每个方案自身的净现金流，计算每个方案的内部收益率，淘汰内部收益率小于基准折现率的方案，即淘汰通不过绝对效果检验的方案。

(2)按照投资从大到小的顺序排列经绝对效果检验保留下来的方案。首先计算头两个方案的 ΔIRR。若 $\Delta IRR>i_0$，则保留投资大的方案；若 $\Delta IRR<i_0$，则保留投资小的方案。

(3)将(2)得到的保留方案与下一个方案进行比较——计算两方案的差额内部收益率，取舍判据同上。以此类推，直至检验了所有可行方案，找出最优方案为止。

值得指出的是，ΔIRR 只能反映增量现金流的经济性(相对经济效果)，不能反映各方案自身的经济性(绝对经济效果)。故差额内部收益率只能用于方案间的比较(相对效果检验)，不能仅根据 ΔIRR 数值的大小判定方案的取舍。图 4－7 对此作了说明。

图 4－8 中，在(a)、(b)所示的两种情况下，方案 A 与方案 B 均能通过绝对效果检验($IRR_A>i_0$，$IRR_B>i_0$)，可以根据 IRR_B 与 i_0 的比较判定方案的取舍：(a)情况下，$\Delta IRR>i_0$，投资大的方案 A 优于投资小的方案 B；(b)情况下，$\Delta IRR<i_0$，方案 B 优于方案 A；在(c)所示的情况下，方案 A 与方案 B 均不能通过绝对效果检验($IRR_A<i_0$，$IRR_B<i_0$)，故不管 ΔIRR 大小如何，两个方案都不应选取；在(d)所示的情况下，方案 A 通过绝对效果检验($IRR_A>i_0$)，且 $\Delta IRR>i_0$，可以判定方案 A 为最优可行方案。

根据上述步骤，我们用差额投资内部收益率法分析例 4－9。

前面已计算了各方案的内部收益率：

$$IRR_A=15.6\%，IRR_B=15.13\%，IRR_C=13.21\%$$

显然，3 个方案的内部收益率均大于基准折现率 $i_0=10\%$，均是可行的方案，故方案 A 为临时最优方案。

先计算方案 B 与方案 A 的差额投资内部收益率：

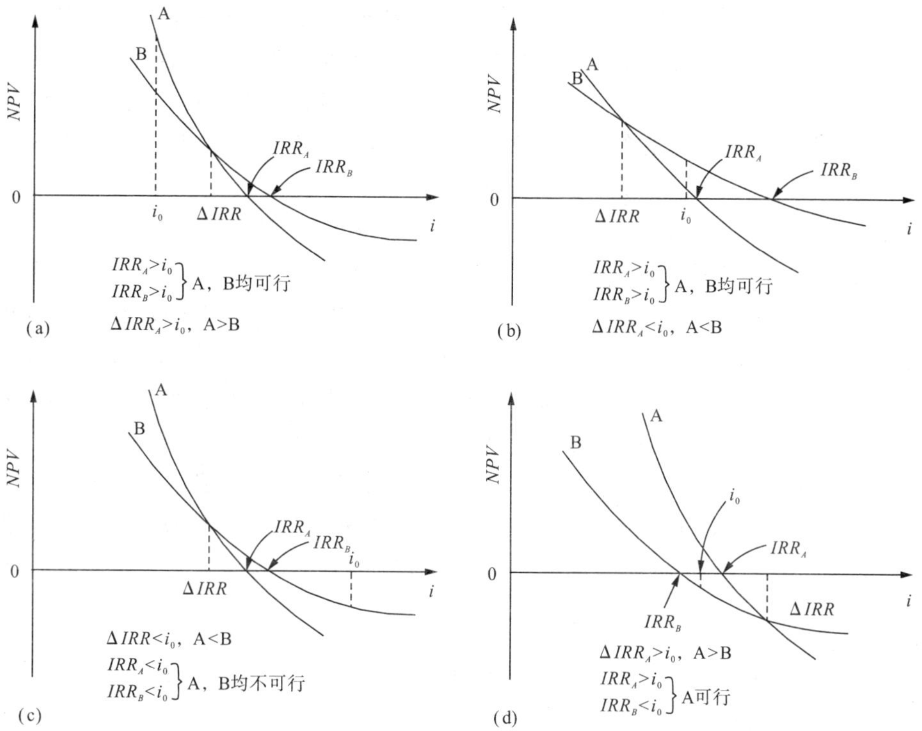

图 4-8　用内部收益率法比选方案示意图

$$-(600-490)+(120-100)(P/A,\Delta IRR_{B-A},10)=0$$

解得 $\Delta IRR_{B-A}=12.7\%>i_0$，说明投资大的方案 B 优于投资小的方案 A。

再计算方案 C 与方案 B 的差额投资内部收益率：

$$-(700-600)+(130-120)(P/A,\Delta IRR_{C-B},10)=0$$

解得 $\Delta IRR_{C-B}<1\%<i_0$，说明投资小的方案 B 优于投资大的方案 C。

结论是方案 B 最优。

差额内部收益率也可用于仅有费用现金流的互斥方案比选。比选结论与费用现值法和费用年值法一致，在这种情况下，实际上是把增量投资所导致的对其他费用的节约看成是增量收益。计算仅有费用现金流的互斥方案的差额内部收益率的方程，可以比照式(4-18)或式(4-19)，按两方案费用现值相等或增量费用现金流现值之和等于零的方式建立。

(二)寿命期不等的互斥方案比选

多数情况下，互相比较的投资方案的寿命期是不同的。这时要评价方案，首先必须满足时间上可比。满足这一要求需要解决两个问题：一是设定一个合理的共同分析期；二是给寿命期不等于分析期的方案选择合理的方案接续假定或残值回收假定。下面结合具体评价指标在寿命期不等互斥方案比选中的应用讨论这两个问题的解决方法。

1. 现值法

当互斥方案寿命期不等时，一般情况下，各方案的现金流在各自寿命期内的现值不具有可比性。如果要使用现值指标(净现值或费用现值)进行方案比选,必须设定一个共同的分析期。分析期的设定应根据决策的需要和方案的技术经济特征来决定。通常有以下几种处理方法:

(1)最小公倍数法。对不同寿命期的方案以其寿命期的最小公倍数作为统一的计算期。例如,甲方案的寿命期为5年,乙方案的寿命期为10年,两者不能直接比较。此时应以10年为相同的计算期,假设甲方案在第5年末重复投资一次,以其10年的收益与费用同乙方案相比较,从而满足了时间上可比的条件。

(2)研究期法。当方案较多时,由于各方案的寿命期不同,计算出的最小公倍数可能很大,如油田开发方案寿命期往往较长,假设有4个方案进行比较,其寿命期分别为15年、20年、25年、30年。寿命期的最小公倍数为300年。计算300年内各开发方案的效益和费用既麻烦又无现实意义。此时采用较简便的方法是选择一个共同的时期如10年作为比较的基础,分析研究各个方案开发10年的效益和费用,这就是研究期法。若选择的研究期为各个方案中寿命期最大者,又叫最大寿命期法;选择的研究期为其中最小者,又叫最小寿命期法。

(3)年值折现法。按某一共同的分析期将各备选方案的年值折现得到用于方案比选的现值。这种方法实际上是年值法的一种变形,隐含着与年值法相同的接续方案假定。设方案 j ($j=1,2,3,\cdots,m$)的寿命期为 n,共同分析期为 N,按年值折现法,方案 j 净现值的计算公式为:

$$NPV_j = \sum_{t=0}^{n}(CI_j - CO_j)_t(P/F,i_0,t)(A/P,i_0,n_j)(P/A,i_0,N) \quad (4-23)$$

用年值折现法求净现值时,共同分析期 N 取值的大小不会影响方案比选结论,但通常 N 的取值不大于最长的方案寿命期,不小于最短的方案寿命期。

用上述方法计算出的净现值用于寿命不等互斥方案评价的判别准则是:净现值最大且非负的方案是最优可行方案。对于仅有或仅需计算费用现金流的互斥方案,可比照上述方法计算费用现值进行比选,判别准则是:费用现值最小的方案为最优方案。

【例4-10】 有两个互斥方案,如表4-10所示。若基准折现率为15%,试选择较优方案。

表4-10 A、B方案的现金流表

方案	初始投资(万元)	年净收益(万元)	寿命期(年)
A	1000	680	3
B	500	300	4

由于两个方案寿命期不同,不满足时间上的可比要求,故取其寿命期最小公倍数12年作为统一的计算期。即方案A在12年内重复投资3次,方案B重复投资两次,经过这样的处理后两方案具有了可比性,可以用净现值法、差额投资净现值法或差额投资内部收益率法等方法进行比较。现以净现值法为例,介绍寿命期不等互斥型方案的比选。

【解】 两方案净现值计算如下:

$$\begin{aligned}NPV_A &= -1000[1+(P/F,15\%,3)+(P/F,15\%,6)+(P/F,15\%,9)]+\\&\quad 680(P/A,15\%,12)\\&= 1312.18(\text{万元})\end{aligned}$$

$$NPV_B = -500[1+(P/F,15\%,4)+(P/F,15\%,8)]+300(P/A,15\%,12)$$
$$= 676.95(\text{万元})$$

由于 $NPV_A>0$，$NPV_B>0$，所以 A 方案与 B 方案均可行；又因 $NPV_A>NPV_B$，所以方案 A 优于方案 B。

同样也可用年值折现法比选方案。取最短的方案寿命期 3 年作为共同分析期，用年值折现法求各方案的净现值：

$$NPV_A=-1000+680(P/A,15\%,3)=552.44(\text{万元})$$

$$NPV_B=[-500+300(P/A,15\%,4)](A/P,15\%,4)(P/A,15\%,3)=285.08(\text{万元})$$

由于 $NPV_A>0$，$NPV_B>0$，所以 A 方案与 B 方案均可行；又因 $NPV_A>NPV_B$，所以方案 A 优于方案 B。

从上面计算可以看出，若多个寿命期不等的互斥型方案相互比较，其最小公倍数可能很大，有时甚至达几百年，而解决这一问题最简便有效的方法是年值法。

2. 年值法

在对寿命期不等的互斥方案进行比较时，不论方案在寿命期最小公倍数的时间内重复多少次，其年值是相等的。当参加比选的方案数目众多时，用年值法最为简便，年值法使用的指标有净年值与费用年值。

【例 4－11】 根据例 4－10 的数据，用净年值法比选方案。

【解】 由式(4－10)得：

$$NAV_A=NPV_A(A/P,15\%,12)=242.07(\text{万元})$$
$$NAV_B=NPV_B(A/P,15\%,12)=124.88(\text{万元})$$

或者，由式(4－11)得：

$$NAV_A=680-1000(A/P,15\%,3)=242.02(\text{万元})$$
$$NAV_B=300-500(A/P,15\%,4)=124.86(\text{万元})$$

由于 $NAV_A>0$，$NAV_B>0$，所以 A 方案与 B 方案均可行；又因 $NPV_A>NPV_B$，所以选方案 A 为最优方案。

由本例可见，计算两方案 12 年内净年值与计算一个寿命周期内的净年值是相同的。因此结论成立的先决条件是各方案必须满足重复投资的假设。在此条件下，用净年值法比用净现值法或其他方法要简单得多。

在实际生活中，会常常遇到下面问题：在水力发电和火力发电之间、在铁路和公路运输之间、在水泥结构的桥梁和金属结构的桥梁之间进行的选择。这类问题的特点是，无论选择哪一种方案，其产出相同或提供相同的服务，或者根本无法用货币来衡量。这时只要考虑各方案的成本费用大小就可以了。对于仅有或仅需要计算费用现金流的互斥方案，可以比照净年值的计算方法，用费用年值指标进行比选。判别标准是：费用年值最小的方案为最优方案。

【例 4－12】 已知甲方案的设备购置费为 800 万元，年维修运行费 600 万元，寿命 5 年；乙方案的设备购置费为 1500 万元，年维修运行费 500 万元，寿命 10 年。设两者的残值为零，最低期望报酬率 $i=8\%$，试选择最优方案。

【解】 作方案现金流量图如图 4－9 所示。

根据式(4－13)可计算各方案的费用年值如下：

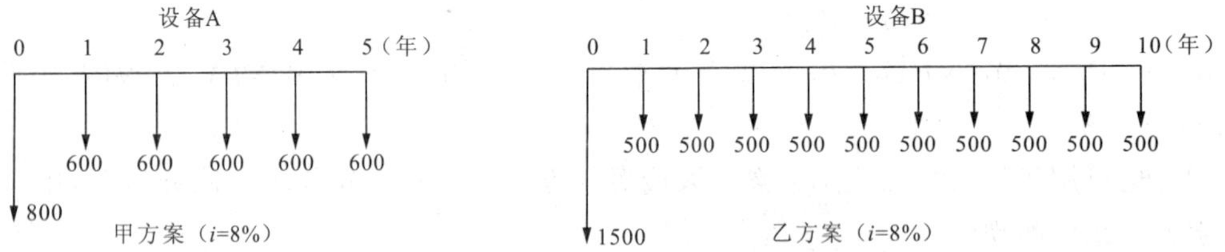

图 4-9 甲、乙两方案现金流量图

$$AC_{甲}=800(A/P,8\%,5)+600=800(万元)$$
$$AC_{乙}=1500(A/P,8\%,10)+500=724(万元)$$

乙方案设备年成本费用节约额$=AC_{甲}-AC_{乙}=76$(万元) (4-24)

以上方案经济效益的评价未遵守寿命期可比性原则，但实际上它与采用以下 3 种方法解决寿命可比性问题后所取得的评价结果是一致的。

(1)按甲、乙方案寿命最小公倍数确定两方案相同的服务期为 10 年，方案甲在第 5 年末以同种新设备进行更换。按此方法，两方案的现金流量图如图 4-10 所示。

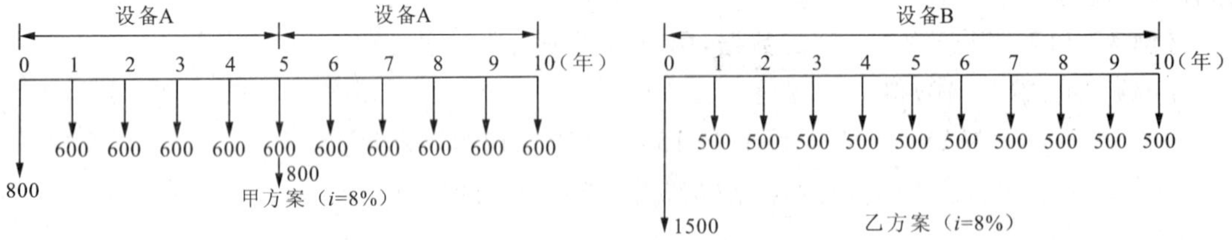

图 4-10 甲、乙两方案现金流量图

方案的设备费用年值的比较：

$$AC_{甲}=[800+800(P/F,8\%,5)+600(P/A,8\%,10)](A/P,8\%,5)=800(万元)$$
$$AC_{乙}=1500(A/P,8\%,10)+500=724(万元)$$

乙方案设备年成本费用节约额$=AC_{甲}-AC_{乙}=76$(万元) (4-25)

(2)以寿命最短方案的寿命为各方案共同的服务期，寿命长的方案按一定的程序确定共同服务期末的残值。本例以方案甲的寿命 5 年为共同服务期，方案乙第 5 年末的残值按下式计算：

$$方案乙第5年末残值=1500(A/P,8\%,10)(P/A,8\%,5)=893(万元)$$

按此方法评价，方案的现金流量图如图 4-11 所示。

方案费用年值的比较：

$$AC_{甲}=800(A/P,8\%,5)+600=800(万元)$$
$$AC_{乙}=1500(A/P,8\%,5)+500-893(A/F,8\%,5)=724(万元)$$

乙方案设备年成本费用节约额$=AC_{甲}-AC_{乙}=76$(万元) (4-26)

这里应当指出，只有当方案乙的设备残值按上述公式计算的条件下，式(4-26)才能与式(4-24)及式(4-25)相同。

(3)以寿命最长方案的寿命为共同服务期，寿命短的方案在寿命期满之后以寿命长的方案

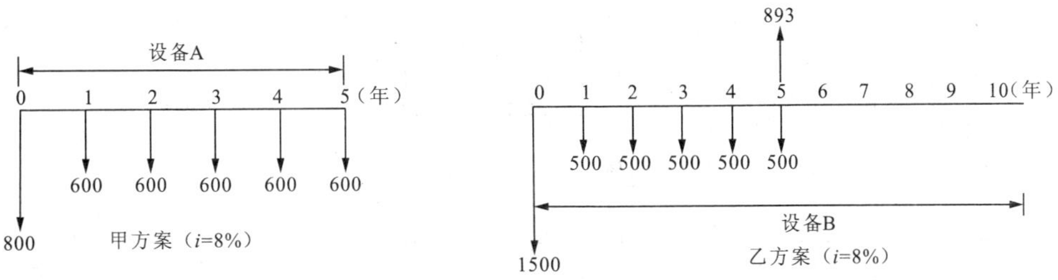

图 4-11　甲、乙两方案现金流量图

来更换。这种方式在设备更新问题中是可能出现的。例如，方案甲的设备为待更新的旧设备，方案乙的设备为新设备，新旧设备比较时，由于寿命期不等，可以设想在旧设备寿命结束时，以新设备去替换旧设备。按此方法进行评价，方案的现金流量如图 4-12 所示。

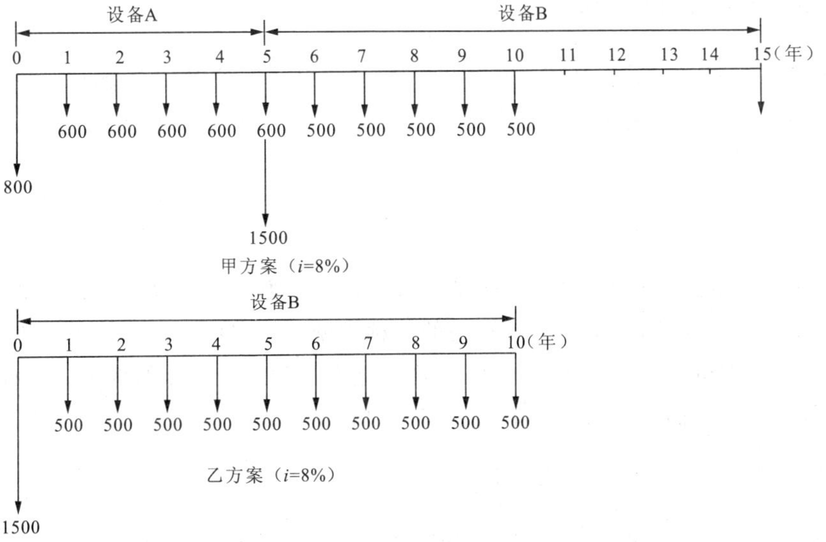

图 4-12　甲、乙两方案现金流量图

为便于进行比较，可利用上面有关的计算结果，把图 4-12 的现金流量图改为如图 4-13 所示的年成本的形式。

由图 4-13 可知，两方案虽按 10 年进行比较，但实际上只有前 5 年的年成本不同。因此，前 5 年年成本之差能代表 10 年比较期的年成本之差，即：

$$AC_{甲}(\text{前 5 年})-AC_{乙}(\text{前 5 年})=800-724=76(\text{万元}) \qquad (4-27)$$

对照式(4-24)、式(4-25)、式(4-26)、式(4-27)可知寿命不等方案按简化程序计算的费用年值与用上述 3 种方法计算出的费用年值是相同的。由此可见，简化程序实际上是以上 3 种方法的计算与比较过程的简化。因此，只有在备选方案适于按上述 3 种方法进行评价时，才可以采用简化程序；否则，就必须先用一定方法解决方案寿命不等问题后，再进行费用年值计算与比较。

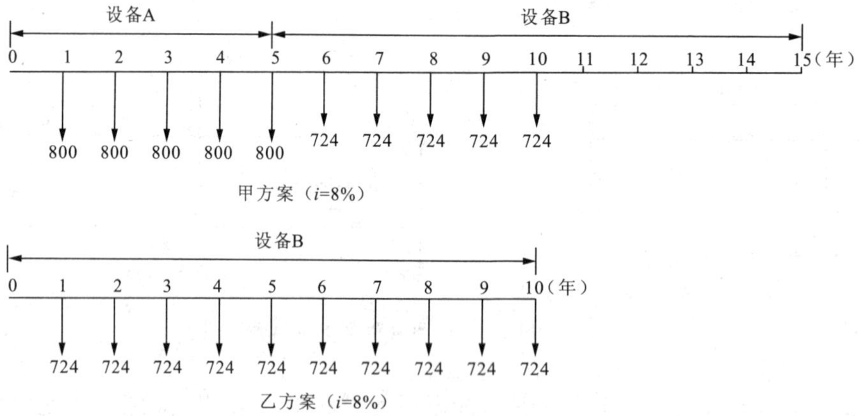

图 4-13 甲、乙两方案年成本费用比较图

三、相关型方案的比选

在多个方案之间，如果接受（或拒绝）某一方案，会显著改变其他方案的现金流量，或者接受（或拒绝）某一方案会影响对其他方案的接受（或拒绝），我们说这些方案是相关的。方案相关的类型主要有以下几种。

（一）完全互斥型

如果由于技术的或经济的原因，接受某一方案就必须放弃其他方案，那么，从决策角度来看这些方案是完全互斥的，这也是方案相关的一种类型。特定项目经济规模的确定，厂址方案的选择，特定水利发电站坝高方案的选择等，都是这类方案完全互斥的例子。这种互斥方案的经济效果评价方法，我们在前面已作了较为充分的论述。

（二）相互依存型和完全互补型

如果两个或多个方案之间，某一方案的实施要求以另一方案（或另几个方案）的实施为条件，则这两个（或若干个）方案具有相互依存性，或者说具有完全互补性，例如，在两个不同的军工厂分别建设生产新型火炮和与之配套的炮弹的项目就是这种类型的相关方案。紧密互补方案的经济效果评价通常应放在一起进行。

（三）混合相关型

在方案众多的情况下，方案间的相关关系可能包括多种类型，我们称之为混合相关型。

（四）现金流相关型

即使方案间不完全互斥，也不完全互补，如果若干方案中任一方案的取舍会导致其他方案现金流量的变化，这些方案之间也具有相关性。例如，有两种在技术上都可行的方案：一个是在某大河上建一座收费公路桥（方案 A）；另一个是在桥址附近建收费轮渡码头（方案 B），即使这两个方案间不存在互不相容的关系，但任一方案的实施或放弃都会影响另一方案的收入，从而影响方案经济效果评价的结论，同样，也存在互补性的现金流相关方案。

当各方案的现金流量之间具有相关性，但当方案之间并不完全互补时我们不能简单地按照独立方案或互斥方案的评价方法进行决策，而应当首先用一种“互斥方案组合法”，将各方案组合成互斥方案，计算各互斥方案的现金流量，再按互斥方案的评价方法进行评价选择。

【例 4－13】 为了满足油田运输要求，有关部门分别提出要在某两地之间上一铁路项目和(或)一公路项目。只上一个项目时的净现金流量如表 4－13 所示。若两个项目都上，由于受货运分流的影响，两项目都将减少净收入，其净现金流量如表 4－14 所示。当基准折现率为 $i_0=10\%$ 时应如何决策？

表 4－13　只上一个项目时的净现金流量　单位：百万元

方案＼年	0	1	2	3～32
铁路 A	－200	－200	－200	100
公路 B	－100	－100	－100	60

表 4－14　两个项目都上时的净现金流量　单位：百万元

方案＼年	0	1	2	3～32
铁路 A	－200	－200	－200	80
公路 B	－100	－100	－100	35
两项目合计 C＝A＋B	－300	－300	－300	115

为保证决策的正确性，先将两个相关方案组合成 3 个互斥方案，再分别计算其净现值，如表 4－15 所示。

表 4－15　组合互斥方案的净现金流量及其净现值表　单位：百万元

方案＼年	0	1	2	3～32	净现值($i_0=10\%$)
铁路 A	－200	－200	－200	80	231.98
公路 B	－100	－100	－100	35	193.90
两项目合计 C＝A＋B	－300	－300	－300	115	75.29

根据净现值判断准则，在 3 个互斥方案中，A 方案净现值最大且大于零($NPV_A>NPV_B>NPV_C>0$)，故 A 方案为最优可行方案。

若用净年值法和内部收益率法对表 4－13 中的互斥组合方案进行评价选择，亦会得出相同的结论。

（五）资金约束导致的方案相关

如果没有资金总额约束，各方案具有独立性质，但在资金有限的情况下，接受某些方案则意味着不得不放弃另外一些方案，这也是方案相关的一种类型。

在资金有限的情况下，局部看来不具有互斥性的独立方案也成了相关方案。如何对这类方案进行评价选择，以保证在给定资金预算总额的前提下取得最大的经济效果（即实现净现值最大化），按照有限的资源得到最佳利用的原则进行方案组合，保证所选的组合方案产出最大。这就是所谓“投资有限情况下方案的选择”问题。

受资金限制的方案选择使用的主要方法有“整体净现值法”和“互斥方案组合法”。

整体净现值法：就是在计算各方案净现值指数的基础上，将净现值指数大于或等于零的方案按净现值指数大小排序，并依此次序选取项目方案，然后测算在资金限额内各种可能的组合方案的整体净现值，其中整体净现值最大的组合方案为最优方案，直至所选取方案的投资总额最大限度地接近或等于投资限额为止。本法所要达到的目标是在一定的投资限额约束下使所选项目方案的净现值最大。

【例 4-14】 某企业可利用的资金为 60 万元，共有 8 个独立型方案可供选择，其资料见表 4-16。设各方案寿命期均为 10 年，基准收益率为 12%，试确定最优组合方案。

表 4-16　各方案的投资收益表

方案	投资额（万元）	年净收益（万元）	*NPV*（万元）	*NPVR*	名次
A	20	5.6	11.64	0.5820	1
B	12	3.0	4.95	0.4125	2
C	4	0.8	0.52	0.1300	8
D	9	1.0	2.30	0.2556	5
E	13	2.9	1.39	0.2608	4
F	36	7.5	5.38	0.1772	6
G	3	0.6	0.39	0.1300	7
H	15	3.7	5.91	0.3940	3

【解】 首先，计算各方案的净现值及净现值比率，如表 4-16 所示。

由于各方案净现值及净现值比率均大于零，故各方案本身在经济上是可行的。现按各方案净现值比率由大到小排序：A、B、H、E、D、F、G、C。

其次，在 60 万元资金的限额内进行各种可能的方案组合。

组合方案 1 是由 A、B、H、D、C 五个方案组成。其基本原则是按各方案的净现值比率由大到小进行选择，直到满足资金限额为止。其整体净现值为：

$$\sum NPV = NPV_A + NPV_B + NPV_H + NPV_D + NPV_C = 25.32\text{（万元）}$$

组合方案 2 是由 A、B、H、E 四个方案组成。其基本原则是在按各方案的净现值比率由大到小进行选择的基础上，考虑其中某一方案或某些方案是否有更好的替代方案？现在用方案 E 取代方案 D 和 C。其整体净现值为：

$$\sum NPV = NPV_A + NPV_B + NPV_H + NPV_E = 25.89(\text{万元})$$

显然，组合方案 2 优于组合方案 1。读者可以证明，其他各种组合方案的整体净现值均小于组合方案 2。因此，组合方案 2 最优。

通过本例求解过程可知，整体净现值法计算简便、方法简单。但是由于投资项目的不可分性，单纯按各方案的净现值比率大小来组合方案，使得该法在许多情况下不能保证现有资金的充分利用，不能达到整体净现值最大的目标。只有在下述情况下，运用整体净现值法，才能达到或接近于净现值最大的目标：①各独立型方案的投资占投资预算的比例很小；②各方案投资额相差很小；③各入选方案的投资累加额与投资预算限额相差无几。

实际上，在各种情况下，我们只有在按各方案的净现值比率由大到小进行选择的基础上，考虑各种可能的相互排斥的组合方案，才能保证获得最大的整体净现值。

思考与练习

1. 静态经济评价和动态经济评价的区别是什么？
2. 如何用净现(年)值进行方案评价？净现(年)值有何优点和不足之处？
3. 净现值函数的特点是什么？
4. 费用现值和费用年值的使用条件是什么？
5. 什么是内部收益率的经济涵义、判别准则和唯一性？
6. 互斥方案比较的增量分析指标有哪些？各有什么特点？
7. 有资源约束的独立方案有哪些评价方法，如何选择？
8. 怎样用内部收益率法进行多方案项目的比选？
9. 简述净现值最大准则在多方案比选中的合理性。
10. 试根据可比原理判断以下方案是否可以直接比较。

(1)某公司拟建一个橡胶厂，甲方案投资为 5000 万元，年产丁苯橡胶 100 万吨；乙方案投资 4500 万元，年产丁苯橡胶 86 万吨，两方案的寿命期和年经营费用相同。

(2)某厂更新设备，方案 A 花了 3 万元购买一台旧型号的设备，寿命期为 8 年；方案 B 花了 4.5 万元购买一台改进型的设备，寿命期为 15 年。

(3)投资 400 万元建一机械厂，A 方案在建设前期占用资金多，B 方案在建设后期占用资金多，建设期均为 3 年。

(4)胜利油田的钻井成本和大庆油田的钻井成本。

11. 某油田总投资为 40 亿元，自投产后每年产原油 400 万吨，年经营费用 2.6 亿元，每年上缴的税金为 3.5 亿元。假定原油的价格为 520 元/吨，不考虑时间因素，求该油田的投资回收期。

12. 某石油工程项目净现金流量如下表所示。

年	0	1	2	3	4	5	6
净现金流量(万元)	−50	−80	40	60	60	60	60

(1)试计算静态投资回收期、净现值、净年值、内部收益率、净现值比率和动态投资回收期

($i_0=10\%$)。

(2)画出累计净现金流量曲线与累计净现金流量现值曲线。

13. 某拟建石油工程项目,第1年初投资1000万元,第2年初投资2000万元,第3年初投资1500万元,从第3年起连续8年每年可获净收入1450万元。若期末残值忽略不计,最低希望收益率为12%,试计算净现值和内部收益率,并判断该项目经济上是否可行。

14. 某企业初期投资5000元,第1年末又投资2000元,第2年末得净收益2000元,以后连续5年每年得净收益2500元,年利率为12%。试画出现金流量图,并计算净现值及净现值比率。

15. 某项目初始投资为1000万元,在此后10年中每年支出200万元,收入410万元,期末残值回收60万元,求该项目的内部收益率。

16. 购买某台设备需80 000元,用该设备每年可获净收益12 600元,该设备报废后无残值。

(1)若设备使用8年后报废,这项投资的内部收益率是多少?

(2)若最低希望收益率为10%,该设备至少可使用多少年才值得购买?

17. 某项产品发明专利有效期12年,专利使用许可合同规定制造商每销售一件产品应向发明人支付250元专利使用费。据预测,下一年度该产品可销售1000件,以后销售量每年可增加100件。若发明人希望制造商将专利使用费一次付清,制造商同意支付的最高金额会是多少?制造商的最低希望收益率为15%,发明人的最低希望收益率是10%。

18. 有3个互斥方案的净现金流量如下表所示($i_0=12\%$),试用NPV法、IRR法、ΔNPV法和ΔIRR法评价选择最优方案(单位:万元)。

年 方案	0	1	2	3	4	5
A方案	−100	40	40	40	40	40
B方案	−160	−180	180	180	180	180
C方案	−500	200	200	200	200	200

19. 有3个修建太阳能灶的投资方案A、B、C,现在一次投资分别为2万元、4万元和10万元,3个方案的太阳能的使用寿命均为20年。未安装太阳能灶之前,企业每年交电费1万元。A方案每年省电费30%;B方案每年省电费50%,C方案每年省电费90%。A、B方案在第10年、第16年均需花维修费1000元,C方案在第12年需花维修费1500元。20年末只有C方案有残值1万元。基准收益率为10%,试选择最优案。

20. 某产品生产方案有两个,其费用如下表所示。若$i=10\%$,试用费用现值法及费用年值法选优。

方案	投资(万元)	年经营费用(万元)	残值(万元)	寿命期(年)
A	10 000	350	300	3
B	15 000	300	300	5

21. 假定某产品加工工艺方案有3个，寿命期均为10年，残值为零，其费用如下表所示。

方案	A	B	C
投资(万元)	140	120	115
年经营费用(万元)	80	90	100

(1)若该部门规定的基准投资回收期为5年，试计算选优。

(2)若折现率为20%，试计算选优。

22. 某小电厂每年热损失费5200元，现制定两个减少热损失的方案，方案A可以减少60%的热损失，其投资为3000元，方案B可以减少55%的热损失，投资为2500元。假如基准收益率为8%，热损失的减少为工厂的收益，两方案寿命均为10年。试用下列方法比较选优：

(1)净现值法。

(2)差额投资净现值法。

(3)差额投资内部收益率法。

23. 某炼油厂要安装一条输油管线，现有两个可供选择的方案，方案A可以用10万元安装起来，包括输送费用及维修费用在内的年运行费用为2万元。方案B可以用7万元安装起来，但年运行费用为3万元。管道预期服务年限为20年，残值为原值的10%。若公司的最低收益率为20%，试选择较优方案。

24. 某油田现有若干互斥型投资方案，有关数据如下表所示。

方案	初始投资(万元)	年净收入(万元)
0	0	0
A	2000	500
B	3000	900
C	4000	1100
D	5000	1380

以上各方案寿命期均为7年，试问：

(1)当折现率为120%时，资金无限制，哪个方案最佳？

(2)折现率在什么范围内时，B方案在经济上最佳？

(3)若$i_0=10\%$，实施B方案企业在经济上的损失是多少？

第五章　石油投资风险与不确定性分析

学习要点

- 了解不确定性分析的涵义
- 掌握盈亏平衡分析方法的原理及应用
- 掌握敏感性分析方法、并能熟练应用
- 掌握概率分析方法、并能熟练应用

第一节　石油投资风险与不确定性概述

一、风险与不确定性的含义

风险，是指投资失利的可能性，由随机原因所引起的项目总体的实际价值和预期价值之间的差异。风险是对可能结果的描述，即决策者事先预计决策所有可能产生的结果，以及每一种结果出现的概率。因此风险是可以通过数学分析方法来计量的。

不确定性，是指决策者事先不知道决策所有可能出现的结果，或者虽然知道所有可能出现的结果但不知道它们出现的概率。技术方案的不确定性分析产生的直接原因是由于方案评价中所采用的各种数据与实际值出现偏差。

确定性，是指一投资项目的执行结果在时间上和空间上的存在、发生、发展及数量大小在投资项目实施之前就可以完全确定。例如，一吨特定质量的原油，经过某一特定的加工过程后所能得到的油品种类、数量和质量，在加工前就可以确定。

应当指出，虽然风险性和不确定性在概念上不尽相同，但近年来的风险分析文献中一般并不加以严格区分，而是两个术语混用。这主要是从实用的角度出发的。因为第一，二者用途上是相同的，都是用以描述投资效果不肯定性概念的；第二，两者一般是同时存在、同时发生、不可分离的。在国外文献中，风险性这一术语用得更为广泛些。

二、石油投资风险与不确定性分析的必要性

对油气勘探开发项目进行经济评价时，所研究的问题都属于“未来的”问题。经济评价中所使用的各种主要数据，如投资规模、建设工期、产品产量、原材料价格、生产成本、各种费用销售收入等等，主要是根据经济评价人员的预测或估计得来的，这些数据基本上都不是确定性数据。如果将这些数据同将来实际情况相比，很可能有相当大的出入，那么用这些基本数据分析计算出来的经济效果指标也必将与实际经济效果有相当大的差别，也就是说，经济效果指标也存在着不确定性。经济评价的目的是为拟建的工程项目提供决策依据，经济效果指标的不确定性将使决策很容易产生失误。因此我们必须在经济评价中进行不确定性分析，研究不确定

性因素产生的原因,分析不确定因素对工程项目经济效果的影响。因此不确定性分析就是对工程项目中的一些不确定因素变化时引起的各种经济效果指标的变化程度进行分析和研究。实践证明,风险与不确定性因素的存在是不可避免的,但是人们可以分析它们,认识它们,进而可以采取有效措施控制它们。所以进行风险与不确定性分析,可以显著提高经济评价结果的准确性和可靠性。

三、风险与不确定性分析产生的一般原因

严格说来,任何投资活动都面临风险问题,不同之处在于风险的性质和程度。产生风险的原因是复杂的,归纳起来,可以从以下几个方面来研究。

(1)投资机会的有限性。一般一个石油公司面临的投资机会总是有限的。这意味着,一旦一个项目投资失利,就没有或只有很少的其他投资机会来补偿这种损失。对于资金有限的石油公司来说,这种风险至关重要,因为它可能导致公司丧失再投资能力而破产。即使是资金雄厚的大公司,也有一个投资的机会损失问题。我国目前资金不足,为确保每项投资都取得好的效益,努力降低由于投资机会选择错误而造成的风险,是一个非常重要的问题。

(2)对信息理解和使用的偏好。进行经济分析与决策的每一个人,都有自己的个人偏好,或是悲观型,或是乐观型,或是不自觉地受某些主观因素的影响。这种个人心理上的偏好,往往导致对信息资料理解和使用的偏差,从而造成投资风险。

(3)预测和估算的误差。对工程项目进行经济评价时所涉及的主要参数,一般是参考类似工程项目的有关数据而进行预测和估算的。这些参考的数据有的本身就存在着误差,而有的新开发工程项目也缺少可参考的数据。此外在进行预测和估算时,不管使用何种方法,都必然要牵涉种种假设,一些不现实或不准确的假设以及统计和预测方法的局限性,都会使经济评价中的各种参数产生不确定性。

(4)对数据资料的解释偏差。如果所分析的问题背景十分复杂,对各影响因素之间的相互关系会出现不正确的理解,从而给出错误的解释。例如,石油地质情况一般是复杂的,地质资料的解释发生偏差在所难免。目前最有效的勘探手段是地震,而同一地震资料往往会有多种解释结果。这种资料的多解性,必然导致投资的风险性。

(5)通货膨胀和物价变动的影响。就世界范围来讲,通货膨胀是一种普遍的现象。随着生产的发展和供需关系的变化,物价也经常发生波动,物价的变化必然引起经济评价中的各种主要参数如投资、经营成本和销售收入的变化。因此通货膨胀和物价变化是造成不确定性因素的主要原因。

(6)经济评价参数的变化。经济评价参数是国家或部门根据经济发展的状况在不同时期颁布的评价参数。它的变化直接影响经济评价指标,如基准收益率、贷款利率、外汇汇率的变化,对项目是否可行有着决定性影响。

(7)经济研究工作者自身的能力和管理者能力的局限性。一项经济研究结果的正确与否,在很大程度上取决于研究人员本身的能力和素质。现代经济问题往往与技术问题复杂地交织在一起,这就要求经济研究工作者必须同时具有一定的技术知识。目前,我国许多经济研究工作者在这方面显得力不从心,不能很好地把经济问题与技术问题结合在一起,求得最佳的技术经济研究效果。近年来,虽然在重视石油投资效益研究方面有了很大进展,但由于原来基础较差,还没有建成一支强大的石油经济研究队伍,有关的理论、方法和工作程序也有待进一步完

善。一项投资的经济效益，与管理者的知识水平和才能有直接联系。现代科学技术的迅速发展，使一个人不能成为精通各种专业知识的全才，而管理涉及广泛的经济问题。这从客观上造成了管理者的才能与工作要求之间的差距。由于历史的原因，目前我国的管理水平相对较低，因此管理失误的风险更值得注意。

(8)政府政策和政府规定的变化。对许多国家来说，政府政策和政府规定的变化几乎是不可避免的，也是从事经济评价人员无法预测和不能控制的。这些政治因素的变化，不仅是不确定性因素的源泉，而且还可能给石油工程项目带来很大的风险。

综上所述，影响投资项目经济效益的因素很多，各种因素产生的影响也不尽相同。因此，对具体项目进行不确定性分析时，应视项目具体情况有所选择，有所侧重，以有利于项目选择的稳妥性，提高投资项目决策的科学性。

风险分析与不确定性分析的方法有很多，但主要有盈亏平衡分析、敏感性分析和概率分析。

第二节　盈亏平衡分析

盈亏平衡分析又称量、本、利分析。它是根据产品产量或销售量、成本和利润三者之间相互依存关系进行综合分析，用以预测产品产量、成本等因素变化时对项目盈亏的影响，研究拟建项目成本费用与收益的平衡关系的方法。通过盈亏平衡分析，可以确定盈亏平衡点。项目盈利与损失有个转折点，称为盈亏平衡点，用 BEP 表示。在这一点上，营业收入等于总成本费用，项目刚好盈亏平衡。盈亏平衡分析就是要找出盈亏平衡点，通常根据项目正常生产年份产品产销量、固定成本、可变成本、产品销售价格及营业税金等数据进行计算，从而确定工程项目最佳的生产和运营方案，确定工程项目最佳的建设规模。盈亏平衡点越低，项目盈利的可能性就越大，造成亏损的可能性就越小。

根据总成本费用、营业收入与产量(销售量)之间是否呈线性关系，盈亏平衡分析可分为线性盈亏平衡分析和非线性盈亏平衡分析，在这里主要介绍线性盈亏平衡分析。

一、线性盈亏平衡分析

采用线性盈亏平衡分析，对产品销售量、产品价格、成本必须满足下列条件：①产量等于销售量，即当年生产的产品或服务当年销售出去；②当产量变化时，单位可变成本不变，则总可变成本是产量的线性函数；③当产量变化时，销售价格不变，则营业收入是销售量的线性函数；④按单一产品计算，当生产多种产品，应换算为单一产品。

目前，盈亏平衡分析的理论和方法已经有较大的发展。这里主要介绍单方案盈亏平衡分析和多方案盈亏平衡分析。

(一)单方案线性盈亏平衡分析

1. 营业收入、成本费用与产品产量的关系

为了进行盈亏平衡分析，必须将总成本费用分为固定成本和可变成本，这是线性盈亏平衡分析的关键。在满足上述4个假定的条件下，企业的产品成本费用和营业收入是产量的线性函数。即有：

总成本费用为：$C_T=C_F+C_V=C_F+C_vQ$　(5-1)

营业收入为：$S=PQ(1-r')$　(5-2)

利润总额为：$R=S-C_T=PQ(1-r')-C_F-C_vQ$　(5-3)

式中：C_T 为年总成本费用；C_F 为年总固定成本；C_V 为年总可变成本；C_v 为单位产品的可变成本；S 为扣除税金后的营业收入；Q 为年总产量；P 为单位产品价格（不含税）；r'为营业税率；R 为利润。

当盈亏平衡时，收入与支出相等（$R=0$），即税后营业收入（S）等于总成本费用（C_T）。即：

$$C_F+C_vQ=PQ(1-r') \tag{5-4}$$

2. 盈亏平衡点的确定

1）图解法

将式（5-1）与式（5-2）在同一坐标图上表示出来，可以构成线性盈亏平衡分析图（量-本-利分析图），如图 5-1 所示。盈亏平衡点可以通过作图求出。

图 5-1 中纵坐标表示营业收入与成本费用，横坐标表示产品产量。营业收入线（S）与总成本线（C_T）的交点称盈亏平衡点（简称 BEP），也就是项目盈利与亏损的临界点。在 BEP 的左边，总成本大于营业收入，项目亏损；在 BEP 的右边，营业收入大于总成本，项目盈利；在 BEP 点上，项目不亏不盈。

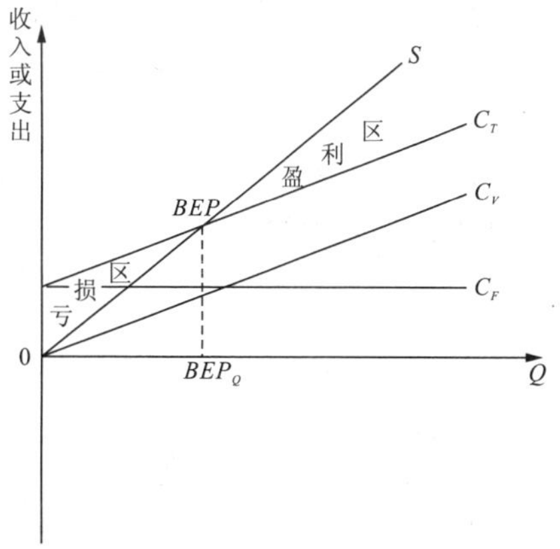

图 5-1　线性盈亏平衡图

盈亏平衡点（BEP）对应的产量为盈亏平衡时的产量（BEP_Q）。当 $Q=BEP_Q$ 时，$S=C_T$，$R=0$，这时处于盈亏平衡状态；当 $Q>BEP_Q$ 时，$S>C_T$，$R>0$，这时处于盈利状态；当 $Q<BEP_Q$ 时，$S<C_T$，$R<0$，这时处于亏损状态。

2）解析法

在营业收入及总成本都与产量呈线性关系的情况下，可以很方便地用解析方法求出以产品产量、生产能力利用率、产品销售价格、单位产品变动成本等表示的盈亏平衡点。

（1）盈亏平衡点的产量（BEP_Q）。在产品的价格、固定成本、单位变动成本已知的条件下，可以求出盈亏平衡点的产量为：

$$BEP_Q=\frac{C_F}{P(1-r')-C_v}=\frac{C_F}{P-C_v-r} \tag{5-5}$$

式中：r 为单位产品税金（$r=P\times r'$）。

（2）盈亏平衡点的营业收入（BEP_S）。当确定产品的价格时，根据盈亏平衡时的产量，可以求出盈亏平衡时的营业收入。即：

$$BEP_S=BEP_Q\cdot P \tag{5-6}$$

（3）生产能力利用率（BEP_n）。生产能力利用率的盈亏平衡是指项目不发生亏损时生产能力利用率的最低限度。若盈亏平衡点用设计的生产能力百分比可表示为：

$$BEP_n=\frac{BEP_Q}{Q_0}\times 100\%=\frac{C_F}{Q_0(P-C_v-r)}\times 100\% \tag{5-7}$$

式中：Q_0 为设计生产能力。

(4)盈亏平衡点的销售价格(BEP_P)。若按项目设计能力进行生产和销售，则盈亏平衡点的销售价格为：

$$BEP_P=\frac{C_F+C_vQ_0}{Q_0(1-r')} \tag{5-8}$$

(5)盈亏平衡点的单位产品变动成本(BEP_{C_v})。若在设计能力进行生产和销售，且销售价格已定，则盈亏平衡点的单位产品变动成本为：

$$BEP_{C_v}=\frac{PQ_0(1-r')-C_F}{Q_0}=P-r-\frac{C_F}{Q_0} \tag{5-9}$$

3. 风险评价

盈亏平衡点越低，表明项目适应市场变化的能力越大，抗风险能力越强；反之，抗风险能力越差。多方案比较时，选择盈亏平衡点低的方案。

盈亏平衡时的生产能力利用率又称经营风险率，此值越高，风险越大；反之，风险越小。与经营风险率相对应的指标称作经营安全率。计算公式为：

$$经营安全率=1-\frac{BEP_Q}{Q_0} \tag{5-10}$$

经营安全率越大，表明企业生产经营状况越好，拟建项目越安全可靠。相反，经营安全率的数值低于15%或很小的数值，说明企业已发生亏损或已接近亏损。企业的经营情况可以参考表5-1的数值判断。

表5-1 经营安全率

经营状况	安全	较安全	不太安全	要警惕	很危险
经营安全率	大于30%	25%～30%	15%～25%	10%～15%	小于10%

【例5-1】 某石油化工项目年设计生产某产品3.5万吨，单位产品售价7000元，生产总成本为8800万元，其中固定成本为4500万元，总变动成本与产品产量成正比，单位产品税金为500元，试求盈亏平衡点。

【解】 (1)求盈亏平衡点。

首先计算单位产品变动成本：

$$C_v=\frac{C_T-C_F}{Q_0}=\frac{(8800-4500)\times10^4}{3.5\times10^4}=1229(元/吨)$$

$$BEP_Q=\frac{C_F}{P-C_v-t}=\frac{4500\times10^4}{7000-1229-500}=8537(吨)$$

$$BEP_n=\frac{BEP_Q}{Q_0}\times100\%=\frac{8537}{35\ 000}\times100\%=24.4\%$$

$$BEP_P=\frac{C_F+C_vQ_0}{Q_0(1-r')}=\frac{C_T}{Q_0}+r=\frac{8800\times10^4}{3.5\times10^4}+500=3014(元/吨)$$

$$BEP_{C_v}=P-r-\frac{C_F}{Q_0}=7000-500-\frac{4500\times10^4}{35\ 000}=5214(元/吨)$$

$$经营安全率=1-\frac{BEP_Q}{Q_0}\times100\%=1-24.4\%=75.6\%$$

(2)进行经济评价。通过计算盈亏平衡点,结合市场预测,可以对该石油化工项目的方案发生亏损的可能性作出大致判断。如果未来的产品销售价格及生产成本与预期值相同,项目不发生亏损的条件是年销售量不能低于8537吨,生产能力利用率不能低于24.4%;如果按设计能力进行生产并能全部销售,生产成本与期望值相同,项目不发生亏损的条件是产品价格不低于3014元/吨;如果销售量、产品价格与预期值相同,项目不发生亏损的条件是单位产品变动成本不高于5214元/吨。经营安全率为75.6%,说明企业生产经营状况很好,该项目安全可靠。

(二)多方案盈亏平衡分析

石油工业技术经济所研究的问题主要是多方案的分析、比较和选择。若某些排他型方案是某一个共有的不确定性因素影响这些方案的舍取,可以采用盈亏平衡分析方法帮助投资者作出正确决策。

设两个方案的经济效果都受某不确定性因素 x 的影响,我们可以把 x 看作一个变量,把两个方案的经济效果指标都表示为 x 的函数:

$$E_1=f_1(x)$$
$$E_2=f_2(x)$$

式中:E_1 和 E_2 分别为方案1和方案2的经济效果指标,当两个方案的经济效果相等时,则有:

$$f_1(x)=f_2(x)$$

解出使这个方程式成立的 x 值,即为方案1和方案2的盈亏平衡点,也就是决定这两个方案孰优孰劣的临界点。结合对不确定因素 x 未来取值范围的预测,就可以作出相应的决策。

【例5-2】 建设某石油工程项目有3种方案:

第一种方案,从国外引进,固定成本800万元,单位可变成本为10万元。

第二种方案,采用一般国产自动化装置,固定成本为500万元,单位可变成本为12万元。

第三种方案,采用自动化程度较低的国产设备,固定成本为300万元,单位可变成本为15万元。

试比较不同生产规模下的方案选择。

【解】 各方案年总成本均可表示为产量Q的函数:

$$C_{T1}=C_{F1}+C_{v1}Q=800+10Q$$
$$C_{T2}=C_{F2}+C_{v2}Q=500+12Q$$
$$C_{T3}=C_{F3}+C_{v3}Q=300+15Q$$

可以看出3个方案的总成本都是产量单一的函数。各方案的总成本曲线见图5-2。

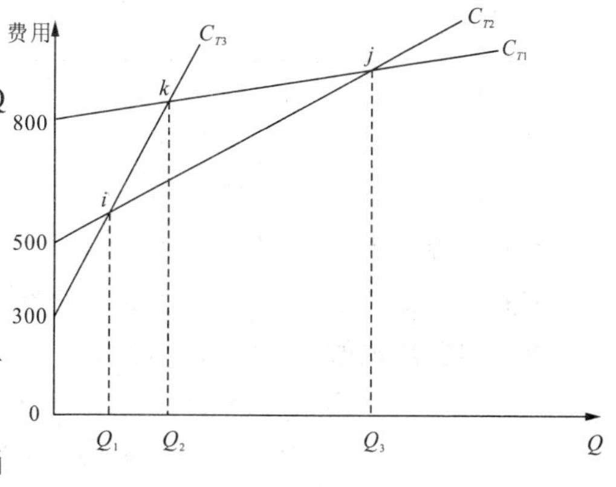

图5-2　3个方案的年总成本函数曲线盈亏分析图

由图5-2可以看出,3个方案的年总成本函数曲线两两相交于 i、k、j 三个交点。其中,i、j 两点将最低成本线分为3段。各个交点所对应的产量就是相应的两个方案的盈亏平衡点。Q_i 是方案 2 与方案 3 的盈亏平衡点下的产量，Q_j 是方案 1 与方案 2 的盈亏平衡点下的产量。显然：当 $Q<Q_i$ 时，第三种方案的年总成本最低；当 $Q_i<Q<Q_j$ 时，第二种方案的年总成本最低；当 $Q>Q_j$ 时，第一种方案的年总成本最低。

因此，i 点即为第三种方案和第二种方案的盈亏平衡点，j 点为第二种方案和第一种方案的盈亏平衡点。各盈亏平衡点计算如下。

对 i 点，当 $Q=Q_i$ 时，则：

$$C_{T2}=C_{T3}$$

即 $$C_{F2}+C_{v2}Q=C_{F3}+C_{v3}Q$$

化简得： $$Q_i=\frac{C_{F2}-C_{F3}}{C_{V3}-C_{V2}}=\frac{500-300}{15-12}=66.79(\text{万吨})$$

对 j 点，当 $Q=Q_j$ 时，则：

$$C_{T1}=C_{T2}$$

即 $$C_{F1}+C_{v1}Q=C_{F2}+C_{v2}Q$$

化简得： $$Q_j=\frac{C_{F1}-C_{F2}}{C_{V2}-C_{V1}}=\frac{800-500}{12-10}=150(\text{万吨})$$

由此可见，当预期产量低于 66.7 万吨时，应采用第三种方案；当预期产量在 66.7 万吨至 150 万吨之间时，应采用第二种方案；当预期产量高于 150 万吨时，应当采用第一种方案。

在上例中，我们是用产量作为盈亏平衡分析的共有变量，根据年总成本费用的高低判断方案的优劣。在各种不同的情况下，根据实际需要，也可以用投资额、产品价格、经营成本、贷款利率、项目寿命期、期末固定资产残值等作为盈亏平衡分析的共有变量，用净现值、净年值、内部收益率等作为衡量方案经济效果的评价指标。

【例 5－3】 某石油企业为加工一种产品，有 A、B 两种设备供选用，两台设备及加工费如表 5－2 所示。

表 5－2 A、B 设备的投资及加工费情况表

设备	初始投资(万元)	加工费(元/件)
A	2000	800
B	3000	600

试问：

(1)若折现率为 12%，使用年限均为 8 年，问每年产量为多少时选用 A 设备有利？

(2)若折现率为 12%，年产量均为 13 000 件，则设备使用年限多长时选用 A 设备有利？

【解】 (1)此问求 A、B 两设备的产量盈亏平衡点。设产量 Q 为变量，考虑资金时间价值后，以总成本费用现值为经济效果指标。

$$(C_T)PC_A=2000\times10^4+800(P/A,12\%,8)Q$$

$$(C_T)PC_B=3000\times10^4+600(P/A,12\%,8)Q$$

当 $(C_T)PC_A=(C_T)PC_B$ 时，则有：

$$2000\times10^4+800(P/A,12\%,8)Q=3000\times10^4+600(P/A,12\%,8)Q$$

解得：　　$Q=10\ 065$（件/年）

当产量小于 10 065 件/年时，选 A 设备有利，总成本曲线如图 5－3 所示。

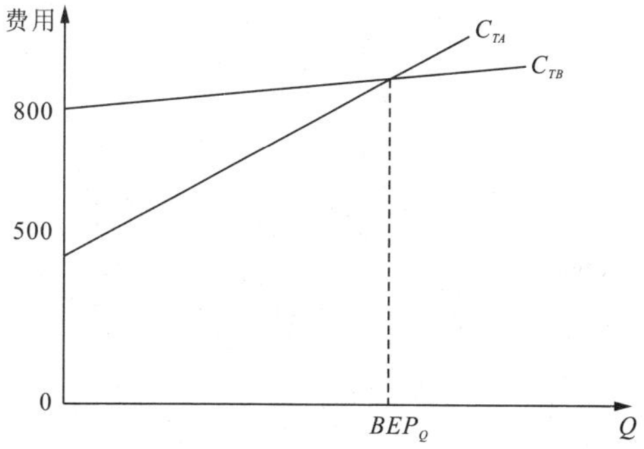

图 5－3　A、B两设备盈亏平衡分析图

（2）此问所需求解的不确定因素是设备使用年限。设使用年限 n 为变量，考虑资金时间价值后，以费用现值为经济效果指标。

$PC_A=2000\times10^4+800(P/A,12\%,n)$

$PC_B=3000\times10^4+600(P/A,12\%,n)$

当 $PC_A=PC_B$ 时，则有：

$2000\times10^4+800(P/A,12\%,n)\times1.3=3000\times10^4+600(P/A,12\%,n)\times1.3$

解得：　　$n=5.46$（年）

当设备的使用年限小于 5.46 年，选用 A 设备有利。

二、基准平衡分析

基准平衡分析是指其他因素不变，当某一因素单独变化时，反算（目标寻求）项目的财务内部收益率等于基准收益率（15%）时产品的价格、产量、投资和经营成本，称该单因素的变化值为基准平衡点。它是以动态方法，即以现金流量模型的财务内部收益率表达式反算求得。

$$\sum_{t=0}^{n}(CI-CO)_t(1+IRR)^{-t}=0$$

令 $IRR=i_0$，按现金流量表中现金流入与现金流出的各构成项目将表达式展开，可分别得到基准平衡价格或基准平衡产量的计算公式。

处于基准平衡点时的财务盈利能力为项目获得的最低财务盈利水平。当项目产品价格或产量高于基准平衡点时，或者投资和成本低于基准平衡值时，项目的效益将更好。

三、盈亏平衡分析的优缺点及注意的问题

盈亏平衡分析具有以下优点。

（1）分析简单明了。只要对项目的产量、售价、成本等因素进行分析，就可以了解项目产品对市场的适应程度及项目可能承担风险的程度。

（2）盈亏平衡分析除了有助于确定项目的合理生产规模外，还可以帮助项目规划者对由于设备不同引起生产能力不同的方案，以及工艺流程不同的方案进行投资抉择。设备生产能力的变化，会引起成本的变化；同样，工艺流程的变化则会影响到单位产品的可变成本。通过对方案的 BEP 值计算，可以为方案抉择提供有用的信息。

盈亏平衡分析的缺点是：由于它是建立在生产量等于销售量的基础上，即生产的产品全部销售无积压；此外分析所用的数据是某一正常年份的数据。所以盈亏平衡分析不能代表整个生产寿命期的经营过程，也很难得到一个全面的结论。

尽管盈亏平衡分析有上述缺点，但由于它计算简单，可直接对项目的关键因素进行分析。因此仍然被作为项目不确定性分析的一种方法。

由于财务制度的改革，采用了新的总成本费用估算方法，使项目在达产后年份产量固定而总成本费用却不一定相同。这是因为：①新的方法允许固定资产采用加速折旧法，无形资产和递延资产可能采用不同的年限摊销，导致各年的折旧费和摊销费数额不尽相同；②生产期的借款利息计入当年总成本费用中的财务费用，而随着借款的偿还，利息逐年减少。这样，按不同年份的成本费用进行盈亏平衡分析就可能会出现不同的盈亏平衡点。为此，建议选取固定成本最高的年份来进行盈亏平衡分析。这样求出的盈亏平衡点是最高的。以此进行盈亏平衡分析对预测项目风险最具有意义。

四、盈亏平衡分析在油气田生产中的应用例举

案例1　确定单井经济极限含水率

盈亏平衡分析法在油气田生产当中已得到广泛应用。特别是油气田开发过程中，各种经济极限的分析，如开发经济年限、经济采收率、经济极限含水率等，对指导生产，提高经济效益起到了巨大作用。

这里我们仅以单井采油经济极限含水率分析为例说明其应用。

现阶段，我国某些油田已处于中后期开采阶段，都已进入高含水和特高含水采油期。有的油田含水已高达90%以上，甚至95%以上，最高者已达98%以上。随着含水率的升高，开发投资及生产费用的增长速度也会不断加快，如何把握油井含水的经济极限，注重研究那些高含水低效井的增产措施，以期提高整个油田的经济效益是一个十分重要的问题。

所谓经济极限含水，是指油井开发到一定阶段，其含水达到某一数值时，投入和产出相抵，若含水继续升高，不仅没有利润，反而亏损。此时，油井的含水称为经济极限含水，其含水率称为经济极限含水率。

开发单井采用经济极限含水率分析的应用软件，就是根据采油各项费用求出经济极限含水率后，与正在生产的油井实际含水率进行对比，分析此油井是否继续生产或关停，以提高整个油田的经济效益。

1. 基本原理

经济极限含水率分析的基本原理是盈亏平衡原理。即营业收入等于总成本时的含水率就是经济极限含水率。

根据式(5－4)，可建立单井投入产出盈亏平衡分析模型，如下式：

$$330Q_L(1-R_w)P(1-r')=C_{FD}+C_{VD} \tag{5-11}$$

整理得：

$$P=\frac{C_{FD}+C_{VD}}{330Q_L(1-R_w)(1-r')} \tag{5-12}$$

式中：P 为油价(元/吨)；C_{FD} 为单井年固定成本(元)；C_{VD} 为单井年变动成本(元)；R_w 为经济极限含水率；Q_L 为单井日产液量(吨)；330为单井年生产天数(天)。

从式(5－12)可看出：油价等于吨油成本，此时的含水率即为经济极限含水率，即：

$$R_w=1-\frac{C_{FD}+C_{VD}}{330Q_LP(1-r')} \tag{5-13}$$

2. 原油成本分类

原油成本是指油田在采油过程中消耗的一切活劳动和物化劳动的总和。按经济用途分为直接材料、直接燃料、直接动力、直接生产人员工资、驱油物注入费、井下作业费、测井试井费、维护及修理费、折旧费、稠油热采费、轻烃回收费、油气处理费、天然气净化费、运输费、其他直接费、厂矿管理费共计16项。根据原油成本中各项费用和产量之间的关系，可将原油成本分为固定成本和变动成本两类。

根据历年成本资料的分析，直接材料、直接生产人员工资、折旧费、测井试井费、维护及修理费、其他直接费及厂矿管理费这7项费用的变化基本不受油井产量(或产液量)的影响，归类为固定成本。而直接燃料、直接动力、驱油物注入费、稠油热采费、轻烃回收费、油气处理费、井下作业费、天然气净化费及运输费这9项费用与油井的产油量或产液量直接相关，归为变动成本。

3. 计算公式分析

根据以上分析，将式(5-13)可写为：

$$R_w = 1 - \frac{\sum_{i=1}^{7} C_{FDi} + \sum_{j=1}^{9} C_{VDj}}{330Q_L P(1-r')} \tag{5-14}$$

由于原油开采成本的变化还受物价变动及日产液量变动的影响，再者，油价也是在不断变化着。所以，考虑到每项因素的变化，将式(5-14)改写为：

$$R_w = 1 - \frac{\sum_{i=1}^{7} C_{FDi}(1+K_{Fi}) + \sum_{j=1}^{9} C_{VDj}(1+K_{Vj})}{330Q_L(1+K_q)[P(1+K_P)(1-r')]} \tag{5-15}$$

式中：K_{Fi} 为相应固定费用的变化率；K_{Vj} 为相应变动费用的变化率；K_q 为日产液量的变化率；K_P 为油价变化率。

根据式(5-15)可以计算出每口油井的经济极限含水率及利润，利润计算公式为：

$$R = 330Q_L(R_w - R_P)[P(1-r')] \tag{5-16}$$

式中：R 为单井年利润；R_P 为油井实际含水率。

当 $R>0$ 时，$R_w>R_P$，油井盈利；当 $R=0$ 时，$R_w=R_P$，油井盈亏平衡，利润为零，只能维持简单的再生产；当 $R<0$ 时，$R_w<R_P$，油井亏损。

根据式(5-16)可进行单因素和多因素敏感性分析，分析指标是经济极限含水率，分析因素为公式中的各相应因素。

案例2　动态盈亏平衡点法在油气田开发投资项目决策中的应用

目前常用的盈亏平衡法仅是一种静态的计算方法，没有考虑到资金的时间价值，由于一个投资项目投产后的使用年限往往有若干年，决策中若不考虑资金的时间价值，那么决策就失去了它的客观性和准确性，同时给投资项目带来一定的风险。

通过盈亏平衡分析，可以确定盈亏平衡点，又称保本点。在这一点上营业收入等于总成本费用。如果设 I 为投资方案总投资额，CI 为建成投产后的年现金流入量，t 为项目寿命期，i 为年利率，Q 为产量(或销售量)，P 为单位产品销售价格，C_v 为单位产品变动成本，C_F 为年固定成本。即建立盈亏平衡式：

$$QP[1-Z_{zsl}(1+C_{xjs}+J_{yfj})]=C_vQ+C_F$$

式中：Z_{zsl}为增值税率；C_{xjs}为城乡建设维护税率；J_{yfj}为教育费附加率。

盈亏平衡是石油投资项目中一个很重要的数量界限，因为企业首先要“保本”后才谈得上盈利，“保本”是企业得以继续发展生存的前提，所以近年来盈亏平衡分析法在油气田开发投资项目中已得到广泛应用。

1. 动态盈亏平衡点分析法

如何考虑资金的时间价值这个因素，使盈亏平衡点由静态应用转入动态应用，根据不同的利率水平确定不同的盈亏平衡点，从而更全面地进行油气田开发投资决策分析，这就是本案例探讨的问题——盈亏平衡点法与净现值相结合的动态应用。

根据净现值计算公式：

$$NPV=-I+\sum_{t=1}^{n}CI_t(1+i)^{-t}$$

当 CI_t＝常数时，

$$NPV=-I+CI_t\sum_{t=1}^{n}(1+i)^{-t}$$

在盈亏平衡点，有 $NPV=0$

即

$$-I+CI_t\sum_{t=1}^{n}(1+i)^{-t}=0$$

所以

$$CI\sum_{t=1}^{n}(1+i)^{-t}=I$$

又因为

$$CI=Q\{P[1-Z_{zsl}(1+C_{xjs}+J_{yfj})]-C_v\}-C'_{F'}$$

所以

$$\{Q\{P[1-Z_{zsl}(1+C_{xjs}+J_{yfj})]-C_v\}-C_{F'}\}\sum_{t=1}^{n}(1+i)^{-t}=I$$

$$Q\{P[1-Z_{zsl}(1+C_{xjs}+J_{yfj})]-C_v\}\sum_{t=1}^{n}(1+i)^{-t}=C_{F'}\sum_{t=1}^{n}(1+i)^{-t}+I$$

$$Q=\frac{I+C_{F'}\sum_{t=1}^{n}(1+i)^{-t}}{\{P[1-Z_{zsl}(1+C_{xjs}+J_{yfj})]-C_v\}\sum_{t=1}^{n}(1+i)^{-t}}$$

所以动态盈亏平衡点的产量（Q_{BEP}）或销售量为：

$$Q_{BEP}=\frac{I+C_{F'}\sum_{t=1}^{n}(1+i)^{-t}}{\{P[1-Z_{zsl}(1+C_{xjs}+J_{yfj})]-C_v\}\sum_{t=1}^{n}(1+i)^{-t}} \tag{5-17}$$

当 $i=0$ 时，$Q_{BEP0}=\dfrac{\dfrac{I}{n}+C_{F'}}{P[1-Z_{zsl}(1+C_{xjs}+J_{yfj})]-C_v}$

$$=\frac{C_F}{P[1-Z_{zsl}(1+C_{xjs}+J_{yfj})]-C_v}$$

式中：Q_{BEP0}为静态（当 $i=0$ 时）盈亏平衡点产量，当 $i=1\%$，$i=2\%$，$i=3\%$，…时，Q_{BEP1}，

Q_{BEP2}，Q_{BEP3}，…为不同利率水平下的动态盈亏平衡点产量；C_F 为扣除折旧费以外的年固定成本。

净现值为 $$NPV = \{Q\{P[1 - Z_{zsl}(1 + C_{xjs} + J_{yfj})] - C_v\} - C_{F'}\}\sum_{t=1}^{n}(1+i)^{-t} - I \quad (5-18)$$

2. 动态盈亏平衡点法在油气田开发投资项目中的应用实例

某油田是我国西部近几年发现的较大整装油气田之一。该油田从 20 世纪 70 年代开始地质调查，90 年代进行全面勘探，2000 年开始投入开发。该油区已完成地震工作量约 5200km，钻探井 45 口，试油 180 层，该油气田开发项目前 2 年为建设期，投产期为 3 年，生产期为 10 年，整个评价期为 15 年，油气田开发采用注水开采，生产井为 245 口，该油气田开发项目总投资为 191 801.7 万元，其中固定资产投资为 127 520.8 万元，采用直线折旧法，折旧年限为 10 年，油气田开发投资其他数据见表 5-2。

表 5-2　油气田开发数据及技术经济指标

项目 / 单位 / 年份	生产负荷	年产油量(Q)	扣除年折旧费后的年固定成本($C_{F'}$)	年折旧费(D)	年单位变动成本(C_v)
	%	万吨	万元	万元	元/吨
3	50	19.8	1353.8	12 752.1	1118.3
4	80	72.6	2165.9	12 752.1	560.9
5	100	118.8	2707.4	12 752.1	397.0
6	100	126.7	2707.4	12 752.1	373.0
7	100	121.4	2707.4	12 752.1	382.2
8	100	121.4	2707.4	12 752.1	174.4
9	100	121.4	2707.4	12 752.1	173.6
10	100	116.2	2707.4	12 752.1	174.8
11	100	110.9	2707.4	12 752.1	175.5
12	100	100.3	2707.4	12 752.1	178.4
13	100	89.8	2707.4		181.8
14	100	84.5	2707.4		187.9
15	100	73.9	2707.4		197.4

如果油价按 1500 元/吨计算，在不同的年利率情况下，根据式(5-17)和式(5-18)将会得到不同的盈亏平衡点产量和净现值，计算结果见表 5-3。

表 5-3 不同利率条件下的动态盈亏平衡点产量及净现值

项目 / 单位 / 年份	$i=0\%$盈亏平衡点产量（Q_{BEP}）	$i=5\%$盈亏平衡点产量（Q_{BEP}）	$i=5\%$净现值（NPV）	$i=8\%$盈亏平衡点产量（Q_{BEP}）	$i=8\%$净现值（NPV）	$i=12\%$盈亏平衡点产量（Q_{BEP}）	$i=12\%$净现值（NPV）
	万吨	万吨	万元	万吨	万元	万吨	万元
3	75.6	384.5	−185 421.6	406.4	−185 772.6	435.1	−186 207.7
4	21.0	75.6	−7926.4	80.8	−20 242.1	87.8	−34 295.0
5	17.0	51.8	263 491.0	55.9	227 693.5	61.6	187 289.9
6	16.6	43.5	393 805.8	47.5	341 147.7	53.0	282 559.3
7	16.8	38.9	440 759.6	42.9	376 960.2	48.5	307 104.4
8	13.7	28.6	678 105.7	31.9	581 183.1	36.5	476 817.4
9	13.7	26.2	765 211.4	29.5	648 811.2	34.2	525 611.4
10	13.7	24.4	801 364.7	27.7	670 787.8	32.4	534 937.4
11	13.7	22.8	826 169.8	26.2	682 658.9	31.0	535 888.1
12	13.7	21.6	785 714.7	25.0	638 951.1	29.9	491 382.3
13	2.4	20.6	730 216.5	24.0	583 640.2	29.0	438 712.7
14	2.4	19.8	715 767.5	23.3	363 758.7	28.3	415 921.7
15	2.4	19.1	629 391.0	22.6	485 340.6	27.8	342 241.8

3. 结论

从上述计算结果可见，若用通常常用的静态盈亏平衡点法来决策（即不考虑货币的时间价值），该石油投资项目生产能力（以第 5 年为例）只要达到 17.0 万吨即保本了，而实际上该决策漏计了货币的时间价值，但若采用了动态盈亏平衡点法，即该石油投资项目的生产能力要达到（$i=5\%$时）51.5 万吨、（$i=8\%$时）55.9 万吨、（$i=12\%$时）61.6 万吨才能保本，这个数字才是科学、准确的投资决策的依据。在不同的年利率条件下盈亏平衡点的生产能力是不同的，随着年利率的升高生产能力的盈亏平衡点也越高，如果按年利率 5%计算，在第 5 年不仅可归还全部投资 191 801.7 万元，还可获得净现值 263 491.0 万元，而年利率按 12%计算时，则在第 6 年可归还全部投资，可获得净现值 282 559.3 万元，所以该油气田开发投资项目是可行的。

第三节 敏感性分析

一、敏感性分析的含义

敏感性分析也称敏感度分析。它是一种常用的评价油气勘探开发项目经济效果的不确定性分析方法。为了使工程项目的经济评价结论更好地为决策服务，常需要分析研究对工程项目的现金流量起主要作用的因素，诸如投资、成本、价格、生产规模和建设工期等参数发生变化时，对项目的经济效果指标，如投资回收期、净现值、内部收益率等有什么影响，其影响大小程度如何，这样的分析研究工作就称为敏感性分析。

如果某个影响因素发生较小的变化时，经济效果指标发生较大变化，则称经济效果指标对此因素敏感；反之，如果某一影响因素发生较大变化时，而经济效果指标变化较小，则称经济效果指标对此因素不敏感，如果有几个方案相比较，当影响因素发生同样变化时经济效果指标变化大的方案为敏感性强的方案，经济效果指标变化小的方案为敏感性弱的方案。

敏感性分析根据不确定因素每次变动数目的多少可以分为单因素敏感性分析和多因素敏感性分析。由于敏感性分析侧重于对最敏感的关键因素进行分析，因此，通常是进行单因素敏感性分析，必要时也可以进行多因素敏感性分析。

二、敏感性分析的目的

（1）敏感性分析的目的就是研究不确定因素的变化将引起经济效果指标的变化范围。

（2）找出影响工程项目经济效果指标的最关键因素，即最敏感因素，并且进一步分析这种因素产生不确定性的根源。

（3）通过对多个方案敏感性大小的对比，区别敏感性大或敏感性小的方案，以选取敏感性小的，即风险小的方案为项目规划方案。

（4）通过可能出现的最有利与最不利的经济效果范围分析，寻找代替方案或对原方案采取某些控制措施的办法，来确定现实的方案组成，或实现最佳控制。

三、敏感性分析的步骤

1. 确定敏感性分析的经济效果指标

由于投资效果可用多种指标来表示，在进行敏感性分析时，首先必须确定分析指标。在前面经济评价指标体系中讨论的一系列评价指标，都可以成为敏感性分析的指标。利用油气勘探开发工程项目的投资、收入、成本、寿命等基本数据，按照经济评价的方法，计算经济效果指标，如投资回收期、净现值、内部收益率等。这些指标各有特点，根据经济评价的深度和项目的不同要求，选定其中一种或几种指标来进行敏感性分析。具体分析指标应遵循以下两个原则。

（1）分析指标应与经济效果评价指标具有的特定含义有关。如果是主要分析技术方案状态和参数变化对技术方案投资回收快慢的影响，则可选择投资回收期作为分析指标；如果是主要分析产品价格波动对技术方案超额净收益的影响，则可选用净现值作为分析指标；如果是主要分析投资大小对技术方案资金回收能力的影响，则可选用内部收益率指标等。

（2）分析指标与分析深度和技术方案的特点有关。如果是在技术方案机会研究阶段，深度要求不高，可选用静态的分析指标；如果是要详细可行性研究阶段，可选用动态的分析指标。

2. 选择敏感性分析的不确定性因素

由于影响油气勘探开发工程项目经济效果的不确定性因素很多，即影响方案经济效果的因素都在不同程度上带有不确定性。因此事实上没有必要对所有不确定因素都进行敏感性分析，可以根据不同的项目实际情况选择不同的不确定性因素。选择主要不确定性因素应遵循以下原则。

(1)选择的因素要与确定的分析指标相联系。预计在可能的变化范围内，所选因素的变化应该比较强烈地影响技术方案的经济效果指标，否则，当不确定因素变化到一定幅度时，并不能反映分析指标的相应变化，也就达不到敏感性分析的目的。如折现率对静态评价指标就不起作用。

(2)根据技术方案的具体情况选择。可以根据技术方案的具体情况选择那些在确定性经济分析中采用的预测准确性把握不大的因素，且其变化会比较强烈地影响分析指标因素。如石油的销售受市场供求关系变化的影响较大，这种变化不是技术方案本身能控制的，因此销售量是主要的不确定性因素。

对于一般石油工业项目而言，敏感性分析的因素主要从下列因素中选定：①项目总投资额，包括建设投资与流动资金投资；②项目建设期限、投产期限、投产期间所达到的生产能力，达到设计生产能力所需要的时间及项目寿命期；③产品产量、销售量；④销售价格；⑤经营成本，尤其是其中的变动成本；⑥折现率、外汇汇率。

3. 进行敏感性分析的计算

对于选定的各个不确定性因素，逐次接着增加或减少一定百分比(如 10%、15%和 20%等)的假定条件，去计算相应的经济效果指标值。也就是先假定一个因素变化，算出经济效果指标所对应的变化范围，再假定第二个因素变化，再算出经济效果指标对应的变化范围，……这样一个一个地往下进行，直到把每一个选定的不确定性因素变化都算出经济效果指标对应的变化范围时为止。

这里要注意两点：第一，当计算分析其中某一个不确定性因素变化对经济效果指标影响时，认为其他因素都保持不变；第二，当各个不确定性因素变动时，其增减变化百分比都尽量保持相同的幅度，以利于下一步的汇总分析。

4. 确定敏感性因素

敏感因素是指能引起分析指标产生相应较大变化的因素。测定某特定因素敏感与否，可采用以下两种方式进行。

(1)相对测试法。设定要分析的因素均从基准值开始变动，且各因素每次变动幅度相同，比较在同一变动幅度下各因素的变动对经济效果指标的影响，据此判断方案经济效果指标对各因素变动的敏感程度。这种确定敏感因素的方法叫作相对测定法。反映敏感程度的指标是敏感度系数(又称灵敏度)，是衡量变量因素敏感程度的一个指标。

敏感度系数是指项目评价指标变化率与不确定性因素变化率之比，其数学表达为：

$$S_{AF}=\frac{\Delta A/A}{\Delta F/F} \tag{5-19}$$

式中：S_{AF} 为评价指标 A 对于不确定性因素 F 的敏感系数；$\Delta F/F$ 为不确定性因素 F 的变化率；$\Delta A/A$ 为不确定性因素 F 发生 ΔF 变化时，评价指标 A 的相应变化率。

$S_{AF}>0$，表示评价指标与不确定性因素朝同方向变化；$S_{AF}<0$，表示评价指标与不确定性因素朝反方向变化。$|S_{AF}|$ 较大者敏感度系数高。敏感度系数高表示项目效益对该不确定性因素敏感程度高。据此可以指出哪些是最关键的因素。

(2)绝对测定法。假定要分析的因素均向只对经济效果指标产生不利影响的方向变动，并设该因素达到可能的“最差”值，然后计算在此条件下的经济效果指标方法叫绝对测定法。

绝对测定法的一个变通方式是先设定有关经济效果指标为其临界值，如令净现值等于零、内部收益率为基准折现率，然后求出分析因素的最大允许变动幅度，并与其可能出现的最大变动幅度相比较。如果某因素可能出现的变动幅度超过最大允许变动幅度，则表明该因素是方案的敏感因素。

5. 汇总敏感性分析结果

在上面对不确定性因素逐个计算的基础上，将结果加以整理并采用表或图的形式表示出不确定性因素变动与分析的经济效果指标随之变动的对应数量关系。列表法是通过把各因素变化后的经济指标值按对应关系列出，并计算各因素增减百分之一变化率，然后按变化率大小排序，变化率最大者为最敏感因素，最小者为不敏感因素。

敏感性分析图是一种直观表示不确定性因素对目标影响程度的分析方法。通过绘制敏感性分析图可以直观地表示各种不确定性因素对项目的影响程度。找出其变化的临界点，即该不确定性因素允许变动最大幅度，或称极限变化。不确定性因素的变化超过了这个极限，项目由可行变为不可行。将这个幅度与估计可能发生的变化幅度比较，若前者大于后者，则表明项目经济效益对该因素不敏感，项目承担的风险不大。敏感性分析图中，某种因素变化曲线斜率最大者为最敏感因素，反之为不敏感因素。

绘制敏感性分析图的具体做法是：将不确定性因素变化率作为横坐标，以某个评价指标，如内部收益率为纵坐标作图，由各种不确定性因素的变化可以得到内部收益率随之变化的曲线。只要将这条曲线延长与基准收益率线相交，其交点就是各种不确定性因素变化的临界点。

6. 方案选择、综合评价

如果进行敏感性分析的目的是对不同的投资项目(或某一项目不同方案)进行选择，一般应选择敏感程度小、承受风险能力强、可靠性高的项目或方案。

四、敏感性分析方法

(一)单因素敏感性分析

单因素敏感性分析是假定其他因素保持不变，只考虑一个不确定因素发生变化对经济效果评价指标影响程度的分析方法。

【例5-4】 某油气开发项目方案用于确定性分析的现金流量如表5-4所示，表中的数据是根据对未来最可能出现的情况分别估算的。由于对未来影响经济环境的某些因素把握不大，投资额、年经营成本、年营业收入均有可能在±20%的范围内变化。试以净现值为分析指标，分别就上述3个不确定性因素作敏感性分析(基准折现率为10%)。

表 5-4 某油气开发项目净现金流量表 单位:万元

项目 \ 年	0	1	2	3	4	5	6
投资	50	300	50				
经营成本				150	200	200	200
营业收入				300	400	400	400
净现金流	−50	−300	−50	150	200	200	200

【解】 根据敏感性分析的步骤作如下分析：

第一步，确定敏感性分析指标。根据题意选净现值为敏感性分析指标。

$$NPV = -50-300(P/F,10\%,1)-50(P/F,10\%,2) + (300-150)(P/F,10\%,3)+(400-200)(P/A,10\%,3)(P/F,10\%,3) = 122.25(\text{万元})$$

第二步，选择敏感性分析的不确定因素。根据题意选择投资、年经营成本和年营业收入为不确定因素。

第三步，计算设定的不确定因素变动对分析指标的影响程度。

设投资的变化率为 x，年经营成本变化率为 y，年营业收入变化率为 z，则不确定性因素对净现值影响的公式分别为：

$$NPV = -50(1\pm x)-300(1\pm x)(P/F,10\%,1)-50(1\pm x)(P/F,10\%,2) + (300-150)(P/F,10\%,3)+(400-200)(P/A,10\%,3)(P/F,10\%,3) = 486.4-364.02(1\pm x)$$

$$NPV = -50-300(P/F,10\%,1)-50(P/F,10\%,2)+[300-150(1\pm y)](P/F,10\%,3)+[400-200(1\pm y)](P/A,10\%,3)(P/F,10\%,3) = 608.76-486.39(1\pm y)$$

$$NPV = -50-300(P/F,10\%,1)-50(P/F,10\%,2)+[300(1\pm z)-150](P/F,10\%,3)+[400(1\pm z)-200](P/A,10\%,3)(P/F,10\%,3) = -850.41+972.78(1\pm z)$$

将 x、y、z 变化均分别取值±10%、±20%，计算所对应的净现值，结果如表 5-5 所示。

表 5-5 不确定因素的变动对净现值的影响 单位:万元

变化率	−20%	−10%	0	10%	20%
年营业收入	−72.22	25.06	122.25	219.62	316.90
年经营成本	219.64	170.98	122.25	73.70	25.06
投资	195.15	158.75	122.25	85.94	49.53

第四步，找出敏感性因素。根据表 5-5 的数据，画出净现值的敏感性分析图，如图 5-4 所示，图中各曲线相交的点为 122.25 万元。计算敏感度系数，结果见表 5-6。

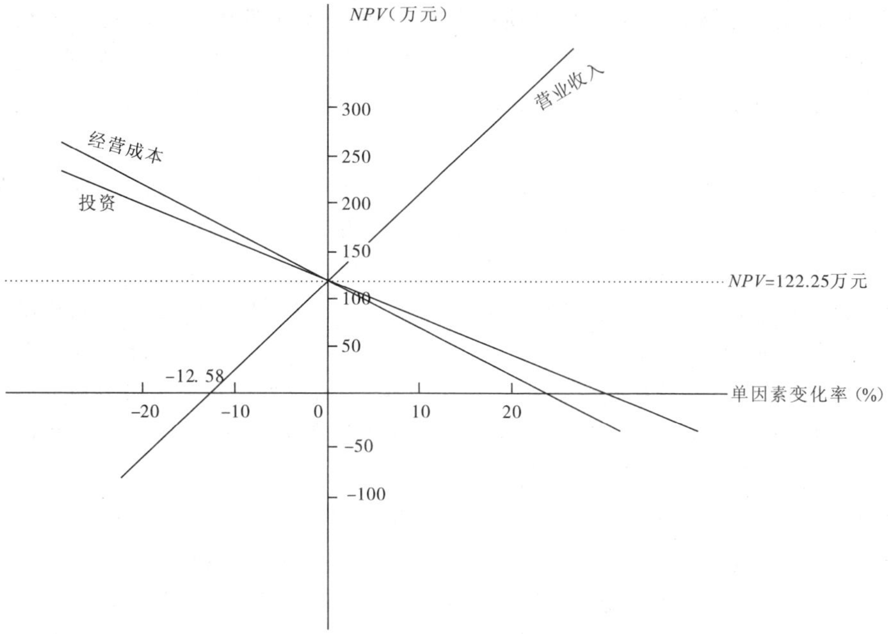

图 5-4　不确定性因素对净现值的影响

表 5-6　不确定因素敏感系数表

变化率	净现值变化率(%)	参数值变化率(%)	敏感系数	敏感程度
年营业收入	[122.25－(－72.22)]/122.25＝1.59	－20	7.95	最敏感
年经营成本	(122.25－219.64)/122.25＝－0.79	－20	－3.98	次敏感
投资	(122.25－195.15)/122.25＝－0.59	－20	－2.98	不敏感

从表 5-5、表 5-6 和图 5-4 可以看出，在同样变化率下，营业收入的变化率对净现值的影响最大，经营成本变化影响次之，投资变化的影响最小。

如果以 $NPV=0$ 作为方案可接受的临界条件，分别令上面 3 个公式的 $NPV=0$，可求得临界变化率：$x=33.62\%$；$y=25.16\%$；$z=12.58\%$。这说明当实际投资额超出预计投资额的 33.62%，或者实际年经营成本超出预计年经营成本的 25.16%，或者实际年营业收入低于预计年营业收入的 12.58%时，方案将变得不可行。

第五步，综合评价。

根据上面的分析可知，对于该油气开发项目投资方案来说，营业收入是最敏感因素，经营成本为次敏感因素，投资为不敏感因素。在作出是否采用该方案的决策之前，应该对未来的营业收入及其可能变动的范围作出更为精确的预测与估算。如果营业收入低于预期值 12.58%以下的可能性较大，则意味着这笔投资有较大的风险，应采取必要措施防止销售价格和产量的下降。

(二)多因素敏感性分析

单因素敏感性分析方法适合分析项目方案的最敏感因素，但它忽略了各个变化因素综合作用的可能性。无论是哪种类型的技术项目方案,各种不确定性因素对项目方案经济效益的影响,都是相互交叉综合发生的,而且各个因素的变化率及其发生的概率是随机的。因此,研究分析经济评价指标受多个因素同时变化的综合影响,研究多因素的敏感性分析,更具有实用价值。

多因素敏感性分析要考虑可能发生的各种因素不同变化幅度的多种组合,计算起来比单因素敏感性分析复杂得多。在这里我们就不作具体介绍了。

敏感性分析在石油技术经济分析中具有广泛的应用,具有能与技术方案的具体经济分析指标紧密结合的优点,并且分析方法简单,容易掌握。敏感性分析可以帮助我们找出影响工程项目经济效果的敏感因素及其影响程度,因此它对提高工程项目经济评价的可靠性有着现实意义。但必须指出,敏感性分析仍然有很大的局限性:①敏感性分析要求被分析的各个经济参数是互不相关的,但事实上,很多参数之间有某种相关性,如收益与产品价格及产量之间也有密切的相关性,价格下降,产量会减少,收益也会减少,各因素之间的关系有时是相当复杂的,这就给敏感性分析带来困难;②敏感性分析最多只能同时对 3 个经济参数的变化作分析,当 4 个及 4 个以上经济参数同时变化时,现有的敏感性分析法就无法完成了;③投资项目实际上可能会出现这样一种情况,即找出的某一敏感性因素,在未来可能发生的某一幅度的变动几率很小,而另一个不敏感因素,可能发生某一幅度的变动几率却很大,以至于必须考虑其变化对项目经济效果的影响。这些问题是敏感性分析本身无法解决的,因此,还必须借助其他方法进行不确定性分析。

第四节　概率分析

对投资项目进行盈亏平衡分析和敏感性分析,可使我们进一步了解各种不确定性因素的变化对项目经济效果的影响,为决策提供依据。但是,这些方法仍存在一些局限性,即使我们假设这些不确定性因素肯定会发生,但事实上,这些不确定性因素并不一定发生,只是有发生的可能性。在这种情况下,我们只能把计算所得的经济效果也视为不确定性因素,通过概率的分析方法加以研究。

概率分析是使用概率来研究预测不确定性因素对项目经济效果影响的一种定量分析方法。通过概率分析,可以找出经济效果指标的概率分布情况,用以判断工程项目可能发生的得失或风险,因而又称之为风险分析。在油田的勘探开发项目经济评价中,已广泛地应用概率分析法。

在进行概率分析时,我们把不确定性因素看作是随机变量,而经济效果是这些不确定性因素,即随机变量共同作用的结果,因而经济效果也是一个随机变量。概率分析的关键是确定这些不确定性因素——随机变量的取值范围以及取这些值的概率,即确定随机变量的分布函数。确定概率有不同方法:通常把以客观统计数据为基础的概率称为客观概率,而把以人为预测和估计为基础的概率称为主观概率。当这些不确定性因素的概率分布确定之后,就可以用概率分析方法寻求经济效果这个随机变量的取值范围和取这些值的概率,从而得到对经济效果的全面认识。

但是在实际工作中,求经济效果这个随机变量的分布函数不是一件容易的事,好在一般情况下不需要全面考察经济效果随机变量的所有变化情况,因而并不需要求出它的分布函数,只需知道经济效果随机变量的某些特征。这些特征就是随机变量的期望值和方差。这样，期望值和方差就是进行概率分析采用的最基本的指标，也就是说，进行概率分析，核心问题是求出经济效果指标值的期望值和方差，并运用这两个指标进行各种风险分析，但其前提是要确定概率。

一、确定概率的方法

确定概率有不同的方法，一般分为两大类：主观概率法和客观概率法。前者是以人为预测和估计为基础所得到的概率；后者是以客观统计数据为基础所得到的概率。具体方法有主观概率法、离散型概率法、连续型概率法。

（一）主观概率法

主观概率法又称德尔菲法主要应用于地质风险分析。地质风险是指一个构造勘探可能遇到失败的可能性，或者指石油勘探开发项目找不到具有商业性价值的油气田的可能性。造成勘探风险的地质因素很多，从客观上来说，人们不可能直接掌握至少几千万年前地下所发生的油气生成、运移、聚集的过程，而以间接手段所能得到的规律性的认识总是有限的。但是在长期的勘探实践中人们毕竟掌握了许多油气聚集的重要规律，所以当地质条件接近于认识中的油气聚集最佳条件时，勘探成功率就高，相反成功率就低。从主观上来说，人们对地质条件的掌握不可能做到全部准确。大量物探和地质资料都具有多解性，这又给地质条件的判断带来了风险。总之，由于认识能力和客观规律之间的差距使得石油勘探的成败具有概率性。

在石油勘探中，由于不能对同一地区用反复试验的办法来找概率，因此，一般都采用主观概率法。石油勘探的主观概率法是指在充分掌握现有资料的基础上，根据过去的经验或类似地区的资料运用判断分析确定概率的方法。

例如，现拟对某一探区油气存在概率进行估计。

首先，应选择多名地质专家，从理论上讲所请专家越多越好，最终汇总的结果也越可靠。为简便起见，本例只请 10 名专家。

其次，应确定某一盆地油气存在的主要因素，这些因素都是随机变量，其概率是需要主观估计的。经分析有 3 个因素是控制油气存在的关键，即构造因素、储集层因素和环境因素。

构造因素：构造条件或地层条件是否形成良好的圈闭。

储集层因素：有没有良好的储集层。

环境因素：在地质史上是否有适合油气生存和聚集的环境等。

显然，该盆地油气存在的概率是这 3 个因素同时存在的结果，或者说是这 3 个事件同时发生的概率。因此，我们可以用主观概率法来估计确定每一个因素——随机变量可能出现的概率，再用概率乘法法则，求出该油气存在的综合概率。

现在请 10 名地质专家对同一盆地资料进行分析和预测，然后按每个地质专家对 3 个因素估计的不同概率，计算出每个地质专家对该盆地油气存在所作出的概率，最后用统计方法求出该盆地油气存在的综合概率，据之可初步分析该探区勘探风险的大小。

表 5－7 为 10 名地质专家对某一探区油气存在的概率的估计情况。可以看出，油气存在的概率为 0.260，说明该探区勘探风险还是比较大的。

表 5-7 油气存在的概率估计表

地质专家	单因素概率估计			油气存在的概率
	构造因素	储集层因素	环境因素	
1	0.5	0.3	0.9	0.135
2	0.7	0.5	0.8	0.280
3	0.4	0.7	0.7	0.196
4	0.6	0.2	0.9	0.108
5	0.8	0.9	0.8	0.576
6	0.7	0.5	0.7	0.245
7	0.6	0.5	0.6	0.108
8	0.7	0.4	0.7	0.196
9	0.3	0.7	0.6	0.336
10	0.7	0.7	0.7	0.343
样本平均值	0.65	0.54	0.74	0.260

根据表 5-7 数据分析，同构造、环境的因素决定油气存在概率相比，储集层的平均概率值最低为 0.54，而其变化范围也最大，0.2～0.9 不等，说明各位专家对盆地油气存在的 3 个关键因素中储集层因素最无把握，需要在这方面进一步做工作。

主观概率估计以个人判断为基础，因而不同的人使用同样的资料可以对同一因素做出不同的结论。由于个人的判断受到个人的思想、经历等主观因素的影响，有时还受到分析者对后果的态度的影响，因此这都能够对概率的估计带来影响。

主观概率对于一些难以用数学函数关系表示的复杂问题常采用这种分析方法。它主要依靠人的综合分析和判断能力，对定性问题请专家发表意见，得出定量的(概率)估计值。

(二)离散型概率分析

离散型概率分析是将不确定性因素都看作是离散型随机变量的一种概率分析方法。例如对于影响工程项目经济效果的各种因素：地层厚度、采收率、投资额、钻井成本、原油价格等都只取 3 个值：最大值、最小值、最可能值来进行分析。这样，不确定性因素是用一个离散型随机变量来描述的，当然经济效果指标也是一个离散型随机变量。但是由于可能形成多种不同的组合运算，因此经济效果指标值可以是许多个可能的结果，从而可以进行分析和比较。

离散型概率分析法较主观概率法进了一步，既考虑了随机变量最可能出现的情况，又考虑了其最小值与最大值，从而使人们对随机变量有较形象的认识，并可以从随机变量的各种组合中选择最佳的组合。当然，离散型概率分析法只是取随机变量的三点值来分析，如果按照各个随机变量实际分布函数，采用连续型概率分析法，将会得到更精确的结论。

(三)连续型概率分析法

连续型概率分析法就是指将各种不确定性因素包括各经济效果指标都看作是连续型随机变量，并按其实际分布形态来进行分析的一种概率估计方法。

我们知道，要完整地描述一个随机变量，需要确定其概率分布的类型和参数。常见的随机变量概率分布类型有：均匀分布、正态分布、三角分布、二项分布、指数分布等，在经济分析与决策中使用最普遍的是均匀分布、正态分布和三角分布。关于这些随机变量的概率分布类型的条件、特征及其参数的计算方法，在这里不做介绍，读者可以参阅有关概率统计方面的知识。

在实际工作中，通常可以借鉴已经发生过的类似情况的实际数据，并结合对各种具体条件的判断，确定一个随机变量的概率分布。在某些情况下，也可以根据各种典型分布的条件，通过理论分析确定随机变量的概率分布类型。

一般来说，石油工业投资项目的各经济指标要受许多种已知或未知的不确定性因素的影响，可以看作是多个独立的随机变量之和，在许多情况下近似地服从正态分布。

通过以上 3 种方法，可以确定各种不确定性因素——随机变量的概率或概率分布，从而可以进行概率分析。

二、概率分析的方法

概率分析有很多种方法，工程项目经济评价中常用的方法有简单概率分析法、决策树法、模拟法等。

（一）简单概率分析法

简单概率分析法就是根据经验设定各种情况发生的可能性（即概率）后，求出项目的经济效果指标值的期望值或标准差，它们是描述随机变量的主要参数，是进行概率分析最基本的指标。

1. 期望值

在大量重复事件中，期望值就是随机变量取值的平均值，也是最大可能取值，它最接近实际真值。用经济观念来解释就是期望值表明在各种风险条件下期望可能得到的经济效果。

期望值的计算公式：

$$E(X)=\sum_{i=1}^{n}X_iP_i \tag{5-20}$$

式中：$E(X)$为随机变量 X 的数学期望，在经济评价中，X 表示各种经济效果指标；X_i 为随机变量 X 的各种可能取值；P_i 为对应出现 X_i 的概率值。

【例 5-5】 某投资项目，其回收期在 5～8 年之间，其中 5 年的概率为 0.1；6 年的概率为 0.3；7 年的概率为 0.4；8 年的概率为 0.2。试求该投资回收期的期望值。

【解】 用随机变量 X 表示投资回收期（年）这一经济效果指标，则：

$$E(X)=5\times0.1+6\times0.3+7\times0.4+8\times0.2=6.7(\text{年})$$

就是说，在 4 个投资回收期限中，最接近实际发生的投资回收期是 6.7 年。

2. 方差、标准差

方差或方差的均方根（即标准差），表示随机变量的离差程度，也表示和真值的偏离程度。

用经济观念来解释就是标准差反映了经济效果各种可能值与期望值之间的差距。它们之间的差距越大，说明随机变量的可能性越大，意味着经济效果各种可能情况与期望值的差别越大；如果它们之间的差距越小，说明经济效果各种可能值越接近期望值，这就意味着风险越小。所以，标准差的大小可以看作其所含风险大小的具体标志。

方差的计算公式如下：

$$D(X)=\sum_{i=1}^{n}(\bar{X}-X_i)^2P_i \qquad (5-21)$$

或 $$D(X)=E(X^2)-[E(X)]^2 \qquad (5-22)$$

标准差的计算公式为：

$$\sigma(X)=\sqrt{\sum_{i=1}^{n}(\bar{X}-X_i)^2P_i} \qquad (5-23)$$

或 $$\sigma(X)=\sqrt{E(X^2)-[E(X)]^2} \qquad (5-24)$$

式中：$D(X)$为随机变量 X 的方差；$\sigma(X)$为随机变量 X 的标准差；$\bar{X}$ 为大量重复事件中随机变量 X 的平均值，计算时可用期望值代替，即：

$$E(X^2)=X_1^2P_1+X_2^2P_2+\cdots+X_n^2P_n$$

【例 5－6】 利用例 5－5 的数据，求投资回收期的标准差。

【解】 由第一种方法计算得：

$$\sigma(X)=\sqrt{(6.7-5)^2\times0.1+(6.7-6)^2\times0.3+(6.7-7)^2\times0.4+(6.7-8)^2\times0.2}$$
$$=\pm0.9\ (年)$$

用第二种方法计算得：

$$\sigma(X)=\sqrt{5^2\times0.1+6^2\times0.3+7^2\times0.4+8^2\times0.2-6.7}=\pm0.9(年)$$

这说明上述投资项目最大可能的投资回收期是 6.7 年，前后会有 0.9 年的偏差。

一般来说，简单概率分析也可以只计算投资项目净现值的期望值以及净现值大于或等于零时的累计概率。累计概率值越大，说明项目承担的风险就越小；反之，项目承担的风险就越大。

【例 5－7】 假定某石油公司要从 4 个互斥方案中选择一个。各方案各种可能的净现值及其概率如表 5－8 所示。

表 5－8 各方案的净现值及其概率

方案 \ 概率	净现值					净现值的期望值(元)	净现值的标准差(元)
	－4000 元	＋1000 元	＋6000 元	＋11 000 元	＋16 000 元		
A	0.2	0.2	0.2	0.2	0.2	6000	7071
B	0.1	0.2	0.4	0.2	0.1	6000	5477
C	0.0	0.4	0.3	0.2	0.1	6000	5000
D	0.1	0.2	0.3	0.3	0.1	6500	5679

【解】 各方案净现值的期望值及标准差的计算结果见表 5－8。从表中可看出：如果仅按净现值的期望值来判断方案，则 4 个方案的差别不大，但以 D 方案好些；如果从净现值的标准差判断方案，则以 C 方案好些。此外，如果从方案的净现值大于或等于零的概率来看，也以 C 方案较好。即：$P(NPV_A\geqslant0)=0.8$；$P(NPV_B\geqslant0)=0.9$；$P(NPV_C\geqslant0)=1.0$；$P(NPV_D\geqslant0)=0.9$。

根据以上分析可知：A、D、C 三方案的期望值相同，但方案 C 的标准差最小，故 C 方案优于 A 方案和 B 方案。现在 C 方案与 D 方案相比，从期望值来看，D 方案优于 C 方案，从标准差来看，C 方案优于 D 方案，且 C 方案的净现值大于或等于零的概率高于 D 方案。究竟选择哪个方案？这时往往要借助于其他指标如离差系数来进行分析。

3. 离差系数

风险的大小同标准差呈正比关系，但标准差只是一个绝对值，为了比较不同方案的风险程度，还需要采用离差系数这个相对指标。

用连续型风险分析得到的经济效果指标值，如净现值的期望值 μ 和标准差 σ 来进行分析。如果两个方案的净现值的期望值 μ_1、μ_2 和标准差 σ_1、σ_2，其大小如图 5－5 中(a)所示。

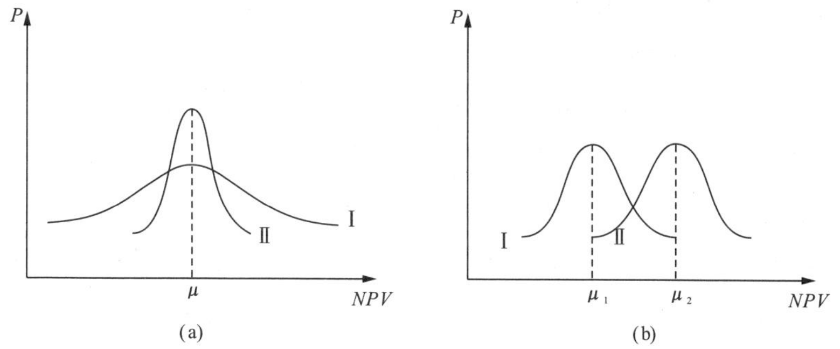

图 5－5　期望值和标准差比较图

方案Ⅰ和方案Ⅱ的 μ 值相同，但是 $\sigma_1>\sigma_2$，显然方案Ⅱ优于方案Ⅰ。如果两个方案的净现值的期望值 μ_1、μ_2，和标准差 σ_1、σ_2 其大小如图 5－5(b)所示，方案Ⅰ和Ⅱ具有相同的 σ 值，但是，$\mu_1<\mu_2$，显然方案Ⅱ优于方案Ⅰ。

比较这两种情况，实际上考察了数值分布的变化或风险问题。这样就形成了风险的另一个衡量指标——离差系数，即净现值的标准差与净现值的期望值之比，是一个反映风险程度的相对数指标。其计算公式如下：

$$COV=\frac{\sigma(NPV)}{E(NPV)} \tag{5-25}$$

式中：COV 为离差系数。

在图 5－5(a)中，方案Ⅰ和方案Ⅱ的 μ 值相同，但 $\sigma_1>\sigma_2$，由于 $\frac{\sigma_{\mathrm{I}}}{\mu_{\mathrm{I}}}>\frac{\sigma_{\mathrm{II}}}{\mu_{\mathrm{II}}}$，即 $COV_{\mathrm{I}}>COV_{\mathrm{II}}$，方案Ⅰ的风险大于方案Ⅱ的风险。在图 5－5(b)中，方案Ⅰ和方案Ⅱ具有相同的 σ 值，但是，$\mu_{\mathrm{I}}<\mu_{\mathrm{II}}$，于是 $\frac{\sigma_{\mathrm{I}}}{\mu_{\mathrm{I}}}<\frac{\sigma_{\mathrm{II}}}{\mu_{\mathrm{II}}}$，即 $COV_{\mathrm{I}}>COV_{\mathrm{II}}$，方案Ⅰ的风险大于方案Ⅱ的风险。

根据式(5－25)计算上例中 C 方案与 D 方案的离差系数。即：

$$COV_C=\frac{\sigma(NPV_C)}{E(NPV_C)}=\frac{5000}{6000}=0.8333$$

$$COV_D=\frac{\sigma(NPV_D)}{E(NPV_D)}=\frac{5679}{6500}=0.8737$$

由于 $COV_C<COV_D$，所以 C 方案优于 D 方案。

在各种方案的比较中，为了综合考虑各方案的效益和风险情况，需要同时考虑各方案经济效果指标的期望值和标准差这两个指标。例如，当采用净现值这个经济指标对比各方案时，显然，净现值较大，而离差系数又较小的方案为最优方案。这样，决策人员可以根据社会环境、工程条件等方面的情况，依据各方案净现值的期望值和离差系数，有倾向性地选择收益较高或者风险较小的不同方案。

（二）决策树法

决策树是直观运用概率分析的一种图解方法，因其运用树状图形来做多方案的分析和择优而得名。决策树是将各种可供选择的方案以及影响各备选方案的有关因素（如自然状态、概率、损益值等）绘成一个树状图，这个树状网络图从左向右展开，一般根据期望值法计算每一个方案的期望值并进行决策。决策树法特别适用于多阶段决策分析。

1. 绘制决策树图

决策树一般由 3 种点、两类枝组成。3 种点即决策点、自然状态点、结果点，两类枝即方案枝和概率枝。决策树图的结构如图 5－6 所示。

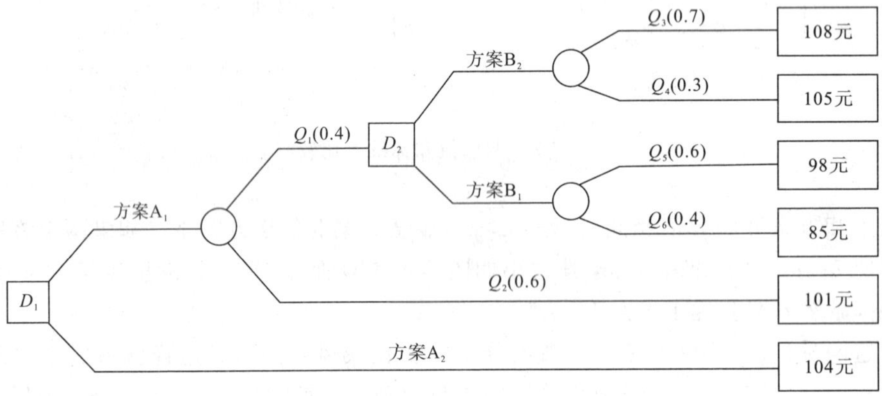

图 5－6 决策树结构图

（1）决策点与决策分支。决策点通常用符号“□”表示，“□”内的字母 D_i 表示第 i 阶段决策点，引出的每条直线“——”表示一个可供选择的方案，称为方案分支。在方案分支的直线上可注明方案的含义。方案分支的数目反映备选方案的数目。

（2）状态分支。状态点通常用符号“○”表示。它表示由于存在风险与不确定性，方案实施后可能出现的多种结果或状态。由状态点引出的每一条直线“——”代表一种可能的结果或状态，称为状态分支。各状态分支的代号与概率可标在分支线上。状态分支的数量反映方案可能出现的结果或状态的数目。

（3）方案参数与经济效益值。方案的各种参数分别标在方案分支线或状态分支线的上下方。方案的经济效益值通常用符号“▭”标注在方案分支线或状态分支线的末端。

图 5－6 是一个比较简单的多阶段工程投资方案经济分析用的决策树图。图中有 D_1 与 D_2 两个决策点。D_1 有两个分支方案 A_1 与方案 A_2。若方案 A_1 被采用，则有 Q_1 和 Q_2 两种可能的状态或结果，分别用状态分支 Q_1 和 Q_2 表示，其概率分别为 0.4 和 0.6。若状态分支 Q_1 发生，就要进行第二次决策。在决策点 D_2 处有供选择的备选方案 B_1 和 B_2。若 B_1 被采

用，也存在两种可能的状态或结果 Q_3 与 Q_4，其概率分别为 0.7 和 0.3。各方案分支或状态分支末端“▭”内的数字分别表示各方案或状态的经济效益值。

2. 决策树法的应用步骤

通过例 5-8 说明应用决策树法进行多阶段石油工程投资经济分析的步骤。

【例 5-8】 某石油开采公司面临一项是否应在某地打井的决策。现有打井、不打井、进行地震勘测 3 个备选方案。如立即打井，其结果有 3 种可能，即打出的井是干井、油井和喷井。若打出的是干井，将损失 70 000 万元；若打出的是油井或喷井则盈利额分别可达 50 000 万元和 200 000 万元；若先进行地震勘测，根据勘测结果再决定是否打井，则需支付勘测费 1000 万元。勘测结果有岩层好、中、差 3 种可能。若根据岩层勘测状态进行是否打井的决策，这个问题就是一个两阶段投资决策问题。下面应用决策树法作最优方案选择。具体步骤如下。

第一步：确定决策点及其方案分支。本例第一阶段有 1 个决策点，以 D_1 表示。这个决策点有打井、不打井和地震勘测 3 个方案分支。若采取地震勘测方案则需根据取得的岩层资料进行第二阶段决策。因无论岩层情况出现好、中、差哪种状况，都需再次进行决策，所以第二阶段有 3 个决策点，分别以 D_{2A}、D_{2B}、D_{2C} 表示，其中每个决策点都包括打井与不打井两个方案分支。

第二步：确定各阶段方案实施后可能出现的状态或结果。在决策点 D_1 处如采取打井方案，打出的井可能是干井、油井或喷井。在决策点 D_{2A}、D_{2B}、D_{2C} 处若采取打井方案，打出的井同样有 3 种可能，即干井、油井或喷井，两个阶段的区别只是在取得岩层资料之前或之后，这 3 种可能状态出现的概率有所不同。

第三步：预测各方案的现金流量与各状态分支的概率，如图 5-7 所示。

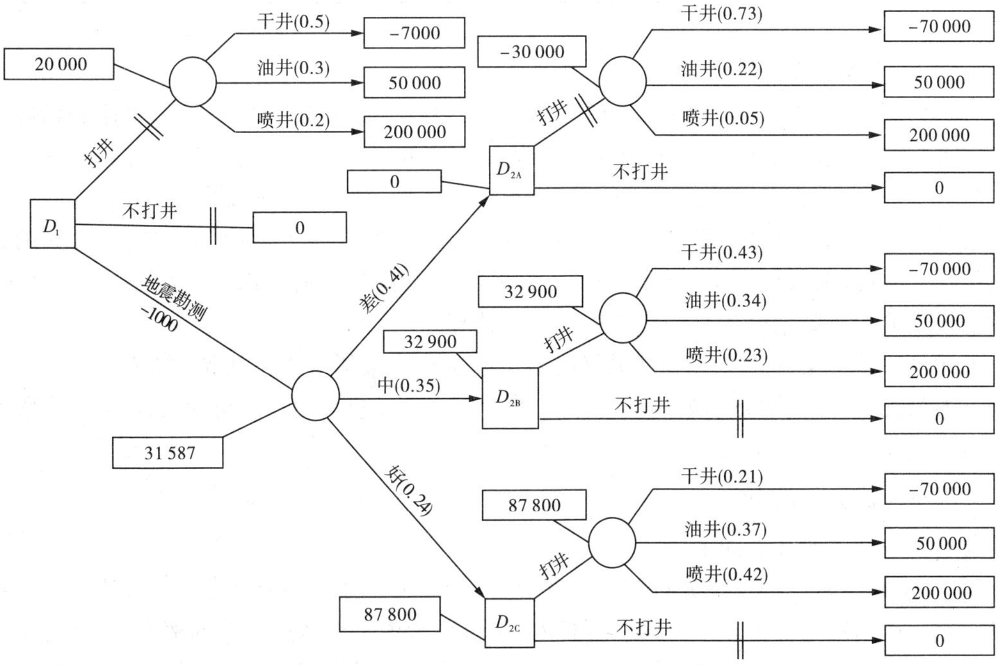

图 5-7　石油钻井投资决策树(▭中的单位为万元，括号中的数字为概率)

第四步：绘制决策树图。根据以上分析和预测，以决策点 D_1 为起点、按照从左至右的顺序绘制决策树图，如图 5－7 所示。

第五步：计算各方案的经济效益，确定最优方案。方案经济效益的计算应从决策树图最末端的分支开始（本例已给出，即打出干井的净现值为－70 000 万元；打出油井的净现值为 50 000万元；打出喷井的净现值为 200 000 万元，不打井的净现值为 0 元），然后按决策点反顺序地（从右至左）逐点进行经济效益比较和方案筛选结果，直至在决策点 D_1 处作出最终方案选择为止。本例各方案经济效益计算与各点方案筛选结果，汇总于表 5－9 中（也可同时将计算结果标注于决策树图上）。

表 5－9　经济效益计算与方案筛选　　单位：万元

决策点		方案	方案经济效益期望值	方案选择
第二阶段	D_{2A}	打井	$E(D_{2A打井})=-70\ 000\times0.73+50\ 000\times0.22+200\ 000\times0.05=-30\ 000$	不打井
		不打井	$E(D_{2A不打井})=0$	
	D_{2B}	打井	$E(D_{2B打井})=-70\ 000\times0.43+50\ 000\times0.34+200\ 000\times0.23=32\ 900$	打井
		不打井	$E(D_{2B不打井})=0$	
	D_{2C}	打井	$E(D_{2C打井})=-70\ 000\times0.21+50\ 000\times0.37+200\ 000\times0.42=87\ 800$	打井
		不打井	$E(D_{2C不打井})=0$	
第一阶段	D_1	打井	$E(D_{1打井})=-70\ 000\times0.5+50\ 000\times0.3+200\ 000\times0.2=20\ 000$	地震勘测
		不打井	$E(D_{1不打井})=0$	
		地震勘测	$E(D_{1地震勘探})=0\times0.41+32\ 900\times0.35+87\ 800\times0.24-1000=31\ 587$	

由图 5－7 和表 5－9 可知：

（1）第二阶段是以方案经济效益期望值为依据，从决策点 D_{2A}、D_{2B}、D_{2C} 的末端开始筛选方案，在 D_{2A} 点处应选择不打井方案，在 D_{2B} 处应选择打井方案，在 D_{2C} 处应选择打井方案。

（2）第一阶段是在第二阶段筛选的基础上，按反顺序进行第一阶段决策点 D_1 处的方案经济效益计算与筛选。其结果是，在打井、不打井和地震勘测 3 种方案中，地震勘测方案的经济效益值最大，故选为最优方案。地震勘测方案的经济效益期望值应以第二阶段 3 种方案的经济效益期望值为基础结合各自的状态概率进行计算。

上述各阶段方案的筛选结果可用剪枝形式标注在决策树图上。所谓“剪枝”，就是在被舍去的方案分支上，画上两条平短线，表示此方案已被删除，剩下的一个方案即为这个阶段的最优方案。

3．决策树法的优缺点

决策树法的主要优点如下。

（1）决策树法是一种系统分析与系统评价方法，适用于分析评价复杂的具有阶段性的投资决策问题。运用决策树进行投资经济分析时，不仅要考虑多个备选方案的情况，而且要考虑多个阶段的情况；不仅要进行近期投资分析，而且要进行远期投资分析。由于决策树法能把近期情况与远期情况有机地结合起来进行瞻前顾后的系统研究，所以它是分析评价长期投资的一种有效的系统方法。

(2)决策树图中方案分支与状态分支的设置可以促使人们去设想和提出各种可行方案和可能结果，并启发人们去考虑为减少方案的不确定性需要进行哪些补充的调查研究，需要取得哪些补充的信息资料。

(3)决策树图能对各备选方案的参数、状态和结果以及方案间的相互关系作直观、形象的描述，有利于决策分析人员交流意见，进行讨论。

但是，决策树的应用也会受到一些条件的限制。例如，要绘制决策树图就要求决策分析人员事先对问题有周密的分析和长远的考虑，对近远期各阶段的情况和发生概率有比较全面、准确的预测和估计，这对于经验不多的投资分析人员来说，是一件相当困难的工作。此外，决策树法也同前述其他经济效益评价方法一样，只能反映方案中可数量化的经济效益，不能反映方案中不能数量化的其他经济效益。因此，在进行投资的综合评价时，还必须采用其他定性分析方法作补充分析。

(三)蒙特卡随机模拟法

在石油工程项目的经济评价中，由于各项估算数据具有不确定性，除了用数字化的方法来计算项目的期望值外，还可以作连续型概率分布来表示项目获利性变化的可能性。这种用连续型概率分布来表示项目获利变化的可能性的方法就叫模拟法，也叫蒙特卡洛随机模拟法。

连续型概率分析主要应用于蒙特卡洛随机模拟，它是一种以数理统计理论为指导的模拟技术。蒙特卡洛随机模拟的实质是利用一种按各个不确定性因素——随机变量的概率分布来产生随机数以模拟可能出现的随机现象。当然每次模拟只能描述被模拟系统可能出现一次情况，然而经过多次模拟，则可以得到很有参考价值的结果。这种方法可用于研究和处理有限多个随机变量综合结果。

1. 蒙特卡洛随机模拟基本原理

设有随机变量函数 $Y=g(x_1,x_2,\cdots,x_n)$，其中 $x_1,x_2,\cdots,x_n$ 是 n 个(n 是有限值)相互独立的随机变量，并且各自具有一定的概率分布(连续型、离散型等)。通过对各自的变量按其概率分布进行 N 次随机抽样，并对每一次抽样结果都按关系式 g 进行一次运算处理。其抽样运算 N 次，当 $N\to\infty$ 时，这 N 次运算的结果便构成了 Y 的概率分布，从而通过实际运算(而不是理论推导)实现了对因变量 Y 的求解。这样一种处理过程称为模拟技术，也叫蒙特卡洛随机模拟。

模拟过程需要对自变量(随机变量)进行足够多次的随机抽样，保证每个自变量都以其各自概率分布的实际形态参加运算过程，从而获得包含各随机变量全部信息的综合结果。而满足这种要求的对自变量随机抽样正是通过它们各自的累计概率曲线而实现的。

2. 应用模拟技术对我国某一近海油田作出经济评价实例

我国近海油田合资开发项目的经济评价工作，是分 4 个阶段进行的：地质资源评价、开发评价、工程评价和经济评价。实质上，一项完整的经济评价工作应该包括上述 4 个阶段的全部工作，而不只是其中之一的“经济评价”。下面介绍一个应用模拟技术对我国某一近海油田的经济评价实例。

1)基本参数及有关规定的确定

(1)根据有关地质、物探资料以及应用相似盆地已有资料的类比分析,确定了某一近海油田地质、开发基本参数及有关规定,见表 5-10。

表 5-10 某一近海油田地质、开发基本参数及有关规定

参数名称		最可能取值
随机型参数	含油面积(S)	15km^2
	油层有效厚度(H)	45m
	含油饱和度(η)	65%
	油层孔隙度(φ)	15%
	原油密度(g)	0.825t/m^3
	原油体积系数(β)	1.3
	高峰年采油速度(v_m)	9%(按可采储量计算)
	预估最高单井日产量(q_m)	130 吨/井·日
	油田最终采收率(γ)	30%
预定型参数	每年有效生产日数(T)	330 天
	投产第一年生产井数(N_1)	10 口
	投产至达到高峰产量所需的时间(k)	1 年
其他有关规定	①投产第二年后的生产井数保持不变,即 $N_2=N_3=\cdots=N_{15}$	
	②产量递减期的指数递减率 $a=1.7v_m$	
	③采出程度 50%时产量开始递减 $R=50\%$	
	④油田生产寿命 $t=15$ 年	

(2)根据上述地质、开发参数值,计算获得的工程评价有关指标的最可能值是:①勘探投资(C_1),51.9168 百万美元;②开发投资(C_2),464.7527 百万美元。

(3)有关经济参数:①综合税率为每年产值的 5%;②矿区使用费为每年产值的 12.5%;③油价以 212.57 美元/吨为基础;④X 台阶及分成率(表 5-11);⑤其他经济方面的规定等(略)。

表 5-11 X 台阶及分成率

产量(百万吨)	分成率	产量(百万吨)	分成率
≤0.5	90%	3.0~5.0	50%
0.5~1.0	80%	5.0~7.5	40%
1.0~2.0	70%	7.5~10.0	30%
2.0~3.0	60%	>10.0	20%

2)以概率分布的形式描述各随机型参数

根据掌握资料的特点，对各参数均采用三角分布描述，以上述已知数据为最可能值，同时分析估计出了各随机型参数可能取得的最大值、最小值。各参数三角分布的数字描述见表 5－12。

表 5－12　三角分布的数字描述

参数名称及符号	最小值	最可能值	最大值
含油面积 $S(km^2)$	12	15	16
油层有效厚度 H(m)	40	45	50
含油饱和度 η	50%	65%	68%
油层孔隙度 φ	13%	15%	23%
原油密度 $g(t/m^3)$	0.800	0.825	0.850
原油体积系数 β	1.1	1.3	1.4
高峰年采油速度 v_m	8%	9%	10%
预估高峰年单井日产量 q_m(吨/井・日)	100	130	200
油田最终采收率 γ	28%	30%	40%
勘探投资 C_1(百万美元)	26.000	51.9168	67.500
开发投资 C_2(百万美元)	278.000	464.7527	558.000
油价上涨率 I	－1%	2%	6%

注：设通货膨胀率与油价上涨率紧密相关，即通货膨胀率＝油价上涨率

其他参数均按肯定型变量处理，纳入模拟过程。

3)模拟运算过程

考虑到油田可采储量是整个评价的基础，所以首先对其进行了模拟计算；在此基础上，又对整个项目的经济性进行了模拟评价。

可采储量的模拟计算：资源、开发评价是经济评价的基础。涉及的不确定性参数也比较多。从经济评价的要求来看，这两个阶段评价的主要任务是提供构造总可采储量、生产井数和油田分年产油量。参考地质、开发评价的有关资料，把有关计算方法与公式归纳推导如下：

构造可采储量　$$Q_R=\frac{SH\varphi\eta g}{\beta}\gamma \tag{5-26}$$

总生产井数　$$N_m=\frac{Q_R v_m}{Tq_m} \tag{5-27}$$

高峰稳产期年数　$$t_0=\frac{R-\left(\dfrac{v_m}{N_m}\right)\left(\sum\limits_{K=1}^{K}N_K\right)}{v_m} \tag{5-28}$$

$$当\ t\begin{cases}\leqslant(t_0+K)时，Q_t=(v_mQ_R)\dfrac{N_t}{N_m}\\ >(t_0+K)时，Q_t=(v_mQ_R)e^{-a(t-t_0-K)} \quad (t=1,2,\cdots,15)\end{cases} \tag{5-29}$$

式中：S 为构造含油面积(km^2)；H 为油层有效厚度(m)；φ 为油层孔隙度(%)；η 为含油饱和度(%)；g 为原油密度(t/m^3)；β 为原油体积系数；γ 为最终采收率(%)；R 为高峰稳产期

后产量开始递减时采出程度(%)；q_m 为预估最高单井产量(吨/井·日)；v_m 为高峰年采油速度(%)；T 为年内实际有效生产日数(日)；N_K 为第 K 年在产的井数，K 为从投产至达到高峰年产量的年数；N_t 为第 t 年在产的总井数；a 为指数递减率。

按上述公式，首先模拟评价出了油田储量、应钻的生产井数及分年产油量。其模拟过程可以概括为如图 5－8 所示。

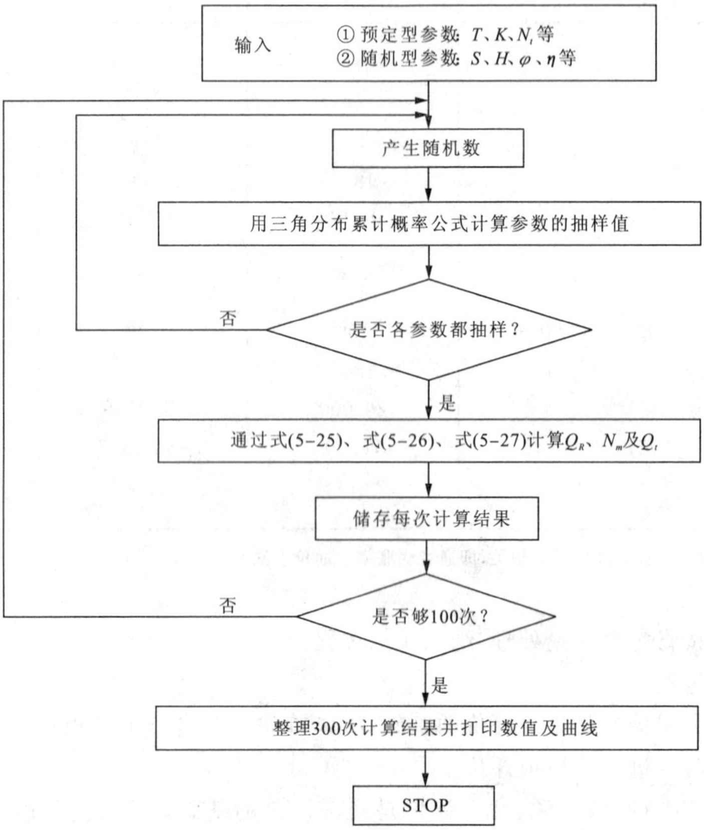

图 5－8 模拟过程示意图

三角分布中的最小值、最大值、最可能值这 3 个数值完全唯一地确定，其抽样过程可以通过三角分布累积概率公式计算而实现，现以预估单井高峰日产量(q_m)的抽样过程为例，以图示的形式说明本例中各变量的抽样过程。

由表 5－12 对 q_m 的估计值，可以作出其概率分布图及其累积形式，如图 5－9 所示。抽样过程列举如下：

取得一随机函数 $R_N=0.42$，令 $F=R_N=0.42$，据三角分布概率公式，得 $F=0.42>\frac{130-100}{200-100}$，即 $x_2\leqslant x\leqslant x_3$，所以，本次抽样值用三角分布累计公式计算：

$$q_m=200-\sqrt{(200-130)(200-100)(1-0.42)}=136.28(\text{吨/井·日})$$

这样，随机取得随机数 300 个，计算得到 300 个 q_m 值，将这 300 个随机抽样值描绘出曲线，即可再现原来的三角分布，说明这种处理方法是正确的。

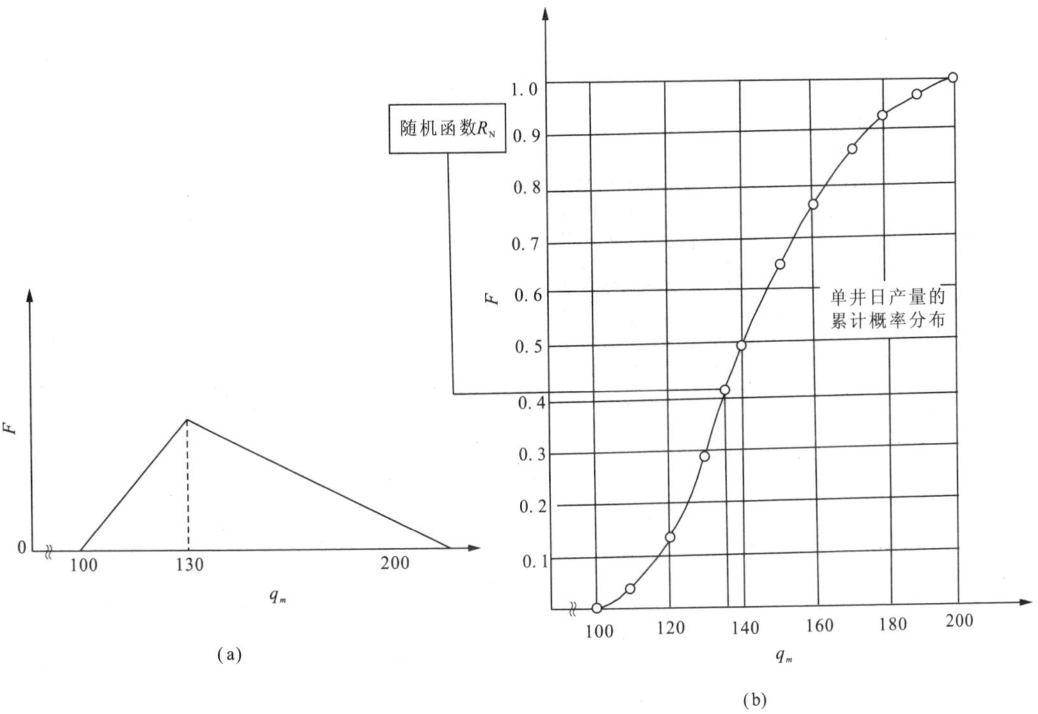

图 5－9　单井高峰日产量的概率分布及其累积形式

对其他不确定性参数也是用上述方法处理的。模拟运算了 300 次，得到了可采储量、生产井数、15 年合同期内每年的产量等评价结果，并由电子计算机打印出其分布曲线。从图 5－10(a)可以知道，可采储量的期望值是 14.23 百万吨，可以看到它的分布形态和分布范围。从图 5－10(b)可以看出随着储量的增加其发生的相应概率的变化趋势，可以知道达到某一储量水平的可能性，比如储量达到 10.00 百万吨以上的概率在 0.98，而超过 18.00 百万吨的概率只有 0.04。

合同期 15 年内各年的产油量模拟评价结果，也都由计算机打印出了分布曲线，这里省略。

在模拟评价得到的储量和分年产油量的基础上，又进行了经济评价。在评价过程中，把勘探投资、开发投资和油价上涨率视为随机变量，采用标准合同经济分成模式，测算出了外商盈利率、外商净现值、油田销售收入及中外双方分成额、油田纯收入及中外双方分成额等一系列指标，并由电子计算机描绘打印出了它们的分布曲线。这里仅给出其中几个经济效果指标的分布曲线：图 5－11 是外商盈利率模拟评价结果；图 5－12 是外商净现值模拟评价结果；图 5－13 是油田总销售收入模拟评价结果；图 5－14 是油田总纯收入模拟评价结果。

3. 实例简介

首先，根据地质和开发方面的资料，即根据含油面积、油层厚度、含油饱和度、油层孔隙度、原油比重、原油体积系数、高峰年采油速度、预计高峰年单井日产量、最终采收率等各参数的特点，分别用概率分布的形式描述它们，通过计算机模拟计算，得到了合同期 15 年内的产量和构造总可采储量。它不是一个单一的数值，而是以概率分布形式存在的。它的最小值是 8.31 百

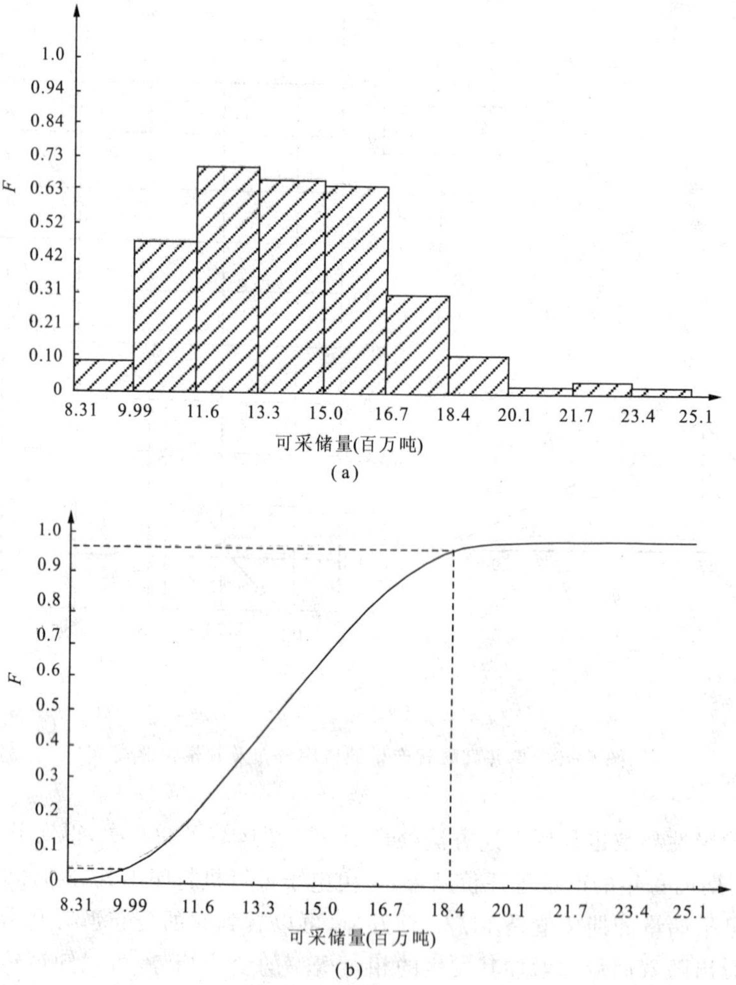

图 5-10 可采储量分布图

万吨，最大值是 25.16 百万吨，期望值是 14.23 百万吨，储量达到 10 百万吨以上的概率是 0.98，而大于 18 百万吨的概率只有 0.06。

在模拟得到了储量分布的基础上，又根据所掌握的资料特点，对勘探和开发投资采用三角分布描述，对油价上涨率采用离散分布进行预测，并且认为油价上涨率与通货膨胀率是紧密相关关系。再结合税收、利息等有关规定，用计算机模拟运算了 300 次，得到了外商盈利率、净现值、油田总收入及中外双方分成额等各项最终经济效果指标。它们都是以概率分布的形式给出的。

应用蒙特卡罗方法进行经济研究的目的，是为了更充分地了解投资效果，降低决策失误的风险。因此，不仅要会使用这种方法，而且要会分析和使用这种方法所得出的结果。下面，以外商盈利率指标为例，做一基本的讨论。

(1)期望值可以作为主要决策指标。因为期望值是考虑了各参数的不确定性之后而得出的一个综合指标，具有较高的可信度。譬如，本例中外商盈利率期望值是 22.52%，可以初步

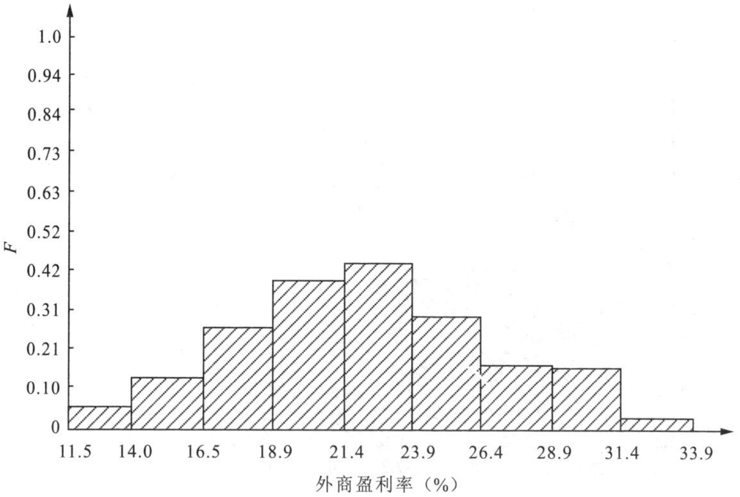

(a)

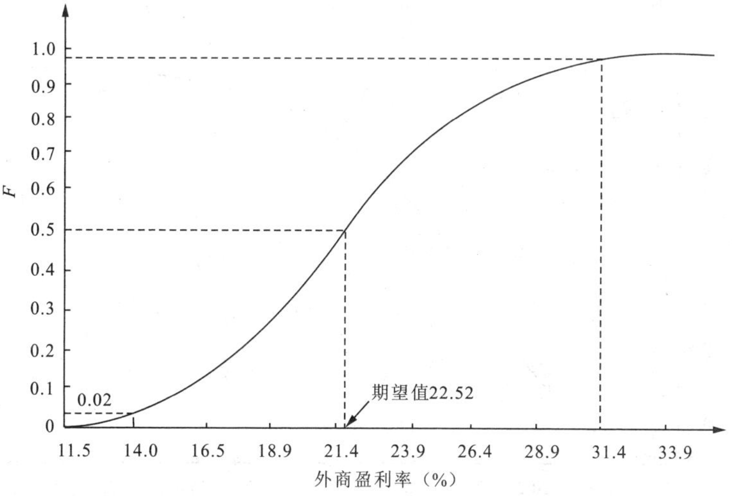

(b)

图 5-11　外商盈利率

认为该油田的开发是可行的。

(2)最大值和最小值可以告诉我们两种极限情况。它们反映着最大的盈利可能和最大的风险程度。本例中外商盈利率的变化在 11.5%～31.4%之间。

(3)概率分布曲线表示该指标的变化趋势。外商盈利率基本上是正态分布的(图 5-11)。

(4)累计概率曲线告诉我们该指标达到各种水平的可能性。譬如,本例中外商盈利率在 14.0%以上的概率为 0.98,而超过 30%的概率只有 0.3。

这样类推到其他指标,我们对投资效果的了解就不只是一个数字,而是经济性的全貌。

(四)模拟方法的优点及局限性

通过上面的实例分析和讨论可以看出,应用蒙特卡罗方法进行风险分析具有以下优点。

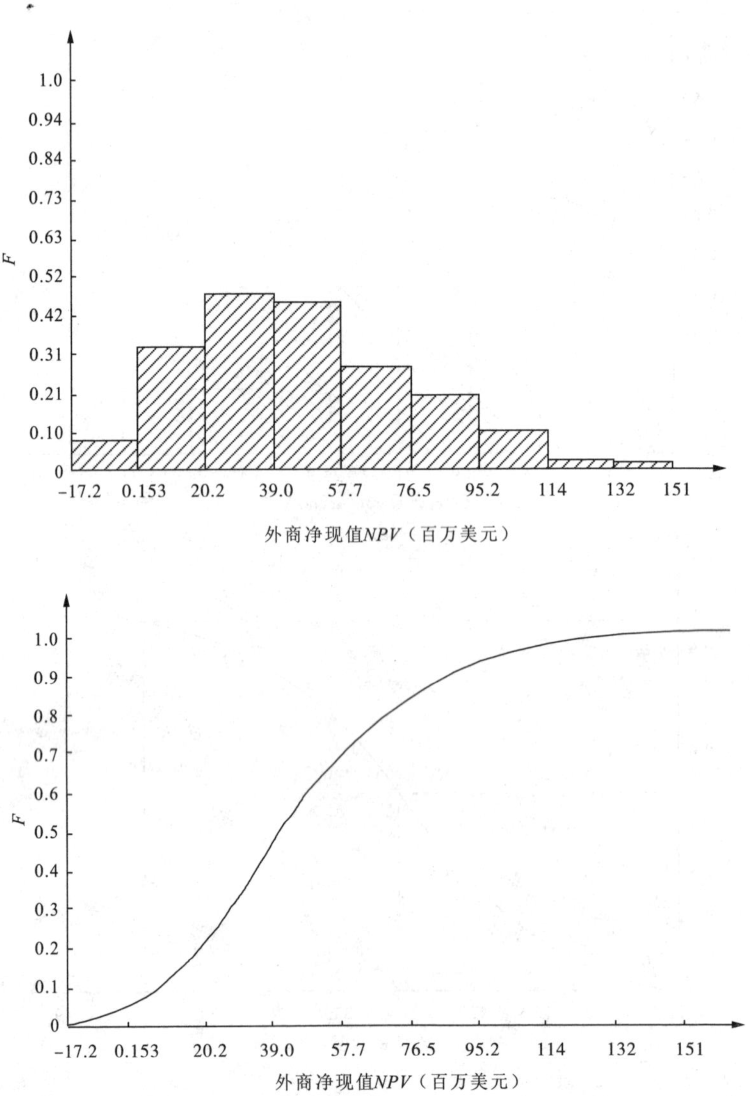

图 5－12 外商净现值

(1)使所有依据的基础参数更接近于实际。所依据的地质、工程、经济参数大多是估计值，在未来项目实施中可能发生变化。蒙特卡罗方法允许根据每个参数的特性，用一个随机变量来逼近这种变化，按不确定参数的本来面目描述它们，因而使得所使用的基础数据更为实际。

(2)处理过程是严密的。在模拟过程中，通过对不确定性参数的足够多次的随机抽样，保证了每个参数都以它本来的不确定的具体性质参加模拟运算，运算过程中没有信息丢失。

(3)将应用蒙特卡罗方法得到的效果指标的期望值作为决策依据，可以大大提高决策的可靠性。期望值不同于单数值研究结果，后者只代表一种情况的测算结果，前者是考虑了所有可能情况后得到的一个综合效果指标。它虽然形式上也是一个数字，但却反映了油田开发经济性的全部信息。

(4)所得结果可以反映油田开发经济性的全貌。应用蒙特卡罗方法可以得到各种最终效

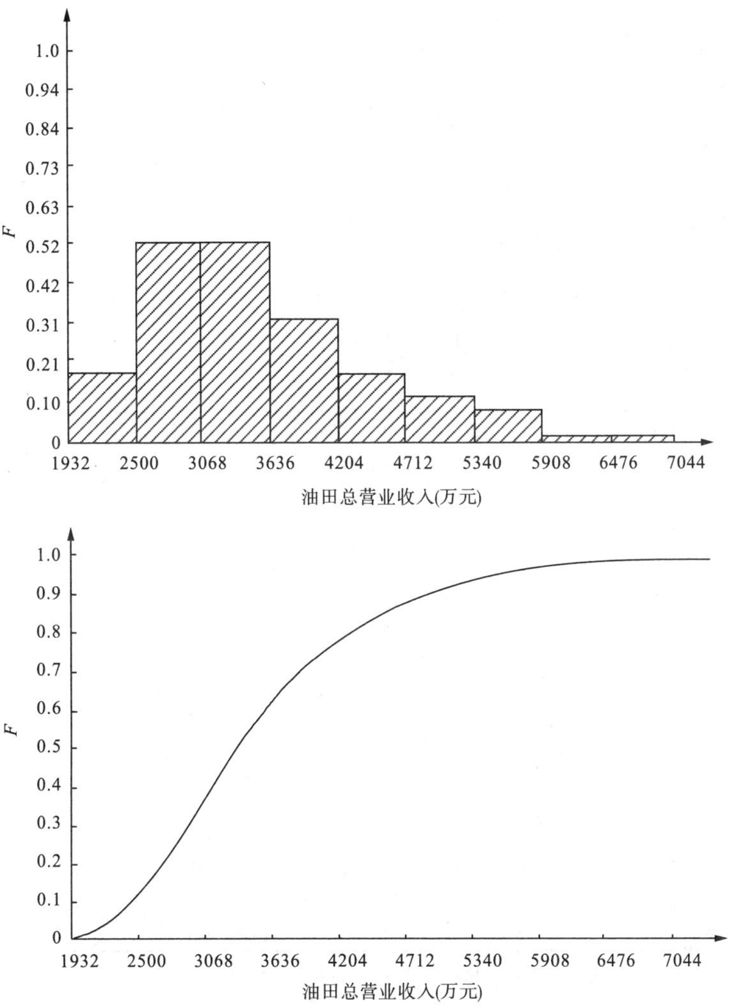

图 5－13　油田总营业收入

果指标的最小值、最大值、期望值及其各自发生的概率，可以得到盈利率、净现值、中外收益分配比等指标的概率分布及其累积概率曲线，可以使决策者对它的变化形态和达到各种程度的可能性有一个清晰的图像和全面的了解，从而提高决策的科学性和正确性。

(5)风险分析可以解决一些似是而非的问题。在描述一盆地地质情况时，常说"前景很好""有希望找到大油田"等等。这里，"很好""有希望"等仅是一种模糊的感性认识。经过风险分析，可以使这些模糊的感性认识变成明确的答案。例如，风险分析可以明确地回答以下各类问题：如果见油的概率是 0.12，是否值得投资千万元而钻探？要在某盆地找到 2000 亿方天然气，至少要钻多少口井；等等。

风险分析是使决策者将模糊的、定性的感觉转变成为清晰的、定量的概念。风险分析的这一"数字化"过程，标志着石油投资分析技术的新发展。

(6)风险分析为具有不同风险程度的投资机会提供了可比性。不考虑两个项目的风险程度，很难比较两个投资项目的优劣。风险分析可以使食品加工投资项目和石油勘探项目之间

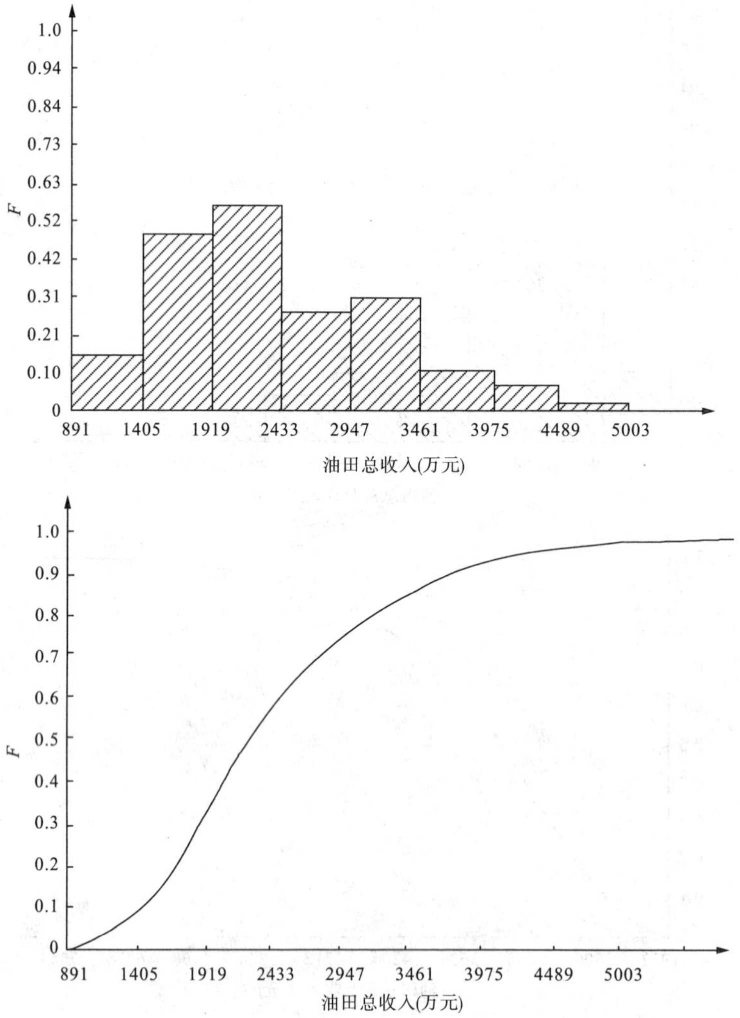

图 5-14 油田总纯收入

建立起经济可比性，当然更可以把一项海上石油投资与一项陆上石油项目进行比较，把一项地层尖灭构造上的钻探项目和一项断鼻构造上的钻探项目进行比较，这样就可以在不同的投资机会中选择出最有利的投资项目。

最后，我们应该指出的是：虽然用模拟技术对投资项目的经济效益进行风险分析有许多优点，但是它提供的结果，还是要受到人的主观认识因素的影响和人的认识的局限性的限制。例如，有些变量的发生概率还是由人主观确定的，或只是参考过去或类似地区的资料来确定的；有些变量的影响因素十分复杂，难以预测，如国际原油价格，它的政治风险极大，使得国际油价很难有较准确的预测。然而它对石油勘探开发项目的经济效益又有很大的影响。

另外，风险分析并不是也不能“消除”风险，而只是使人们更好地了解风险、认识风险、提高决策的科学性，并取得好的投资效果。风险分析也并不能取代其他方法，而应与其他方法结合使用、综合分析，才能取得好的效果。

思考与练习

1. 在石油技术经济评价中不确定性产生的原因是什么？为什么要进行不确定性分析？

2. 什么是盈亏平衡分析？线性盈亏平衡分析的前提条件是什么？

3. 线性盈亏平衡点有哪几种表达方法？

4. 什么是敏感性分析？其目的和步骤如何？

5. 简述决策树图的构成。

6. 分析决策树法的优点与局限性。

7. 模拟技术的基本原理是什么？模拟的过程如何？其目前的应用范围如何？

8. 用模拟技术进行风险分析的优点及不足之处如何？

9. 在某石油生产过程中产品的固定成本为 10 000 元，每件产品的可变成本为 0.4 元，每件产品的售价为 0.6 元。

求：(1)盈亏平衡点。

(2)盈亏平衡时的年收入量。

(3)当生产 60 000 件与 35 000 件时的利润(或亏损)。

10. 某石油化工厂正常年份固定成本为 550 万元，可变成本为 2135 万元，销售收入为 4201 万元。

求：(1)推导盈亏平衡点的生产能力利用率公式。

(2)计算 *BEP* 生产能力利用率，并绘出盈亏平衡图(按生产能力利用率绘制)。

(3)分别计算可变成本增加 10%、产量增加 10%时的 *BEP* 生产能力利用率有何变化？

11. 某油田为保证原油稳产，需采取一系列的措施，预计致使每吨原油成本上升 5.6 元，假定该油田年产原油为 30 万吨，总投资为 15 000 万元，原油的初始经营成本为 80 元/吨，原油的价格为 350 元/吨。

求：(1)盈亏平衡点的产量。

(2)油田的投资回收期。

12. 加工产品有两种设备，若选用设备 A 需初始投资 20 万元，加工每件产品的费用为 8 元；若选用设备 B 需初始投资 30 万元，加工每件产品的费用为 6 元。假定设备残值为零，试回答下列问题：

(1)若设备使用年限为 8 年，基准折现率为 12%，年产量为多少时选择用设备 A 比较有利？

(2)若设备使用年限为 8 年，年产量为 13 000 件，基准折现率在什么范围内选用设备 A 比较有利？

(3)若年产量为 15 000 件，基准折现率为 12%，设备使用年限多长时选用 A 设备比较有利？

13. 对例 5－7 以净现值为分析指标进行敏感性分析，并以表格法和绘画法进行汇总分析。

14. 有 3 个可行方案在不同市场情况下的收益如下表所示，试根据期望值及标准差选择方案。

市场景气程度 单位:万元

方案	好($P_{好}$=0.25)	可以($P_{可以}$=0.5)	差($P_{差}$=0.25)
方案A收益	300	200	−80
方案B收益	400	200	−200
方案C收益	100	240	0

15. 若经过普查和详查需在某构造上钻探,现有两个方案,方案A上先钻一口井,方案B是同时钻两口井。取得利润情况如下表所示,试用期望值和离差系数选择最优方案。

利润情况表

油田＼方案	方案A		方案B	
	净利(万元)	概率	净利(万元)	概率
发现大油田	360	0.2	350	0.4
发现小油田	110	0.6	70	0.5
干井	−30	0.2	−60	0.1

16. 某地为满足某种产品的市场需要拟规划建厂,提出3个方案。

Ⅰ方案:新建大厂,需投资300万元,估计销路好时每年可获利100万元,销路差时,每年亏损30万元。

Ⅱ方案:新建小厂,需投资140万元,销路好时每年可获利40万元,销路不好时,每年也可获利30万元。

Ⅲ方案:先建成小厂,3年后若销路好时,再扩建投资200万元,每年估计可获利95万元。

市场预测产品销路好的概率为0.7,销路不好的概率为0.3,销售预计为10年,试用决策树法选择最优方案。

17. 某石油公司正考虑在某地区是否钻井。如果钻井,可以先做前期研究,也可以不做前期研究。假定已知前期研究费用为30万元,钻井费用100万元,钻井后出油可收入400万元。另外,根据经验已知:前期研究结果好的概率为0.6,前期研究结果坏的概率为0.4。

	出油	不出油
前期研究结果好,钻井	0.85	0.15
前期研究结果坏,钻井	0.10	0.90
不做前期研究,钻井	0.55	0.45

问这个石油公司该怎样决策?

第六章　油气勘探开发投资项目的可行性研究

学习要点

- 了解可行性研究的含义，理解油气勘探项目可行性研究
- 了解投资项目进行可行性研究的作用及可行性研究在油气勘探项目中的作用
- 熟悉投资项目、油气勘探项目可行性研究报告的内容和主要任务
- 掌握可行性研究中经济评价的主要内容
- 熟悉油气勘探项目可行性研究的程序

可行性研究是决策科学在项目领域的应用。近几十年来，可行性研究的理论和实践得到了飞速发展，已经基本上形成了相对独立的方法体系和科学体系。可行性研究是指对拟建项目在技术上是否可能、经济上是否合理、建设上是否可行所进行的综合分析和全面科学论证的技术经济研究活动。其目的是为了避免或减少工程建设项目决策的失误，提高投资的综合经济效果。

我国石油工业生产结构的调整及持续稳步地发展，均需要进行扩大项目建设的投资。为了让国家有限的宝贵投资发挥最大的经济效益，就必须对拟建的石油工业建设项目进行可靠性研究，通过科学的经济评价选择最优的建设方案。

第一节　可行性研究概述

一、可行性研究的含义

投资项目可行性研究是关于投资项目在决策前进行技术经济论证的一门科学。可行性研究有广义和狭义之分，广义的可行性研究是指决策过程中所进行的全面分析和认证工作，包括方案构思、机会分析、初步可行性研究和详细可行性研究，基本上构成了决策工作的主要内容。狭义的可行性研究是指在决策构思基本明确的情况下，针对一个具体的方案所进行的详细的分析认证，如对市场需求、资源条件、建设规模、工艺设备等进行详细、周密、全面的调查研究和综合论证，从而为项目决策提供可靠的依据。投资项目可行性研究包括以下几个方面的含义。

1. 投资项目可行性研究是项目前期工作

可行性研究是在项目正式投资之前进行的，它研究的不是既定项目的经济效果，也不是为既定项目找依据，而是为未来项目作论证，以避免或减少决策失误。“马后炮”式的技术经济分析，则不是可行性研究。

2. 投资项目可行性研究是一门综合性的科学

任何一个项目成立与否，不仅要看技术上是否先进、适用及可靠，同时还要看经济上是否合理、盈利；不仅要看单项工程的效益，更重要的是要看它对整个国民经济的贡献。因此，投资项目可行性研究客观上要求自然科学和社会科学的紧密结合。投资项目可行性研究就是综合运用了自然科学（如运筹学、电子计算机、现代工程技术等）、经济科学（如经济计量学、经济预测学、经济情报学和经济信息等）和现代管理科学（如企业管理学、施工组织学等）等学科的成果来进行工程项目投资前的研究。同时，正因为可行性研究是一门科学，因此进行可行性研究一定要有严肃认真、实事求是的科学态度，而不能为可行性研究而进行可行性研究，搞形式主义。

3. 投资项目可行性研究是一个调查研究的过程

要判断某一投资项目可行还是不可行，必须掌握大量有关的详实资料，进行详细的分析，搞清楚项目建设的原因、市场需求情况、资源条件、建设规模、工艺技术特点、需要的外部条件、建设工期、所需资金及筹资渠道、建成后的经济效果和社会效果等，从而使各种重大技术原则以及经济问题和基础资料都得到了切实的解决及落实。所以说可行性研究实质上就是一个调查研究的过程。

4. 投资项目可行性研究是对投资项目进行多方案比选的过程

可行性研究是事先的研究论证，某一投资项目起码需具备两个或两个以上的实施方案，从而通过分析比较，制定出具有最佳经济效益的方案。否则，对于一个想要去实践的项目的单方案抉择，就会使可行性研究失去其本来的意义。

5. 投资项目可行性研究是按技术、经济两个方面对拟建项目进行全面、系统的分析论证

一般来说，技术上先进与经济上合理，两者的价值取向是一致的，技术进步为经济服务，经济的发展刺激技术进步。但有时两者也会发生矛盾，这就需要经济分析于技术研究中，通过技术经济分析，寻求技术与经济间的最佳结合点。

6. 投资项目可行性研究是判断、论证投资项目“可行”还是“不可行”

可行并非最优，最优也并非可行，但只有在可行的基础上才能进一步制定出最优的实施方案。

二、油气勘探项目可行性研究

油气勘探项目可行性研究是指在投资决策阶段，对拟议中的项目所进行的全面地质、工程、经济和风险分析等论证，它是勘探项目前期工作的重要内容与方法。勘探项目可行性研究是勘探投入前的重要工作，包括项目前期对于拟议项目有关的地质情况、地理环境、社会状况、工作技术资料的调查、分析与预测研究，提出和比选可能的投资方案，论证项目投资的必要性、风险性、周期性、盈利性以及投资条件上的可能性和可行性从而为投资决策提供全面、系统、客观的依据。

三、可行性研究的特点

可行性研究主要是对投资项目各种方案的技术先进性、经济合理性以及建设可能性进行定性、定量的分析论证，目的在于保证项目决策的正确无误，其特点可概括如下。

1. 先行性

这是可行性研究的关键所在。正因为可行性研究是在项目具体的行动之前所进行的分析论证,才能保证项目决策的正确无误。

2. 安全性

这是可行性研究的目的所在。通过论证,为项目的投资找到了充分的科学依据,使项目在技术经济上具有安全保障;通过论证,否定了不可行的方案,制止和避免了不合理的投资,杜绝了巨大的浪费,同样保护了资金,也给投资增加了安全感。

3. 预计性

这是可行性研究的核心问题,可行性研究固然需要根据历史数据、现状调查资料和信息进行分析,但更多的是借助于对项目、方案的未来因素和后果的预测及估算。也正因为如此,可行性研究的结果允许有一定的误差。

4. 决策性

这是可行性研究的必然延伸。可行性研究通过对投资项目多方案的比较,通过定性、定量的综合分析论证,排除不可行方案,提出最佳实施方案,为投资项目决策提出可靠的依据。因此可行性研究的内容和深度应满足决策要求。

5. 公正性

这是可行性研究最根本的特征。可行性研究必须坚持实事求是,在调查研究的基础上作多方案比较,按客观实际情况进行论证和评价,而不是为了“可行”而“研究”。只有这样,才能保证可行性研究的科学性和严肃性,也只有这样,才能为正确的投资决策提供科学的依据,国家计划委员会在《关于建设项目经济评价工作的暂行规定》中明确指出,承担可行性研究的单位应切实保证评价的科学性、公正性和可靠性。评价人员要坚持实事求是的原则,据实比选,据理论证,绝不允许迁就照顾人情关系,把不可行的项目论证为“可行项目”“可行方案”。

四、投资项目可行性研究的必要性和作用

(一)投资项目可行性研究的必要性

可行性研究的工作量大,所需费用也多,而且还要耗费很长的时间。而投资者深知“时间就是金钱”,那么为什么又要重视建设前期的可行性研究工作,强调可行性研究报告的质量,而不追求快上呢?其原因可概括如下。

1. 排除盲目性,避开风险性

并不是每一项投资设想都是符合客观经济规律的,肯定有些项目或方案经过研究是不可行的。这样,进行投资项目可行性研究实际上就是等于排除了盲目性,避开了风险性,保护了资金,争得了时间,达到了少失而多得的目的。因此进行可行性研究是商品经济的客观要求。

另外,投资的特点是耗费巨大,影响时间深远,波及领域较广。因此“一失足”会成“千古恨”。所以投资一个项目,只有首先搞好可行性研究,在情况明了的基础上再下决心建设,才能达到预期的目的和效益。

2. 客观经济环境要求对投资项目进行可行性研究

首先，社会化大生产的特点决定了在投资决策上必须考虑生产力配置和投入、产出方面制约投资的诸多因素；其次，在投资决策上不仅要考虑企业经济效果，而且要求考虑国民经济效果；最后，国际贸易市场的惯例要求投资决策应充分估计国际市场的变化、国际上技术进步、产品开发创利能力以及外币通货膨胀等方面的影响。世界银行的专家们把可行性研究称作“防止错误投资决策的保险单”。世界银行等国际金融组织明确地把可行性研究规定为申请工程项目贷款的依据。总之，投资前期的技术经济论证是社会经济生产的客观要求。

3. 建设实践经验表明，投资前必须进行可行性研究

世界银行将可行性研究列为其40年来从事开发投资的一条重要经验和教训，认为“可行性研究应该形成准备过程的核心。虽然，可能在大型基础项目中对可行性研究的需要更加明显，但这种研究的规则和系统方法，除了对最常规和重复的投资以外，是适合于所有项目的要求的”。(《开发投资·世界银行的经验教训》澳伦·C·鲍姆、斯托克斯·M·托尔伯特合著)我国已建项目正反面的经验教训表明，可行性研究是提高投资效益的关键。“一五”时期的156项大中型项目，建设周期短，见效快，经济效益显著，一条重要的经验就是在项目的前期工作中，进行了一些类似可行性研究的技术经济论证工作。1958年以后的工程项目建设中“边勘探、边设计、边施工、边生产”等严重违反基本建设程序的错误做法，致使许多项目投资效果很差，即使建成了也不能正常生产，造成了巨大的浪费。所以投资项目进行可行性研究在我国油气勘探开发建设中更有其特殊的地位和作用。

综上所述，可行性研究不仅是工程项目的首要环节，而且直接决定着投资项目的命运。可行性研究工作，初看起来既费时间又费钱，但这个支出是值得的，它对保护投资决策更客观、更科学，避免主观决策带来的失误，提高投资效益有着十分重要的意义。

(二)投资项目可行性研究的作用

可行性研究作为避免投资风险，提高投资成功的有效方法，不仅是工程项目建设的首要环节，而且是决策项目命运的重要环节。投资项目可行性研究的作用可归纳如下。

(1)它是确定建设项目的依据。是否投资某一项目的决策，主要依据是可行性研究的结论。如果结论不可行，其他工作就不必进行了。

(2)它是筹措资金，特别是向银行申请贷款的依据。凡贷款建设的项目，必须向银行提送项目的可行性研究报告，银行对可行性研究报告审查确认后才同意贷款。世界银行等国际金融组织以及我国的建设银行都把可行性研究报告作为建设项目申请贷款的先决条件。

(3)它是编制项目初步设计的依据。项目初步设计就是通常所说的建设蓝图，它详细规定了建设项目的规模、产品方案、总体布置、工艺流程、设备类型、劳动定员、“三废”治理、建设工期、投资概算等内容。显然，经过批准的可行性研究报告就成为项目初步设计的主要依据。

(4)它是建设单位与项目有关部门、单位以及国外厂商商谈、签订合同、协议的依据。建设过程中的工程承包、水电供应、设备订货等合同、协议，在商谈、签订时必须以批准的可行性研究报告为依据。

(5)它是拟定项目采用的新技术、新设备研制计划的依据。因为投资项目采用的新技术、新设备只有经过可行性研究分析论证，证明是先进实用的，才能拟定研制计划进行研制，否则

盲目研制，必然会影响项目建设并造成不应有的损失。

(6)它是补充地形、工程地质、水文地质勘测和补充工业性试验的依据。可行性研究中需要大量的基础资料，因此当有些资料不完整或深度不够，不能满足下一个阶段工作的需要时，就需根据已做的可行性研究所提出的要求，进行地形、地质和工业性实验等补充工作。

(7)它是向国土开发及环境保护部门申请建设的依据。因为可行性研究报告中为达到环境保护标准所提出的措施和办法，是国土开发及环境保护部门评价项目环境影响、签发项目建设执照的依据。

(8)大中型建设项目的可行性研究报告，可作为编制国民经济计划的重要依据和资料。

(三)可行性研究在油气勘探项目中的作用

油气勘探项目的可行性研究就是从技术和经济两个方面对勘探项目是否可行进行系统的分析论证，是对项目的经济效益和运行过程中可能遇到的地质问题和工程问题进行的全面预测。因而，勘探项目的可行性研究包括地质论证、工程论证、市场分析和预测、经济评价和风险分析等内容。与这些研究内容相关的问题构成了勘探项目可行性研究的基本要求。

油气勘探项目是具有资源风险、作业风险和市场风险的特殊项目，其巨大的资源风险在一般项目中是不存在的，这种高度而复杂的风险增加了投资决策的难度，如果判断失误或由于受客观条件限制对项目区内的地质规律认识不清，就可能造成巨额资金的沉没，若对拟议中的项目进行系统的可行性研究，就会对项目有较为全面的认识，就会降低各种风险从而避免损失和浪费。可行性研究在油气勘探项目中有如下作用。

1. 可行性研究是油气勘探项目投资决策的依据

油气勘探项目的投资高达数以亿计或数以十亿计，决定是否投资的主要依据就是可行性研究。油气勘探的历史经验证明，没有进行可行性研究，在情况不明、依据不足的情况下仓促投资的项目，往往达不到预期目的，造成大量资金沉没。所以，油气勘探项目的投资决策必须以可行性研究为依据。

2. 可行性研究是油气勘探项目总体设计的依据

在可行性研究报告中，对油气勘探项目的目标、任务、规模、部署以及作业设备、环境保护和运行安排都要进行方案比较和论证，得出建议方案。可行性研究报告为项目总体设计打下了良好的基础，是项目总体设计的依据。

3. 可行性研究是获得勘探许可的依据

我国油气勘探实行许可证制度，可行性研究是获得勘探许可证的依据，尤其是决定着勘探区块的探矿权有无争取的价值以及确定义务工作量的重要依据。

4. 可行性研究是工作招标的基础

勘探项目在运行过程中所需要的各种工程，都可采用招标的方式选择施工队伍，可行性研究所提供的各种资料是制订招标发包策略和计划的基础，也是编制标底、评价投标者作业方案以及选择最佳投标和谈判项目合同的依据。

第二节　可行性研究的阶段和内容

一、可行性研究的阶段

根据联合国工业发展组织编制的《工业可行性研究手册》中拟定的程序，工程项目建设的全过程一般分为投资决策前期、投资期和生产运行期3个时期（图6-1）。可行性研究属于投资决策前时期，一般分为机会研究、初步可行性研究、详细可行性研究（或最终可行性研究）和项目评估与决策4个阶段。项目可行性研究的阶段划分及工作内容见表6-1。

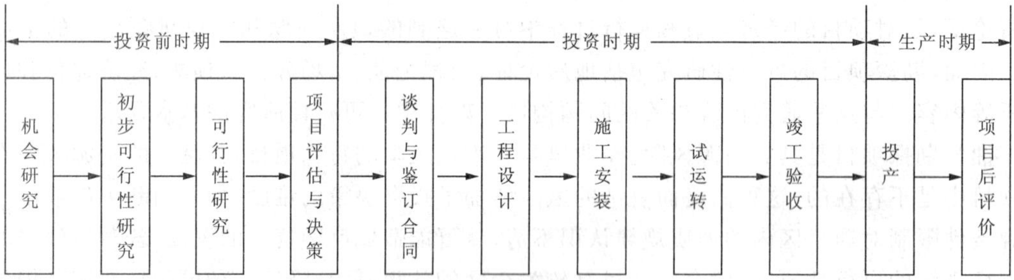

图6-1　工程项目建设周期示意图

表6-1　项目可行性研究的阶段划分及工作内容比较

工作阶段 / 项目	机会研究	初步可行性研究	详细可行性研究	项目评估与决策
工作性质	项目设想	项目初选	项目拟定	项目评估
工作内容	鉴别投资方向，寻找投资机会（地区、行业、资源和项目的机会研究），提出项目投资建议	对项目做专题辅助研究，广泛分析、筛选方案，确定项目的初步可行性研究	对项目进行深入细致的技术经济论证，重点对项目进行财务效益和经济效益分析评价，做多方案比较，提出项目投资的可行性和选择依据标准	综合分析各种效益，对可行性研究报告进行评估和审校，分析判断项目可行性研究的可靠性和真实性，对项目做出最终决策
工作成果及作用	提出项目建议，作为制定经济计划和编制项目建议书的基础，为初步选择投资项目提供依据	编制初步可行性研究报告，制定是否有必要进行下一步详细可行性研究，进一步判明建设项目的生命力	编制可行性研究报告，作为项目投资决策的基础和重要依据	提出项目评估报告，为投资决策提供最后决策依据，决定项目取舍和选择最佳投资方案
估算精度（%）	±30	±20	±10	±10
费用占投资的百分比（%）	0.2～1.0	0.25～1.25	小项目1.0～0.3 大中型项目0.8～1.0	
需要时间（月）	1～3	4～6	小项目6～12 大中型项目12～24或更长时间	

（一）机会研究

机会研究又称投资机会鉴定，这一阶段的主要任务是对项目的投资方向进行规划设想，根据对自然资源的了解和对市场情况的调查和预测，选择建设项目，寻找最有利的投资机会，对投资机会进行鉴别。因此机会研究往往比较粗略，主要依靠笼统的估计，而不是进行详细的计算和分析；建设投资与成本的数据是靠与现有同类项目对比而得到的，而不是靠设备制造厂商或其他供应商的报价；这一阶段对投资额的估算精确度一般只要求达到±30%，要求所花费的时间也较短，一般为1～3个月，所需费用占总投资的0.2%～1.0%。研究内容主要有：自然资源情况；现有的农业生产格局；由于人口增长或购买力增长而对消费品需求的潜力；产品进口情况，取代进口产品的可能性，产品出口的可能性；现有企业扩建的可能性，多种经营的可能性，将现有小型企业扩建到合理的经济规模的可能性；发展工业和政策，在其他国家获得成功的经验。机会研究的作用是提供一个可能进行建设的投资项目。如果机会研究证明投资设想是可行的，则进行下一阶段的研究。

（二）初步可行性研究

初步可行性研究又称预可行性研究。该阶段的主要任务是在机会研究的基础上，进一步确认项目建设的必要性，初步进行方案的比较和选择，确定是否进行详细的可行性研究。这一阶段要明确两个方面的问题：一是工程项目的概貌，包括产品方案、生产规模、投入物的来源、可供选择的技术、厂址方案和建设进度；二是初步估算项目的经济效益指标。这一阶段投资与成本估算的偏差一般要求达到±20%以内，研究所需要的时间4～6个月，所需费用占总投资的0.25%～1.25%。初步可行性研究是介于机会研究与详细可行性研究之间的一个阶段，它们的主要区别在于所获资料的详细程度不一样。如果项目的机会研究有足够的数据，也可以超越初步可行性研究阶段，而直接进入详细可行性研究阶段。

（三）详细可行性研究

详细可行性研究也称最终研究，就是通常所说的可行性研究。可行性研究阶段是投资前期研究和评价的最后阶段，也可以说是关键阶段。其主要任务是对工程项目进行深入细致的技术经济分析论证，包括市场和生产能力研究、原材料与投入物、建厂地点与厂址、项目（技术方案）设计、工厂机构及人力、项目实施进度、环境保护、投资估算与成本估算、经济评价等内容。这一阶段要在前面研究的基础上，进行多方案的比较与优选，工作量大，需要的时间长，所花的费用也较多。这一阶段对投资与成本估算的误差在±10%以内，对于小型项目研究时间一般为0.5～1年，研究费用占总投资的1.0～0.3；对于大中型项目研究时间一般为1～2年，研究费用占总投资的0.8～1.0。详细可行性研究的报告及其结论，是投资决策的基本依据。

（四）项目评估与决策

项目评估与决策阶段又称可行性研究报告阶段，它是在经济评价的基础上，对详细可行性研究所提供的方案，进行综合分析和评价，提出最终的研究结论，并编写可行性研究报告，进行投资决策。

以上 4 个阶段是一环套一环的，前一阶段是后一阶段的基础，后一阶段是前一阶段的深入，一旦某一阶段得出“不可行”的结论，则停止下一步的研究工作。一般而言前面两个阶段可以否定一项投资，但不能肯定一项投资。只有经过详细可行性研究后才能肯定一项投资。可行性研究的步骤并不是绝对不变的，其工作阶段和内容可以根据项目的规模、性质、要求和复杂程度的不同，进行适当的调整和简化，如对有关项目建设的关键性问题把握性较大，便可越过前面两个阶段，直接进行详细可行性研究。

可行性研究各阶段的系统流程图如图 6 - 2 所示。

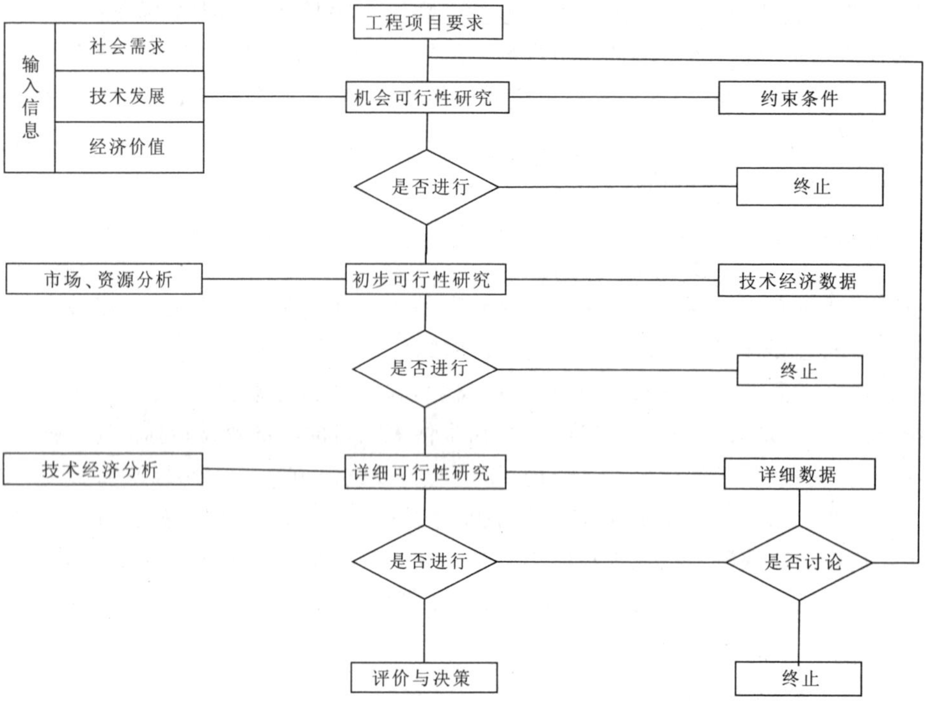

图 6 - 2　可行性研究系统流程图

二、油气勘探项目与一般投资项目可行性研究内容比较

投资项目可行性研究应考察的内容非常广泛，但从最一般的意义来说，任何一个项目的可行性研究，都要进行市场分析、技术分析、财务分析和社会经济分析，解决好项目建设的必要性、可能性和合理性的问题。油气勘探项目可行性研究，按照《投资项目可行性研究指南》，结合油气勘探的特点，将两者研究内容进行对比，见表 6 - 2。

表 6-2 油气勘探项目与一般投资项目可行性研究内容对比

序号	一般项目可行性研究报告	油气勘探项目可行性研究报告
一	总论	总论
	1. 项目提出的背景与概况	1. 编制依据
	2. 可行性研究报告编制的依据	2. 项目目的、意义和背景
	3. 项目建设条件	3. 编制原则
	4. 主要经济技术指标	4. 研究结论
	5. 问题与建议	5. 问题和建议
二	市场预测	市场分析与预测
	1. 市场现状调查	
	2. 产品供需预测	
	3. 价格预测	
	4. 竞争力与营销策略	
	5. 市场风险分析	
三	资源条件评价	地质资源论证
	1. 资源可利用量	1. 地质概况
	2. 资源品质情况	2. 烃源条件
	3. 资源赋存条件	3. 储层条件
	4. 资源开发价值	4. 盖层条件及储盖组合划分
		5. 圈闭条件
		6. 油气富集条件
		7. 油气资源潜力
		8. 油气藏地质条件
		9. 油气储量预测
		10. 主要钻探对象论述
四	建厂规模与产品方案	勘探方案
	1. 建厂规模与产品方案构成	1. 勘探程度及成效分析
	2. 建厂规模与产品方案的比选	2. 任务及目标
	3. 推荐的建设规模与产品方案	3. 方案及比选
	4. 技术改造项目推荐方案与原企业设施利用的合理性	4. 推荐方案部署

续表 6－2

序号	一般项目可行性研究报告	油气勘探项目可行性研究报告
五	场(厂)址选择	自然地理及社会经济概况
		1. 地理位置
		2. 自然地理条件
		3. 社会经济状况
六	技术设备工程方案	工程技术论证
	1. 技术方案选择	1. 地质调查工程
	2. 主要设备方案选择	2. 探井工程
	3. 工程方案选择	3. 辅助及配套工程
	4. 技术改造项目技术设备方案与改造前比较	
七	原材料、燃料供应	
八	总图运输与公用辅助工程	
九	节能措施	
十	节水措施	
十一	环境影响评价	安全与环境
	1. 环境条件调查	1. 环境概况
	2. 影响环境因素分析	2. 影响因素分析
	3. 环境保护措施	3. 保障措施
	4. 技术改造项目与原企业环境状况比较	
十二	劳动安全卫生与消防	
十三	组织机构与人力资源配置	项目组织机构及人力资源配置
	1. 组织机构配置及其适应性分析	1. 组织机构及管理方式
	2. 人力资源配置	2. 人力资源配置
	3. 员工培训	
十四	项目实施进度	项目实施进度和年度计划安排
	1. 建设工期	
	2. 实施进度安排	
	3. 技术改造项目的建设与生产的衔接	
十五	投资估算	投资估算
	1. 投资估算范围与依据	1. 各项工程单价估算
	2. 建设投资估算	2. 各项工程投资估算
	3. 流动资金估算	3. 资金来源
	4. 总投资额及分年投资计划	

续表 6-2

序号	一般项目可行性研究报告	油气勘探项目可行性研究报告
十六	融资方案	
十七	财务评价	经济评价
	1. 财务评价基础数据与参数选取	1. 经济评价方法选择
	2. 营业收入与费用估算	2. 概略经济评价
	3. 编制财务评价报表	3. 常规经济评价
	4. 盈利能力分析	4. 经济评价结论
	5. 偿债能力分析	
	6. 不确定性分析	
	7. 财务评价结论	
十八	国民经济评价	
十九	社会评价	
二十	风险分析	风险分析
	1. 项目主要风险	1. 地质风险
	2. 风险程度分析	2. 资源风险
	3. 防范与降低风险对策	3. 工程技术风险
		4. 市场风险
		5. 其他风险
二十一	研究结论与建议	总论
	1. 推荐方案总体描述	
	2. 推荐方案的优缺点描述	
	3. 主要对比方案	
	4. 结论与建议	

第三节　油气勘探项目可行性研究的程序与重点

一、油气勘探项目可行性研究的程序

油气勘探项目可行性研究具体实施是从收集资料整理项目区域及相关地区的资料开始的，通过对地质资料的分析，预测油气资源量、含油气远景地区或油气聚集带，以此为基础，制定油气勘探方案并作出勘探部署。同时，对勘探方案中各项工程在技术上是否可行进行分析论证。最后，以可能探明的油气储量为产出，以工程论证所需的作业量为投入，进行投资估算和财务评价，并根据可行性研究报告编制要求，完成正式的文字报告。需要指出，大型勘探项目的可行性研究可能要持续很长时间，工程论证有时会需要大量复杂的试验(图 6-3)。

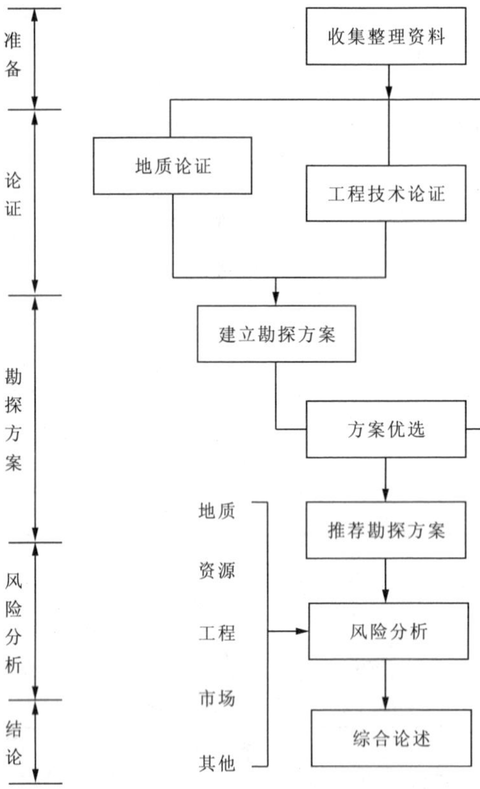

图 6-3 油气勘探项目可行性研究程序

二、重点

油气勘探项目可行性研究报告是可行性研究的成果，是勘探项目投资决策的依据。近年来，一些大型工程的可行性研究报告是按专业分头独立编写的，这容易割裂项目各子系统之间的内在联系，也给投资决策造成了一定的困难。鉴于油气勘探项目地质、工程和经济的密切联系，油气勘探项目的可行性研究报告应在地质、工程和经济论证的基础上，进行综合性的论证分析。专业性的论证报告按论证内容编写，综合性的论证分析报告主要包括如下内容。

1. 地质论证

地质论证是油气勘探项目可行性研究的核心内容，是论证项目可行性的前提。地质论证是在已有地质资料和勘探成果的基础上，对勘探项目所属勘探区块进行油气资源评价，主要包括烃源岩、储层、储盖组合与盖层、圈闭、油气富集条件及资源潜力评价等内容。区域勘探项目论证的目标是利用区域勘探的成果，评价有利区带的地质条件和成藏模式，通过对区带内圈闭识别、描述、论证优选的钻探项目，预测可能的潜在资源量或预测储量；油气藏评价项目论证的目标是通过对油藏地质特征的评价、油气储量的升级性和可开发性分析，预测最终可探明储量的规模、依据和可行性程度。

地质论证内容多，故应有专门的论证报告，在项目可行性研究报告中主要说明结论性的问题和主要问题。

2. 工程技术论证

工程技术论证是油气勘探项目可行性研究的重要环节。完成勘探任务实现投资目的离不开各种工程，而工程所涉及的技术问题要在可行性研究中进行充分落实，找出解决方案和应对措施。

油气勘探项目工程技术论证的目标是针对不同勘探对象的地面和地下条件，开展深入的工程技术研究，包括地面地质调查和非地震物化探、地震工程、钻井、录井、测井试油和配套工程 7 个方面的内容，分析工程实施中关键的工艺、技术问题等内容，并提出解决问题的方案和措施。

3. 经济论证

经济论证也是油气勘探项目可行性研究的重要环节，是石油天然气勘探项目可行性研究报告的重要组成部分，它是在地质评价、工程评价和市场分析等基础上，从经济的角度评价石油天然气勘探项目的可行性，为项目的科学决策提供重要依据。

不同类型的勘探项目经济论证的内容不一样，区域勘探项目主要以计算投入、成本为主，并根据远景储量及区域勘探在油气勘探中所占的比例进行效益的定性或定量（如果可能）预测，并分析与经济效果相关的因素，如埋深、成熟度、储层物性等；预探项目经济评价要以预测的储量参数为基础，包括可靠的面积、厚度、储层物性等参数，采用现金流方法预测经济指标，进行不确定性分析，勘探程度低的预探项目可以简化；评价项目经济评价要模拟油田开发方案设计，采用现金流方法预测经济指标，进行不确定性分析。

思考与练习

1. 可行性研究的含义是什么？什么是油气勘探项目的可行性研究？
2. 可行性研究有哪些特点？
3. 投资项目为什么要进行可行性研究？
4. 投资项目进行可行性研究有什么作用？可行性研究在油气勘探项目中有什么作用？
5. 投资项目与油气勘探项目可行性研究的主要内容是什么？
6. 油气勘探项目有哪些程序？

第七章　油气勘探开发建设项目经济评价

学习要点

- 了解财务评价和国民经济评价的含义、必要性及评价原则
- 掌握油气勘探开发改扩建项目经济评价
- 理解财务评价与国民经济评价的关系
- 掌握财务评价和国民经济评价的效益和费用的识别
- 掌握财务评价和国民经济评价的步骤
- 熟悉财务评价和国民经济评价的参数
- 掌握编制基本财务报表及评价指标

油气勘探开发建设项目经济评价是项目可行性研究的有机组成部分和重要内容,也是项目决策科学化的重要手段。经济评价的目的是根据国民经济长远规划和地区规划、部门规划结合产品需要预测和工程技术研究,通过多方案比较对工业项目的可行性进行科学计算、分析和论证,作出全面的经济评价。通过剖析建设项目建设期及生产期的经济活动,综合表述其投资的经济效益,为项目的最终决策提供依据。

石油工业建设项目的经济评价包括财务评价和国民经济评价。财务评价是从企业角度进行盈利分析以确定项目的可行性,国民经济评价是从国家的角度进行经济效益和社会效益分析以确定项目的可行性。

第一节　新建油气田勘探开发建设项目财务评价

财务评价又称财务分析,财务评价是从投资项目或企业角度进行的经济分析,是根据国家现行财税制度和价格体系,分析、计算项目直接发生的财务效益和费用,编制财务报表,计算评价指标,考察项目的盈利能力、清偿能力以及外汇平衡等财务状况,据以判别项目的财务可行性。同时进行不确定性分析,以进一步判断可能承担的风险和在经济上的可靠性。财务评价是企业投资决策的基础。

一、财务评价的目的及原则

（一）财务评价的主要目的

1. 衡量项目的财务盈利能力

财务评价的主要目的是从项目(或企业)角度出发,分析投资效果,判明企业投资所获得的实际利益。企业是一个自负盈亏的独立经济实体,企业法人对企业的经营状况负责。企业是

国民经济的基本单位，企业要对国家作出贡献。项目盈利水平能否达到同家规定的基准收益率，项目清偿能力是否低于国家规定的投资回收期，能否按银行要求期限归还贷款等，不仅企业法人关心，国家、地方各级决策部门、财政部门、贷款部门也关心。为了保证拟建项目在财务上可行，要进行财务评价。

2. 为企业制定资金规划

建设项目的实施需要多少投资，这些资金的可能来源，选择合理的筹资方案和适宜的用款计划都是财务评价要解决的问题。为了保证项目所需资金能按时提供，项目经营者、投资者和贷款部门都需要知道拟建项目的投资额，并据此安排投资计划。

3. 为协调企业利益和国家利益提供依据

当项目的财务利益和国民经济的利益发生矛盾时，国家要用经济手段进行调节。财务分析可以通过考察价格、税收、利率等有关经济参数变化对分析结果的影响，寻找经济调节方式和幅度，使企业和国家利益趋于一致。对于非盈利或微利项目，如公益项目和基础性项目，在项目决策中，要权衡项目在多大程度上需要国家或地方政府给予必要的支持，如进行政府性的补贴或实行减免税等经济优惠政策，所有这些同样需要财务评价。

（二）财务评价的原则

财务评价是一项涉及面广、技术要求高的工作，在分析计算过程中必须掌握以国家利益为主、以经济效益为核心的基本原则。具体要求如下：

(1)财务评价必须遵循国家制订的国民经济发展规划、产业政策、投资政策及有关法规。

(2)财务评价必须建立在可行的技术基础上，同时，还应综合考虑政治、国防、生态环境、劳动就业等方面的要求。

(3)当进行财务评价时，各方案之间效益费用的计算范围、计算基础、计算时间和计算方法必须保持一致，使其具有可比性。

(4)财务评价必须采用石油行业或部门颁布的评价参数。

二、财务评价的主要内容

财务评价的主要内容应根据项目的性质和目标确定。对于经营项目，财务评价应通过编制财务分析报表，计算财务指标，分析财务的盈利能力、偿债能力和财务生存能力，判断项目的财务接受性，明确项目对财务主体及投资者的价值贡献，为项目决策提供依据。对于非经营项目，财务评价应主要分析项目的财务生存能力。

三、财务效益和费用的识别

识别效益与费用是编制财务报表的前提。项目的财务效益是指项目实施后所获得的营业收入。对于适合增值税的经营性项目，除营业收入外，其可得到的增值税返还也应作为补贴计入财务效益；对于非经营项目，财务效益应包括可能获得的各种补贴收入。项目所支出的费用主要包括投资、成本费用和税金等。对于石油工业投资项目来说，建设投资、建设期利息、流动资金投资、营业税金及附加、经营成本等是费用；而营业收入、资产回收、补贴等是收益。

折旧是固定资产价值转移到产品中的部分，是产品成本的部分。但建筑物等固定资产与原材料等不同，不是一次随产品的出售而消失，而是随产品的一次次销售，以折旧的形式将其收回并积累起来的，形成补偿基金，到折旧期满，原有固定资产投资得到全部回收。因此，折旧是固定资产的回收。摊销费也具有类似特征。

四、财务评价的步骤

1. 收集、整理、预测财务分析的基础数

选取财务评价基础数据与参数，首先熟悉拟建项目的基本情况，如建设目的、意义、建设条件、投资环境等，并在此基础上收集、预测财务分析的基础数据，包括主要投入品和产出品财务价格、税率、利率、汇率、计算期、固定资产折旧率、无形资产和其他资产摊销年限，生产负荷及基准收益率等基础数据和参数。这些数据包括项目投资、成本、利润、税金等的估算，然后将所得数据编制成辅助财务报表。

2. 编制财务报表

在收集、预测财务分析的基础数据及辅助财务报表的基础上，分别编制反映项目盈利能力、清偿能力及外汇平衡情况的基本财务报表。

3. 计算评价指标并进行财务状况分析

根据基本财务报表计算各项评价指标，并分别与对应的评价标准进行对比，作出项目的财务状况评价。

4. 进行不确定性分析

不确定性分析包括盈亏平衡分析、敏感性分析及概率分析等。

5. 进行财务分析

财务分析包括现金流量分析和财务平衡分析，同时对项目的评价指标做不确定性分析。分析各个方案的利弊，优选方案，为决策部门提供决策依据。

五、财务评价报表编制

为了计算评价指标，考察项目的盈利能力、清偿能力及以抗风险能力等财务状况，主要财务报表有利润与利润分配表、资产负债表和现金流量表。对于大量使用外汇和创汇的项目，还要编制外汇平衡表。需要在编制财务评价辅助报表的基础上编制财务评价报表。

财务评价辅助报表主要包括投资计划与资金筹措表、项目总投资估算表、油气操作成本估算表、固定资产折旧(折耗)与摊销计算表、借款还本付息计划表、总成本费用估算表、营业收入和营业税金及附加估算表等(财务评价辅助报表已在第二章编制)。

下面讨论几个主要的财务评价报表。

1. 利润与利润分配表

利润与利润分配表如表 7-1 所示。由产品的营业收入、营业税金及附加、总成本费用、利润总额、所得税、净利润及可供分配利润等部分组成。该表反映项目生产期内各年利润总额、所得税、净利润、息税前利润、调整所得税及息税后利润等的分配情况，用以计算总投资收益率和资本金净利润率指标。

表 7-1　利润与利润分配表　　单位:万元

序号	项目	合计	计算期					
			1	2	3	4	…	n
1	营业收入							
2	营业税金及附加							
3	总成本费用							
4	补贴收入							
5	利润总额(1－2－3＋4)							
6	弥补上年度亏损							
7	应纳税所得额(5－6)							
8	所得税(应纳税所得额×25％)							
9	净利润(5－8)							
10	期初未分配利润							
11	可供分配的利润(9＋10)							
12	提取法定盈余公积金							
13	投资者分配利润							
14	未分配利润(11－12－13)							
15	息税前利润(利润总额＋财务费用)							
16	调整所得税(息税前利润×25％)							
17	息前税后利润(15－16)							
18	息税折旧摊销前利润(息税前利润＋折耗＋摊销)							

计算指标:

项目总投资收益率(％)

项目资本金净利润率(％)

2. 财务现金流量表

财务现金流量表反映项目计算期内各年的现金收支(现金流入、现金流出和净现金流量),用以计算各项动态和静态评价指标,进行项目财务盈利能力分析。按投资计算基础的不同,现金流量表分为项目投资现金流量表、项目资本金现金流量表和投资各方现金流量表。

(1)项目投资现金流量表。也称全部投资现金流量表,如表 7-2 所示。该表由现金流入、现金流出和调整所得税组成。

油气田开发建设项目的现金流入主要由营业收入、补贴收入、回收固定资产余值和回收流动资金构成。营业收入其数额均发生在年末;回收固定资产余值,该余值发生在项目寿命期的最后一年末;回收的流动资金,该数额为项目投入流动资金累计额,回收时间,也在项目寿命期最后一年末。

油气田开发建设项目的现金流出主要由利用探井、评价井投资(资本化部分)、建设投资、流动资金、经营成本、营业税金及附加、维持运营投资(资本化部分)等组成。

该表不分投资资金来源,以项目投资作为计算基础,用以计算项目投资所得税前及所得税后的财务内部收益率、财务净现值及投资回收期等评价指标,考察项目整个寿命期内的盈力状况,为比较各个投资方案建立共同基础。

表 7-2 项目投资现金流量表 单位:万元

序号	项目	合计	计算期					
			1	2	3	4	…	n
1	现金流入							
1.1	收入营业							
1.2	补贴收入							
1.3	回收固定资产余值							
1.4	回收流动资金							
2	现金流出							
2.1	利用探井、评价井投资(资本化部分)							
2.2	建设投资							
2.3	流动资金							
2.4	经营成本							
2.5	营业税金及附加							
2.6	维持运营投资(资本化部分)							
2.7	弃置费用							
3	所得税前净现金流量 (1—2)							
4	累计税前净现金流量							
5	调整所得税							
6	所得税后现金流量(1—2—5)							
7	累计所得税后现金流量							

计算指标:

财务内部收益率(%)

财务净现值(i_c=15%)

投资回收期(年)

注:调整所得税为以息税前利润为基数计算的所得税,区别于“利润与利润分配表”“项目资本金现金流量表”和“财务计划现金流量表”中的所得税

(2)项目资本金现金流量表。也称自有资金现金流量表,如表 7-3 所示。该表从直接投资者的角度出发,以投资者的出资额作为计算基础,把借款本金偿还和利息支付作为现金流出,用以计算自有资金财务内部收益率、财务净现值等评价指标,来考察项目资本金的盈利能力。

表 7-3　项目资本金现金流量表　　单位:万元

序号	项目	合计	计算期					
			1	2	3	4	…	n
1	现金流入							
1.1	收入营业							
1.2	补贴收入							
1.3	回收固定资产余值							
1.4	回收流动资金							
2	现金流出							
2.1	利用探井、评价井投资(资本化部分)							
2.2	项目资本金							
2.3	维持运营投资(资本化部分)							
2.4	弃置费用							
2.5	借款本金偿还							
2.6	借款利息支付							
2.7	经营成本							
2.8	营业税金及附加							
2.9	所得税							
3	净现金流量 (1—2)							

计算指标:

资本金财务内部收益率(%)

注:①项目资本金包括用于建设投资、建设期利息(以外有资金偿还利息)和流动资金的自有资金;②对外商投资项目,现金流出中应增加职工奖励与福利基金科目

(3)投资各方现金流量表,如表 7-4 所示。该表分别以投资各方的出资额作为计算基础,编制各方的现金流量表,用于计算各方的投资收益率。

3. 财务计划现金流量表

财务计划现金流量表见表 7-5。该表反映项目计算期各年的投资、融资及生产经营活动的资金流入和流出情况,考察资金平衡和余缺情况。通过“累计盈余资金”项反映项目计算期内各年的资金状况(是盈余还是短缺),是否有足够的能力清偿债务等。若累计盈余大于零,表明当年有资金盈余;若累计盈余小于零,则表明当年会出现资金短缺,需要筹措资金或调整借款及还款计划。因此,该表可用于选择资金的筹措方案,制定适宜的贷款及还款计划,并为编

制资产负债表提供依据。

表 7－4　投资各方现金流量表　　单位：万元

序号	项目	合计	计算期					
			1	2	3	4	…	n
1	现金流入							
1.1	实分利润							
1.2	资产处置收益分配							
1.3	租赁收入							
1.4	技术转让使用收入							
1.5	其他现金流入							
2	现金流出							
2.1	实缴资本							
2.2	租赁资产支出							
2.3	其他现金流出							
3	净现金流量（1－2）							

计算指标：

投资各方财务内部收益率（%）

表 7－5　财务计划现金流量表　　单位：万元

序号	项目名称	合计	评价期				
			1	2	…	…	n
1	经营活动净现金流量表(1.1－1.2)						
1.1	现金流入						
1.1.1	营业收入						
1.1.2	增值税销项税额						
1.1.3	补贴收入						
1.1.4	其他流入						
1.2	现金流出						
1.2.1	经营成本						
1.2.2	增值税进项税额						
1.2.3	营业税金及附加						
1.2.4	增值税						
1.2.5	所得税						
1.2.6	其他流出						

续表 7-5

序号	项目名称	合计	评价期				
			1	2	…	…	n
2	投资活动净现金流量(2.1—2.2)						
2.1	现金流入						
2.2	现金流出						
2.2.1	利用探井、评价井投资(资本化部分)						
2.2.2	建设投资						
2.2.3	流动资金						
2.2.4	维持运营投资(资本化部分)						
2.2.5	弃置费用						
2.2.6	其他流出						
3	筹资活动净现金流量(3.1—3.2)						
3.1	现金流入						
3.1.1	利用探井、评价井投资(资本化部分)						
3.1.2	项目资本金投入						
3.1.3	维持运营投资(资本化部分)						
3.1.4	建设投资借款						
3.1.5	流动资金借款						
3.1.6	短期借款						
3.2	现金流出						
3.2.1	各种利息支出						
3.2.2	偿还长期借款本金						
3.2.3	偿还短期借款本金						
3.2.4	偿还流动资金借款本金						
3.2.5	投资者分配利润						
4	净现金流量(1+2+3)						
5	累计盈余资金						

注:①对新设法人项目,该表投资活动的现金流入为零;②对既有法人项目可适当增加科目;③必要时,现金流出中可增加应付优先股利科目;④对外商投资项目应将职工奖励与福利基金作为经营活动现金流出;⑤增值税进项税是指生产成本中的进项税

4. 资产负债表

资产负债表和前面介绍的几类财务评价报表的根本区别在于前者记录的是现金存量而后者是现金流量,如表 7-6 所示。存量是指某一时刻的累计值;流量是某一时段(通常为一年)

发生的现金流量(即现金存量的增量)。资产负债表综合反映项目计算期内各年年末资产、负债和所有者权益的增减变化及对应关系,以考察项目资产、负债、所有者权益的结构是否合理,用以计算资产负债率,进行清偿能力和资金流动性分析。

表 7-6 资产负债表 单位:万元

序号	项目名称	合计	评价期				
			1	2	…	…	n
1	资产						
1.1	流动资产						
1.1.1	预付账款						
1.1.2	应收账款						
1.1.3	存货						
1.1.4	货币资金						
1.2	在建工程						
1.3	固定资产净值(油气资产净值)						
1.4	无形资产及其他资产净值						
2	负债及所有者权益						
2.1	负债						
2.1.1	流动负债						
①	短期借款						
②	应付账款						
③	预收账款						
④	应交税金						
⑤	其他						
2.1.2	建设投资借款						
2.1.3	流动资金借款						
2.1.4	预计负债						
2.2	所有者权益						
2.2.1	资本金						
2.2.2	累计盈余公积金						
2.2.3	累计未分配利润						

计算指标:

资产负债率(%)

注:①外商投资项目,第 2.2.2 项改为累计储备基金和企业发展基金;外商独资项目可不列企业发展基金;②对既有法人项目,一般只针对企业编制,可按需要增加科目,此时表中资本金是指企业全部实收资本,包括原有和新增的实收资本。必要时,也可针对有项目范围编制。此时表中资本金仅指有项目范围的对应数值;③货币资金包括现金和累计盈余资金

六、财务分析

财务分析是在项目财务效益与费用估算的基础上，分析项目的盈利能力、偿债能力和财务生存能力，判断项目的财务可接受性，为项目决策提供依据。

财务分析可分为融资前分析和融资后分析，一般宜先进行融资前分析，在融资前分析结论满足要求的情况下，初步设定融资方案，再进行融资后分析。若不涉及融资问题，经济评价原则上只需进行财务盈利能力分析，指标体系应采用融资前指标；若涉及融资问题，经济评价指标体系应采用融资后指标，应进行财务盈利能力分析、偿债能力分析和财务生存能力分析。

（一）财务盈利能力分析

财务盈利能力分析分为融资前的财务盈利能力分析和融资后的财务盈利能力分析，主要评价指标有财务内部收益率、财务净现值、投资回收期、项目总投资收益率、项目资本金净利润率等。

项目投资财务盈利能力分析实质是融资前的财务盈利能力分析，从项目投资总获利能力角度考察方案设计的合理性，反映项目本身的盈利能力，不受融资方案和所得税政策变化的影响，主要用于项目方案的比选。主要指标包括：动态指标有项目投资内部收益率、项目投资财务净现值；静态指标有项目投资回收期、项目总投资收益率。

资本金财务盈利能力分析实质是融资后的财务盈利能力分析，是针对项目资本金获利能力的分析，是投资者整体进行投资决策、融资决策的依据。主要指标包括：动态指标有项目资本金内部收益率、项目资本金财务净现值；静态指标有项目资本金投资回收期、项目资本金净利润率。

1. 财务内部收益率（$FIRR$）

财务内部收益率是指项目在整个计算期内各年净现金流量现值累计等于零时的折现率，它反映项目所占用资金的盈利率，是考察项目盈利能力的主要动态评价指标。其表达式为：

$$\sum_{t=1}^{n}(CI-CO)_t(1+FIRR)^{-t}=0 \tag{7-1}$$

在财务评价中，即将求出的全部投资或自有资金（投资者的实际出资）的财务内部收益率（$FIRR$）是项目所能得到的最高收益率，财务内部收益率（$FIRR$）应与行业的基准收益率（i_c）比较，只有当 $FIRR \geqslant i_c$ 时，即认为其盈利能力已满足最低要求，在财务上是可以考虑接受的。

基准收益率指同一行业内项目的财务内部收益率的基准值，它代表同一行业内项目所占用的全部资金应当获得的最低财务盈利水平，是同一行业内项目财务内部收益率的判断标准，也是计算财务净现值的折现率。当项目的财务内部收益率高于或等于行业的基准收益率时，认为项目在经济上是可行的。目前中国石油、石化油气田开发建设项目基准收益率定为15%。

2. 财务净现值（$FNPV$）

财务净现值是指按行业的基准收益率，将项目计算期内各年净现金流量折现到建设起初的现值之和。它是考察项目在计算期内盈利能力的动态评价指标。其表达式为：

$$FNPV = \sum_{t=1}^{n}(CI - CO)_t(1 + i_c)^{-t} \quad (7-2)$$

财务净现值可根据财务现金流量表计算求得。财务净现值大于或等于零的项目是可以考虑接受的。

3. 投资回收期(P_{tc})

投资回收期又称投资返本期,是指以建设项目的净收益现值抵偿全部投资所需要的时间。它是考察项目在财务上投资回收能力的主要动态评价指标。其表达式和计算公式与第三章讲述的投资回收期相同。

在财务评价中,求出的投资回收期 P_t 与行业的基准投资回收期(P_{tc})比较,当 $P_t < P_{tc}$ 时表明项目投资在规定的时间内收回。

行业基准投资回收期是各行业项目财务评价投资回收期的基准判据。在项目财务评价中,要求项目的投资回收期小于基准投资回收期,否则,表示项目未满足行业项目投资盈利性和风险性要求。目前国家暂规定油气田开发项目基准投资回收期一般不超过 6 年,对一些重大油气田开发项目的基准投资回收期可适当延长,作为评价石油工程项目时的参考标准。

4. 投资收益率法(ROI)

投资收益率是项目运营期内平均息税前利润与项目总投资的比率。其表达式和计算公式与第四章讲述的投资收益率相同。

求出的投资收益率 ROI 必须与石油行业规定的基准投资收益率 R_b 进行比较,以判别该投资项目的可行性。若 $ROI \geqslant R_b$,可以考虑采纳该项目;若 $ROI < R_b$,应该舍弃该项目。

项目总投资收益率是考察项目总投资收益率是否达到或超过石油行业总体水平的评判参数,不作为项目是否达到石油行业最低要求的评价判据。油气田开发项目的项目总投资收益率目前暂取 80%。

5. 资本金净利润率

项目资本金净利润率是指项目运营期内年平均净利润总额与项目评价期资本金投资的比率,表示项目资本金投资的盈利水平,其表达式为:

$$ROE = \frac{NP}{EC} \times 100\% \quad (7-3)$$

式中:NP 为项目运营期内年平均净利润或达产后某年的息税前利润;EC 为可利用探井评价井投资、项目资本金和维持运营投资之和。

求出的投资收益率 ROE 必须与石油行业规定的基准投资收益率 R_b 进行比较,以判别该投资项目的可行性。若 $ROE \geqslant R_b$,可以考虑采纳该项目;若 $ROE < R_b$,应该舍弃该项目。

项目资本金净利润率高于企业净利润率参数值,表明用资本金净利润率表示的盈利能力满足石油行业总体水平的评判参数,不作为项目是否达到石油行业最低要求的评价判据。油气田开发项目的项目资本金净利润率目前暂取 80%。

(二)偿债能力分析

对筹措了债务资金(以下简称借款)的项目,偿债能力考察项目能否按期偿还借款的能力。通过计算利息备付率、偿债备付率、资产负债率指标,判断项目的偿债能力。如果能够得知根据经验设定所要求的借款偿还期，可以直接计算利息备付率、偿债备付率指标；如果难以设定借款偿还期，需要估算借款偿还期时，可按下式估算：

$$借款偿还期=借款偿还期后开始出现盈余年份-开始借款年份+\frac{当年借款额}{当年可以用于还借款的资金额} \tag{7-4}$$

式中不用于还款的资金的主要来源：税后利润、折旧、折耗、无形资产及其他资产摊销。

需要注意的是，借款偿还期只是为估算利息备付率和偿债备付率指标所用，不应与利息备付率和偿债备付率指标并用。

1. 利息备付率

依据借款还本付息计划表和利润与利润分配表有关数据，可计算利息备付率。

利息备付率指在借款偿还期内的利息税前利润（$EBIT$）与应付利息（PI）的比值，它从付息资金来源的充裕性角度反映项目偿还债务利息的保障程度，计算公式为：

$$利息备付率=\frac{利息税前利润}{当年应付利息费用} \tag{7-5}$$

式中：利息税前利润＝利润总额＋计入总成本费用的利息费用，当期应计利息是指计入总成本费用的应付利息。

利息备付率应分年计算，利息备付率高表明利息偿付的保障程度高。参考国际经验和国内行业的具体情况，根据我国企业历史数据统计分析，一般利息备付率应大于2，并结合债权人的要求确定。指标小于2表示付税能力保障不足。

2. 偿债备付率

偿债备付率指在借款偿还期内，可用于还本付息的资金（$EBITDA-T_{AX}$）与应还本付息金额（PD）的比值，它表示可用于还本付息的资金偿还借款本息的保障程度，计算公式为：

$$偿债备付率=\frac{可用于还本付息资金}{当年应还本付息资金} \tag{7-6}$$

可用于还本付息资金包括折旧、摊销、成本中的利息和可用于还款的利润。当期应还本付息金额包括当期应还贷本金及成本中的利息。如果项目在运行期内有更新改造投资（维持运营的投资），可用于还本付息资金应扣除（更新改造投资）维持运营的投资。

偿债备付率应分年计算，偿债备付率高，表明可用于还本付息的资金的保障程度高。偿债备付率应大于1.3，并结合债权人的要求确定。指标小于1.3表示当年资金来源不足以偿付当年债务，需要通过短期借款偿付已到期债务。

3. 资产负债率

资产负债率是指项目各年年末负债总额与资产总额的比率，如公式7-7所示，它用于衡量企业利用债权人提供的资金进行经营活动的能力，能够反映项目各年所面临财务风险程度及债务清偿能力，因此也反映债权人发放贷款的安全程度。计算资产负债率所需要的相关数据可在资产负债表中获得。

$$资产负债率=\frac{期末负债总额}{期末资产总额}\times 100\% \tag{7-7}$$

一般认为资产负债率为0.5～0.7是合适的，由于财务杠杆效应的存在，权益的所有者从盈利出发，希望保持较高的债务比，赋予资本金有较高的杠杆力，用较少的资金来控制整个项目。但是,资产负债比越高项目风险也就越大。若资产负债率太高,可通过增加项目资本金出资或减少利润分配等途径来调节。

(三)财务生存能力分析

在项目运营期内,能否从各项经济活动中得到足够的净现金流量是项目能否持续生存的条件。进行项目财务生存能力分析需要编制财务计划现金流量表,用以考察项目评价期内各年的经营活动、投资活动、筹资活动所产生的各项现金流入和流出,计算各年的净现金流量和累计盈余资金,分析项目是否有足够的净现金流量维持正常运营,以实现财务可持续性。可从以下两个方面来判断项目的财务生存能力:

(1)拥有足够的经营活动净现金流是财务可持续性的基本条件,特别是在运营初期。一个项目有较大的经营净现金流量,说明项目方案比较合理,实现自身资金平衡的可能性大,不会过分依赖短期融资来维持运营;反之,一个项目不能产生足够的经营净现金流量,或经营净现金流量为负值,说明维持项目正常运行遇到财务上的困难,项目方案缺乏合理性,实现自身资金平衡的可能性小,有可能要靠短期融资来维持运营;或者是非经营项目本身无能力实现自身资金平衡,提示要靠资金补贴。

(2)各年累计盈余资金不应出现负值是财务生存的必要条件。在整个运营期内,允许个别年份的净现金流量出现负值,但不能容许任一年份的累计盈余资金出现负值。一旦出现负值时应适当进行短期融资,该短期融资应体现在财务计划现金流量表中,同时短期融资的利息也应纳入成本费用和其后的计算。较大的或较频繁的短期融资,有可能导致以后的累计盈余资金无法实现正值,致使项目难以维持运营。

第二节 油气田开发改扩建项目经济评价

油气田开发改扩建项目是指既有企业通过改建、扩建与技术改造等形式,投资形成新的生产设施,扩大或完善原有生产系统的活动,目的在于增加油气产量、提高技术水平、降低资源消耗、节省运行费用、改善劳动条件、治理生产环境等。油气开发建设项目中油气田开发调整项目、老油气田地面调整改造工程、三次采油提高采收率项目等均属于改扩建项目。

一、改扩建项目的特点

改扩建项目具有一般的新建项目的共同特点,但也有一定的区别,主要表现为:①项目是既有企业的有机组成部分,同时项目的活动与企业的活动在一定程度上是有区别的;②项目的融资主体是既有企业,项目的还款主体还是既有企业;③项目一般要利用既有企业的部分或全部资产与资源,且不发生资产与资源的产权转移;④建设期内既有企业生产与项目建设一般同时进行。

油气田开发改扩建项目除应该遵循一般新建项目的经济评价原则和基本方法外,由于它在原有项目基础上进行,因此在评价方法上具有下列特点:

(1)在不同程度上利用了原有资产和资源的能力,以增量带动存量,以较少的新增投入取得较大的经济效益。

(2)项目已经或正在生产经营且其状况还会发生变化，因此项目效益和费用的识别与计算较为复杂。

(3)建设期内建设与生产往往同时进行，一般很少有“纯建设期”。

(4)在已动用区块进行的老油气田调整改造项目如加密井，或提高采收率三次采油项目，不计算勘探投资。

二、分析改扩建项目的数据种类

(1)“有项目”是指既有企业进行投资活动后，在项目的经济寿命期内，在项目范围内可能发生的效益与费用流量。“有项目”的流量是时间序列的数据。

(2)“无项目”是指既有企业利用拟建项目范围内的部分或全部原有生产设施(资产)，在项目计算期内可能发生的效益与费用流量。“无项目”的流量是时间序列的数据。

(3)“增量”是“有项目”的流量减去“无项目”的流量，是时间序列的数据。“有项目”的投资减去“无项目”的投资是增量投资；“有项目”的效益减去“无项目”的效益是增量效益；“有项目”的费用减去“无项目”的费用是增量费用。

(4)“现状”数据是项目实施前的资产与资源、效益和费用数据，也可称基本值，是一个时点数。“现状”数据对于比较“项目前”与“项目后”的效果有重要作用。现状数据也是预测“有项目”和“无项目”的基础。在选用“现状”数据时，一般可采用项目实施前一年(或项目编制前一年)的数值。如果由于外部经济环境原因，这一年的数值不具有代表性，可采用具有代表性年份的数值或近几年数值的平均值。其中，特别是对生产能力的估算应慎重取值。

(5)“新增”数据是项目实施过程各时点“有项目”的流量与“现状”数据之差，也是时间序列的数据。新增建设投资包括建设投资和流动资金投资，还包括原有资产的改良支出、拆除、运输和重新安装费用。新增投资是改扩建项目等筹措资金的依据。

三、改扩建项目的效果评价方法

为了规范油气田开发改扩建项目可行性研究报告经济评价的内容和深度，提高经济评价的质量，更好地为决策服务，按照新建油气田开发项目经济评价方法及原则，结合技术改造特点，采用“有无对比法”制定油气田开发改扩建项目经济评价方法。一般应以增量效果评价结果作为决策依据。

增量现金流的计算是对增量投资进行增量效果评价的关键。常见的计算方法有“前后法”，即将投资后和投资前的效益差视为投资引起的效益。还有一种方法叫“有无法”，即分别考察有投资和无投资两种情况下的效益。对于新建项目，这两种方法是一致的，因为所有效益都是由新投资产生的。而在研究改扩建项目时，“前后法”采用投资前和投资后的效益相减，可能不满足时间可比原则，图 7－1 所示为采用“前后法”计算增量效果时可能出现的错误。

在“有项目”和“无项目”情况收益对比分析图中，AB 线表示无改扩建项目的未来净收益；AC 线表示有改扩建项目的未来净收益；AD 线表示改扩建前的净收益；△ABC 的面积表示增量净收益。

第一种情况：“有项目”和“无项目”的净收益都增长，其增量净收益为有、无项目时净收益之差，如图 7－1(a)所示，改扩建项目的增量净收益为 ABC 部分，是用“有无比较法”计算的结

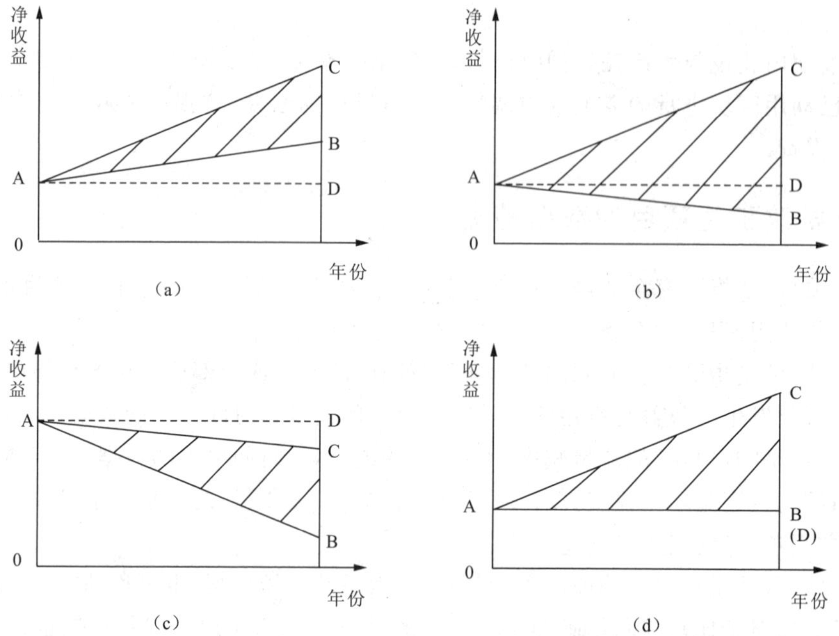

图 7-1 “有无法”与“前后法”的比较图

果。而用“前后比较法”计算的改扩建项目效益则是 ADC 部分，多算了 ADB 部分，这样就过高地估计了改扩建项目的增量净收益。

第二种情况：有项目净收益逐年增长，无项目净收益逐年下降，如图 7-1(b)所示。“有无比较法”其增量净收益为 ABC 部分，而“前后比较法”计算的改扩建项目效益则是 ADC 部分，又少算了 ABD 部分。这样就低估了改扩建项目的增量净收益。

第三种情况：有项目和无项目时的净收益都逐年下降，但有改扩建项目延缓了净收益的下降速度，如图 7-1(c)所示。如果用“前后比较法”就会错误地认为，改扩建项目没有产生增量净收益。

第四种情况：无项目净收益不变，有项目净收益增加，如图 7-1(d)所示。只有在这种情况下，“有无比较法”和“前后比较法”之间没有差别，因此可以说，“前后比较法”只是“有无比较法”的一种特殊情况。由此可见，“有无比较法”是计算增量指标有关数据的正确方法，从而得出的评价结论也是准确科学的。

四、改扩建项目财务评价

油气田开发改扩建项目的财务评价分析采用一般新建油气田开发项目财务评价分析的基本原理和分析指标。由于项目与既有企业既有联系又有区别，一般可从两个层次分析。

(1)项目层次。盈利能力分析，遵循“有无对比”的原则，利用“有项目”与“无项目”的效益与费用计算增量效益与增量费用，用于分析项目的增量盈利能力，并作为项目决策的主要依据之一；偿债能力分析，分析“有项目”的偿债能力，若“有项目”还款资金不足，应分析“有项目”还款缺口，即既有企业应为项目额外提供的还款资金数额；财务生存能力分析，分析“有项目”的财务生存能力。符合简化条件时，项目层次分析可直接用“增量”数据和相关指标分析。

(2)企业层次。分析既有企业以往的财务状况与今后可能的财务状况，了解企业生产与经营情况、资产负债结构、发展战略、资源利用优化的必要性、企业的信用等。特别关注企业为项目的融资能力、企业自身的资金成本或同项目有关的资金机会成本。有条件时，要分析既有企业包括项目债务在内的还款能力。

财务评价的主要步骤和内容如下。

1. 项目范围的界定

项目范围界定合适与否与项目的经济效益和评价繁简程度有直接关系。

(1)对于“整体改扩建”的项目，项目范围包括整个既有企业，除要作用既有企业的部分原有资产、场地、设施，还要另外新投入一部分资金进行扩建或技术改造。企业的投资主体、融资主体、还债主体、经营主体是统一的，项目的范围就是企业的范围。

(2)对于“局部改扩建”的项目，项目范围只包括既有企业的一部分，要使用既有企业的一部分原有资产、场地、设施，加入新投入资金，形成改扩建项目；企业的投资主体、融资主体、还债主体仍然是一致的，但可能与经营主体分离。整个企业只有一部分包含在项目“范围内”，还有相当一部分在“企业内”但属于项目“范围外”。根据油气田开发项目的特点，油气田开发调整项目、老油气田地面调整改造工程、三次采油提高采收率项目属于改扩建项目，均按“局部改扩建”进行评价。

(3)改扩建项目经济评价应注意的问题有以下几点。

计算期的可比性：根据“费用与效益口径一致”的原则，改扩建项目经济评价的计算期一般取“有项目”情况下的计算期，如果“无项目”的计算期短于“有项目”的计算期，可通过追加投资(局部更新或全部更新)来维持“无项目”的计算期，延长其寿命至“有项目”的结束期，并于计算期末回收资产余值；若在经济或技术上延长寿命不可行，则适时终止“无项目”的计算期，其后各期现金流量为零。

原有资产的利用问题：既有企业改扩建项目范围内的原有资产无论利用与否，“有项目”时均与新增投资一起计入投资费用。“可利用”的原有资产要按其净值提取折旧与修理费，“不可利用”的资产如变卖按其变现价值计作现金流入，不能冲减新增投资。如果“不可利用”的资产不变现或报废，仍然是资产的一部分，但计算折旧时不考虑。

停产或减产损失：改扩建项目的改扩建活动与生产活动同时进行，一般会造成企业部分停产或减产，这一部分停产或减产损失的直接结果是减少“老产品”的营业收入，同时也会减少相应的生产费用。这些流量的变化均应在营业收入表和生产成本表中有所体现，最终反映在现金流量表中，因此不必单独估算。

沉没成本处理：沉没成本是既有企业过去投资决策发生的、非现在决策能改变、已经计入过去投资费用回收计划的费用。沉没成本是“有项目”和“无项目”都存在的成本，对实现项目效益不会增加额外的费用。对项目是否应当实施的决策来说，沉没成本不应包括在项目增量费用中。

机会成本：如果项目利用的现有资产有明确的其他用途(出售、出租或有明确的使用效益)，那么将资产用于该用途能为企业带来的收益被看作项目使用该资产的机会成本，也是“无项目”时的收入，按照“有无对比法”识别效益和费用的原则，应该将其作为“无项目”时的现金流入。

2. 油气田开发改扩建项目的评价

油气田开发改扩建项目主要包括油气田开发调整项目、三次采油项目、老油气田地面系统调整改造项目。

1)油气田开发调整项目

油气田开发调整项目是油气田开发中后期为了进一步改善开发效果而进行的层系细分调整、井网加密调整、注采系统调整等。油气田开发调整项目以增量调动存量,以较少的新增投入取得较大的新增收益,具有典型的改扩建项目特征。

油气田开发调整项目经济评价方法采用"有无对比法",用"增量效益"指标评价油气田开发调整项目的经济性。在开发方式不变的情况下,一般可用"有无对比法"的原则进行直接增量计算,即根据"有项目"和"无项目"的对比,直接计算出增量投资、增量成本和增量收益,从而直接计算增量效益指标。

油气田开发调整项目投资包括新增开发井投资和新建地面工程投资,开发井投资包括新钻开发井投资和老井改造投资。油气田开发调整项目建设投资即为"增量"建设投资。

改扩建项目按投资估算规定应计算建设投资、建设期利息和流动资金,如果项目实施后将导致项目占用流动资金减少,流动资金按零计算。

油气田开发调整项目"增量"油气操作成本的估算采用相关因素估算法,15 个操作成本项目根据其成本性质确定相关因素如采油气井数、总生产井数、采液量、注水量、采油量等。费用定额取区块所在采油厂水平,相关开发指标采用增量数据。

油气田开发调整项目"增量"营业收入应根据油藏工程方案确定的分年油气产量增量、油气商品率和销售价格计算。

2)三次采油项目

三次采油项目是在油田注水开发后期充分利用原有的资产和资源,通过调整井网和改造地面流程,注入化学药剂提高采收率的项目。三次采油项目以增量调动存量,以较少的新增投入取得较大的新增效益,具有典型的改扩建项目特征。

三次采油项目经济评价方法采用"有无对比法",用"增量效益"指标评价三次采油项目的经济性。

在三次采油项目经济评价方法中"有项目"是指三次采油开发方案,"无项目"是指原有基础井网继续水驱开发方案。基础井网继续水驱开发方案考虑利用现有井网和地面设施继续生产,可以考虑可能的更新改造投资;三次采油开发方案是在基础井网上根据注化学药剂的需要而进行井网的调整和地面工程的建设。

经济评价的项目范围界定为拟实施三次采油工程的区块。根据费用和效益对应的原则,对油田内项目以外的费用均以内部结算价格计算,而不能重复计算其相关项目的投资、成本和效益等。

三次采油项目"新增"建设投资包括新钻开发井投资、代用井改造投资、老井关闭及油层封堵投资、地面调整改造建设投资。

化学药剂费用按照化学剂量和化学剂量单价计算。这部分费用是否作为项目总投资估算的一部分,由企业有关规定确定,如果作为投资,这部分投资形成其他资产。开发井投资包括新钻开发井投资、代用井改造投资和老井关闭及油层封堵投资。

通过"有无对比法",计算三次采油项目的"增量"油气操作成本。基础井网继续水驱开发方案的操作成本费用定额取区块所在采油厂水驱平均水平；三次采油开发方案操作成本费用定额的取定应充分考虑三次采油与水驱的不同，在区块所在采油厂水驱操作成本费用平均水平的基础上，对材料、燃料、动力、注入费用、井下作业费、维护及修理费、油气处理费等费用定额应做一定的调整。驱油物注入费包括注水费和化学药剂的注入费，注水费以及注水量为基础估算，化学药剂注入费为注入化学药剂所消耗的材料、水、动力等成本，以化学药剂溶液注入量为基础估算。

化学药剂费用一般作为化学药剂注入费中的材料费纳入操作成本核算，按照化学药剂用量和化学药剂单价计算，如果企业明确规定化学药剂费用可以作为投资的一部分，其费用单列并形成其他资产。

由于三次采油中产量变化的独特规律，按照成本配比原则，新增油气资产折耗和其他资产摊销均可按“产量法”计算，公式如下：

$$油气资产折耗=\frac{本年年初油气资产净值\times 当年增油量}{总增油量-已采出增油量} \tag{7-8}$$

$$其他资产摊销=\frac{本年年初其他资产净值\times 当年增油量}{总增油量-已采出增油量} \tag{7-9}$$

管理费用中的其他管理费用以新增人员为基础估算，营业费用以新增营业收入为基础估算。

三次采油项目的经济评价报表中增加“有项目”和“无项目”的油气操作成本估算表，在三次采油项目总成本费用估算中的油气操作成本取“有项目”和“无项目”油气操作成本之差的增量油气操作成本。

3)老油气田地面系统调整改造项目

根据改造目的及效益实现方式的不同，将老油气田地面系统调整改造项目分为三类：安全环保项目、节能降耗项目、地面系统整体改造项目。由于每类项目的特点不同，其财务分析的方法也有所不同。

老油气田地面调整改造在很多情况下是为满足生产的需要，经济性只是其中一部分内容。在达到相同目的的情况下，优选方案是研究的主要任务，因此应突出方案的经济比选。

为简化计算，老油气田地面系统调整改造项目的资金来源按全部自有资金考虑，可不计算流动资金。

(1)安全环保项目是指由于腐蚀老化、设备超年限使用、不符合安全规范要求或外部因素等导致的设施处于非安全状态，以及给生产带来的环境污染问题，通过更新、维护、增加环保手段等措施，达到消除安全隐患，减少环境污染的项目。

安全环保项目的目的并不是通过投资获得财务效益，因此不进行财务分析，而应采用方案经济比选方法，重点从以下3个方面进行项目评价：①从近年来由于安全环保问题给油田造成的罚款和赔偿、油气损失等方面对改造后的效益进行定性说明；②安全环保项目的不同方案达到的效果基本一致，可采用费用现值或费用年值进行方案比选；③计算单位能力投资指标或单位成本，并与同类型改造项目投资或成本水平进行对比。

(2)节能降耗项目是指目前能够维持正常生产、保证安全运行，但能耗较高，可以通过技术进步(采用新工艺、新材料、新设备)进行系统或单体工程的调整改造，减少生产过程中的能源和材料消耗，达到降低成本的项目。

节能降耗项目节约的能耗主要体现在电力、水、燃料、材料、油气和维护修理费等，一般不必进行常规的经济评价，可通过计算投资回收期指标来评价节能降耗项目的效益。

在实际操作中，一般情况下每年的节能降耗效益基本是相同的，投资回收期的计算可以简化为建设投资除以年节约的成本，计算公式如下：

$$P_t=\frac{I}{\Delta C} \tag{7-10}$$

式中：P_t 为投资回收期；I 为节能降耗项目所发生的投资；ΔC 为年节约的成本。

(3)地面系统整体改造项目是指对地面系统在处理能力、工艺流程等方面出现的不适应、运行参数不合理、指标超标等问题，通过系统整体优化调整等措施，达到满足正常生产要求的项目。

地面系统整体改造项目的财务分析主要是在估算增量收入和增量成本的基础上分析“增量效益”，通过编制利润与利润分配表和项目增量投资现金流量表，计算增量投资财务内部收益率、财务净现值和增量投资回收期。如果增量盈利能力指标大于行业规定，那么这个项目就可以考虑实施；如果增量效益达不到要求，应对项目安全、环保等不易量化的相关效益进行定性分析，通过定量与定性的综合分析得出科学合理的结论。

增量收入不是一般意义上的企业产品营业收入，而是“调整改造”与“不调整改造”相比对增量有正贡献的各种因素带来的效益增加，主要包括增加油气商品量、节约燃料、节约动力费(主要指电力)、水费、减少维护修理费、运输费和节约人工费等。在计算时应详细说明每项收入的计算依据。

通过调整改造增加的油气产量，主要来自提高油气集输系统的密闭率及节约生产过程中作为燃料的油气数量两个方面。提高油气集输系统的密闭率增加的商品量，可根据开发方案确定的分年度油气产量及提高的密闭率进行预测。节约生产过程中作为燃料的油气数量可通过项目“不调整改造”的自用油气的数量减去项目“调整改造”后的自用油气的数量得到。

节约燃料费是指节约的除油田自产的油气之外的其他外购燃料费。节约动力费和水费主要指在油气田调整改造项目中通过整体优化，在各系统中都有可能节约动力和水的使用量，因此应对每个系统节约的用电量和水量进行分析计算。减少维护修理费和运输费主要根据近三年的维护修理费并结合改造方案进行预测。节约人工费应根据改造方案减少的人数及每人的年费用进行预测，每人的年费用可根据本油田支付给职工个人的全部费用的平均值进行计算。除上面5项之外的则为节约其他成本费用。

增量成本指“调整改造”与“不调整改造”相比对增效有负贡献的各种因素带来的效益减少，主要包括消耗增加带来的操作成本增加、新增投资带来的折耗及增加油气商品量而增加的营业费用和矿产资源补偿费等。

增量税金包括由于油气商品量增加而引起的营业税金及附加、资源税的增加及利润增加而带来的所得税等。

3. 编制财务评价报表

改扩建项目的财务评价应按增量效益与增量费用的数据编制项目的增量财务现金流量表、资本金增量财务现金流量表；以“有项目”的效益费用数据，编制项目利润和利润分配表、财务计划现金流量表等。各种报表的编制原理和科目设置与新建项目的财务报表基本相同，不同之处是表中的有关数据的计算口径有所区别。

4. 盈利能力分析

在进行既有企业改扩建项目的盈利能力分析时，要将“有项目”的现金流量减去“无项目”的现金流量，用“增量”现金流量判别项目的盈利能力。财务评价的主要指标有财务内部收益率、财务净现值、投资回收期、总投资收益率和资本金净利润率等。

5. 偿债能力分析

从法律上讲，改扩建项目是由既有企业出面向银行借款，还款的主体也是既有企业，因此，也就只应考虑既有企业的偿债能力，然而，既有企业借款是为了项目，不管项目将来是否独立核算，都应当考察项目本身的还款能力。因此，改扩建项目的偿债能力应进行两个层次的分析：①项目层次的偿债能力分析，编制借款还本付息表并分析拟建项目“有项目”时的收益偿还新增债务的能力，计算利息备付率和偿债备付率。考察还款资金来源(折旧、摊销、利润)是否能按期足额偿还借款利息和本金。②企业层次的偿还能力，项目决策人(既有企业)要根据企业的经营与债务情况，在计入项目借贷及还款计划后，分析既有企业总体的偿债能力。

当项目范围与企业范围一致时(整体改扩建)，“有项目”数据与报表都与企业一致，可直接利用企业财务报表进行借款偿还计算、资金平衡分析和资金负债分析。

在项目范围与企业范围不一致时(局部改扩建)，偿债能力分析就有可能出现项目和企业两个层次。

6. 财务生存能力

改扩建项目只进行“有项目”状态的财务生存能力分析，分析的内容同一般项目。

第三节　国民经济评价

国民经济评价与财务评价共同组成了完整的项目经济分析。但由于这两类分析所代表的利益主体不同，使得它们分析问题的视角不同。

一、国民经济评价的必要性

国民经济评价是项目经济评价的核心部分，是项目决策的主要依据。它是在合理配置国家资源的前提下，从国家整体角度考察项目的费用和效益，用影子价格、影子汇率和社会折现率、计算和分析项目对国民经济的贡献(净效益)，以评价项目经济上的合理性。

(一)国民经济评价的意义

由于项目对整个国民经济的影响不仅仅表现在项目自身的财务效果上，还会对国民经济其他部门和单位产生影响。从项目局部利益出发的财务分析不能确保资源的合理配置和有效利用。因此，对项目进行财务评价的同时，需要进行国民经济评价，并不是说对所有的建设项目都要进行国民经济评价。一般来说，对于工业建设项目，特别是涉及国民经济许多部门的重大工业项目和严重影响国计民生的重大项目，有关稀缺资源开发和利用的项目，涉及产品或原料进出口或代替进出口的项目、中外合资经营项目以及产品和原料价格明显不合理的项目，不仅要进行财务评价，还必须进行详细的国民经济评价。只有选择对国民经济效益好的项目，才能使国民经济不断发展。而对多数工业加工项目，其产品有较完善的市场条件，产品的市场价格基本上能够反映其对社会的价值，对于此类中小型项目可以不进行国民经济评价。对于某些对国计民生有较大影响的大型工业项目，是否要进行国民经济评价应视主管部门的要求而定。

(二)国民经济评价与财务评价之间的关系和区别

1. 国民经济评价和财务评价之间的关系

国民经济评价与财务评价之间的关系可以这样来概括：财务评价是国民经济评价的基础，没有财务评价就不能进行国民经济评价；国民经济评价可以反过来肯定或否定财务评价。

对一个建设项目，如果财务评价与国民经济评价均认为可行或不可行，则很容易给项目的经济性作最后结论。但如果两种评价意见不一致时，就不能轻易作出最后结论，需要进行具体分析。一般情况下，应遵循以下原则：

(1)两种评价均认为可行，则项目可取。

(2)两种评价均认为不可行，则项目不可取。

(3)当企业财务评价认为项目不可行，而国民经济评价认为可行，则需要采取必要措施，可采用调节税收、贷款利率以及实行政策性补贴等经济手段，使财务评价也变为可行。国民经济是大局，企业是小局，小局必须服从大局，但这种“服从”应通过经济手段的引导，注意满足企业自身的利益。企业是独立的经营单位，自然十分关心拟建项目的经济效益。如果国家仅通过行政手段强行要求企业执行投资计划，那么企业就没有积极性和独立性而言。

(4)企业财务分析认为可行，而国民经济认为不可行，一般应予否定该项目，或重新考虑方案，进行“再设计”。

2. 国民经济评价与财务评价之间的区别

建设项目国民经济评价与财务评价的区别可分为以下 5 个方面。

(1)评价的角度不同。财务评价是着眼于企业，从项目本身进行分析，在测算项目的效益和费用的基础上，考察企业项目的获利能力、借款的偿还能力和创汇情况等财务状况，而国民经济评价则是从国家整体出发，分析项目需要国家付出代价以及项目投产后对国家的贡献大小。

(2)评价的范围不同。财务评价只考虑企业项目本身所能获得的、直接的、可计量的货币效益分析，而国民经济评价除考察直接效益外，还要考虑项目投产后对其他部门、企业效益的影响，计算其间接的、外部的各种相关效益，此外，还要考虑不可计量的有形和无形的效益。

(3)效益与费用的内涵及划分不同。财务评价是根据建设项目的实际收支确定发生的费用和产生的效果，如税金和利息都视为费用。而国民经济评价则认为国家对项目的补贴、项目向国家交纳的税金，由于并不发生实际资源的增加和耗费，而是国民经济内部的转移支付，因此不计为项目的效益和费用。

(4)评价时采用的价格不同。财务评价对投入物和产出物采用国际现行市场价格。而国民经济评价则采用影子价格进行分析评价。

(5)评价时采用的经济参数不同。财务评价运用官方汇率和贷款的行业利率来计算资金的时间价值，而国民经济评价则采用国家统一测定的社会折现率和影子汇率等进行相应计算。

二、国民经济评价的参数

国民经济评价参数是国民经济评价的基础。正确理解和使用评价参数，对正确计算费用、效益和评价指标，以及比选优化方案具有重要意义。

国民经济评价参数体系有两类：一类是通用参数，如社会折现率、影子汇率换算系数和影子工资换算系数等，这些通用参数由国家发展和改革委员会与建设部门组织测定、发布，一般情况下有效期为一年；另一类是货物影子价格等一般参数，由有关部门（行业）根据需要自行测算、补充经济评价所需要的其他行业参数，并报国家发展和改革委员会与建设部门备案。经济评价参数是根据国家的经济状况、宏观经济调控意图、各行业投资经济效益以及项目评价的实际需要测算调整的。这些参数不代表行业的价格、汇率和利率，也不作为国家分配投资、财政核算以及部门间、企业间商品交换和结算的依据。由于各方面经济情况总是在发展变化，各类参数都有一定的时效性。从理论上讲，参数应随时调整，但参数测算工作需要投入大量的人力和时间，实践中只能做阶段性调整。有关参数分述如下。

1. 社会折现率

社会折现率是项目国民经济评价的重要通用参数，在项目国民经济评价中作为计算经济净现值的折现率，并作为衡量经济内部收益率的基准值。它是项目经济可行性和方案比较的主要判据。

社会折现率表示从国家角度对资金机会成本和资金时间价值的估量。采用适当的社会折现率进行建设项目国民经济评价，有助于合理使用建设资金，引导投资方向，调控投资规模。促进资金在短期与长期项目之间的合理配置。

社会折现率的确定应该依据投资的边际效益或者资金的边际成本。边际成本是指在达到一定的生产规模的情况下，再增加一个单位的生产所需的成本支出。边际成本一般是递增的。边际成本既不同于平均成本，也不同于增加成本。边际效益则是指在达到一定的生产能力或达到一定生产规模的情况下，每增加一个单位的投入所带来的效益。它是反映在优化条件下商品的经济价值。一般情况下边际效益是递减的，当边际效益等于边际成本时，资源取得最大的经济效益。

社会折现率由国家统一测定发布。它是根据我国在一定时期内的投资收益水平、资金机会成本、资金供求状况、合理的投资规模以及项目国民经济评价的实际情况，我国现阶段的社会折现率取为8%。对于超长期项目社会折现率可按时间分段递减的方法取值，但不低于6%。

2. 影子汇率

影子汇率即外汇的影子价格，是指单位外汇的经济价值，区别于外汇的财务价格和市场价格。影子汇率是项目国民经济评价的重要通用参数。它体现了从国家角度对外汇价值的估量，在项目国民经济评价中用于外汇与人民币之间的换算，同时，它又是经济换汇或节汇成本的判据。影子汇率取值的高低，直接影响项目比选中的进出口抉择，影响对产品进口替代型项目和产品出口型项目的抉择。

影子汇率＝国家外汇牌价×影子汇率换算系数

影子汇率换算系数是影子汇率与浮动汇率的比值系数。根据我国现阶段的外汇供求情况、进出口结构、换汇成本、影子汇率换算系数为1.08。

3. 影子工资

影子工资是指国家和社会为建设项目使用劳动力而付出的代价。影子工资由劳动力的边际产出和劳动力就业或转移而引起的社会资源消耗两部分构成。劳动力边际产出指一个建设项目占用的劳动力，在其他使用机会下可能创造的最大效益。在国民经济评价中影子工资作为费用计入经营费用。

影子工资=名义工资(即财务评价中职工工资和提取的福利基金)×影子工资换算系数

影子工资换算系数采用技术与非技术劳动力的分类方式，对于技术劳动力影子工资换算系数为1；对于非技术劳动力影子工资换算系数为0.2～0.8。

4. 影子价格

影子价格是经济费用效益分析中项目的投入物和产出物所使用的价格，它反映了对这些货物真实价值的度量；也称最优计划价格，定义为经济结构中有限资源在最优规划中的边际价值。在线性规划的计算中，它是最优规划的对偶解，从经济意义上讲，它是经济资源最佳利用时的边际值。这是因为对投资项目进行国民经济评价，直接目的是为了在宏观上最佳分配投资资源。所以，要求国民经济投资结构、部门结构和产业结构等都应该趋于合理，投资规划和计划都是最优的。

影子价格经直接值和换算系数两种形式给出。将货物的财务价格转换为影子价格时，可以直接选用某一适宜的价格，也可以用财务价格乘以某一适宜的价格换算系数。随着社会主义市场经济体制的建立，国内价格与国际价格接轨，价格趋于合理，对于市场价格能反映市场价值的产品可直接采用市场价格计算。

三、国民经济评价的效益和费用识别

(一)费用与效益识别的原则

(1)增量分析的原则。项目经济效益费用分析应建立在增量效益和增量费用识别和计算的基础上，不应考虑沉没资本和已实现的效益。应按照“有无对比”增量分析的原则，通过项目的实施效果与无项目情况下可能发生的情况进行对比，作为计算机会成本或增量成本的依据。

(2)考虑关联效果原则。应考虑项目投资可能发生的其他关联效果。

(3)以本国居民作为分析对象的原则。对于跨越国界、对本国之外的其他社会成员产生影响的项目，应重点分析对本国公民新增的效益与费用。项目对本国以外的社会群体所产生的效果，应进行单独陈述。

(4)剔除转移支付的原则。转移支付代表购买力的转移行为，接受转移支付的一方所获得的效益与付出方所产生的费用相等，转移支付行为本身没有导致新增资源的发生。

(二)效益

效益是指建设项目对国民经济所作的贡献，包括直接效益和间接效益，即建设项目本身的效益和由项目引起的外部效益。

1. 直接效益

直接效益是指在项目范围内，由项目的产出物用影子价格计算的经济价值，即为项目的直接效益。如增加该产品的数量，即增加国内最终消费品或中间品，其效益应用消费者或用户的支付愿意程度来度量；增加出口，其贡献就是创造的外汇收入；替代其他相同或类似企业的产出物，即社会上没有增加该产出物的数量，只是减少了其他企业或类似企业的产量，在这种情况下，项目的效益就是被替代企业减产以减少国家有用资源耗费或损失。

2. 间接效益

间接效益是指项目引起的而在直接效益中未提到或体现的那部分效益。例如建设一个油田时修建了一套油田外运输系统，这套系统除为油田服务外，还可为当地人民服务，降低该地区的运输费用，使当地的工农业和人民得益。又如某油田开采的稠油实行就地单输单炼，可以更好地利用稠油以生产高级道路沥青，既减少了原来与轻油混输混炼造成的损失，又能使交通部门提高运输速度及运输能力，降低消耗，延长汽车使用寿命等。这些效益不能反映到项目的财务收入中，只能作为项目的外部效益。

（三）费用

费用是指国民经济为项目所付出的代价，分为直接费用和间接费用，即项目本身的费用和由项目引起的外部费用。

建设项目的费用就是牺牲掉的最大效益，即项目的投入品用于其他机会可获得的最大效益，故又称为机会成本或机会代价。

(1)直接费用。直接费用是指建设项目的投入用影子价格计算的经济费用。包括投资费用和生产费用，投资费用包括固定资产投资和流动资金两部分。一般表现为其他部门为供应本项目投入物而扩大生产所耗用的资源费用；减少其他项目（或最终消费）投入物的供应，即投入物由减少其他企业的产品而转移过来的，在这种情况下，其他企业所减少的产品的边际效益就是本项目的费用；增加进口或增加出口，其费用就是所耗用或减少的外汇等。

(2)间接费用。间接费用是指由项目引起而在项目的直接费用中未反映出的那部分费用，即项目对社会造成的净损失。典型的例子是油气田开发项目造成的空气和水的污染，对周围居民造成净的负效益。

（四）外部效果

一般来讲，与项目相关的间接费用和间接效益统称为"外部效果"，通常是较难计量的。为了减少计量上的困难，首先应力求明确项目范围的"边界"。一般情况下是扩大项目的范围，特别是一些相互关联的项目常常被合在一起作为"综合体"进行评价。另外，用影子价格计算项目效益和费用很大程度上使项目的"外部效果"在项目内部得到了体现。因此通过扩大计算范围和调整价格两步工作，实际上已将很多"外部效果"内部化了。石油工业项目除此以外的外部效果还有以下几种情况。

(1)对上、下游企业产生的效果。这是指由于拟建项目的投产使其上、下游企业原来闲置的生产能力得以发挥或达到经济规模所产生的效果。但要防止"外部效果"扩大化或重复计算，计算时需注意随着时间的推移，如果没有该拟建项目，上、下游企业产生能力的利用也可能发生变化，要按照“有无对比”的原则计算增量效果。如果有，就不应把上、下游企业闲置生产能力的利用都归因于该拟建项目，以免引起“外部效果”的重复计算。

(2)技术扩散的效果。一个技术先进的项目建设，由于技术培训、人员的流动、技术推广和扩散，会使整个社会都受益，这种效果通常都未在影子价格中得到反映，不过常常由于计量的困难，只能做定性的说明。

(3)由于拟建项目的产出增加了国内市场供应量，从而导致产品价格下降，以致原用户或消费者从中得到产品降价的好处，但这种好处一般不应计为项目的外部效益。因为产品降价将使原生产厂的效益减少，亦即将减少的效益转移给用户或消费者，从整个国民经济的角度看，效益并未增加或减少。但是，如果该拟建项目的产出增加，增加了出口量，从而导致原出口产品价格下降，减少了创汇的效益，则应计为该项目的费用。

(4)工业项目造成的环境污染和对生态的破坏是一种间接费用，可参照现有同类企业所造成的损失来计算，至少也应做定性描述。

(5)计算“外部效果”时还应区别是否已经在项目投入物和产出物的影子价格中得到充分的反映。由于项目使用投入物提供产出物，引起上、下游工业效益或费用的变化，一般多在投入物、产出物的影子价格中得到了反映，不必再计算间接效益或费用。

(6)项目的“外部效果”一般只计算一次，不应连续扩展。

(五)效益和费用的转移支付

项目的效益和费用在财务评价和国民经济评价中包含的内容是不同的。在确定项目的效益和费用的过程中，会遇到税金、国内借款利息和补贴的处理问题。由于这些在财务评价中作为现金收支的项目，并不能真正反映资源投入和产出的变化，从国民经济的角度来看并未造成资源的耗费和增加，而只是表现为资源的使用权力从社会的一个实体转移到另一个实体手中。这种转移，仅仅是货币在社会实体之间的一种转移，这种并不伴随资源增减的纯粹货币性质的转移，称为转移支付。这种转移支付不应计为项目的效益和费用。

1. 固定资产折旧

折旧作为固定资产损耗的代价是财务评价中的生产成本要素，净收益的一部分。但在国民经济评价中不构成经济成本，也不是国民经济评价的效益，因为固定资产投资额已一次性进入经济成本，而折旧不过是投资所形成的固定资产在生产过程中价值转移的一种估价和补偿，也并未增加全社会的经济价值。所以折旧不能构成国民经济评价的费用和效益。

2. 税金及附加

税金及附加是政府调节分配和供求关系的手段，对企业财务评价来说是费用，从国民经济评价的角度看并未造成资源的耗费和增加，属于内部转移支付。它仅仅代表了相应资源的分配与使用权从企业转移到国家手中，因此，税金及附加不应计为项目的费用。

3. 补贴

补贴可视为与税金反向的转移支付，即由政府转移到企业中去，对企业来说无疑是收益，而对国民经济不应计为项目的效益。

4. 国内借款利息

国内借款利息是项目与国内借款机构之间的转移支付，同样不计为项目的费用。但国外借款利息的支付造成了国内资源向国外的转移，应计为项目的费用。

四、国民经济评价的步骤

国民经济评价可以在财务评价的基础上进行，也可以直接做国民经济评价。

（一）在财务评价基础上进行国民经济评价的步骤

1. 效益和费用范围的调整

（1）剔除已计入财务效益和费用中的转移支付。

（2）识别项目的间接效益和间接费用，对能定量的应进行定量计算，不能定量的，应进行定性描述。

2. 效益和费用数值的调整

（1）建设投资的调整。剔除属于国民经济内部转移支付的引进设备、材料的关税和增值税，并用影子汇率、影子运费和贸易费用对引进设备价值进行调整；对于国内设备价值则用其影子价格、影子运费和贸易费用进行调整。

根据建筑工程消耗的人工、三材、其他大宗材料、电力等，用影子工资、货物和电力的影子价格调整建筑费用，或通过建筑工程影子价格换算系数直接调整建筑费用。

若安装费中的材料费占很大比重，或有进口安装材料，也应按材料的影子价格调整安装费用。

用土地的影子费用代替占用土地的实际费用。

剔除涨价预备费，并调整其他费用。

（2）流动资金的调整。调整由于流动资金估算基础的变动引起的流动资金占用量的变动。

（3）经营费用的调整。可以先用货物的影子价格、影子工资等参数调整费用要素，然后再加总求得经营费用。

（4）营业收入的调整。先确定项目产出物的影子价格，然后重新计算营业收入。

（5）在涉及外汇借款时，用影子汇率计算外汇借款本金与利息的偿付额。

3. 编制项目的国民经济效益费用流量表

编制项目的国民经济效益费用流量表（全部投资），并据此计算全部投资经济内部收益率和经济净现值指标，对使用国外贷款的项目，还应编制国民经济效益费用流量表（国内投资），并据此计算国内投资经济内部收益率和经济净现值指标。

4. 对产出物出口或替代进口项目的评价

对于产出物出口（含部分出口）或替代进口（含部分替代进口）的项目，编制经济外汇流量表、国内资源流量表，计算经济外汇净现值、经济换汇成本和经济节汇成本。

（二）直接做国民经济评价的步骤

（1）识别计算项目的直接效益，对那些为国民经济提供产出物的项目，首先应根据产出物的性质确定是否属于外贸货物，再根据定价原则确定产出物的影子价格。按照项目的产出物种类、数量及其逐年的增减情况和产出物的影子价格计算项目的直接效益。对那些为国民经济提供服务的项目，应根据提供服务的数量和用户的受益情况计算项目的直接效益。

(2)用货物的影子价格、土地的影子费用、影子工资，影子汇率、社会折现率等参数直接进行项目的投资估算。

(3)流动资金估算。

(4)根据生产经营的实物消耗、用货物的影子价格、影子工资、影子汇率等参数计算经营费用。

(5)识别项目的间接效益和间接费用，对能定量的应进行定量计算，对难定量的，应作定性描述。

(6)编制有关报表，计算相应的评价指标。

五、国民经济评价报表编制及评价指标

(一)国民经济评价报表编制

一般把国民经济评价所用的报表称为经济活动报表。基本报表有国民经济效益费用流量表，如表 7－7 所示，以全部投资作为计算基础，用以计算全部投资的经济内部收益率、经济净现值等评价指标，作为利用外资项目经济评价和方案比较取舍的依据。

表 7－7 项目投资经济费用效益流量表 单位：万元

序号	项目	合计	计算期					
			1	2	3	4	…	n
1	效益流量							
1.1	项目直接效益							
1.2	资产余值回收							
1.3	项目间接效益							
2	费用流量							
2.1	利用探井、评价井投资(资本化部分)							
2.2	建设投资							
2.3	流动资金							
2.4	经营成本							
2.5	维持运营投资(资本化部分)							
2.6	弃置费用							
2.7	项目间接费用							
3	净效益流量(1－2)							

计算指标：

经济内部收益率(%)

经济净现值($i_s=8\%$)

国民经济评价数据调整计算还应编制一些辅助表格如投资估算调整表(表 7－8)、经营费

用估算调整表(表 7-9)、项目直接效益估算表(表 7-10)等。

表 7-8 投资费用估算调整表 单位:万元

序号	工程或费用名称	财务分析			经济费用效益分析			经济费用效益分析比财务分析增减
		外币	人民币	合计	外币	人民币	合计	
1	建设投资							
1.1	工程费用							
1.1.1	开发井投资							
①	钻井工程投资							
②	采油工程投资							
1.1.2	地面工程投资							
1.2	其他费用							
1.2.1	固定资产其他费用							
1.2.2	无形资产费用							
1.2.3	其他资产费用							
1.3	预备费							
1.3.1	基本预备费							
1.3.2	涨价预备费							
2	建设期利息							
3	流动资金							
	合计							

注:投资费用是通过直接估算得到的,本表应略去财务分析的相关栏目

表 7-9 经营费用调整表 单位:万元

序号	项目名称	合计	评价期						
			1	2	3	4	5	…	n
1	财务分析								
1.1	油气操作成本								
1.2	其他管理费用								
1.3	营业费用								
2	经济费用效益分析								
2.1	油气操作成本								
2.2	其他管理费用								
2.3	营业费用								

表 7-10 项目直接效益调整表 单位：万元

序号	项目名称	合计	计算期						
			1	2	3	4	5	…	n
1	财务分析								
1.1	原油营业收入								
1.2	天然气营业收入								
1.3	其他产品营业收入								
2	经济效益费用分析								
2.1	原油营业收入								
2.2	天然气营业收入								
2.3	其他产品营业收入								

(二)国民经济评价指标

根据国民经济效益费用流量表计算经济内部收益率、经济净现值和经济效益费用比等评价指标。

1. 经济净现值(ENPV)

经济净现值是反映项目对国民经济所作贡献的绝对指标，它是用社会折现率将项目计算期内各年的净效益折算到基准期的现值之和。表达式为：

$$ENPV = \sum_{t=1}^{n}(B-C)_t(1+i_s)^{-t} \tag{7-11}$$

式中：$ENPV$ 为经济净现值；B 为效益流入量；C 为费用流出量；$(B-C)_t$ 为第 t 年的净效益流量；n 为建设项目计算期；i_s 为社会折现率，目前取值为 8%。

当经济净现值大于零时，它表示国家为拟建项目付出代价后，除得到符合社会折现率的社会盈余外，还可以得到以现值计算的超额社会盈余，这时就认为项目是可以考虑接受的。

2. 经济内部收益率(EIRR)

经济内部收益率是反映项目对国民经济净贡献的相对指标。它是计算项目在计算期内的经济净现值等于零时的折现率。表达式为：

$$\sum_{t=1}^{n}(B-C)_t(1+EIRR)^{-t} = 0 \tag{7-12}$$

式中：$EIRR$ 为经济内部收益率。

一般情况下，经济内部收益率大于或等于社会折现率的项目，表明其对国民经济的净贡献超过或达到要求的水平，应认为项目是可以考虑接受的。

3. 经济效益费用比(R_{BC})

经济效益费用比是项目在计算期内效益流量的现值与费用流量的现值的比率，其表达式为：

$$R_{BC}=\frac{\sum_{t=0}^{n}B_t(1+i_s)^{-t}}{\sum_{t=0}^{n}C_t(1+i_s)^{-t}} \tag{7-13}$$

式中：R_{BC}为经济效益费用比；B_t为第t年的经济效益；C_t为为第t年的经济费用。

如果经济效益费用比大于1，表明项目资源配置的经济效率达到了可以被接受的水平。

在完成经济费用效益分析之后，应进一步对比经济费用效益与财务现金流量之间的差异，并根据需要对财务分析与经济费用效益分析之间的差异分析，找出受益或受损群体，分析项目对不同利益相关者在经济上的影响程度，并提出改进资源配置效率及财务生存能力的政策建议。

思考与练习

1. 什么是财务评价？什么是国民经济评价？两者的含义是什么？

2. 国民经济评价与财务评价有什么联系与区别？

3. 建设项目为什么进行了财务评价后还要进行国民经济评价？如何根据上述两个评价结果选择方案？

4. 什么是经济评价参数？国民经济评价参数主要包括哪些参数？这些参数是如何确定的？

5. 什么是效益？什么是费用？在国民经济评价的效益和费用的主要标志是什么？

6. 财务评价和国民经济评价需要编制哪些报表？评价指标有哪些？

7. 在国民经济评价中的转移支付指哪些费用？如何处理转移支付？

8. 为什么在国民经济评价中要进行价格调整？其调整的基本原则是什么？

9. 对改扩建项目进行经济评价时往往采用“有无法”而不采用“前后法”，为什么？

10. 拟建石油工程项目建设投资为1200万元，流动资金240万元(其中自有流动资金80万元)，其余所需资金全部为贷款。其中建设投资借款利率为12%，流动资金借款利率为8%。固定资产折旧用平均使用年限法，寿命期末固定资产残值为50万元。基准折现率12%，投资使用计划如表1所示，其他数据如表2、表3所示。

表1　投资使用计划表　　单位：万元

年份	1	2	3	4	5
建设投资借款	500	600	100		
流动资金借款				100	60
自有资金			80		

表2　营业收入、税金　　单位：万元

年份	1	2	3	4	5～20
营业收入			700	1200	1600
营业税金及附加			14	24	32

表 3　经营成本费用表　　单位:万元

年份	1	2	3	4	5～20
原材料、辅助材料			250	460	650
燃料动力			35	48	60
工资			30	55	80
其他			39	80	115

(1)试编制现金流量表(全部投资)。

(2)计算 $FNPV$、$FIRR$、P_t、P_t'、投资利润率及投资利税率。

(3)试编制总成本费用表、利润和利润分配表及借款还本付息表,并计算借款偿还期。

第八章　油气勘探项目技术经济评价

学习要点

- 了解油气勘探项目的含义，熟悉油气勘探项目的经济评价原则
- 熟悉油气勘探项目经济评价的内容及任务
- 掌握概略评价法、常规经济评价方法及各阶段评价指标的应用
- 掌握油气勘探项目经济评价的风险决策方法

油气勘探项目技术经济评价是石油天然气勘探项目可行性研究与项目建议书的重要组成部分，它是在石油天然气资源地质评价、工程评价和市场分析等基础上，从经济的角度评价石油天然气勘探项目的经济可行性，为项目的科学决策提供重要依据。

第一节　油气勘探技术经济分析概述

一、油气勘探项目

油气勘探项目是指在一定时间内，以一定的地质单元为对象，在完成不同勘探阶段任务的过程中以发现油气资源或探明油气经济可采储量为最终目的，由物化探、钻井、录井、测井、试油、综合地质研究等组成的综合勘探工程。油气勘探的原则是“循序渐进，先找后探”。首先，油气大多聚集于盆地，因此，应先从整体上认识盆地的石油地质特征，分析有没有油气藏生成的客观条件，预测有利的生油凹陷和含油气区带；然后选择有利的含油气区带，开展地震勘探和地质研究，发现有利的含油气圈闭，在此基础上，主要运用钻探井等勘探手段，加深对油藏地质条件的认识，开展以发现油气储量为目的的勘探工作。由此可见油气勘探的过程就是对油气藏埋藏条件不断认识的过程，从不认识到基本认识，这是一个连续的认识过程，这个连续的过程可分为不同的阶段，在该过程的不同阶段，勘探目的不同，勘探手段不同，评价标准也不同，据此可将连续的勘探过程分为区域勘探、圈闭预探和油气藏评价勘探3个阶段。

二、油气勘探项目的特点

石油天然气勘探是一项极为复杂、大型的系统工程，具有程序性强、系统性强，专业配合协调密集，投资多、风险大，不确定性因素多，探索性强、技术资金密集，技术含量高，技术更新快、可持续性发展等特点。为避免投资决策失误，提高勘探投资效益，根据勘探项目的特点对之进行评价。

1. 程序性强

油气勘探项目具有固有的勘探程序，是决定投资效益的关键。从勘探全过程看，勘探程序就是勘探3个阶段，即区域勘探、预探和油气藏评价勘探；从每个勘探阶段来看，勘探程序是指这一阶段的勘探步骤；从单项工程项目看，勘探程序是指勘探项目实施的步骤。

2. 系统性强，专业配合协调密集

油气勘探项目具有多学科 、多工种联合作业的综合系统工程，它由地质调查、地质综合研究、重、磁、电、化、非地震、地震勘探，钻井、录井、试油等工程组成，各类勘探单项工程的专业性和相关性都很强，只有配合协调，才能完成项目工作。

3. 风险大，不确定性因素多，探索性强

油气勘探项目是一种典型的高风险项目，是集资源风险、作业风险和市场风险于一体的特殊项目，其巨大的资源风险在一般项目中是不存在的，我们对油气资源的评价只能根据现有的勘探资料进行，而资料的取得也是有限的，因而往往仅有一些片面的、局部的感性认识。若据之进行分析、类比、推断地质情况，将会与实际情况产生差别，这种认识与实际之间的差别就会带来不可避免的风险性。由于油气资源埋在地下，油气勘探项目的不确定性因素多，因此，勘探项目较其他工程项目具有更大的风险性和探索性。

4. 技术资金密集，技术含量高、更新快

油气勘探是由数十种当代先进的科学技术组成的技术密集行业。油气勘探项目造价高，耗资巨大，资金密集。油气资源是消耗性资源，具有不可再生性，随着大的、好的油气田的开发，剩下的都是些国家边远的和地下条件复杂的不好开发的油藏，加之全球对油气资源的需求与竞争，促使勘探技术更新很快。

5. 可持续性发展特性

油气勘探项目可持续性定义是指在项目形成和发挥其服务性功能的整个生命周期内，所接近或达到既满足当代人又不损害后代人能力的标准程度。具体可以从两个层面理解：一是项目本身的可持续性发展，对项目的可行性论证应从战略的高度进行，应充分考虑到项目对利益相关者的直接和间接、短期和远期、有形和无形、正面和负面的在环境、经济、社会方面的影响；二是社会战略层面，项目的建设总要占用或耗费社会、自然资源，为体现“代际公平”和“代内公平”，实现可持续发展，努力避免“先污染后治理”的发展观。

6. 工农关系复杂

油田是一个没有围墙的工厂，点多、线长、面广，工作、生活区域和机构设置分散，城乡兼有、油地交叉，与周围城填、乡村有着错综复杂的联系。油气勘探会影响周边居民的生活，当然既有有利影响，如可以改善周边居民的生活水平、区域经济发展水平等，但也有不利影响，如会占有土地，地震、钻井会对环境造成污染等，需对农民进行经济补偿。近几年，由于受到国家土地政策调整和地方政府对土地补偿标准的提高及地方城镇化建设等因素的影响，导致了工农费用的逐年上升，增大了油地关系的协调难度。

上述六大特点关系密切。油气资源固有的复杂性要求人们在勘探过程中采用先进的科学技术，投入大量的资金和长时间的努力，其风险之大是显而易见的。

三、油气勘探技术经济分析的作用

1. 合理确定勘探程度

一个油气藏从区域勘探、预探和油气藏评价勘探整个过程是由浅入深、由表及里、由粗至细、逐步深入、逐步提高的过程，对于一个油气藏来说，地质勘探工作究竟该做到什么程度，资源量、探明储量和开采储量之间的比例应该达到多大才合适、合理，这些问题必须通过油气勘探技术经济分析之后方能确定。勘探程度过高，可能会耗用大量资金，使油气勘探边际效益递减；勘探程度过低，虽然资金占用较少，但对油气藏认识程度不高，可能会增大勘探工作的盲目性和风险性。因此，合理确定勘探程度，减少勘探资金的占用，提高储量的使用效率，是技术经济分析的重要内容。

2. 为择优勘探和开发提供科学

油气地质勘探是一个淘汰无工业价值的油气藏、肯定有工业价值的油气藏、不断筛选勘探项目的过程。为了做好油气地质勘探项目的取舍，除了进行地质评价以外，还应该进行油气藏技术经济评价。根据油气藏技术经济评价的结果，对勘探项目规划排序，选择开采条件优越、经济与社会效益好的油气藏优先转入下一阶段的勘探工作，或优先进行开发建设。

3. 降低勘探风险，减少决策失误

由于客观地质条件的复杂性和差异性，使得油气勘探较之其他产业具有较大的风险性。对一个区探投入大量资金进行勘探，有可能数年得不到一个具有工业价值的油气藏。为了提高决策的科学性和准确性，就要运用地质经济规律和技术经济分析方法，对勘探区的自然、地理、经济、社会诸因素进行分析和比较，选择有利的区带或构造进行勘探，以降低勘探的风险。

4. 可以促进油气资源的综合勘探、综合评价、综合开发、综合利用工作

一个油气藏的经济价值不仅仅在于其探明的油气储量的多少，有些油气藏共生及伴生资源也有相当可观的经济价值。油气勘探工作需要综合勘探、综合评价，在查明资源的同时，也应查明共生及伴生资源，“单打一”的做法，会影响油气藏开发的经济效益，通过评价，可以促进油气资源的综合勘探工作，提高油气藏的利用价值。

四、油气勘探项目的经济评价原则

1. 阶段性经济效益分析与全过程经济效益分析相结合

石油天然气勘探全过程具有阶段性的特点，经济评价工作应贯穿勘探工作的全过程。即在投入勘探之前和勘探过程的各个阶段——区域勘探、预探勘探、评价勘探，都应作出相应的技术经济评价。区域勘探项目以静态的实物量指标为主，预探和评价勘探项目应立足于勘探开发全过程，并以动态的经济评价为主。

2. 定量分析和风险分析相结合

经济评价的本质要求对勘探开发中的诸多因素，通过效益、费用计算，给出明确的综合的数量概念，从而进行经济分析和比较。但是，由于油气勘探项目受项目特点及勘探程序的限制，对资源储量的认识有一个过程，不能非常准确地量化，只能给出可能性及其概率。因此，在

勘探项目经济评价过程中应将定量分析与风险分析结合起来。

3. 价值量与实物量相结合

油气勘探项目的直接成果就是实物量(资源量、储量)。由于资源储量的质量千差万别,实物量并不能真正反映其经济效益的好坏,其最终成果只能通过价值量来反映,即经开发后能带来的经济效益。因此,在评价过程中,应将实物量与价值量的分析相结合,并以价值量为主。

五、油气勘探项目全面评价的内容及任务

油气勘探项目全面评价包括地质评价、油藏工程评价和经济评价 3 个方面的内容。

地质评价是降低油气勘探项目资源风险的基本手段。其主要任务是用科学方法预测含油面积和可采储量,即运用地震、地球物理、地球化学、钻探等手段分析研究被评价油田(或探区)地质沉积情况、构造圈闭情况及生储油条件,测算出各个储油构造的面积、油层厚度、埋藏深度、油层物性、油气储量及单井日产量等,并进行地质风险分析,从而确定主要的勘探目的层,预测有利的油气聚集带,评价其油气资源量及预期勘探前景。

油藏工程评价是降低勘探项目作业风险的基本手段。进行油气勘探离不开各种工程,如物探工程、钻井工程、测井工程、试油工程、录井工程以及地面配套工程等,工程评价的主要任务是对各工程涉及的技术问题、设备问题、作业环境、保障条件等进行综合分析和评价,选择最佳的技术方案以保证各项工程取得较高的经济效益。

经济评价是降低油气勘探项目经济风险的基本手段。它包括国民经济评价和企业财务评价两部分。前者是立足于国家,采用经济价格或影子价格进行的评价;后者是立足于企业,采用市场价格进行的评价。经济评价的主要任务是按照科学的方法,通过对勘探项目投资效益的分析比较,最终选择投资少、预期储量多、勘探周期短、经济效益和社会效益均好的勘探项目,为领导决策提供可靠的依据。

以上 3 种评价关系十分密切,地质评价及油藏工程评价是基础,经济评价则是地质评价和油藏工程评价效果的最终反映。

第二节　油气勘探项目经济评价方法

考虑到勘探活动的特点,结合勘探项目的经济评价原则,油气勘探项目经济评价方法分为概略评价法、常规经济评价法和风险评价法等。

一、概略评价法

1. 评价流程

概略评价法主要以储量规模或经济可采储量规模为主线,预测油气勘探成本、商业油气流等实物量指标,分析勘探项目的可行性。不同类型勘探项目根据实际情况可选择不同的实物量指标。其评价流程见图 8-1。

2. 实物量指标

(1)油气资源潜力。资源量是指项目区的油气资源量,应采用成因法、类比法等多种方法

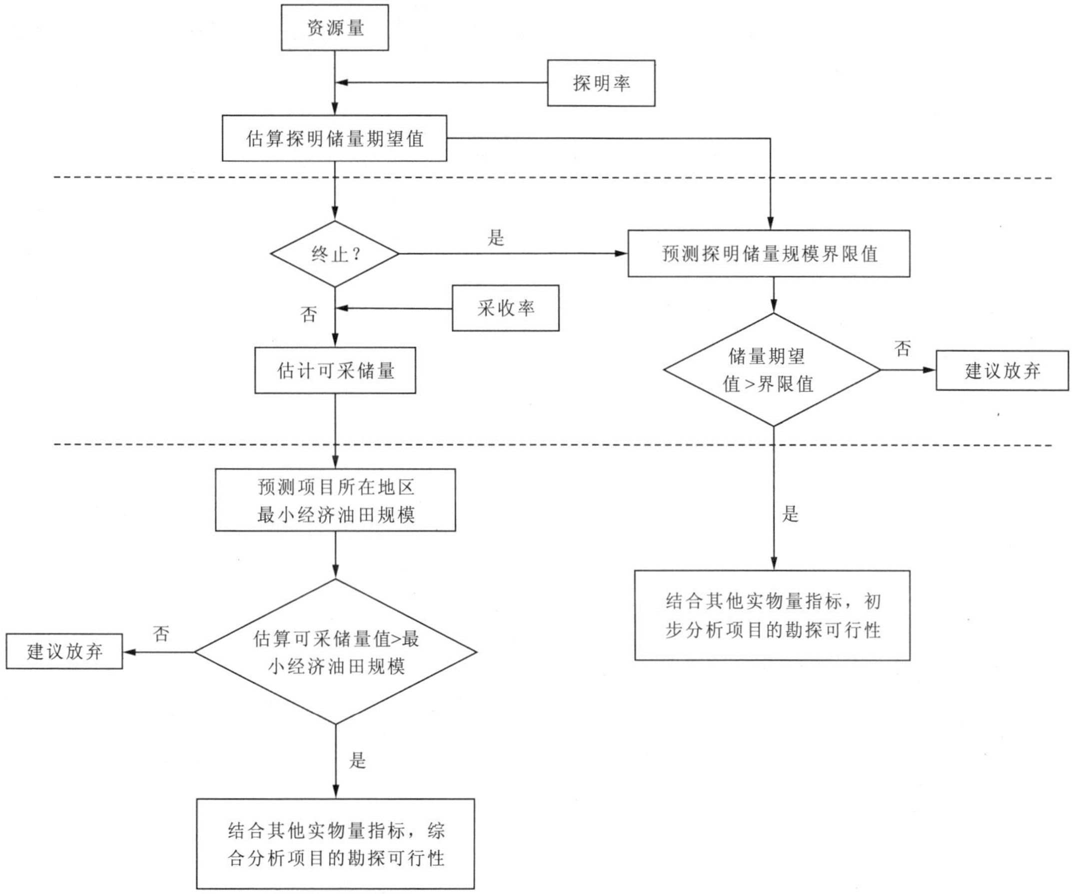

图 8-1　评价流程图

求得，均以概率分布曲线表示，是衡量项目未来可能的总规模指标。

油气资源量通过如下 4 个特征值表示：P_{10} 即大于累计概率值为 10%的油气资源量；P_{50} 即大于累计概率值为 50%的油气资源量；P_{90} 即大于累计概率值为 90%的油气资源量；不同概率下油气资源量加权求和获得的油气资源量期望值。

储量规模是指项目区内的油气储量大小，主要采用容积法求得，经概率分布曲线表示，是项目未来经济效益指标的估算依据。

油气储量亦通过 P_{10}、P_{50}、P_{90} 和期望值 4 个特征值表示。

(2)丰度。资源丰度是预测的油气资源量期望值与项目区有效面积的比值。计算公式为：

$$资源丰度=\frac{油气资源量期望值(万吨或亿方)}{预测有效面积(km^2)} \tag{8-1}$$

储量丰度是项目区内预测探明储量期望值与预测探明含油气面积的比值。计算公式为：

$$储量丰度=\frac{预测探明储量期望值(万吨或亿方)}{预测探明含油气面积(km^2)} \tag{8-2}$$

(3)单井稳定产量。单井稳定产量是指油气田开发初期的平均单井稳产量，勘探阶段主要根据试油和试采资料采用各种方法求得。

(4)单位油气勘探开发成本(发现成本)。

$$单位油气勘探开发成本(元/吨)=\frac{全部勘探开发投资(万元)}{探明可采储量(万吨)} \tag{8-3}$$

(5)单位油气勘探成本。

$$单位油气勘探成本(元/吨)=\frac{全部勘探投资(万元)}{探明可采储量(万吨)} \tag{8-4}$$

3. 确定实物量指标界限值

根据国家或石油行业标准规定，结合相似油区的统计分析资料，确定出评价指标的界限值。主要界限值指标如表 8-1 所示。

表 8-1 指标界限值界定表

经济参数和评价指标名称	界限值
单位油气勘探开发成本	规定或 2/3 油价
单位油气勘探成本	规定或统计预测
探明储量丰度	参照储量规范分析
资源丰度	参照统计资料分析
单井产量限值	参照规定
最小探明储量规模	参照规定或计算
最小经济油田规模	参照规定或计算

1)储量规模

根据可采储量规模，一般将油(气)田分为特大型油(气)田、大型油(气)田、中型油(气)田、小型油(气)田及特小型油(气)田 5 个级别，分类标准如表 8-2 所示。

表 8-2 储量规模分类

分类	原油可采储量(万吨)	天然气可采储量(亿方)
特大型油(气)田	≥25 000	≥2500
大型油(气)田	2500(含)～25 000	250(含)～2500
中型油(气)田	250(含)～2500	25(含)～250
小型油(气)田	25(含)～250	2.5(含)～25
特小型油(气)田	<25	<2.5

2)储量丰度

根据可采储量丰度(单位面内的可采储量)，一般将油(气)田分为高丰度油(气)田、中丰度油(气)田、低丰度油(气)田、特低丰度油(气)田及特小型油(气)田 4 个级别，分类标准如表 8-3 所示。

表 8-3 储量丰度分类

分类	原油可采储量丰度（$\times10^4$ t/km^2）	天然气可采储量丰度（$\times10^8$ m^3/km^2）
高丰度油(气)田	≥80	≥8
中丰度油(气)田	25(含)～80	2.5(含)～8
低丰度油(气)田	8(含)～25	0.8(含)～2.5
特低丰度油(气)田	<8	<0.8

3)油(气)井产能

根据千米井深稳定日产油(气)量或每米采油指数，将油(气)田分为高产油(气)田(井)、中产油(气)田(井)、低产油(气)田(井)及特低产油(气)田(井)4 种类型，分类标准如表 8-4 所示。

表 8-4 油(气)井产能分类

分类	油藏千米井深稳定日产油量(t/km·d)	气藏千米井深稳定日产气量(m^3/km·d)
高产油(气)田(井)	≥15	≥10
中产油(气)田(井)	5(含)～15	3(含)～10
低产油(气)田(井)	1(含)～5	≥0.3(含)～3
特低产油(气)田(井)	<1	<0.3

4)单井产量界限值(表 8-5)

表 8-5 单井产量界限值界定表

埋藏深度(m)	单井油产量（×t/d）	单井气产量(×10^4 m^3/d)
≤500	0.3	0.05
500～1000	0.5	0.1
1000～2000	1.0	0.3
2000～3000	3.0	0.5
3000～4000	5.0	1.0
>4000	10.0	2.0

5)最小探明储量规模

最小探明储量规模是指进行勘探及后续投资之后探明储量的最低界限。如果未来探明的油气储量低于这一界限值，该项目就无法获得勘探投资所要求的最低回报。在新的勘探区，通过对估算的探明储量期望值和最小探明储量规模的边界值比较，可判断投资项目的可行性。

最小探明储量规模的预测是根据邻区油田指标类比确定的，它的预测方法有很多种，这里介绍以成本为基础的静态分析方法。

(1)确定最高允许成本。

$$最高允许成本(元/吨)=\frac{[原油商品率(\%)\times 单位油价(元/吨)-单位税金(元/吨)]}{[行业基准利润率(\%)+1]} \quad (8-5)$$

(2)确定最高单位勘探成本。

单位最高勘探成本(元/吨)=最高允许成本(元/吨)－单位开发投资(元/吨)－单位操作成本(元/吨) (8-6)

(3)确定最小探明储量规模。

$$最小探明储量规模(万吨)=\frac{勘探项目计划总投资(元)}{最高单位勘探成本(元/吨)} \quad (8-7)$$

6)最小经济油田规模

最小经济油田规模是指在当前技术条件下,按经济条件(油价、成本、税金等)估算的、经济可采的油气数量。

$$最小经济油田规模(万吨)=\frac{年均固定总成本(元)\times 开采年限}{油价(元/吨)-可变成本(元/吨)-税金(元/吨)}$$

4. 概略评价

根据项目预期探明储量规模或可采储量规模的预测值,分别与最小探明储量规模界限值或最小经济储量规模界限值进行比较。当项目预测值大于界限值时,再进一步分析丰度指标,预测获得的单井产量和成本等实物量指标,综合评价勘探项目投资的可行性。

二、常规经济评价法

常规经济评价法(又称现金流量评价法)是在勘探方案、模拟开发方案和投资估算等基础上,采用现金流量法计算净现值、内部收益率、投资回收期等经济指标。需要注意的是对勘探项目进行评价时,其投资估算、成本费用估算、营业收入估算、税金和评价指标与新建开发项目相同。对开发投资、成本费用等采用类比法估算;对勘探阶段的投资,根据工程类别进行详细估算。勘探项目投资、成本费用估算、营业收入估算、税金等在第二章已作了详细介绍,常规经济评价方法在第四章也作了详细介绍,在此不再概述。

三、风险分析

经济评价采用的数据大部分来自估算和预测,特别是油气勘探项目,存在不确定性。为了分析不确定性因素对经济评价指标的影响,需要进行不确定性分析,估计项目可能承担的风险,以确定项目在经济上的可靠性。根据油气勘探项目的具体情况,有选择地进行经济概率分析、敏感性分析和盈亏平衡分析。风险分析在第五章已作了详细介绍,在此不再概述。

第三节 不同勘探阶段项目经济评价

根据勘探项目所处阶段,即区域勘探、预探和油气藏评价 3 个阶段,将油气勘探项目划分为 3 种类型,针对不同类型勘探项目的具体任务和目标,勘探项目经济评价采用不同的评价方法。

一、区域勘探项目经济评价

区域勘探项目经济评价一般采用概略评价法，有条件的可采用常规经济评价。概略评价法可采用如下步骤：首先根据勘探成果资料，说明采用的评价方法（类比、估算或模拟等），其次建立有关计算公式模型，计算选择的实物指标。最后根据评价指标综合分析区域勘探项目的经济可行性。

1. 资源潜力

根据地质论证资源评价结果，列出油气资源量或预期探明储量期望值。

2. 资源丰度

根据油气资源量期望值和项目区有效勘探面积，计算资源丰度；根据项目区预测探明储量和预测含油气面积，计算储量丰度。

当项目区未计算资源量和探明储量时，应采用类比法选取资源丰度和储量丰度，并说明项目区与对比区地质条件的可类比性。

3. 油气藏储量规模及产量预测

根据项目区勘探成果，采用类比等有关预测方法，预测最小探明储量规模或最小经济油田规模，并论述项目区可能的单井稳定产量。

4. 单位油气勘探成本

根据勘探方案，计算项目区勘探成本；预测折合油气探明可采储量和勘探总投资，计算单位油气勘探成本。

5. 单位油气勘探开发成本

根据勘探方案预测折合油气探明可采储量和勘探总投资，以及模拟开发方案的开发总投资，计算单位油气勘探开发成本。

案例1　南华北地区某区域勘探项目

该项目登记总面积 9537km^2，其中，A 凹陷 3409km^2。截止 2011 年底，登记区内累计完成二维数字地震 9307km，钻探井 27 口，其中，9 口井见不同程度的油气显示。该凹陷勘探程度较低，平均 0.003 口探井/km^2 尚未突破，试为区域勘探项目进行经济评价。

根据 A 凹陷勘探现状，经济评价采用类比方法，确定实物量指标，并综合分析项目勘探的可行性。

1. 主要地质认识

依据地质论证（略）结论，该凹陷具备形成中小型油气田的资源潜力；奥陶系顶部风化壳、石炭系—二叠系砂岩是勘探的主要目的层系；燕山期—喜马拉雅期强烈的褶皱、断裂活动造就了众多的构造圈闭，为油气聚集提供了有利场所。早期钻井已见到不同程度的含油气显示，表征显示确有过油气的生成和聚集过程。

2. 主要实物量指标分析

（1）资源潜力分析。采用盆地模拟方法、残余有机碳——蒙特卡罗法，计算了该凹陷的生烃量及油气资源量。生气量为 92 257 亿方，天然气资源量为 923 亿方。

(2)资源丰度。该凹陷有效勘探面积 3409km^2，计算资源量丰度为 0.27×10^8 m^3/ km^2。

(3)油气藏储量规模预测。依据老油区的勘探经验，对该凹陷在项目期内采用类比等方法进行探明程度分析，按 30%探明，估算储量规模为 276.9 亿方。

(4)勘探成本。根据勘探投资计划，确定单位天然气勘探成本为 75 元/千方。

3. 实物量指标界限值分析

1)资源丰度分析

根据对陆上部分凹陷天然气资源丰度分析，与项目区 A 凹陷的资源丰度 0.27 亿方/km^2 进行对照，A 凹陷属于特低丰度。

2)预测最小探明储量规模

根据邻近油气田的资料，参数取值如下：天然气商品率 98%；天然气价格 890 元/千方；单位税金 115.7 元/千方；单位操作成本 320 元/千方；类比邻区单位开发投资 211 元/千方；行业基准利润率 17%；勘探项目计划总投资 12 940 万元。

根据类比参数，最小探明储量规模预测如下：

(1)确定最高允许成本。

$$最高允许成本=\frac{原油商品率\times单位气价-单位税金}{行业基准利润率+1}$$

$$=\frac{98\%\times890-115.7}{17\%+1}=646.6(元/千方)$$

(2)确定勘探成本上限。

$$单位最高勘探成本=最高允许成本-单位开发投资-单位操作成本$$

$$=646.6-211-320$$

$$=115.6(元/千方)$$

(3)计算最小探明可采储量规模。

$$最小探明可采储量规模=\frac{勘探项目计划总投资}{最高单位勘探成本}=\frac{12\ 940}{115.6}=112(亿方)$$

当采收率为 50%时，最小探明地质储量规模为 112/0.5=224(亿方)

4. 投资可行性分析

该凹陷以找气为主，通过实物量指标评价，资源规模为 923 亿方，丰度为 0.27 亿方/km^2；预测可能的储量为 276.9 亿方。

项目预测的最小探明储量规模为 224 亿方，是预测可采储量 276.9 亿方的 80%，因此，从可能找到油气规模分析，勘探是可行的。

项目勘探成本为 75 元/千方，小于预测的单位勘探成本上限 115.6 元/千方。

按资源丰度统计资料分析，0.27 亿方/km^2 属于低丰度。因此，在勘探上要找到有一定规模且比较富集的油气藏，这样才有经济价值。

5. 概略评价结论

综合分析该凹陷实物量指标，结合实物量指标界限值进行对比，评价认为该凹陷资源丰度低，寻找有规模的储量是关键，项目具有可行性。

二、预探项目经济评价

预探项目经济评价一般采用常规经济评价法，勘探程度较低的项目可以采用概略评价法。概略评价法参照区域勘探项目经济评价法进行。预探项目常规经济评价可采用以下步骤。

（一）预探项目模拟开发方案设计

1. 开发方式及开发总井数

根据项目区可能的储量区块和开发层系划分，估计开发方式和开发井数。

2. 产能预测

有条件的项目可以直接估算项目区生产能力。不具备条件的项目，根据该项目区估算的可采储量规模，采用类比法确定年建产能力和产量递减率等开发指标。

3. 开发投资估算

分别确定地面工程建设投资和钻井投资，其中，地面工程建设投资通过类比法确定百万吨产能所需的地面工程建设投资求得，钻井投资用该区实际资料确定；或用类比法直接估算开发总投资。开发投资估算参照第二章。

4. 产量、投资分年安排

根据项目区的产能建设要求，分年度安排相应的工作量和投资，并附表说明（表 8－6）。

表 8－6　开发指标预测表

序号	项目名称	单位	合计	评价期						
				1	2	3	4	5	…	n
1	开发总井数	口								
1.1	油井井数	口								
1.2	气井井数	口								
1.3	注水井数	口								
1.4	汽驱井数	口								
2	年产油量	10^4 t								
3	年产气量	10^8 m^3								
4	副产品（硫磺等）	10^4 t								
5	年产液量	10^4 t								
6	年注水量	10^4 t								
7	年注气量	10^8 m^3								
8	年注汽量	10^8 m^3								
9	年注药剂量	10^4 t								
10	平均含水率	%								
11	采油（气）速度	%								
12	采出程度	%								
	备注									

(二)常规经济评价

在预探方案和模拟开发方案设计基础上,采用现金流量计算净现值、内部收益率和投资回收期等指标。根据影响经济指标的关键因素,进行敏感性分析。

1. 主要经济参数

确定经济参数,说明主要经济参数选取原则。

2. 经济评价

根据勘探方案分年数据、模拟开发方案数据及经济参数数据,用现金流法分别预测产量、投入和产出数据(现金流量表),计算出净现值等经济指标,并附表说明(表8-7)。

表8-7 经济指标预测表

序号	项目	单位	合计	年度				
				1	2	3	…	n
1	产量	万吨或亿方						
2	油(气)售价	元/吨或元/千方						
3	营业收入	万元						
4	勘探投资	万元						
5	开发投资	万元						
6	操作成本	万元						
7	生产成本	万元						
8	财务费用	万元						
9	管理费用	万元						
10	销售费用	万元						
11	税金及附加	万元						
12	所得税前净现金流	万元						
13	所得税前累计净现金流	万元						
14	所得税后净现金流	万元						
15	所得税后累计净现金流	万元						
16	净现值	万元						
17	内部收益率	%						
18	投资回收期	年						

3. 不确定性分析

分别论述价格、储量、成本发生变化时,对经济指标的影响程度,从而分析关键经济风险,附敏感性分析图。

案例 2　松辽盆地 SW 断陷预探项目经济评价

该案例引自东北地区某预探项目。SW 断陷位于松辽盆地南部，二维地震测线网为 1km ×1km，三维地震覆盖了 SW 断陷最有利的区带，约 1000 多平方千米。目前的勘探工作量主要集中在浅层，实施探评井 78 口，总进尺 15 041.2m，为中等勘探成熟区。作为预探项目进行经济评价。

根据 SW 断陷勘探现状，经济评价采用概略评价方法与常规经济评价方法联合运用，在考虑资金的时间价值情况下，确定实物量指标即断陷最小经济储量规模，并综合分析松辽盆地 SW 断陷预探项目勘探的可行性。

1. 影响最小经济油田储量规模因素分析

影响最小经济储量规模的因素很多又很复杂，大致可分为自然因素和综合因素两大类。

1)自然因素

(1)地理环境。SW 断陷位于平原，这是最小经济油田储量规模可能处的自然地理环境，而该地区的交通、政治、经济、文化等的发展状况则是最小经济油田储量规模可能处的经济地理环境。

(2)地质特征。SW 断陷可划分深、中、浅三套系，深部以营城组、沙河子组为主要目的层，中部以泉一、二段及登娄库组为主要目的层，浅部以泉三、四段为主要目的层，其中中部层系是目前油气田的主力层系。营城组、沙河子组为主要烃源层，登娄库组、火石岭组为次要烃源层，登娄库组—泉头组沉积期为油气早期成藏期，嫩末运动是油气晚期成藏期。油气成藏主要受烃源及大型褶皱构造双重控制，深部层系以构造岩性油气藏为主，中浅层系以构造油气藏为主。这些因素的优劣将影响最小经济油田储量规模的大小。

(3)储量规模。截止 2001 年底，发现了 5 个油气田，天然气探明储量 93.15 亿方，预测储量 72.92 亿方；石油探明储量 1830 万吨，控制储量 85 万吨，预测储量 209 万吨。共发现局部构造 24 个，上钻验证 18 个构造，11 个圈闭获工业油气流。

2)综合因素

(1)油气价格。油气价格是影响最小经济油田储量规模大小的主要因素之一，油气价高，最小经济油田储量规模就小；反之，则大。

(2)生产成本。生产成本也是影响最小经济油田储量规模大小的主要因素之一，成本高，最小经济油田储量规模就大；反之，则小。

(3)技术水平。主要包括二维、三维地震技术、探井钻井技术、物探解释技术、开采方式、驱动类型、井网密度、压力水平、开采速度等，而勘探开发技术水平的高低直接影响勘探开发投资费用的大小以及油气产量的多少，进而影响最小经济油田储量规模的大小。

(4)管理水平。管理水平的高低是影响最小经济油田储量规模大小的一个重要因素。管理水平高，油田的勘探开发工作就能取得事半功倍的效果，油田的勘探开发、降低成本增加效益就能步入良性循环。

上述影响因素有的可以量化，例如原油价格、成本、采油速度等；有的暂时还不能做到量化，只能做定性分析，例如自然因素、技术水平、管理水平等。下面仅对可以量化的因素进行定量分析，以推导出最小经济油田储量规模的计算模型。

2. 计算最小经济储量规模参数的选取

1)原油产量

探明储量投入开发后，产量逐渐由零达到设计产能，经过一段时间的稳产，进入递减期，直至失去经济价值，寿命结束。

对于油气产量而言，产量变化按以下3个阶段分别取值。

(1)建设期：资金的状况，建设期为1～3年中的某一时期，由于利润是按年算，建设期间的产量和时间呈直线关系，故在此期间可按产能与建设期的比值取值。

(2)稳产期：各种类型的油气藏稳产期都不一样，且受管理水平、生产技术等因素影响，在该阶段油气产量按设计产能取值。

(3)递减期：油田进入递减期后，假设产量按年均递减率 D 递减。

假设最小经济储量规模为 N_R(万吨)，R_p 为采收率(小数)，年采油(气)速度为 v_p(%)，年产能为 $N_R R_p v_p$(万吨/年)；有效生产时间为 T_s(年)，建设期为 T_{js}(年)，稳产期为 T_{wc}(年)，递减期为 T_{dj}(年)，其中

$$T_s = T_{js} + T_{wc} + T_{dj} \tag{8-8}$$

累计产量 N_p(万吨)等于建设期产量、稳产期产量与递减期产量之和。即

$$\begin{aligned} N_p &= \sum_{t=1}^{T_{js}} N_R R_p v_p \frac{t}{T_{js}+1} + \sum_{t=T_{js}+1}^{T_{js}+T_{wc}} N_R R_p v_p + \sum_{t=T_{js}+T_{wc}+j}^{T_{js}+T_{wc}+T_{dj}} N_R R_p v_p (1-D)^j \\ &= N_R R_p v_p \left[\sum_{t=1}^{T_{js}} \frac{t}{T_{js}+1} + \sum_{t=T_{js}+1}^{T_{js}+T_{wc}} + \sum_{t=T_{js}+T_{wc}+j}^{T_{js}+T_{wc}+T_{dj}} (1-D)^j \right] \quad (j=1,2,3,\cdots) \end{aligned} \tag{8-9}$$

2)勘探投资

勘探投资＝地震投资(二维、三维)＋探井投资＋其他投资(井场投资、老资料处理费＋非地震物化探费＋矿权登记费＋研究经费＋管理经费)。

勘探投资现值为 $(I_{kt})_{pv}$(万元)：

$$(I_{kt})_{pv} = \sum_{t=1}^{T_{kt}} (l_1 \times KS_1 + S_2 \times KS_2 + N_{tj} \times H_{tj} \times K_{tj})_t (1 + I_{qt}) \times C_{kt} \times (1+i)^{-t} \tag{8-10}$$

式中：l_1 为探明储量平均需要二维地震测线长度(km)；KS_1 为单位二维地震所花费用(万元/km)；S_2 为探明储量平均需要三维地震面积(km^2)；KS_2 为单位面积三维地震所花费用(万元/km^2)；H_{tj} 为探井平均井深(m)；N_{tj} 为探明储量平均需要探井数(口)；K_{tj} 为单位探井进尺投资(万元/m)；I_{qt} 为其他投资(万元)；C_{kt} 为勘探总投资换算系数；T_{kt} 为勘探年限(年)；i 为贴现率(%)。

3)开发投资

开发投资主要包括开发井投资、地面建设及系统工程投资等。

开发总投资现值为 $(I_{kf})_{pv}$(万元)：

$$(I_{kf})_{pv} = \sum_{t=T_{kt}+1}^{T_{kt}+T_{kf}} N_R R_p v_p (N_{kf} H_{kf} K_{kf} + N_{kf} K_{dm})_t C_{kf} (1+i)^{-t} \tag{8-11}$$

式中：N_{kf} 为每万吨产能建设平均需要开发总井数(口)；H_{kf} 为开发井平均井深(m)；K_{kf} 为开发井进尺成本(万元/m)；K_{dm} 为平均单井地面建设、系统工程费用(万元/口)；C_{kf} 每万吨产

能建设总投资换算系数；T_{kf}为开发年限（年）。

4）原油营业收入

销售收入是指项目投产后向社会提供的商品实现销售后的收入，取决于油气价格和销售量。原油价格乘以原油商品率乘以原油产量为营业收入。

（1）原油价格。是指各油气田出厂价格或合同价格。在实际计算过程中，分别给出不同的原油价格，石油价格区间为800～2000元/吨。

（2）营业收入。如果天然气商品率为α（小数），原油价格为P_y（元/吨），则营业收入现值为P_{pv}（万元）：

$$P_{pv}=N_E R_p v_p \beta_t \alpha P_y (1+i)^{-t} \tag{8-12}$$

令

$$\beta_t=\left[\sum_{t=T_{kt}+T_{kf}+1}^{T_{kt}+T_{kf}+T_{js}}\frac{t-T_{kt}-T_{kf}}{T_{js}+1}+\sum_{t=T_{kt}+T_{kf}+T_{js}+1}^{T_{kt}+T_{kf}+T_{js}+T_{wc}}+\sum_{t=T_{kt}+T_{kf}+T_{js}+T_{wc}+j}^{T_{kt}+T_{kf}+T_{js}+T_{wc}+T_{dj}}(1-D)^j\right]_t \tag{8-13}$$

5）经营成本费用

经营成本费用属经常性支出，何时发生，就何时计入，不作分摊。因此，经营成本费用中不包括一次性支出并已计入现金流出中的投资（以折旧形式回收）、摊销费、借款利息支出等费用。计算公式为：

经营成本费用现值为C_{pv}（万元）：

$$C_{pv}=N_E R_p v_p \beta_t C(1+i)^{-t} \tag{8-14}$$

式中：C为单位经营成本费用（元/吨）。

6）税金

目前，最小经济储量规模油气田在开采过程中涉及的税金主要有增值税、城乡维护建设税、教育附加税、资源税等。为了简化计算，采用综合税率，综合税率是指上述4种税费占销售收入的比例。

营业税金及附加现值为$(R_r)_{pv}$（万元）：

$$(R_r)_{pv}=N_E R_p v_p \beta_t \alpha P_q r(1+i)^{-t} \tag{8-15}$$

式中：r为综合税率（小数）。

3. 建立最小经济储量规模模型

综合上述因素，将式(8-9)～式(8-15)代入净现值公式(8-16)中，净现值为：

$$NPV=\sum_{t=0}^{T}(CI-CO)_t(1+i)^{-t} \tag{8-16}$$

在油气田的勘探开发投资项目中油（气）销售收入为现金流入，勘探投资、开发投资、经营成本、销售税金及附加等为现金流出。

$$NPV=P_{pv}-(I_{kt})_{pv}-(I_{kf})_{pv}-C_{pv}-(R_r)_{pv} \tag{8-17}$$

在建立最小经济储量规模模型时，设净现值等于零，代表石油行业内所有投资资金应当获得的最低财务盈利水平的储量规模。即当$NPV=0$时的储量为最小经济储量规模。最小经济储量规模模型为：

$$N_R=\frac{I_{kt}}{R_p v_p\left[(1-r)P_y\alpha\beta_t-\sum_{t=T_{kt}+1}^{T_{kt}+T_{kf}}(N_{kf}H_{kf}K_{kf}+N_{kf}K_{dm})_t C_{kf}-C\beta_t\right](1+i)^{-t}} \tag{8-18}$$

4. 主要参数取值(表 8-8)

表 8-8 最小经济储量规模计算所涉及的主要参数表

1. 勘探投资		3. 成本费用	
万吨探明储量平均需要探井数	0.037 口	与产量无关的成本	
探井平均深度	1985.82m	营业费用	19 元/吨
探井进尺成本	1631 元/m	财务费用	61 元/吨
万吨探明储量需要二维地震长度	0.79km	管理费用	103 元/吨
二维地震单位成本	425 元/km	其他直接费用	40 元/吨
万吨探明储量需要三维地震平方米	1.96km^2	固定资产折旧费	39.58 万元/年
三维地震单位成本	14 710 元/km^2	与产量有关的成本	
勘探总投资换算系数	1～1.4116	单位油气操作成本①	328 元/吨
单位探明地质储量勘探费用①	15.12 元/吨	4. 税金	
2. 开发投资		综合税率①	12%
每万吨产能需开发井数	3.27 口	5. 营业收入	
开发井平均井深	1487.03m	原油商品率	95%
开发井单位进尺成本	814.91 元/m	天然气商品率	95%
单井地面建设、系统工程费用	68 万元/口	采油速度	1.31%
产能建设总投资换算系数	1～1.4116	采气速度	2.5%
单位产能开发费用①	608.81 元/吨	折现率	15%
		评价期	15 年

注:①资料不全时,可以不做具体分析

5. 计算最小经济储量规模

根据最小经济储量规模的模型,分别计算了常规油(气)藏和低渗透油(气)藏不同油气价下,不同油(气)藏埋深的最小经济油田(天然气)储量规模,计算结果如表 8-9、表 8-10 和图 8-2～图 8-5 所示。

表 8-9　SW 断陷不同油价及不同油藏深度下的最小经济储量规模

原油价格（元/吨）	常规油藏不同油藏埋深下的最小经济储量规模（万吨）						低渗透油藏不同油藏埋深下的最小经济储量规模（万吨）					
	1000m	1500m	2000m	2500m	3000m	3500m	1000m	1500m	2000m	2500m	3000m	3500m
800	160.1	195.3	221.2	279.0	342.4	404.3	167.4	204.8	232.6	295.0	364.4	432.9
900	120.9	144.8	161.8	198.4	235.7	270.5	125.0	150.0	167.8	206.4	246.0	283.1
1000	97.1	115.1	127.5	153.9	179.8	203.3	99.7	118.4	131.3	158.7	185.6	210.3
1100	81.1	95.5	105.3	125.8	145.3	162.8	82.9	97.7	107.8	128.9	149.1	167.3
1200	69.7	81.6	89.6	106.3	121.9	135.8	71.0	83.2	91.4	108.6	124.6	138.9
1300	61.0	71.2	78.0	92.1	105.0	116.5	62.1	72.5	79.4	93.7	107.0	118.7
1400	54.3	63.2	69.1	81.2	92.2	101.9	55.1	64.2	70.1	82.5	93.7	103.7
1500	48.9	56.8	62.0	72.6	82.2	90.6	49.6	57.6	62.8	73.7	83.4	92.0
1600	44.5	51.6	56.2	65.7	74.1	81.6	45.1	52.2	56.9	66.5	75.1	82.7
1700	40.8	47.2	51.4	59.9	67.5	74.2	41.3	47.8	52.0	60.7	68.3	75.1
1800	37.7	43.6	47.4	55.1	62.0	68.0	38.1	44.0	47.9	55.7	62.7	68.8
1900	35.0	40.4	43.9	51.0	57.3	62.8	35.4	40.8	44.3	51.6	57.9	63.5
2000	32.7	37.7	40.9	47.5	53.3	58.3	33.0	38.1	41.3	48.0	53.8	58.9

表 8-10　SW 断陷不同天然气价格及不同气藏深度下的最小经济储量规模

天然气价格（元/千方）	常规气藏不同气藏埋深下的最小经济储量规模（亿方）						低渗透气藏不同气藏埋深下的最小经济储量规模（亿方）					
	1000m	1500m	2000m	2500m	3000m	3500m	1000m	1500m	2000m	2500m	3000m	3500m
500	53.1	60.3	64.8	73.8	81.3	87.9	83.7	101.1	113.7	141.3	171.0	198.6
600	39.6	45.0	48.3	55.2	60.6	65.4	54.3	64.2	71.1	85.5	99.3	112.2
700	31.5	35.7	38.4	43.8	48.3	52.2	40.2	47.1	51.6	61.2	70.2	78.0
800	26.1	29.7	32.1	36.6	40.2	43.5	31.8	37.2	40.5	47.7	54.3	60.0
900	22.5	25.5	27.3	31.2	34.5	37.2	26.4	30.6	33.3	39.0	44.1	48.6
1000	19.5	22.2	24.0	27.3	30.0	32.4	22.5	26.1	28.5	33.0	37.2	40.8
1100	17.4	19.8	21.3	24.3	26.7	28.8	19.8	22.8	24.6	28.8	32.1	35.1
1200	15.6	17.7	19.2	21.9	24.0	25.8	17.4	20.1	21.9	25.2	28.2	30.9
1300	14.1	16.2	17.4	19.8	21.9	23.4	15.6	18.0	19.5	22.8	25.2	27.6
1400	12.9	14.7	15.9	18.0	20.1	21.6	14.4	16.5	17.7	20.4	22.8	24.9
1500	12.0	13.5	14.7	16.8	18.3	19.8	13.2	15.0	16.2	18.6	21.0	22.8

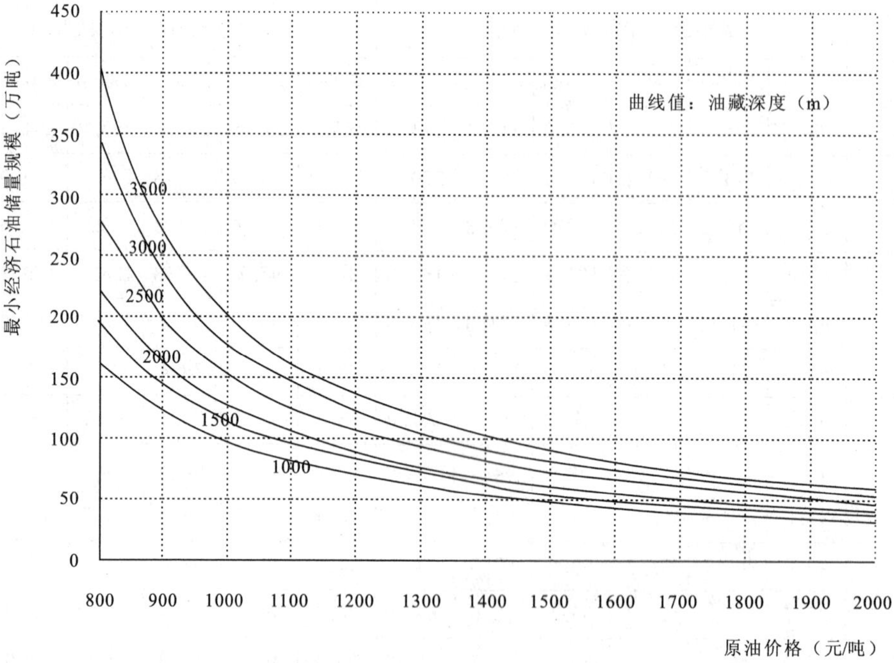

图 8-2　不同原油价格及不同常规油藏深度下的最小经济储量规模

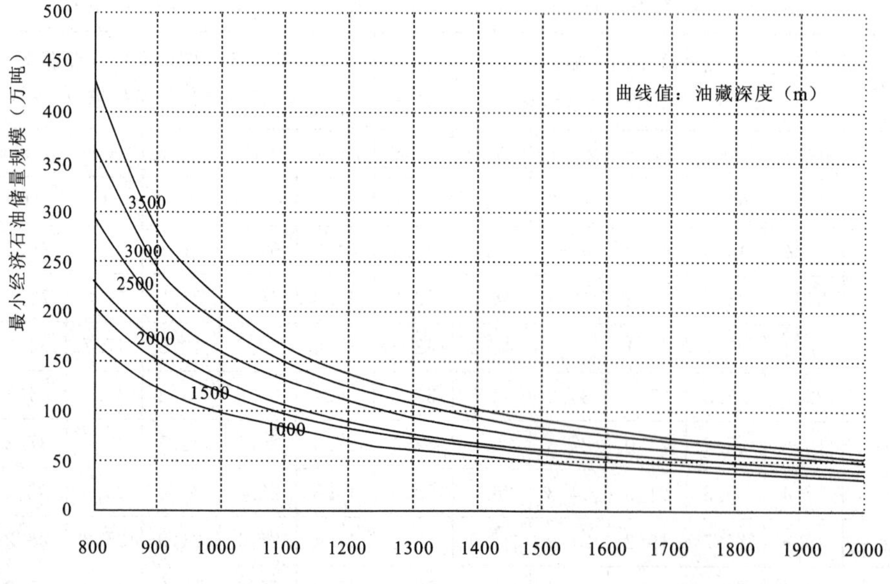

图 8-3　不同原油价格及不同低渗透油藏深度下的最小经济储量规模

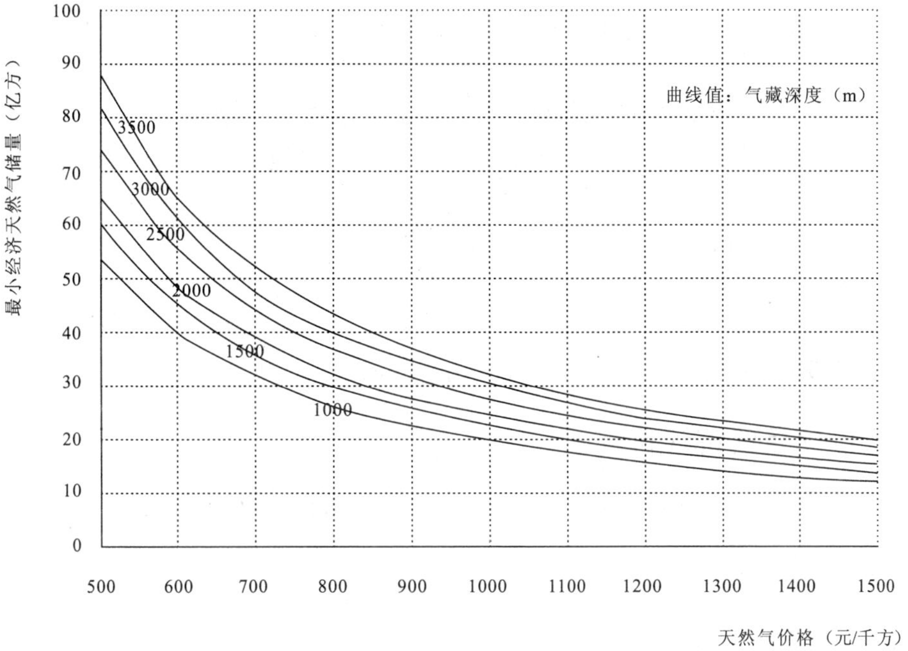

图 8－4　不同天然气价格及不同常规气藏深度下的最小经济储量规模

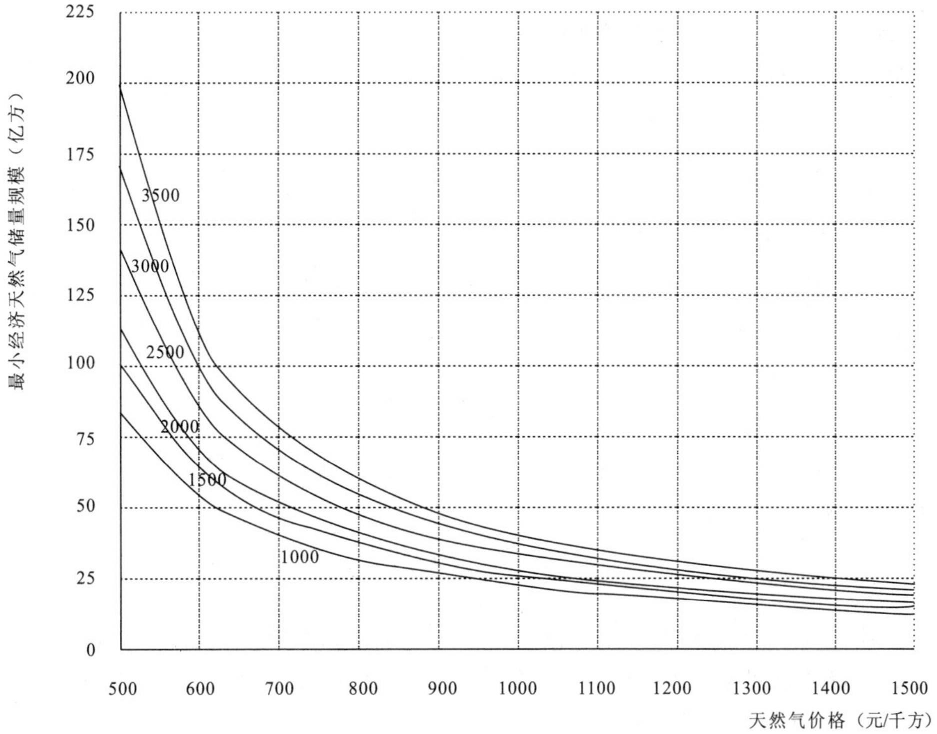

图 8－5　不同天然气价格及不同低渗透气藏深度下的最小经济储量规模

6. 项目可行性分析

SW 凹陷构造以常规和低渗油气藏为主，预测天然气储量 72.92 亿方；预测石油储量 209 万吨。

通过计算对于常规油藏（图 8-2）只有当油藏埋深为 2000m、油价高于 820 元/吨，油藏埋深为 2500m、油价高于 890 元/吨；对于低渗透油藏（图 8-3）埋深为 2000m、油价高于 830 元/吨，油藏埋深为 2500m、油价高于 910 元/吨时，最小经济油田储量规模小于预测石油储量。对于常规气藏（图 8-4）埋深为 2500m 时，天然气价格高于 500 元/千方；对于低渗透气藏（图 8-5）埋深为 2000m 时，天然气价格高于 520 元/千方时最小经济气田规模小于预测天然气储量，SW 断陷勘探投资项目才可行，该探区才有可能部署勘探工作。根据最小经济储量规模可以大大减小勘探部署的盲目性，对油田勘探部署有重要的指导作用。

三、评价项目经济评价

油气藏评价项目的经济评价主要采用常规经济评价方法，评价程序如下。

（一）模拟开发方案设计

根据已经取得的资料和推荐评价方案，进行油田开发方案设计，估算开发指标和开发投资。

1. 动用面积和储量预测

根据评价方案提供的含油气面积和探明储量，通过分析选定动用面积和储量。

2. 开发层系、开发方式及井网部署方案

简述可能的开发层系、开发方式、开采速度、井网形式、井距、预测开发井总井数及注采井数。

3. 单井产能分析

根据已有的实际资料，采用有关方法，确定单位厚度的稳定产能，计算单井稳产量。

4. 预测开发指标

预测项目区产量高峰期达到的年限、高峰期产量、产量递减率与分年度产油、气量、注水（气）量（表 8-6）。

5. 估算钻井和地面工程投资

根据开发井数和成本，估算钻井工程投资，地面建设工程投资，一般情况下，要求对油田地面建设进行框架设计，估算建设投资；不具备条件的可以根据同类已开发油田钻井与地面建设的投资比例，估算建设投资。

（二）经济评价

在推荐评价方案、模拟开发方案和投资估算等基础上，采用现金流量方法，计算净现值、内部收益率和投资回收期等经济指标。根据影响经济指标的关键因素，进行不确定性分析等，用附表和附图加以说明，附表格式见表 8-7。

1. 依据和基础数据

（1）说明财务评价所依据的国家、行业有关规定、文件和公司有关规定及采用的方法和评价范围等。

(2)说明所采用的基础参数及选择原则。

2. 财务指标分析

在评价方案和模拟开发方案设计的基础上，采用现金流量方法计算净现值、内部收益率和投资回收期等经济指标。

3. 不确定性分析

(1)敏感性分析。根据影响经济指标的关键因素(包括产量、价格、投资、成本等)进行敏感性分析和概率分析。

(2)盈亏平衡分析。计算产量的盈亏平衡点和生产能力利用率。

(3)基准平衡分析。通过基准平衡分析进行经济极限的研究，主要分析在满足行业基准收益率时的价格、储量、投资、成本等的平衡点。

(三)经济评价结论

根据经济指标计算的结果，说明项目立项的可行性，同时说明敏感性分析中，因敏感参数变化带来的项目经济风险。

第四节　油气勘探项目的风险决策

油气勘探工作，是一项复杂的生产活动。由于勘探对象的复杂性和不确定性，使油气地质勘探的全过程充满风险，为了降低油气勘探项目的风险，提高油气勘探项目经济效益，就有必要发现、认识和利用油气勘探项目的高风险经济规律，通过改变某些经济条件来限制、降低高风险规律的作用范围，使油气勘探项目的经济活动符合客观规律的要求，尽可能采取措施减少风险损失。

一、风险决策的条件

风险决策的条件包括：①存在决策人希望达到的目标(如收益最大或损失最小)；②存在着两个或两个以上的方案可供选择；③存在着两个或两个以上不以决策者主观意志为转移的自然状态；④可以计算出不同方案在不同自然状态下的经济效益指标；⑤在可能出现的不同自然状态中，决策者不能肯定未来将出现哪种状态，但能确定每种状态出现的概率。

【例 8－1】 某油田拟对一区块进行评价勘探，勘探后，可能面临 4 种前景：①发现大油田(称作状态 1，记为 θ_1)；②发现中油田(θ_2)；③发现小油田(θ_3)；④发现无工业价值(θ_4)。

通过对已知地质资料的分析，作出以下判断：状态 1 出现的概率 $P(\theta_1)=0.3$；状态 2 出现的概率 $P(\theta_2)=0.4$；状态 3 出现的概率 $P(\theta_3)=0.2$；状态 4 出现的概率 $P(\theta_4)=0.1$。

油田根据上述条件提出 3 种投资方案，这 3 种方案在不同状态下具有不同的经济效益，在一定时期内，各方案在不同状态下的净现值见表 8－11。

决策者面临 3 个备选方案 4 个可能的状态，并且已了解各种方案在不同状态下的经济效益指标和各种状态发生的概率，需要解决的问题是应选择哪个方案。

表 8-11　各方案在不同状态下的净现值　　单位:万元

方案	θ_1	θ_2	θ_3	θ_4
	$P(\theta_1)=0.3$	$P(\theta_2)=0.4$	$P(\theta_3)=0.2$	$P(\theta_4)=0.1$
X_1	240	100	−50	−300
X_2	360	150	50	−200
X_3	280	180	10	−250

二、风险决策的原则

要解决风险决策问题,首先要确定风险决策原则,通常采用的风险决策有 5 种。

1. 优势原则

优势原则是在 X_i 和 X_j 两个备选方案中,如果无论在什么状态下 X_i 均优于 X_j,就可以认定 X_i 是优势方案,或者说 X_j 相对于 X_i 是劣势方案。劣势方案一但认定,就应从备选方案中剔除。在有两个以上备选方案的情况下,应用优势原则一般不能决定最佳方案,但能减少备选方案的数目,缩小决策范围。在采用其他决策原则进行方案比选之前,应首先运用优势原则剔除劣势方案。

2. 期望值原则

期望值原则是指根据备选方案损益值(即对损失或收益的度量结果,在经济决策中即为经济效益指标,如例 8-1 中为方案净现值)的期望值进行决策,如果损益值用费用值表示,应选择损益值的期望值最小的方案,如果损益值用收益表示则应选择损益值的期望值最大的方案。

如例 8-1 中,各方案净现值的期望值为:

$$E(X_1)=240\times0.3+100\times0.4-50\times0.2-300\times0.1=72(\text{万元})$$

$$E(X_2)=360\times0.3+150\times0.4+50\times0.2-200\times0.1=158(\text{万元})$$

$$E(X_3)=280\times0.3+180\times0.4+10\times0.2-250\times0.1=133(\text{万元})$$

式中:$E(X_1)$、$E(X_2)$、$E(X_3)$分别为方案 X_1、X_2、X_3 净现值的期望值。按照期望值原则,应当选择方案 X_2。

3. 最小方差原则

由于方差越大,实际发生的方案损益值偏离期望值的可能性越大,从而方案的风险也越大,所以有时人们倾向于选择损益值较小的方案,这就是最小方差原则。在备选方案期望值相同或收益期望值大(费用期望值小)的方案损益值方差小的情况下,期望值原则与最小方差原则不矛盾,最小方差原则无疑是一种有效的决策原则,但在许多情况下,期望值原则与最小方差原则并不具有一致性,在例 8-1 中,各方案净现值的方差为:

$$D(X_1)=(240-72)^2\times0.3+(100-72)^2\times0.4+(-50-72)^2\times0.2+(-300-72)^2\times0.1$$
$$=25\ 596$$

$$D(X_2)=(360-158)^2\times0.3+(150-158)^2\times0.4+(50-158)^2\times0.2+(-200-158)^2\times0.1$$
$$=27\ 416$$

$$D(X_3)=(280-133)^2\times0.3+(180-133)^2\times0.4+(10-133)^2\times0.2+(-250-133)^2\times0.1$$
$$=25\ 061$$

式中：$D(X_1)$、$D(X_2)$、$D(X_3)$分别为方案 X_1、X_2、X_3 净现值的方差，按照最小方差原则，应当选择 X_3，这显然与按照期望值原则选择的结论不一致。对于按照期望值原则与最小方差原则选择结论不一致的情况下，目前还没有找到广泛接受的解决办法。不同投资者对于风险大小的判别是不一样的，一方面取决于决策者本人的胆识与冒险精神，另一方面取决于投资主体对风险的承受能力。一般来说，风险承受能力较强的投资者倾向于按期望值原则进行决策；而风险承受能力较弱的投资者宁可按最小方差原则选择期望收益不太高但安全的方案。

4. 最大可能原则

在风险决策中，如果一种状态发生的概率显著大于其他状态，那么，就把这种状态视作肯定状态，根据这种状态下各方案损益值的大小进行决策，而置其余状态于不顾，这就是最大可能原则。按照最大可能原则进行风险决策，实际上是把风险决策问题化为确定性决策问题求解。

值得指出的是，只有当某一状态发生的概率大大高于其他状态发生的概率，并且各方案在不同状态下的损益值差别不是很大时，最大可能原则才是适用的。在例 8－1 中状态 θ_2 发生的概率最大，如果按最大可能原则进行决策，应该选择在 θ_2 下净现值最大的方案 X_3，但是，必须注意到，θ_2 发生的概率 $P(\theta_2)=0.4$，与其他状态发生的概率差别不大，并且方案 X_3 在不同状态下净现值相差较大，所以，在例 8－1 中，用最大可能原则进行决策是不太合适的。

5. 满意原则

对于比较复杂的风险决策问题，人们往往难以发现最佳方案，因而采用一种比较现实的决策原则——满意原则。即定出一个足够满意的目标值，将各备选方案在不同状态下的损益值与此目标值比较，损益值优于或等于此满意目标值概率最大的方案即为当选方案。

在例 8－1 中，假定满意目标是净现值不小于 30 万元，则各方案达到此目标的概率分别为：

$$X_1:P(NPV\geqslant30)=P(\theta_1)+P(\theta_2)=0.7$$
$$X_2:P(NPV\geqslant30)=P(\theta_1)+P(\theta_2)+P(\theta_3)=0.9$$
$$X_3:P(NPV\geqslant30)=P(\theta_1)+P(\theta_2)=0.7$$

因方案 X_2 达到满意目标的可能性最大，故按照满意原则应选择 X_2。

三、风险决策的实际运用

风险是油气勘探中难以捉摸的变数，可用一个简单的公式来表达其关系：

可能找到的油气＋风险＋经济学＝决策

油气勘探不可能在所有事实都了解清楚之后再进行，未知因素很多，在很大程度上要靠勘探经验和定量化的风险分析方法来判断。风险决策就是要在已知地质经济信息的基础上，通过估计、推断、预测来判断某区块能否找到油气藏的概率或者找到油气藏是否具有经济价值的概率，并运用风险决策的原则，对不同地区、不同勘探方案进行选择，确定下一步的勘探工作部署。

1. 勘探地区的选择

在有限资金的条件下，通常要对不同勘探地区的资源条件进行分析和判断，预测其开发效益和产品销售情况，优先选择投资少、预期储量多、周期短、见效快的有利地区进行勘探。

在分析时，一般采用期望值决策的原则进行选择，即分别计算各个探区的预期净收益期望值或预期净现值期望值，按期望值的大小，安排勘探的次序。

利用期望值决策的原则选择最优探区的具体步骤是：①预测勘探地区发现油气的不同状态的概率；②计算各种可能勘探结果的概率；③计算各探区预期净收益期望值或预期净现值的期望值；④根据期望值的大小，对不同地区进行比选，选择最佳的探区优先勘探。

【例 8-2】 某处有两个可以勘探的地区，经专家估计，两个地区的不同勘探结果的概率分别如下。

甲地区：

(1)发现商业性油气田的概率为 0.1，干井的概率为 0.9。

(2)发现商业性油气田后，估计发现油田的概率为 0.6，发现气田的概率为 0.4。

(3)如发现商业性油气田后，估计发现大油气田的概率为 0.2，发现中型油气田的概率为 0.8。

(4)开发油气田投资低的概率为 0.6，开发油气田投资高的概率为 0.4。

乙地区：

(1)发现商业性油气田的概率为 0.2，干井的概率为 0.8。

(2)如发现商业性油气田后，估计发现油田的概率为 0.5，发现气田的概率为 0.5。

(3)如发现商业性油气田后，估计发现中型油气田的概率为 0.3，发现小型油气田的概率为 0.7。

(4)开发油气田的投资都较低。

试优选一个有利地区。

【解】 根据题意，计算不同勘探结果的概率。

甲地区和乙地区的概率如表 8-12、表 8-13 所示。在 15% 的折现率下，计算两地区的期望净现值，如表 8-14 和表 8-15 所示。

表 8-12 甲地区各种可能勘探结果的概率

序号	勘探结果	概率
①	干井	0.9
②	低开发投资的大型油田	0.1×0.6×0.2×0.6=0.0072
③	高开发投资的大型油田	0.1×0.6×0.2×0.4=0.0048
④	低开发投资的中型油田	0.1×0.6×0.8×0.6=0.0288
⑤	高开发投资的中型油田	0.1×0.6×0.8×0.4=0.0192
⑥	低开发投资的大型气田	0.1×0.4×0.2×0.6=0.0048
⑦	高开发投资的大型气田	0.1×0.4×0.2×0.4=0.0032
⑧	低开发投资的中型气田	0.1×0.4×0.8×0.6=0.0192
⑨	高开发投资的中型气田	0.1×0.4×0.8×0.4=0.0128
	总计	1.0000

表 8－13　乙地区各种可能勘探结果的概率

序号	勘探结果	概率
①	干井	0.8
②	低开发投资的中型油田	0.2×0.5×0.3×1=0.03
③	低开发投资的小型油田	0.2×0.5×0.7×1=0.07
④	低开发投资的中型气田	0.2×0.5×0.3×1=0.03
⑤	低开发投资的中型气田	0.2×0.5×0.7×1=0.07
	总计	1.00

表 8－14　甲地区的净现值期望值

序号	概率	折现率为15%的净现值(万元)	净现值期望值(万元)
①	0.9000	－520	－468.00
②	0.0072	35 000	252.00
③	0.0048	15 000	72.00
④	0.0288	5200	149.76
⑤	0.0192	3100	59.52
⑥	0.0048	22 000	105.60
⑦	0.0032	11 500	36.80
⑧	0.0192	2300	44.16
⑨	0.0128	200	2.56
总计	1.0000		254.40

表 8－15　乙地区的净现值期望值

序号	概率	折现率为15%的净现值(万元)	净现值期望值(万元)
①	0.80	－174	－139.2
②	0.03	4300	129.0
③	0.07	1000	70.0
④	0.03	3000	90.0
⑤	0.07	400	28.0
总计	1.00		177.8

由以上计算可知，甲地区为254.4万元，乙地区为177.8万元，显然，甲地区高于乙地区。

为了进一步进行比较，还应分析各个探区投资因素，因此必须计算单位风险投资效果。可用净现值比率进行计算：

$$NPVR = \frac{E(NPV)}{\sum_{t=0}^{n} I_t (1+i)^{-t}} \tag{8-19}$$

式中：$E(NPV)$为净现值的期望值。

若甲地区的投资现值为520万元，乙地区投资现值为480万元。则

$$NPVR_{甲}=\frac{254.4}{520}=0.489$$

$$NPVR_{乙}=\frac{178}{480}=0.371$$

计算表明，仍然是甲地区优于乙地区，故应将甲地区作为有利的优先勘探地区。

2. 石油勘探方案的优选

当确定对一个地区进行勘探后，要进一步分析究竟采用何种勘探部署和程序才可以取得较好的勘探效果。经常碰到的是先打井，还是先进行地震勘探？打一口井还是同时打几口井？以及如何布置探井等，所有这些都是属于勘探方案的确定问题。对这类问题的决策在技术经济分析中常常采用决策树法。

下面用决策树法进行勘探方案的选择，举例如下。

【例8-3】 假定某盆地可能有含油构造，在该盆地上做地震勘探工作，估计要200万元，若该构造有油，可能找到不同规模的储量，根据地质资料的分析，认为有两种可能：找到大油田，估计可获利3700万元；找到小油田，估计可获利1200万元。

为此，提出了以下两个方案。

方案1：根据现存地质资料，立即打一口探井以进一步探明储量。

方案2：为了确定该构造是否存在，先做地震勘探工作，再决定是否打井。根据地震资料，估计有构造的概率为0.5。

【解】 以上两个方案，用决策树图形作出决策。

(1)按决策和事件发生的实际顺序绘出决策树，如图8-6所示。用A、B、C、… 表示各个决策和状态节点，用(a)、(b)、(c)、… 表示各分枝的终端点。

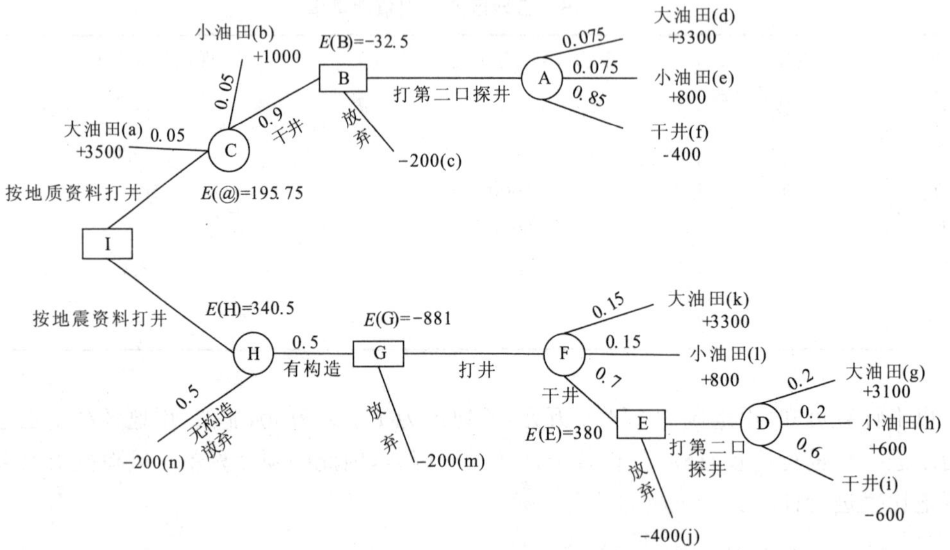

图8-6 某盆地勘探方案决策树图

(2)标上每个终端点的条件值(以货币表示的损益)。以(i)点为例,达到这点,意味着下列一系列事件已发生:①用 200 万元进行地震勘探;②地震证实存在构造,用 200 万元打第一口探井;③第一口探井为干井,决定用 200 万元打第二口探井;④第二口探井也是干井,放弃勘探,共损失 600 万元。

所有终端点都标出损益的数字,计算得各终端点的损益值,将各终端点的损益值列于表 8-16。

表 8-16　各终端点的损益值

终端点	(a)	(b)	(c)	(d)	(e)	(f)	(g)	(h)	(i)	(j)	(k)	(l)	(m)	(n)
损益值(万元)	3500	1000	−200	3300	800	−400	3100	600	−600	−400	3300	800	−200	−200

(3)用风险分析方法确定各状态点各个分枝的概率,如表 8-17 所示。

表 8-17　各状态点分析的概率

结果	根据地质资料打第一口探井	根据地质资料打第二口探井	根据地震资料打第一口探井	根据地震资料打第二口探井
发现大油田	0.05	0.075	0.15	0.20
发现小油田	0.05	0.075	0.15	0.20
干井	0.90	0.85	0.70	0.60

(4)进行决策分析。

先分析按地质资料打井的分枝方案,计算每个节点的期望值:

节点 A 的期望值为:

$$E(V_A)=(+3300)\times0.075+(+800)\times0.075+(-400)\times0.85=-32.5(\text{万元})$$

决策点 B 的期望值为:

节点 B,需要在这里作决策,只有两种选择,要么打第二口探井,损失 32.5 万元;要么放弃,损失 200 万元,现假设选择前者,即打第二口探井,则

$$E(V_B)=-32.5(\text{万元})$$

节点 C 的期望值为:

$$E(V_C)=(+3500)\times0.05+(+1000)\times0.05+(-32.5)\times0.9=+195.75(\text{万元})$$

再分析按地震勘探打井分枝方案,计算每个节点的期望值:

节点 D 的期望值为:

$$E(V_D)=(+3100)\times0.2+(+600)\times0.2+(-600)\times0.6=+380(\text{万元})$$

决策点 E 的期望值为:

决策点 E,需要在这里作决策,有两种选择,若打第二口探井可获利 380 万元;若放弃,损失 400 万元。假定选择前者,即打第二口探井,则

$$E(V_E) = +380(\text{万元})$$

节点 F 的期望值为：

$$E(V_F) = (+3300) \times 0.15 + (+800) \times 0.15 + (+380) \times 0.7 = +881(\text{万元})$$

决策点 G 的期望值为：

决策点 G,需要进行决策,要么打探井,获利 881 万元;要么放弃,损失 200 万元。假定选择前者,打探井,则

$$E(V_G) = +881(\text{万元})$$

节点 H 的期望值为：

$$E(V_H) = (+881) \times 0.5 + (-200) \times 0.5 = +340.5(\text{万元})$$

现在回到初始位置即决策点 I,可以作决策了。

计算结果:$E(V_H) = +340.5$(万元)

$E(V_C) = +195.75$(万元)

$E(V_H) > E(V_C)$

通过以上的计算和分析,可得出以下合理的决策：

(1)打探井之前,先要进行地震勘探。

(2)假如做地震勘探工作后,证实有构造,可打一口探井。

(3)假如第一口井是干井,再打第二口探井。

思考与练习

1. 油气勘探项目的经济评价原则有哪些?

2. 油气勘探项目一般划分为哪几个阶段?各阶段的主要任务是什么?

3. 为什么要在对油气勘探项目进行地质评价和油藏工程评价的基础上,还要进行经济评价?

4. 油气勘探项目经济评价方法有哪些?评价指标如何运用?

5. 有哪些方法可进行油气勘探项目决策?

第九章　油气田开发方案技术经济评价

学习要点

- 了解油气开发方案的含义
- 熟悉油气开发方案经济评价依据及程序
- 掌握油气田开发方案各阶段经济评价方法

油气田开发方案经济评价是一项综合性的研究工作，是石油工业建设项目可行性研究工作的重点。无论是工作流程、参数选择、投入产出测算，还是风险分析等问题，都有独特之处。油气田开发具有资金密集、技术密集和高风险的特点，制定油气田开发方案是合理开发油气田的基础，对编制出的每个开发方案都要进行经济评价，论证其经济上的合理性，减少和避免投资决策失误，提高投资的经济效益。

第一节　油气田开发方案经济评价的意义和任务

油气田是一个从宏观到微观都非常复杂的非均质地质系统，油气田的开发是资金、信息和技术都非常密集的、复杂的大规模系统工程，包含了从油田的第一口井出油开始，历经早期评价、投产、采油、调整，直至最后废弃的全过程。油气田开发常采用“认识一步、前进一步”的方式，分步骤地逐渐深化对油田的认识，并指导下一步开发。根据对油田认识的程度，可把新油田开发分为 4 个阶段：从第一口发现井出油后就着手进行的概念设计；油田投入正式开发前的方案设计；油田总体开发方案的实施；油田开发和油田调整。油气田开发工程是典型的技术密集和资金密集型工程。同时，油气田开发风险很大，开发项目投资的经济效果很大程度上取决于地质条件、自然环境条件。油气田开发时间比较长，一般持续十几年甚至几十年，因此，初期投资决策的正确与否对未来有着长期的影响。凡此种种都迫使我们高度重视油气田开发方案的可行性研究，认真进行经济评价。

当一个新油气田投入开发之前，必须根据合理的开发原则提出其开发部署，制定出先进合理的开发方案。所谓开发原则应体现国家对油气田开发的方针政策，体现现代开发理论和采油（气）工艺水平，还要结合被开发油气田的实际情况，它是开发工作的准则，又是制定开发方案的依据，也是对开发方案的基本要求。根据我国实际情况对一个开发方案的基本要求如下。

（1）合理的开发方案首先要保证国家对该油气田采油气量的要求，即所制定的开发方案应保证可以完成国家近期和长远的采油气计划，为了适应计划的要求，保证原油（天然气）的长期稳定供应和逐步增长的需要，国家要求采取稳产的方针，而一个油气田如何保持稳产，应有一个合理的技术经济界限。在技术经济评价中，应考虑储采比的高低，决定合理开发强度以保证较长的开发年限。

(2)合理的油气田开发方案必须采用先进的采油气技术。这包括合理的划分层系,减少层间干扰,改善开发效果。确定合理的井网密度,采用先进的采油方法等。即要保证整个油气田的开发符合当前的科学技术水平,达到较高的采收率。

(3)合理的油气田开发方案要以最少的人力、物力消耗获得最佳的经济效益,即投资最省、成本较低、建设周期短,投产后能获得较高的盈利等。在考虑这些问题时应与技术因素结合考虑,例如采用天然开采则有投资省、成本少、投产快的特点,采用人力保持压力开采则可保持油气田旺盛的生产能力,有利于延长稳产期,但要花些投资和费用。又如分层开采开发效果好,但需要多打井,层系划分越多,投资和经营费用就越大。因此,在技术经济研究中就是要找出其合理的界限。

在开发方案的技术经济评价中,我们既可以从企业的角度分析油气田开发的经济效益,也可以从国民经济的角度论证油气田开发的经济效益。因为一个油气田的开发不仅给油气田企业带来效益,而且往往对国民经济其他部门及地区经济的发展都有重大影响。所以,分析论证工作要充分考虑这些方面。在论证其国民经济效益时应将油气田的开发与其他能源工业的开发、石油炼制及化工的发展以及当地其他经济发展结合起来,统一加以考虑。

在实际工作中,有些油气田开发的局部经济效益并不显著,但从国民经济角度考虑却比较有利,此时虽开发投资或操作费用较大,企业盈利较少,但从整体考虑仍应开发。例如,某些边远地区的小油气田或海上的边际油气田以及稠油开发均属此列,此时为了解决边远地区用油,合理利用资源,国家常常采取必要的鼓励措施,支持其开发。

第二节　油气田开发的特点及开发方案经济评价的依据和程序

一、油气田开发的特点

一个油气田一旦探明并确认其具有开发的经济价值以后,就要逐步投入开发。尤其是从建设、投产经过长期生产直至开发结束是一个长期过程。一个常规油气田的开发一般经历以下3个阶段:

(1)气田开发初期。此时油气田全面部署注采井网并逐步投产,产量处于上升阶段。

(2)稳产时期。经过全面完善注采系统和稳定生产以后,油气田处于较长时期的稳定生产阶段,大部分可采储量均在此阶段采出,稳产期的长短依地质条件、开发方式、工艺技术而有差异,好的十几年,差的七八年。

(3)产量递减期。在油气田开发后期(如注水开发油气田进入高含水阶段),油气田产量要不断递减到其经济极限。此时由于地下条件变差,地层能力下降,工艺技术措施困难,因而进入递减期,产量就要下降,油层能量逐渐枯竭。递减期的递减率为每年5%～6%,高的每年可达到10%。

二、油气田开发方案技术经济评价的依据

油气田开发方案技术经济评价的基本依据是油田各项重要的技术经济指标,以及与这些开发指标有关的如油层物性、流体性质、采油工艺、建筑设施及油田自然地理环境等方面的情

况，具体包括如下几个方面。

(1)油气田的布井方案包括油气田总井数、注水井数、采油井数（自喷井数及机械采油井数）等以及布井方案。

(2)油气田开发速度、单井采油气量、油气田年产量、年采液量的变化情况，含水率及其上升规律。

(3)油气田开发年限及开发阶段的划分。

(4)在不同开发阶段、不同开采方式的井数，即自喷井数、机械采油井数。

(5)注水方式及不同开发阶段的注水量、各种井网密度和水驱控制储量。

(6)油层埋藏深度、油层总厚度、渗透率分布及流体性质。

(7)油田地质储量及采收率。

(8)油田地面建设流程和建设进度。

(9)勘探工作量包括已完成地震测线长度及还需进一步进行的工作量。

(10)资金来源及利率、原油价格和油价上涨率。

(11)基本建设工程和概算定额。

只有掌握上述地质、开发资料以后才可计算各项评价指标，对方案进行比较和优选。

三、油气田开发方案经济评价工作程序

油气田开发经济评价就是根据国民经济发展战略和石油工业长期规划，在资源、工程和技术评价及市场预测的基础上，对拟开发或新调整的油气田开发方案测算投入成本和产油效益，分析其不确定性因素，对比和优化方案的经济可行性，评价和推荐最优方案，为决策者提供可靠依据的过程。这个过程可以划分为 11 个步骤，即：①承接课题，明确要求；②拟定计划，安排进度；③收集资料，确定参数；④建立模型，设计程序；⑤测算和优选各个单项工程方案；⑥汇总整理初步开发方案；⑦测算各项经济指标；⑧指标分析和方案优选；⑨优选排序和综合评价；⑩编写油气田开发经济评价报告；⑪汇报与评审。需要说明的是，随着油田规模、油藏性质、勘探开发程度、工程设计工作深度和评价要求的不同，经济评价工作步骤也有所不同，可能出现省略某步骤或细分某步骤的情况，步骤间也常有交叉和反复深化。例如，收集资料与建立数学模型的工作存在交叉，前期收集了资料和选了参数，中后期还可能需要补充资料和核实参数。经济评价初期前面介绍的方法对井网设计方案、采油工程设计方案分别进行分析评价和局部的优化筛选，并汇总形成整体开发方案后，可能会发现某一局部优化与整体最优不协调。这时需要返回去调整重新优化该局部的设计。如果在地面建设工程中设计方案很粗，则相应的分析评价和优化工作将被省略。

第三节　油气田开发方案经济评价指标体系和评价方法

一、油气田开发方案经济评价基本参数及其选定

承接油气田经济评价课题和拟定了工作计划以后，下一步就要向有关单位和部门收集所需的工程设计资料和参考资料，以便选择经济评价所需的基本参数。

1. 资料及其来源

需要收集的资料包括油藏工程、钻井工程、采油工程、油气地面建设等的设计资料，辅助生产和后勤配套信息，石油行业基准参数资料，有关宏观经济与国家参数资料，石油工程概算定额，作业单价，劳务费用定额标准，财务核算的参考资料和计划统计资料等。这些资料可以在评价对象所从属的石油企业勘探开发研究院、规划设计院、开发生产部门、财务部门、物资供应部门和计划统计部门收集到。新建油气田企业的基础性资料可能不全，短缺的资料可向那些具有类似地质条件和相似地理环境的油气田企业获取补充。

2. 工程参数和经济参数

计算经济评价指标所需的基本参数可分成工程参数和经济参数两大类。表 9-1 较为详细地列出了上面提到的各类参数和具体内容。这些具体参数可在已收集到的资料中选择。有的参数需要通过测算确定。

表 9-1 油气田开发方案经济评价参数及其来源

参数类型		具体参数	参数来源
工程参数	油藏	地质储量、可采储量、年生产井数、年注水井数、建设开始年建设年数、生产年数、年产液量、年产油量、年产轻烃量、年产气量(气油比)	油藏工程设计
	钻井	年钻井口数、平均井深、钻井成本、钻井成功率	钻井工程设计
	采油	采油方式、转换时间、使用寿命、技术参数、年压裂次数、年酸化次数、检泵周期、其他作业数、年注水量、年注气量、其他设施及其他工作	采油方式设计 增产措施设计 增能措施设计
	油建	各种地面建设和设备购置等等	地面工程设计
	其他	勘探投入量、后勤辅助生产队伍和装置等	相关资料
经济参数	一般计算参数	各种地面建设工程概预算定额和费用标准、压裂单价、酸化单价、检泵单价、其他作业价、注水单价、脱水单价、气处理单价、其他单价、井均工人数、人均年工资、物价升降率、油价上涨率、折旧标准、折旧留成率、资产残值率、固定资产率、燃料费用、材料费用、管理费用、科研费用、油气价格、油气商品率、销售费用率、还款期留利、资金来源、贷款利率、计息标准、其他	规划设计院 财务部门 计划部门 统计部门 物资部门 生产部门
	基准参数	行业利润率、行业利税率、基准收益率、基准回收期、储量单价、油田维护费标准、其他重要的行业参数	石油、石化总公司公布
	国家参数	油气影子价格、影子工资、影子汇率、贸易费用率、重要材料影子价格、税种税率、社会折现率	国家计委、税务局公布
	其他		相关资料

3. 若干重要参数的确定

在表 9-1 中所介绍的具体参数中，大部分参数比较容易确定或索取，只有小部分参数涉及到的问题较多，不易直接选定。但这些问题较多的参数均属于比较重要的参数，需作简单介绍。

(1)计算期。油气田开发的计算期分为建设期和生产期两个阶段。建设期指从开发建设的第一年开始直到形成一定设计生产能力为止的全部时间。开始建设的第一年也称为建设开始年，这一年的前一年称作建设期零年。以前所发生的勘探投资和前期工作费一般以无息积累并计入建设零年的现金流量中。中小油田的建设期一般为 2～4 年，大型油田的建设期一般为 5～10 年。生产期是从建设期结束算起直到生产末年的全部时间。油气田的生产期不同于一般工业生产，它存在达产、稳产和减产过程，生产负荷很不均衡，生产末年很难准确测算。评价时，生产期一般取定 10～20 年。目前国内许多复杂油气田采用流动开发的做法，给建设期和生产期的划分带来了一定的困难。关于这类油田，可做如下处理：当油气田年产量不超过设计生产能力的 60%时，按建设期看待；超过 60%后，按生产期处理。

(2)油气产量及商品率。计算期内各年原油产量由初步开发方案提供。方案未提供时，可根据设计生产能力、稳产期和综合递减率测算。通常建设期内就有部分新井投入生产，有一定产量但尚未形成配套生产能力。对这部分产量的销售收入，可作为基建收入处理。稳产期内的产量为设计生产能力的 100%负荷下的产量。递减期内各年产量计算如下：

递减期内各年产油量＝上年产油量×(1－综合递减率)

天然气产量一般指井口产量，由初步开发方案提供，或根据油气比参数测算；原油(气)商品率指原油(气)商品量与产量的比率，这个数字由企业财务部门提供。

原油年销售量＝年产油量×原油商品率

天然气年销售量＝年产天然气×天然气商品率

(3)固定资产形成率和残值率。固定资产形成率也称为转固定资产率，它是油气田开发建设项目完工后，所形成的固定资产原值与开发总投资的比率。这个比率通常取 75%～80%。固定资产残值率指固定资产原值与计算期末加收价值的比率，通常取 3%～5%，开发生产末年加收的固定资产残值为固定资产原值乘以残值率。

二、油气田开发方案经济评价指标体系

(一)油气田开发方案财务评价和国民经济评价

油气田开发方案经济评价分为财务评价和国民经济评价两级。在第七章讲过这两级评价的基本差别，表 9-2 介绍了油气田开发方案经济评价各方面的具体区别。总起来说，油气田开发的财务评价是评价者站在油气田企业财务的角度，计算油气田开发的直接费用和直接收益，考察开发生产的获利、借还款、外汇、风险等方面的情况，以判别开发方案的财务可行性。油气田开发的国民经济评价是评价者站在宏观经济的角度，以国家参数为重要依据计算油气田开发的内部效果(直接费用、直接收益)和外部效果(间接费用、间接收益)，考察开发生产的国民收入和资源合理利用的程度，评价项目的社会效益和经济可行性。目前，油气田开发生产的外部效果主要考虑下游加工企业及其后续行业的效果。对间接费用和间接收益，原油一般

计算至汽油、煤油、柴油、润滑油；天然气一般计算至化肥、乙烯及其他基础化工原料。对显著的外部效果要定量计算，不能定量计算的外部效果要做定性描述。

表 9－2 油气田开发方案财务评价与国民经济评价的区别

区别项	财务评价	国民经济评价
立足点	油气田、企业财务	国民经济、社会整体
追求对象	利润、净现值	国民收入、油气资源
评价目的	评价开发油气田获利情况，优化企业财务生存能力，推荐获利大、风险小的方案	评价开发油气田的经济性，优化资源利用水平，推荐社会效益最好的方案
重要参数	市场价格、浮动汇率、行业基准参数	影子价格、影子汇率和其他国家参数
物价升降	考虑	不考虑
贷款还款	考虑	不考虑
税收上交金	考虑	不考虑
折旧、补贴	考虑	不考虑
折现率	行业折现率	社会折现率
重要指标	财务净现值 财务内部收益率	经济净现值 经济内部收益率
报表	财务现金流量表 财务计划现金流量表 利润与利润分配表	经济效益费用流量表
适用范围	大、中、小型油气田开发 大、中、小型油气田调整	大、中型油气田开发 大型油气田调整

（二）油气田开发方案财务评价和国民经济评价指标体系

由于油气田开发方案财务评价和国民经济评价在立足点、追求对象、评价目的、投入产出计算口径等许多方面存在差别，决定了这两种评价的指标体系有很大的不同。表 9－3 详细列出了两种评价体系的指标构成，表中的主要指标含义和计算公式如第七章所介绍。辅助指标既是开发方案经济评价的中间指标或参考性指标，也是主要指标的重要计算基础。在辅助指标中，油气田开发总投资、原油成本、油气销售利税指标尤其重要，绝大部分主要指标和辅助指标的计算基于它们之上。

表 9-3　油气田开发方案经济评价指标

<table>
<tr><th colspan="2">指标类型</th><th>财务评价</th><th>国民经济评价</th></tr>
<tr><td rowspan="2">主要指标</td><td>动态指标</td><td>财务净现值
财务净现值率
财务内部收益率
动态投资回收期</td><td>经济净现值
经济内部收益率
经济效益费用比</td></tr>
<tr><td>静态指标</td><td>总投资收益率
资本金净利润率
利息备付率
偿债备付率
资产负债率</td><td></td></tr>
<tr><td colspan="2">辅助指标</td><td>开发总投资
吨油产能投资
油气商品量
原油成本
油气营业收入
利润总额
其他指标</td><td>原油采收率
每吨储量投资
油气商品率
原油经营成本
总产值(油、气、轻烃等)
纳税总额</td></tr>
</table>

(三)油气田开发方案经济评价的基本数据及其估算

油气田开发方案经济评价基础参数即投资、成本费用、价格、营业收入、税金及利润等已在第二章详细介绍,其取值范围及估算方法见第二章,在此不再描述。

三、油气田开发方案经济评价用表及其关系

油气田开发方案经济评价的主要指标和辅助指标是通过一定的经济评价报表计算来体现的。编写经济评价报告时,需要附上经济评价报表以便于检查验算。报表是经济评价工作的重要工具,也是编程上机时重要的输出设计内容。油气田开发方案经济评价报表分为基本表和辅助表两类。具体参见第二章和第七章,这些表格之间的关系可用图 9-1 来表示。

四、油气田开发方案经济评价的方法

油气田开发根据工艺过程可以定义为开发初期、开发中期、开发中后期和开发后期,在项目的不同阶段应该采用不同的方法进行分析评价。

(1)油气田开发初期。在开发初期内,基本上是按油气田开发前预定的开发方案执行的。预定的开发方案已充分考虑了地质储量、含油气面积、采油速度、井网布置、单井产量、注采比等各种因素。主要评价指标有净现值、内部收益率、投资回收期。

(2)开发中期阶段。这一阶段原油产量基本稳定,油气田的投入主要是生产过程中的成本费用支出,其上升比较缓慢,采用的方法是成本费用估计法。成本费用是项目执行中所耗费的

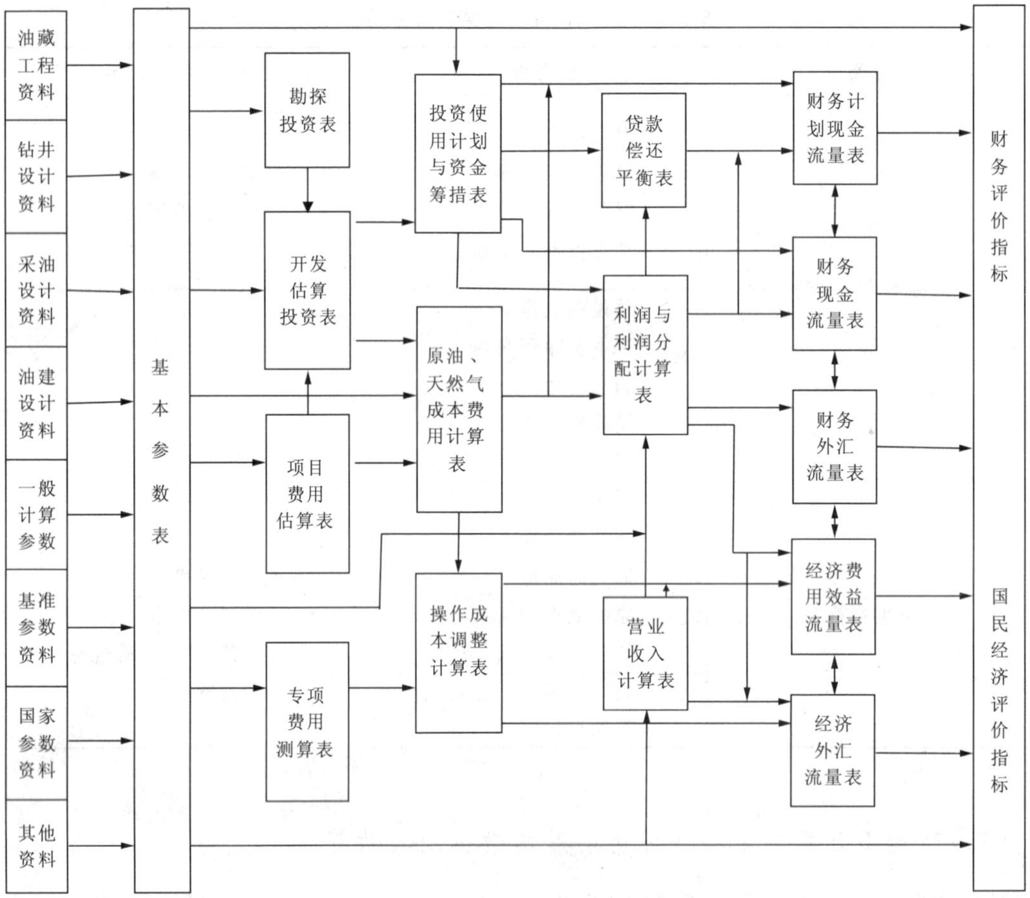

图 9-1 油气田开发方案技术经济评价用表之间的关系

资金的总和，包括勘探成本、开发成本、经营成本。

(3)开发中后期阶段。在油气田开发中后期，根据项目执行情况可追加或停止项目投资，判断的依据是追加投资是否带来经济效益。可以采用盈亏平衡法来分析经济产量，间接分析项目是否可持续。在油气田开采产量分析中，若计划期内原油产量大于盈亏平衡点对应的原油产量，则计划期内原油产量是经济产量，否则就是非经济产量。

(4)开发后期阶段。油气田开发后期原油产量保持低水平的稳产，生产成本越来越高。此时，不需要收回初始投资也不需要追加投资，主要采用收益成本法。在分析中需要运用的数据有原油产量、现行市场价格、原油经营成本费用、销售税金及附加。如果收益与成本、营业税金及附加之和的比值大于或等于1，那么开采就有效益，否则无效。

五、风险、优化、综合及择优

风险分析、优化处理、综合评价、比选择优和编写报告是油气田开发经济基础评价后期的5个重要环节。这些环节的工作情况如何，对整个经济评价质量影响极大。

受地质、工程、技术、经济、环境等多方面的影响，油气田开发经济测算所使用的工程参数和经济基础参数具有一定的不确定性。由于受地下情况复杂、地理环境多变、油藏认识局限、工程设计不详、流动开发建设等许多原因的制约，致使投资、成本、产量、价格等多个重要参数产生变化。人们难以确切地知道这些参数未来的状态，也难以精确地控制它们的变化。计算得到的经济指标也具有同样的不确定性，这给开发建设决策带来风险，所以，在开发方案技术经济评价中，除进行上述指标的计算外，还要进行风险分析，在风险分析中，影响开发方案经济效益指标最突出的因素是原油产量、钻井成本、油价变动、采油成本以及油田稳产期限等。

优化可以提高经济评价结果的质量，体现评价工作的价值。开发方案整体优化和工程项目局部优化的对象主要是工程设计重要参数、技术措施重要参数及部分经济参数，所以优化工作需要得到工程技术人员的配合。优化的方法可用线性规划、整体规划、动态规划、网络规划、系统分析法、价值工程分析法、优选法等。油气田开始方案的优化必须立足于整体最优。各工程项目和各措施之间存在一定的相关性，它们既相互联系又相互制约，也存在一定的矛盾。局部的优化要以全局的优化为前提条件。

综合评价要注意以下问题：动态与静态相结合，以动态为主；定量分析与定性分析相结合，以定量分析为主；价值量分析与实物量分析相结合，以价值量分析为主；预测分析与统计分析相结合，以预测分析为主；阶段性分析与全过程分析相结合，以全过程分析为主；工程项目经济分析与开发方案经济评价相结合，以方案经济评价为主；微观经济效益分析与宏观经济效益分析相结合，以宏观经济效益为主。综合评价有专家判断法、统计评估法、模糊评估法、最小费用法、净现值法、差额投资内部收益率法等多种方法可供选择。各个方案得出综合评价结论后，要进行方案的优劣比选、排序和择优，选定并推荐最佳方案。

案例　净现值法——计算经济极限井网密度的一种新方法

所谓井网密度，是指单位面积内的井口数。同样，也可以用一口井所控制的开发面积大小表示井网密度。

确定井网密度是油田的一种投资决策行为，因为井网密度是油田开发方案设计中的一个重要参数。一方面，井网愈密，对提高油田采收率愈有利；另一方面，却使得油田开发的总投资明显上升。如何选择一种井网密度，既使得油田获得较高的采收率又能达到较高的经济效益，这是本案例要讨论的主要问题。传统的井网密度计算方法有前苏联学者谢尔卡乔夫根据统计分析建立的井网密度与采收率的关系、采油速度分析法、单井产能分析法、分砂体水驱控制程度法和保持注采平衡法等等，这些方法有很多优点，不足之处是没有考虑资金的时间价值，不符合目前市场经济的需求。所以本案例提出用净现值法计算经济极限井网密度，净现值法是国际上公认的一种比较科学的投资决策方法，该法不仅考虑了资金的时间价值，而且还考虑了税收等问题。

1. 计算经济极限井网密度所需参数

计算经济极限井网密度的参数有很多，大致可分为地质参数和经济参数两大类。

(1)地质参数。地质储量为 N(万吨)，含油面积为 $S(\mathrm{km}^2)$；原油采收率为 E_r(小数)；主开发期内可采储量采出程度为 R_T(小数)；单井极限控制储量为 N_{lim}(万吨)；经济极限井网密度为 $f_{\mathrm{lim}}(井/\mathrm{km}^2)$；设开发期年限为 T(年)。

(2)经济参数。单井总投资(包括钻井投资、地面建设投资、其他投资)为 I(万元/井)；单

井年生产成本为 C(万元/井·年);原油价格为 P_o(元/吨);税率为 r(小数);贴现率为 i(小数);销售收入为 R(万元);销售税金及附加为 R_r(万元)。

2. 净现值法计算经济极限井网密度的原理

净现值法是一种动态评价方法,是在考虑资金时间价值的基础上,根据油田开发寿命期内各年现金流对其经济效益进行分析、计算。

净现值的定义为在给定的贴现率(或基准折现率)将投资寿命期内各年净现金流量折现到同一时点(通常为期初)的现值代数和。其表达式为

$$NPV = \sum_{t=0}^{T}(CI - CO)_t(1+i)^{-t} \tag{9-1}$$

式中:NPV 为净现值(万元);CI 为现金流入(万元);CO 为现金流出(万元);$(CI-CO)_t$ 为第 t 年净现金流量(万元);$(1+i)^{-t}$ 为第 t 年的贴现系数(小数)。

在油田的开发投资项目中,开发期内的单井原油销售收入为现金流入,开发期内单井的总投资、开发期单井的生产成本、销售税金及附加等为现金流出。

开发期内单井原油总产量 Q_o 为:$Q_o = N_{\lim}E_rR_T$ (9-2)

第 t 年开发期内单井原油产量 $(Q_o)_t$ 为:$(Q_o)_t = \dfrac{N_{\lim}E_rR_T}{T}$ (9-3)

开发期内单井销售收入现值 $(R)_{pv}$ 为:$(R)_{pv} = \sum\limits_{t=0}^{T}\dfrac{N_{\lim}E_rR_T}{T}P_o(1+i)^{-t}$ (9-4)

开发期内投资现值 $(I)_{pv}$(设总投资为在第零年一次性投入)为:$(I)_{pv} = I$ (9-5)

开发期内单井生产成本现值 $(C)_{pv}$ 为:$(C)_{pv} = \sum\limits_{t=0}^{T}C(1+i)^{-t}$ (9-6)

开发期内单井营业税金及附加现值 $(R)_{pv}$ 为:$(R)_{pv} = \sum\limits_{t=0}^{T}\dfrac{N_{\lim}E_rR_T}{T}P_o r(1+i)^{-t}$ (9-7)

将式(9-4)~式(9-7)代入式(9-1)得:

$$NPV = -I + \sum_{t=0}^{T}\frac{N_{\lim}E_rR_T}{T}P_o(1+i)^{-t} - \sum_{t=0}^{T}C(1+i)^{-t} - \sum_{t=0}^{t}\frac{N_{\lim}E_rR_T}{T}P_o r(1+i)^{-t} \tag{9-8}$$

设单井开发项目只有初始投资,并且开发期内各年单井产量相等。则式(9-1)可写为:

$$NPV = -I + (CI - CO)\frac{(1+i)^T - 1}{i(1+i)^T} \tag{9-9}$$

由式(9-8)得到

$$NPV = -I + \left[\frac{N_{\lim}E_rR_T}{T}P_o - C - \frac{N_{\lim}E_rR_T}{T}P_o r\right]\frac{(1+i)^T - 1}{i(1+i)^T} \tag{9-10}$$

经济极限井网密度,是指在一定的开发及地质条件下,开发井网密度的设置使得油田在开发的主要开采期内总投入等于总产出,达到盈亏平衡,即净现值等于零。令式(9-10)=0,则得:

$$I = \left[\frac{N_{\lim}E_rR_T}{T}P_o - C - \frac{N_{\lim}E_rR_T}{T}P_o r\right]\frac{(1+i)^T - 1}{i(1+i)^T} \tag{9-11}$$

单井极限控制储量 $N_{\lim}$ 为:$N_{\lim} = \dfrac{\left\{I + C\left[\dfrac{(1+i)^T - 1}{i(1+i)^T}\right]\right\}T}{P_oE_rR_T(1-r)\left[\dfrac{(1+i)^T - 1}{i(1+i)^T}\right]}$ (9-12)

单井极限布井数 $W_{\lim}$ 为：$W_{\lim}=\dfrac{N}{N_{\lim}}$ (9－13)

单井经济极限井网密度 $f_{\lim}$ 为：$f_{\lim}=\dfrac{W_{\lim}}{S}$ (9－14)

3. 影响经济极限井网密度因素分析

（1）油田地质情况，主要指油藏埋深、油层物性、储量规模等。油层埋深浅，钻井成本低，开发井网密度可能大一些，井网密度的经济上限会高些；反之则低。油层物性好，油井产能高，井网密度的经济上限也高。油层地质储量的多少也是影响井网密度的重要因素。油层储量大，开发井网密度的上限必然高。

（2）采收率的高低。原油采收率高，井网密度的经济上限也高；反之则低。

（3）油田的地面环境，是指油田所在地理位置地面地形。油田地处高原、边疆、沼泽地、盐滩、沙漠腹地或交通不便地区，地面地形复杂，钻井成本、地面建设工程造价和采油成本高，井网密度的经济上限低。相反，油田地处平原地区、交通方便、地面地形简单，投入少消耗低，井网密度相对大些。

（4）钻井、地面建设和采油工艺技术的复杂程度。生产建设选用的工艺技术越复杂，造价投入就越大，井网密度的经济上限越低；相反，技术越简单，井网密度的经济上限也越高。

（5）油价和原油商品率的高低。井网密度的经济上限与油价的关系极为密切。以往统计分析表明，井网密度的经济界限与油价的 0.5 次幂成正比，油价上升，井网密度的经济上限也上升。但当油价成倍增长时，井网密度不会随着成倍增长，而是要低一些。原油商品率的高低也会给井网密度极限产生一定的影响。

4. 实例分析

以某油田的开发为例，说明如何应用净现值法确定经济极限井网密度（表 9－4）。

表 9－4　某油田基础参数

参数	数值
地质储量（万吨）	288
含油面积（km^2）	2.8
原油采收率（小数）	0.3
主开发期内可采储量采出程度（小数）	0.65
设开发期年限为（年）	12
单井总投资（万元/井）	542.9
单井年生产成本（万元/井）	50
原油价格（元/吨）	1200
税率（小数）	0.12
贴现率（小数）	0.10

将表 9－4 中参数分别代入式（9－12）、式（9－13）、式（9－14），通过计算得到单井极限控制储量为 7.56 万吨，极限布井数为 30.16 口，经济极限井网密度为 10.77 井/km^2。

为了检验净现值法在油气田开发中应用的可行性，用净现值法和修正单井极限控制储量法、单井极限控制储量法等对比（表9-5），不难看出用净现值法计算的经济极限井网密度是介于两种方法之间的。单井极限控制储量法计算的经济极限井网密度比净现值法计算的结果小，是因为单井极限控制储量法计算经济极限井网密度时，只考虑了单井总投资的利息而没有考虑各年原油销售收入的利息；而修正单井极限控制储量法（新方法）计算的经济极限井网密度比净现值法计算的结果大，虽然考虑了整个开发期内投资、生产成本和原油销售收入的资金时间价值，却没有考虑税收问题。

通过理论推导和实际资料检验，本案例提出的净现值法不仅考虑了整个开发期内投资、生产成本和原油销售收入的资金时间价值，而且还考虑了税收问题，该方法是符合市场经济需求的。净现值法计算经济极限井网密度在油气田开发投资决策中，在以经济效益为中心的市场经济条件下，是很有意义的和切实可行的。

表9-5 净现值法与其他两种方法的对比

方法	极限布井（口）	经济极限井网密度（井/km^2）
净现值法计算经济极限井网	30.16	10.77
修正单井极限控制储量法（新方法）	33	11.8
单井极限控制储量法	23	8.27

思考与练习

1. 油气田开发项目的特点是什么？
2. 油气田开发方案的基本要求有哪些？
3. 油气田开发方案经历了哪几个阶段？各阶段的特点是什么？
4. 油气田开发方案经济评价的依据有哪些？
5. 油气田开发项目总投资由哪几部分构成？如何估算？
6. 原油成本由哪些成本项目构成？如何估算原油成本？
7. 油气田的经营成本如何估算？
8. 在原油成本中，哪些项目是固定成本，哪些项目是可变成本？
9. 油气田单个开发方案的经济评价可用哪些方法？

第十章　油气勘探开发经济评价实例

实例一　HXL油田J45块产能开发建设项目经济评价

一、项目概况

该项目是东北某地一个油田。J45块构造处于辽河断陷盆地西部凹陷西斜坡HXL单斜构造的第二断陷带上，主要开采目的层为沙一段、沙二段的于楼油层和兴隆台油层。该油田于2006年开始钻探。目前，整个断块的含油面积为9.0km²，地质储量5697万吨。总体开发规划采用反九点法井网、118m井距、蒸汽吞吐开采。兴隆台油层51个井组采用非混相驱(注氮气+化学驱+热水驱)开发。

二、基础数据

(一)油田开发基础数据

该项目评价期15年，其中建设期3年，生产期12年。根据总体规划方案，J45断块日产油3164吨/天，年产油114.9498万吨，综合含水71.35%，采油速度2.02%，采出程度20.12%。新钻井数903口，平均井深1150m。根据总体规划方案，预测开发指标(表10－1－1)。

表10－1－1　J45块开发指标预测表

时间(年)	油井(口)	年注汽(万吨)	年注水(万吨)	年产油(万吨)	年产水(万吨)
4	791	260	35.64	102.336	591.09
5	876	275	35.64	106.578	604.54
6	856	240	95.04	105.68	618.9
7	837	200	151.47	96.13	612.35
8	837	200	151.47	90.86	631.25
9	837	200	151.47	85.72	645.51
10	837	200	151.47	82.13	666.26
11	837	50	147.87	42.09	257.45
12	329	50	115.83	35.46	227.21
13	329	50	109.83	33.55	223.03
14	329	50	107.55	33.55	215.34
15	329	50	104.22	33.55	202.11

(二)经济参数

1. 投资与资金筹措

该项目所需建设投资包括工程投资、预备费和其他费用。工程投资包括钻井工程、采油工程和地面工程。钻井工程投资中,平均单井进尺 1150m,钻井单位成本按 1450 元/m 来测算。新井的平均采油工程投资为 20 万元/井。新井的平均单井地面工程投资为 50 万元/井。第一年钻井 383 口,第二年钻井 407 口,第三年钻井 113 口。预备费率按国家、石油行业、中国石化石油专业工程定额有关规定的比率执行。基本预备费率 12%,涨价预备费率 6%。其他费用中,固定资产其他费用为 2137.85 万元,无形资产费用为 1282.71 万元,其他资产费用为 855.14 万元。流动资金按照扩大指标法估算,取正常生产年经营成本的 25%。

该项目所需建设投资中,30%来源于自筹资金,70%来源于银行贷款,按 5 年贷款利率 6.40%计算。流动资金 30%自筹,70%来源于贷款,贷款年利率为 6.00%。

2. 成本费用

该项目的总成本费用包括操作成本、折旧费和期间费。

(1)操作成本。根据该油田实际发生值及相近油田参考值,确定该项目开采成本取值(表 10-1-2)。

表 10-1-2 操作成本项目定额表

项目名称	相关变量	原油单位	定额值
材料费	油水井开井数	万元/井	0.45
生产工人工资			0.82
提取职工福利费			工资的 14%
测井试井费			0.56
井下作业费			10.95
修理费			1.98
其他开采费			3.5
燃料费	产液量	元/吨	1.66
动力费			4.07
油气处理费			3.09
油田维护费	产油量	元/吨	80
储量使用费			100
注水费	注水量	元/方水	3.51
注氮费	注氮量	元/方氮	10.8
化学剂费	化学剂量	元/化学剂	7000
热采费	注汽量	元/吨汽	62.83

(2)折旧费。折旧费取固定资产金额按直线法进行计算，固定资产的折旧年限为 6 年，残值率为 3%。固定资产包括工程费用、固定资产其他费用、预备费和建设期利息。建设投资进项税不形成固定资产。

(3)期间费。根据相关规定，确定期间费的项目及定额值(表 10-1-3)。

表 10-1-3 期间费项目定额表

序号	项目	定额值
1	管理费用	
1.1	石油特别收益金	万元/吨油
1.2	矿产资源补偿费	营业收入的 1%
1.3	无形资产摊销费	无形资产 10 年摊销
1.4	其他资产摊销费	其他资产 5 年摊销
1.5	其他管理费	0.25 万元/口井
2	营业费用	按营业收入 0.5%计算
3	财务费用	利息支出

3. 原油价格

该项目商品率为 93%，原油不含税价格为 2290 元/吨。评价期内不考虑原油价格的上涨。

4. 税金

该项目缴纳的营业税金及附加包括城乡建设维护税、教育费附加和资源税。城市维护建设税按增值税额的 7%计征，教育费附加按增值税额的 3%计征，资源税按销售收入的 5%的税率征收。增值税率为 17%。建设投资为含税价，建设投资中购进设备需要估算建设投资进项税，本项目按建设投资的 100%比例进行估算。建设投资中的增值税不形成油气资产。所得税率为 25%。

5. 利润分配

该项目除按可供利润分配的 10%提取盈余公积金外，其余为未分配利润(用于还款利润包括在内)。还清借款后，未分配利润转入分配。

三、财务评价基准参数

(1)基准收益率。油气田开发建设项目基准收益率定为 15%。

(2)基准投资回收期。油气田开发项目基准投资回收期一般不超过 6 年。

(3)项目总投资收益率和项目资本金净利润率，目前暂取 80%。

(4)利息备付率、偿债备付率。利息备付率应大于 2，偿债备付率应大于 1.3。

四、财务经济评价

(一)经济参数估算

1. 投资估算与资金筹措

油田开发建设项目总投资是油田基本建设过程中物资资料和劳动消耗总和的价值表现，也是重要的经济指标之一，主要包括建设投资、建设期利息和流动资金。

1) 建设投资估算

建设投资包括工程费用、工程建设其他费用和预备费用。

(1)工程费用投资估算。油气田勘探开发建设项目工程费用投资包括钻井工程投资、采油工程投资以及地面工程投资。J45块开发调整方案钻井工程投资为150 575.25万元。采油工程投资包括完井、采油举升工艺、注汽工艺、防砂工艺、酸洗、降黏和投产作业等费用。根据J45块新投产油井的投资情况，经过测算，新井的平均单井采油工程投资为20万元/井。经估算，采油工程投资为18 060.00万元。地面工程投资主要包括油气集输工程、注水注氮工程、供电工程、通讯工程、道路桥梁等投资。根据J45块新投产油井的投资情况，经过测算，新井的平均单井地面工程投资为50万元/井。经过计算，地面工程投资为45 150.00万元。工程费用总和为213 785.25万元。

(2)工程建设其他费用。工程建设其他费用是指在工程建设投资中支付的，除设备购置费、安装工程费及建筑工程费用以外的其他固定资产费用、无形资产和其他资产费用。按照相关规定和可能发生的费用取值计算，该项目其他固定资产费用为2137.85万元，无形资产费用为1282.71万元，其他资产费用为855.14万元。

(3)预备费。预备费用包括基本预备费和涨价预备费。基本预备费取工程费用投资和其他费用之和的12%，该项目为26 167.31万元。

涨价预备费以工程费用为计算基础，建设期物价年上涨率6%，计算公式为：

$$\begin{aligned}P &= \sum_{t=1}^{n} I_t[(1+f)^{m+t}-1] \\ &= 90\ 675.25\times[(1+6\%)^{0+1}-1]+96\ 357.25\times[(1+6\%)^{0+2}-1] \\ &\quad +26\ 752.75\times[(1+6\%)^{0+3}-1] \\ &= 5440.51+11\ 909.76+5110.20 \\ &= 22\ 460.47(\text{万元})\end{aligned}$$

该项目的涨价预备费为22 460.47万元。总的预备费为48 627.79万元。

J45块产能开发建设项目建设投资总额为266 688.74万元，其中含建设投资进项税为38 749.65万元(建设投资进项税在生产期间通过销项税返还)。

$$建设投资进项税=\frac{建设投资}{(1+税率)}\times税率=\frac{266\ 688.74}{(1+17\%)}\times17\%=38\ 749.65(万元)$$

$$\begin{aligned}固定资产&=建设投资-建设投资进项税-无形资产-其他资产投资+建设期利息\\&=266\ 688.74-38\ 749.65-1282.71-855.14+22\ 325.21=248\ 126.46(万元)\end{aligned}$$

本项目形成的固定资产为248 126.46万元(附表10-1-1)。

2)资金筹措与建设期利息

根据目前资金筹措结构，开发建设投资的 30%来源于自筹资金，而投资的 70%来源于银行贷款，按 5 年贷款利率 6.40%，以复利法计息，应用年中法计算，当年偿还利息。计算公式为：

$$有效年利率=\left(1+\frac{名义年利率}{每年计息次数}\right)^{每年计息次数}-1=\left(1+\frac{6.4\%}{1}\right)^{1}-1=6.4\%$$

各年应计利息=(年初借款本金累计+本年借款额/2)×有效年利率

第一年应计利息=(0+79 179.68/2)×6.4%=2533.75(万元)

第二年应计利息=(81 713.43+84 141.33/2)×6.4%=7922.18(万元)

第三年应计利息=(81 713.43+84 114.33+23 361.11/2)×6.4%=11 869.28(万元)

建设期利息=2533.75+7922.18+11 869.28=22 325.21(万元)

计算得到 J45 块开发调整方案建设期利息为 22 325.21 万元。

3)流动资金

此次开发方案评价流动资金按扩大指标估算法估算，即按年经营成本的 25%估算，流动资金贷款比例为 70%，贷款年利率为 6.00%。经测算，方案的流动资金为 12 217.77 万元。

4)总投资

项目总投资=建设投资+建设期利息+流动资金

=266 688.74+22 325.21+12 217.77=301 231.72(万元)

估算 J45 块产能开发项目总投资额为 301 231.72 万元(附表 10-1-1)。项目总投资计划与资金筹措见附表 10-1-2。

2. 成本费用估算

根据该项目需要分别做了借款还本付息表(附表 10-1-3)，通过借款还本付息表估算财务费用为 38 069.33 万元；折旧与摊销计算表(附表 10-1-4)，通过折旧与摊销表估算固定资产折旧费为 240 682.68 万元；油气操作成本表(附表 10-1-5)，通过油气操作成本表估算油气操作成本为 475 385.47 万元，单位油气操作成本为 560.84 元/吨；总成本费用估算表(附表 10-1-6)，通过总成本费用表估算生产成本为 716 068.14 万元，单位生产成本为 844.78 元/吨；总成本费用为 867 342.58 万元。

通过估算从图 10-1-1 中可以看出，从第 4 年开始生产，在第 4～9 年期间，由于需要计算折旧、摊销等，使得单位总成本升高。从第 9 年开始，计提折旧费结束，单位总成本开始下降。第 10 年原油产量逐渐下降，含水不断上升，单位成本开始增加。第 12 年以后，产量开始缓慢递减，成本也开始呈现大致上涨趋势。

3. 营业收入、税金及附加估算

1)营业收入的估算

该项目累计产油量为 847.634 万吨，商品率为 93%，原油不含税价格为 2290 元/吨，营业收入为 1 805 206.13 万元(附表 10-1-7)。

2)营业税金及附加估算

(1)增值税。根据国家规定，石油增值税税率为 17%。其计算方法：

增值税=销项税-进项税

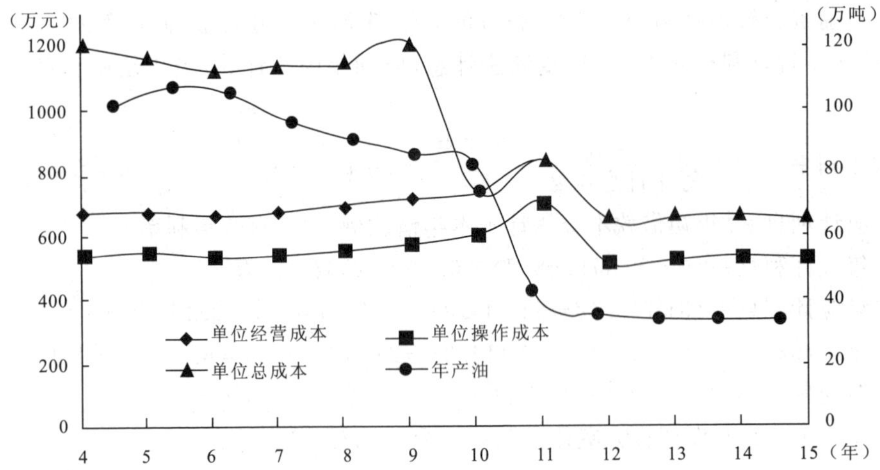

图 10-1-1 单位成本变化曲线图

其中:进项税包括建设投资中的进项税和生产成本中的进项税,当期不能抵扣的进项税进入下期抵扣。项目的累积增值税额为 233 755.31 万元。

(2)城乡维护建设税。根据国家规定,城市维护建设税以增值税为计税依据,该项目税率为 7%。项目的累积城乡建设税额为 16 362.87 万元。

(3)教育费附加。根据国家规定,教育费附加按增值税为计征基础,税率为 3%。项目的累计教育费附加额为 7012.66 万元。

(4)资源税。根据国家规定,油气田的资源税按营业额的 5%～10%计取。该项目的资源税按营业额的 5%计取。项目的累计资源税为 90 260.31 万元。

该项目的营业税金及附加包括城市建设维护税、教育费附加和资源税 3 部分。项目的累计营业税金及附加为 113 635.84 万元(附表 10-1-7)。

4. 利润总额

利润总额及分配估算见附表 10-1-8 的利润与利润分配表。该项目利润总额为 1 043 496.53万元,所得税为 260 874.13 万元,税后利润为 782 622.39 万元。

(二)财务盈利能力分析

1. 项目投资盈利能力分析

根据项目投资现金流量表(附表 10-1-9)计算得到项目的主要财务评价指标(表 10-1-4)。

从表 10-1-4 可看出,在评价油价为 2290 元/吨的条件下,项目的税前财务内部收益率为 29.23%,税后财务内部收益率为 23.33%,均大于行业内部收益率 15%。项目的税前财务净现值为 174 400.52 万元,税后财务净现值为 91 310.74 万元,均大于零。表明项目除能满足行业最低要求外,还有超额盈余,该项目在财务上是可以考虑接受的。

表 10-1-4　项目主要财务评价指标计算表

序号	财务评价指标	单位	税前	税后
1	财务内部收益率	%	29.23	23.33
2	财务净现值(i_c=15%)	万元	174 400.52	91 310.74
3	静态投资回收期	年	5.01	5.44
4	动态投资回收期	年	6.19	7.21

项目的税前静态投资回收期为5.01年，税后投资回收期为5.44年，均小于行业基准值6年。项目能满足行业要求，能较快地收回投资，投资风险较小，表明项目投资能按时收回。

全部投资的累计现金流量图如图10-1-2所示。以时间为横轴，税前和税后的累计净现金流量和累计净现值为纵轴，绘制项目评价期内全部投资现金流量曲线。从图10-1-2中可以看出，项目第1年开始建设，累计现金流为负值。第4年建成投产，项目的累计现金流量曲线快速上升，项目在第5年投资全部回收。在项目开发后期，随着原油产量逐渐降低，项目累计净现金流量曲线上升幅度趋缓。

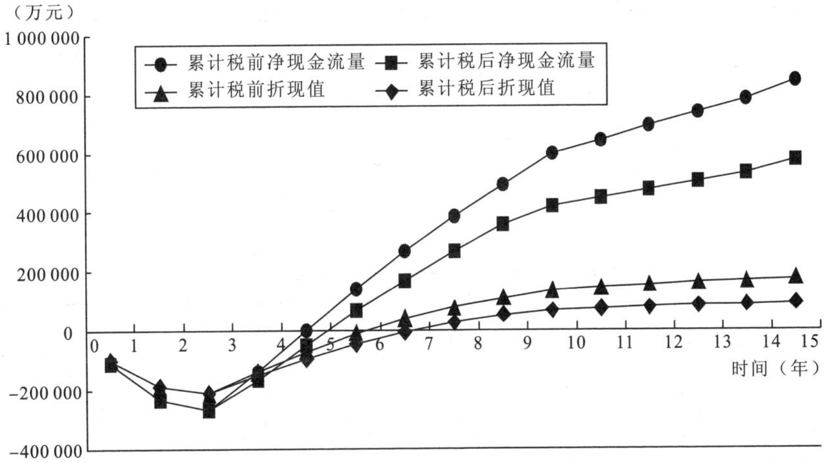

图10-1-2　项目税前和税后的现金流量曲线图

2. 项目资本金盈利分析

根据项目资本金现金流量表(附表10-1-10)、计算得到项目资本金财务内部收益率为37.74%，高于企业的内部收益率23.33%，大于石油行业内部收益率15%，表明在总投资中采用借款可以使企业获得更好的经济效果，因为债务比越高，财务杠杆效益越高，项目资本金的经济效果变得越好。项目资本金投资的效果一部分来自项目资本金本身，另一部分来自债务资金。

3. 投资收益率分析

根据利润与利润分配表(附表10-1-8)和投资估算表(附表10-1-1)，计算项目的总投资收益率为 29.92%，资本金净利润为 21.65%，总投资收益率和资本金净利润未能满足石油行业总体水平，不能作为项目是否达到石油行业最低要求的评价判据。

(二)偿债能力分析

偿债能力分析是通过借款还本付息计算表(附表 10-1-3)的计算，考察项目计算期内各年的财务状况及偿债能力，并计算利息备付率为 439.13%，大于 2，偿债备付率为 8818.46%，大于 1.3。本项目具备一定的偿债能力。

(三)财务生存能力分析

由财务计划现金流量表(附表 10-1-11)可以看出，用项目筹措的资金和项目的净收益足可以支付各项支出，不需要用短期借款即可保证资金收支相抵有余。各年的累计盈余资金均大于零，可满足项目资金运行要求，以实现财务可持续性。

(四)不确定性分析

该项目的不确定性分析主要进行敏感性分析、基准平衡分析和盈亏平衡分析。

1. 敏感性分析

该项目做了所得税后全部投资的敏感性分析，该项目选财务内部收益率和财务净现值为敏感性分析的经济效果指标，基本方案财务内部收益率为 23.33%，财务净现值为 9.13 亿元，均满足行业要求。考虑项目实施过程中一些不确定因素的变化，分别对价格、产量、建设投资、经营成本的单因素变化对财务内部收益率和财务净现值的敏感性分析，敏感性分析见表 10-1-5。

表 10-1-5 J45 块开发方案敏感性分析表

项目			变化率(%)												临界点	临界值
			−30	−25	−20	−15	−10	−5	5	10	15	20	25	30		
不确定因素(*IRR*)	价格	内部收益率	10.42	13.88	15.52	17.30	19.21	21.23	25.52	27.78	29.11	30.98	32.93	34.80	−20.68	1816.43
		敏感度系数	1.84	1.62	1.67	1.72	1.77	1.80	1.88	1.91	1.65	1.64	1.65	1.64		
	成本	内部收益率	29.23	28.35	27.87	26.71	25.57	24.44	22.25	21.18	20.13	19.10	18.10	17.12	36.70	945.79
		敏感度系数	−0.84	−0.86	−0.97	−0.97	−0.96	−0.95	−0.93	−0.92	−0.91	−0.91	−0.90	−0.89		
	投资	内部收益率	32.21	30.90	29.80	27.86	26.79	24.12	22.47	21.53	20.52	19.45	18.32	17.15	39.12	371 017.38
		敏感度系数	−1.27	−1.30	−1.39	−1.29	−1.48	−0.68	−0.74	−0.77	−0.80	−0.83	−0.86	−0.88		
	产量	内部收益率	13.99	15.99	17.09	18.69	20.57	21.93	25.01	26.33	27.90	29.51	30.87	32.86	−27.16	617.42
		敏感度系数	1.33	1.26	1.34	1.33	1.18	1.20	1.44	1.29	1.31	1.32	1.29	1.36		

从表 10－1－5 可看出，各因素的变化都不同程度地影响财务内部收益率，其中价格的波动最为敏感，其次依次为产量、经营成本，建设投资相对最不敏感，敏感性分析见图 10－1－3。

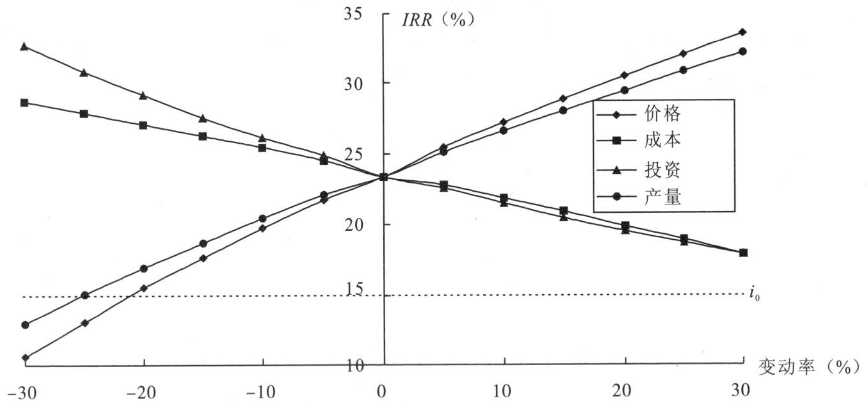

图 10－1－3 J45 块开发方案内部收益率敏感性分析图

从图 10－1－3 中可以看出，原油价格和产量对基本方案内部收益率的影响曲线与财务基准收益率的交点（临界点），当原油价格下降 20.68％或者累计产油量减少 25.03％，项目的内部收益率才低于基准收益率水平，项目就不能满足石油行业基准要求，说明该项目评价期内抗风险能力一般。

2. 基准平衡分析

本次评价对影响项目收益率的主要敏感因素即价格、产量、投资和成本进行了基准平衡分析（表 10－1－6），该项目原油价格和产量均高于基准平衡点，经营成本和建设投资均低于基准平衡点，说明项目的效益较好。

表 10－1－6 单因素变化的基准平衡值

序号	主要变化因素	单位	评价值	变化率（％）	基准平衡点
1	原油价格	元/吨	2290.00	－20.68	1816.43
2	单位经营成本	元/吨	691.87	36.70	945.79
3	建设投资	万元	266 688.74	39.12	371 017.38
4	累产油量	万吨	847.63	－27.16	617.42

3. 盈亏平衡分析

利用生产能力利用率表示的盈亏平衡点（*BEP*）进行盈亏平衡分析。

该项目在第 5 年达到设计生产能力，此时年固定成本为 77 170.20 万元，可变成本为 46 980.52万元，年营业收入为 226 979.17 万元，年营业税金及附加为 14 211.85 万元。根据计算生产能力利用率盈亏平衡点如下：

$$BEP=\frac{\text{年固定成本}}{\text{年营业收入}-\text{年可变成本}-\text{年营业税金及附加}}\times 100\%$$

$$=\frac{77\ 170.20}{226\ 979.17-46\ 980.52-14\ 211.85}\times 100\%=46.55\%$$

即该项目只要达到设计规模的 46.55%，也就是当年产量达到 49.61 万吨时，企业就可以保本，故该项目风险较小(图 10-1-4)。

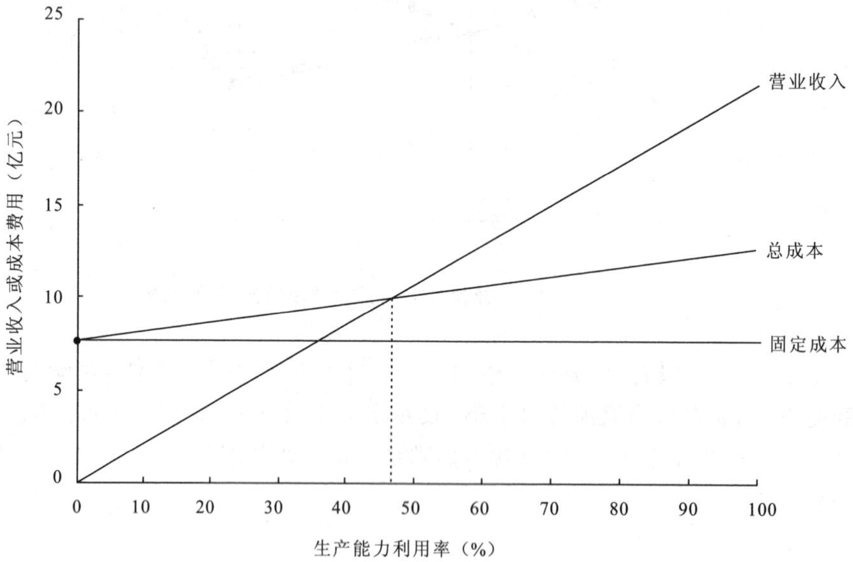

图 10-1-4 J45 块开发方案盈亏平衡图

五、结论与建议

从上述财务评价看，财务内部收益率高于石油行业基准收益率，财务净现值大于零，投资回收期小于石油行业基准投资回收期，借款偿还能满足贷款机构的要求，从敏感性分析、盈亏平衡分析看，项目具有一定的抗风险能力，因此项目从财务上讲是可行的。

另外，该区块储量丰富地区构造不太复杂，开发条件好。财务评价各项指标均属可行。从社会效益看，该油田的开发对发展当地经济具有深远的意义。

综上所述，该开发方案是可行的，对国家和地区的经济发展是有利的。

由于项目对油价最为敏感，国内原油的价格又受国际市场的影响不断波动，如果国际油价降低到低于 1816.4 元/吨时，建议国家在税收、贷款等方面给该地区以适当优惠政策，使之更好地发展本地优势，持续发展本地经济。针对该区块，努力提高产量也是至关重要的。其次还需要尽量降低投资，并在生产中节约开支、降低成本，使 J45 块开发既具有较高的开发效益，又有较好的经济效益。

附表 10-1-1　项目总投资估算表

序号	工程或费用名称	估算金额(万元)	占总投资的比例(%)	备注
1	建设投资	266 688.74	88.53	
1.1	工程费用	213 785.25	70.97	
1.1.1	钻井工程投资	150 575.25	49.99	
1.1.2	采油工程投资	18 060.00	6.00	
1.1.3	地面工程投资	45 150.00	14.99	
1.2	其他费用	4275.71	1.42	
1.2.1	固定资产其他费用	2137.85	0.71	
1.2.2	无形资产费用	1282.71	0.43	
1.2.3	其他资产费用	855.14	0.28	
1.3	预备费	48 627.79	16.14	
1.3.1	基本预备费	26 167.31	8.69	
1.3.2	涨价预备费	22 460.47	7.46	
2	建设期利息	22 325.21	7.41	
3	流动资金	12 217.77	4.06	
	合计	301 231.72	100.00	

附表 10-1-2　项目总投资计划与资金筹措表

序号	项目＼年份	建设期			总计
		1	2	3	
1	总投资				
1.1	建设投资	113 113.83	120 201.90	33 373.01	266 688.74
1.2	建设期利息	2533.75	7922.18	11 869.28	22 325.21
1.3	流动资金	0.00	0.00	12 217.77	12 217.77
	小计	115 647.58	128 124.09	57 460.06	301 231.72
2	资金筹措				
2.1	项目资本金	33 934.15	36 060.57	13 677.23	83 671.95
2.1.1	建设投资	33 934.15	36 060.57	10 011.90	80 006.62
2.1.2	流动资金	0.00	0.00	3665.33	3665.33
2.1.3	建设期利息	0.00	0.00	0.00	0.00
2.2	债务资金	81 713.43	92 063.51	43 782.82	217 559.77
2.2.1	建设投资	79 179.68	84 141.33	23 361.11	186 682.12
2.2.2	流动资金	0.00	0.00	8552.44	8552.44
2.2.3	建设期利息	2533.75	7922.18	11 869.28	22 325.21
	小计	115 647.58	128 124.09	57 460.06	301 231.72

附表 10-1-3 借款还本付息计划表

单位：万元

序号	项目	年份															
		1	2	3	4	5	6	7	8	9	10	11	12	13	14	15	合计
1	借款及还本付息																
1.1	年初欠款累计	0.00	81 713.43	173 776.95	209 007.33	161 512.64	110 978.29	57 209.74	0.00	0.00	0.00	0.00	0.00	0.00	0.00	0.00	794 198.38
1.1.1	建设投资年初欠款累计	0.00	81 713.43	173 776.95	209 007.33	161 512.64	110 978.29	57 209.74	0.00	0.00	0.00	0.00	0.00	0.00	0.00	0.00	794 198.38
1.1.2	流动资金年初欠款累计	0.00	0.00	0.00	0.00	0.00	0.00	0.00	0.00	0.00	0.00	0.00	0.00	0.00	0.00	0.00	0.00
1.2	本年借款	79 179.68	84 141.33	23 361.11	8552.44	8552.44	8552.44	8552.44	8552.44	8552.44	8552.44	8552.44	8552.44	8552.44	8552.44	8552.44	246 549.17
1.2.1	建设投资本年借款	79 179.68	84 141.33	23 361.11	0.00	0.00	0.00	0.00	0.00	0.00	0.00	0.00	0.00	0.00	0.00	0.00	186 682.12
1.2.2	流动资金本年借款	0.00	0.00	0.00	8552.44	8552.44	8552.44	8552.44	8552.44	8552.44	8552.44	8552.44	8552.44	8552.44	8552.44	8552.44	59 867.05
1.3	当期应计利息	2533.75	7922.18	11 869.28	13 889.62	10 849.96	7615.76	4174.57	513.15	513.15	513.15	513.15	513.15	513.15	513.15	513.15	60 394.55
1.3.1	建设投资当期应计利息	2533.75	7922.18	11 869.28	13 376.47	10 336.81	7102.61	3661.42	0.00	0.00	0.00	0.00	0.00	0.00	0.00	0.00	56 802.52
1.3.2	流动资金当期应计利息	0.00	0.00	0.00	513.15	513.15	513.15	513.15	513.15	513.15	513.15	513.15	513.15	513.15	513.15	513.15	3592.02
1.4	本年付息	0.00	0.00	0.00	13 889.62	10 849.96	7615.76	4174.57	513.15	513.15	513.15	513.15	513.15	513.15	513.15	513.15	38 069.33
1.4.1	建设投资借款本年付息	0.00	0.00	0.00	13 376.47	10 336.81	7102.61	3661.42	0.00	0.00	0.00	0.00	0.00	0.00	0.00	0.00	34 477.31
1.4.2	流动资金借款本年付息	0.00	0.00	0.00	513.15	513.15	513.15	513.15	513.15	513.15	513.15	513.15	513.15	513.15	513.15	513.15	3592.02
1.5	本年还本	0.00	0.00	0.00	56 047.13	59 086.79	62 320.99	65 762.17	8552.44	8552.44	8552.44	8552.44	8552.44	8552.44	8552.44	8552.44	268 874.38
1.5.1	建设投资借款本年还本	0.00	0.00	0.00	47 494.69	50 534.35	53 768.55	57 209.74	0.00	0.00	0.00	0.00	0.00	0.00	0.00	0.00	209 007.33
1.5.2	流动资金借款本年还本	0.00	0.00	0.00	8552.44	8552.44	8552.44	8552.44	8552.44	8552.44	8552.44	8552.44	8552.44	8552.44	8552.44	8552.44	59 867.05
1.6	期末借款余额	81 713.43	173 776.95	209 007.33	161 512.64	110 978.29	57 209.74	0.00	0.00	0.00	0.00	0.00	0.00	0.00	0.00	0.00	794 198.38
1.6.1	建设投资期末借款余额	81 713.43	173 776.95	209 007.33	161 512.64	110 978.29	57 209.74	0.00	0.00	0.00	0.00	0.00	0.00	0.00	0.00	0.00	794 198.38
1.6.2	流动资金期末借款余额	0.00	0.00	0.00	0.00	0.00	0.00	0.00	0.00	0.00	0.00	0.00	0.00	0.00	0.00	0.00	0.00
计算指标	利息备付率(%)				527.76	687.56	981.00	1551.63	11 312.29	10 064.32	25 562.88	12 767.00	11 037.67	10 443.14	10 443.14	10 443.14	
	偿债备付率(%)				132.63	132.78	131.72	121.02	874.08	825.10	967.47	483.19	417.93	395.50	394.08	394.08	

附表 10－1－4 折旧与摊销计算表

单位:万元

序号	项目	年份											
		4	5	6	7	8	9	10	11	12	13	14	15
1	固定资产(油气资产)折旧												
1.1	固定资产(油气资产)原值	248 126.46	208 012.68	167 898.90	127 785.13	87 671.35	47 557.57	7443.79	7443.79	7443.79	7443.79	7443.79	7443.79
1.2	当期折旧	40 113.78	40 113.78	40 113.78	40 113.78	40 113.78	40 113.78	0.00	0.00	0.00	0.00	0.00	0.00
1.3	固定资产(油气资产)净值	208 012.68	167 898.90	127 785.13	87 671.35	47 557.57	7443.79	7443.79	7443.79	7443.79	7443.79	7443.79	7443.79
2	无形资产摊销												
2.1	无形资产原值	1282.71	1154.44	1026.17	897.90	769.63	641.36	513.08	384.81	256.54	128.27	0.00	0.00
2.2	当期摊销	128.27	128.27	128.27	128.27	128.27	128.27	128.27	128.27	128.27	128.27	0.00	0.00
2.3	无形资产净值	1154.44	1026.17	897.90	769.63	641.36	513.08	384.81	256.54	128.27	0.00	0.00	0.00
3	其他资产摊销												
3.1	其他资产原值	855.14	684.11	513.08	342.06	171.03	0.00	0.00	0.00	0.00	0.00	0.00	0.00
3.2	当期摊销	171.03	171.03	171.03	171.03	171.03	0.00	0.00	0.00	0.00	0.00	0.00	0.00
3.3	其他资产净值	684.11	513.08	342.06	171.03	0.00	0.00	0.00	0.00	0.00	0.00	0.00	0.00

附表 10-1-5　油气操作成本估算表

单位:万元

序号	项目	年份												
		4	5	6	7	8	9	10	11	12	13	14	15	合计
1	材料	355.95	394.20	385.20	376.65	376.65	376.65	376.65	376.65	148.05	148.05	148.05	148.05	3610.80
2	燃料	1151.09	1180.46	1202.80	1176.08	1198.70	1213.84	1242.33	497.24	436.03	425.92	413.16	391.20	10 528.84
3	动力	2822.24	2894.25	2949.04	2883.51	2938.99	2976.11	3045.95	1219.13	1069.07	1044.28	1012.98	959.14	25 814.68
4	工人工资	648.62	718.32	701.92	686.34	686.34	686.34	686.34	686.34	269.78	269.78	269.78	269.78	6579.68
5	职工福利	90.81	100.56	98.27	96.09	96.09	96.09	96.09	96.09	37.77	37.77	37.77	37.77	921.16
6	注水注汽费	125.10	125.10	333.59	531.66	531.66	531.66	531.66	519.02	406.56	385.50	377.50	365.81	4764.83
7	井下作业费	8661.45	9592.20	9373.20	9165.15	9165.15	9165.15	9165.15	9165.15	3602.55	3602.55	3602.55	3602.55	87 862.80
8	油田维护费	8186.88	8526.24	8454.40	7690.40	7268.80	6857.60	6570.40	3367.20	2836.80	2684.00	2684.00	2684.00	67 810.72
9	储量使用费	10 233.60	10 657.80	10 568.00	9613.00	9086.00	8572.00	8213.00	4209.00	3546.00	3355.00	3355.00	3355.00	84 763.40
10	测井试井费	442.96	490.56	479.36	468.72	468.72	468.72	468.72	468.72	184.24	184.24	184.24	184.24	4493.44
11	修理费	1566.18	1734.48	1694.88	1657.26	1657.26	1657.26	1657.26	1657.26	651.42	651.42	651.42	651.42	15 887.52
12	热采费	16 335.80	17 278.25	15 079.20	12 566.00	12 566.00	12 566.00	12 566.00	3141.50	3141.50	3141.50	3141.50	3141.50	114 664.75
13	轻烃回收费	0.00	0.00	0.00	0.00	0.00	0.00	0.00	0.00	0.00	0.00	0.00	0.00	0.00
14	油气处理费	2142.69	2197.35	2238.95	2189.20	2231.32	2259.50	2312.53	925.58	811.65	792.83	769.07	728.19	19 598.86
15	其他开采费	2768.50	3066.00	2996.00	2929.50	2929.50	2929.50	2929.50	2929.50	1151.50	1151.50	1151.50	1151.50	28 084.00
	操作成本合计	55 531.86	58 955.77	56 554.81	52 029.56	51 201.18	50 356.42	49 861.57	29 258.37	18 292.92	17 874.35	17 798.52	17 670.14	475 385.47
	单位操作成本(元/吨)	542.64	553.17	535.15	541.24	563.52	587.45	607.11	695.14	515.87	532.77	530.51	526.68	—

附表 10－1－6　总成本费用估算表

单位：万元

序号	项目	年份												
		4	5	6	7	8	9	10	11	12	13	14	15	合计
1	油气生产成本	95 645.64	99 069.55	96 668.59	92 143.34	91 314.95	90 470.19	49 861.57	29 258.37	18 292.92	17 874.35	17 798.52	17 670.14	716 068.14
1.1	油气操作成本	55 531.86	58 955.77	56 554.81	52 029.56	51 201.18	50 356.42	49 861.57	29 258.37	18 292.92	17 874.35	17 798.52	17 670.14	475 385.47
1.2	折旧费	40 113.78	40 113.78	40 113.78	40 113.78	40 113.78	40 113.78	0.00	0.00	0.00	0.00	0.00	0.00	240 682.66
2	期间费	27 553.78	25 081.17	21 726.43	17 051.73	12 712.24	11 879.87	11 417.96	5753.05	4773.00	4527.25	4398.98	4398.98	151 274.44
2.1	管理费	12 574.44	13 096.32	12 985.34	11 853.52	11 231.57	10 453.94	10 030.26	5304.86	4395.40	4169.99	4041.72	4041.72	104 179.07
	其中：石油特别收益金	9897.94	10 308.22	10 221.37	9297.69	8787.98	8290.84	7943.61	4070.94	3429.69	3244.96	3244.96	3244.96	81 983.16
	矿产资源补偿费	2179.45	2269.79	2250.67	2047.28	1935.05	1825.58	1749.12	896.39	755.19	714.51	714.51	714.51	18 052.06
	无形资产摊销费	128.27	128.27	128.27	128.27	128.27	128.27	128.27	128.27	128.27	128.27	0.00	0.00	1282.71
	其他资产摊销费	171.03	171.03	171.03	171.03	171.03	0.00	0.00	0.00	0.00	0.00	0.00	0.00	855.14
	其他管理费	197.75	219.00	214.00	209.25	209.25	209.25	209.25	209.25	82.25	82.25	82.25	82.25	2006.00
2.2	财务费用	13 889.62	10 849.96	7615.76	4174.57	513.15	513.15	513.15	0.00	0.00	0.00	0.00	0.00	38 069.33
	其中：利息	13 889.62	10 849.96	7615.76	4174.57	513.15	513.15	513.15	0.00	0.00	0.00	0.00	0.00	38 069.33
2.3	营业费用	1089.72	1134.90	1125.33	1023.64	967.52	912.79	874.56	448.20	377.60	357.26	357.26	357.26	9026.03
3	总成本费用	123 199.42	124 150.72	118 395.02	109 195.07	104 027.20	102 350.07	61 279.53	35 011.43	23 065.92	22 401.60	22 197.50	22 069.12	867 342.58
3.1	固定成本	78 793.94	77 170.20	73 620.86	68 314.85	63 704.83	62 608.60	21 848.62	14 128.28	9036.08	8692.28	8564.01	8564.01	495 046.57
3.2	可变成本	44 405.48	46 980.52	44 774.16	40 880.22	40 322.37	39 741.46	39 430.91	20 883.15	14 029.84	13 709.32	13 633.49	13 505.11	372 296.01
4	经营成本	68 896.72	72 887.68	70 366.18	64 607.43	63 100.97	61 594.87	60 638.11	34 883.15	22 937.65	22 273.33	22 197.50	22 069.12	586 452.73
5	单位生产成本(元/吨)	934.62	929.55	914.73	958.53	1005.01	1055.42	607.11	695.14	515.87	532.77	530.51	526.68	—
6	单位总成本(元/吨)	1203.87	1164.88	1120.32	1135.91	1144.92	1194.00	746.13	831.82	650.48	667.71	661.62	657.80	—
7	单位经营成本(元/吨)	673.24	683.89	665.84	672.08	694.49	718.56	738.32	828.78	646.86	663.88	661.62	657.80	—

附表 10-1-7　营业收入、营业税金及附加计算表

单位：万元

序号	项目	单价或税率	年份												
			4	5	6	7	8	9	10	11	12	13	14	15	合计
1	原油产量(万吨)		102.34	106.58	105.68	96.13	90.86	85.72	82.13	42.09	35.46	33.55	33.55	33.55	847.63
2	商品量(万吨)	商品率(93%)	95.17	99.12	98.28	89.40	84.50	79.72	76.38	39.14	32.98	31.20	31.20	31.20	788.30
3	营业收入	油价 2290（元/吨）	217 944.98	226 979.17	225 066.70	204 728.06	193 504.54	182 557.88	174 912.26	89 639.07	75 519.16	71 451.44	71 451.44	71 451.44	1 805 206.13
4	增值税	17%	0.00	28 628.89	34 202.62	31 058.84	29 171.25	27 334.95	26 040.19	13 125.71	11 542.69	10 872.13	10 881.24	10 896.81	233 755.31
4.1	销项税		37 050.65	38 586.46	38 261.34	34 803.77	32 895.77	31 034.84	29 735.08	15 238.64	12 838.26	12 146.74	12 146.74	12 146.74	306 885.04
4.2	进项税		42 753.80	4254.41	4058.72	3744.93	3724.52	3699.89	3694.89	2112.94	1295.57	1274.62	1265.51	1249.94	73 129.73
5	营业税金及附加		10 897.25	14 211.85	14 673.60	13 342.29	12 592.35	11 861.39	11 349.63	5794.52	4930.23	4659.78	4660.70	4662.25	113 635.84
5.1	城乡维护建设税	增值税的 7%	0.00	2004.02	2394.18	2174.12	2041.99	1913.45	1822.81	918.80	807.99	761.05	761.69	762.78	16 362.87
5.2	教育费附加	增值税的 3%	0.00	858.87	1026.08	931.77	875.14	820.05	781.21	393.77	346.28	326.16	326.44	326.90	7012.66
5.3	资源税	营业额的 5%	10 897.25	11 348.96	11 253.33	10 236.40	9675.23	9127.89	8745.61	4481.95	3775.96	3572.57	3572.57	3572.57	90 260.31

附表 10-1-8 利润与利润分配表

单位:万元

序号	项目	年份												合计
		4	5	6	7	8	9	10	11	12	13	14	15	
1	营业收入	217 944.98	226 979.17	225 066.70	204 728.06	193 504.54	182 557.88	174 912.26	89 639.07	75 519.16	71 451.44	71 451.44	71 451.44	1 805 206.13
2	总成本费用	123 199.42	124 150.72	118 395.02	109 195.07	104 027.20	102 350.07	454.85	0.00	0.00	0.00	0.00	0.00	681 772.34
3	补贴收入	0.00	0.00	0.00	0.00	0.00	0.00	0.00	0.00	0.00	0.00	0.00	0.00	0.00
4	营业税金及附加	10 897.25	14 211.85	14 673.60	13 342.29	12 592.35	11 861.39	70.62	2287.93	0.00	0.00	0.00	0.00	79 937.27
5	利润总额(1−2+3−4)	83 848.32	88 616.60	91 998.08	82 190.70	76 884.99	68 346.43	174 386.79	87 351.14	75 519.16	71 451.44	71 451.44	71 451.44	1 043 496.53
6	弥补的前年度亏损额	0.00	0.00	0.00	0.00	0.00	0.00	0.00	0.00	0.00	0.00	0.00	0.00	0.00
7	应纳税所得额(5−6)	83 848.32	88 616.60	91 998.08	82 190.70	76 884.99	68 346.43	174 386.79	87 351.14	75 519.16	71 451.44	71 451.44	71 451.44	1 043 496.53
8	所得税	20 962.08	22 154.15	22 999.52	20 547.68	19 221.25	17 086.61	43 596.70	21 837.79	18 879.79	17 862.86	17 862.86	17 862.86	260 874.13
9	净利润(5−8)	62 886.24	66 462.45	68 998.56	61 643.03	57 663.74	51 259.82	130 790.10	65 513.36	56 639.37	53 588.58	53 588.58	53 588.58	782 622.39
10	期初未分配利润	0.00	56 597.61	116 413.82	178 512.53	233 991.25	285 888.62	332 022.46	449 733.54	508 695.56	559 671.00	607 900.72	656 130.44	—
11	可供分配利润(9+10)	62 886.24	123 060.07	185 412.38	240 155.55	291 654.99	337 148.44	462 812.55	515 246.90	565 334.94	613 259.57	661 489.29	709 719.01	4 768 179.94
12	提取法定盈余公积金	6288.62	6646.25	6899.86	6164.30	5766.37	5125.98	13 079.01	6551.34	5663.94	5358.86	5358.86	5358.86	78 262.24
13	投资者分配利润	0.00	0.00	0.00	0.00	0.00	0.00	0.00	0.00	0.00	0.00	0.00	0.00	0.00
14	未分配利润(10−11−12)	56 597.61	116 413.82	178 512.53	233 991.25	285 888.62	332 022.46	449 733.54	508 695.56	559 671.00	607 900.72	656 130.44	704 360.15	—
15	息税前利润(5+利息支出)	97 737.93	99 466.56	99 613.84	86 365.27	77 398.14	68 859.57	174 899.94	87 351.14	75 519.16	71 451.44	71 451.44	71 451.44	1 081 565.86
16	调整所得税(息税前利润×25%)	24 434.48	24 866.64	24 903.46	21 591.32	19 349.53	17 214.89	43 724.99	21 837.79	18 879.79	17 862.86	17 862.86	17 862.86	270 391.47
17	息前税后利润(15−16)	73 303.45	74 599.92	74 710.38	64 773.95	58 048.60	51 644.68	131 174.96	65 513.36	56 639.37	53 588.58	53 588.58	53 588.58	811 174.40
18	息税折耗摊销前利润	138 151.01	139 879.64	140 026.91	126 778.35	117 811.21	109 101.62	175 028.21	87 479.41	75 647.43	71 579.71	71 451.44	71 451.44	1 324 386.38

附表 10-1-9 项目投资现金流量表

单位:万元

序号	项目	年份														
		1	2	3	4	5	6	7	8	9	10	11	12	13	14	15
1	现金流入															
1.1	营业收入	0.00	0.00	0.00	217 944.98	226 979.17	225 066.70	204 728.06	193 504.54	182 557.88	174 912.26	89 639.07	75 519.16	71 451.44	71 451.44	71 451.44
1.2	补贴收入	0.00	0.00	0.00	0.00	0.00	0.00	0.00	0.00	0.00	0.00	0.00	0.00	0.00	0.00	0.00
1.3	回收固定资产余值	0.00	0.00	0.00	0.00	0.00	0.00	0.00	0.00	0.00	0.00	0.00	0.00	0.00	0.00	7443.79
1.4	回收流动资金	0.00	0.00	0.00	0.00	0.00	0.00	0.00	0.00	0.00	0.00	0.00	0.00	0.00	0.00	12 217.77
	小计	0.00	0.00	0.00	217 944.98	226 979.17	225 066.70	204 728.06	193 504.54	182 557.88	174 912.26	89 639.07	75 519.16	71 451.44	71 451.44	91 112.99
2	现金流出															
2.1	资本化的勘探投资	0.00	0.00	0.00	0.00	0.00	0.00	0.00	0.00	0.00	0.00	0.00	0.00	0.00	0.00	0.00
2.2	建设投资	113 113.83	120 201.90	33 373.01	0.00	0.00	0.00	0.00	0.00	0.00	0.00	0.00	0.00	0.00	0.00	0.00
2.3	流动资金	0.00	0.00	0.00	12 217.77	0.00	0.00	0.00	0.00	0.00	0.00	0.00	0.00	0.00	0.00	0.00
2.4	经营成本	0.00	0.00	0.00	68 896.72	72 887.68	70 366.18	64 607.43	63 100.97	61 594.87	60 638.11	34 883.15	22 937.65	22 273.33	22 197.50	22 069.12
2.5	营业税金及附加	0.00	0.00	0.00	10 897.25	14 211.85	14 673.60	13 342.29	12 592.35	11 861.39	11 349.63	5794.52	4930.23	4659.78	4660.70	4662.25
2.6	维持运营投资	0.00	0.00	0.00	0.00	0.00	0.00	0.00	0.00	0.00	0.00	0.00	0.00	0.00	0.00	0.00
2.7	弃置费用	0.00	0.00	0.00	0.00	0.00	0.00	0.00	0.00	0.00	0.00	0.00	0.00	0.00	0.00	0.00
	小计	113 113.83	120 201.90	33 373.01	92 011.74	87 099.53	85 039.78	77 949.71	75 693.33	73 456.26	71 987.75	40 677.68	27 867.88	26 933.11	26 858.19	26 731.37
3	所得税前净现金流量(1−2)	−113 113.83	−120 201.90	−33 373.01	125 933.24	139 879.64	140 026.91	126 778.35	117 811.21	109 101.62	102 924.51	48 961.39	47 651.28	44 518.32	44 593.24	64 381.62
4	累计所得税前净现金流量	−113 113.83	−233 315.73	−266 688.74	−140 755.50	−875.87	139 151.05	265 929.40	383 740.61	492 842.23	595 766.75	644 728.14	692 379.43	736 897.75	781 490.99	845 872.61
5	调整所得税	0.00	0.00	0.00	24 434.48	24 866.64	24 903.46	21 591.32	19 349.53	17 214.89	43 724.99	21 837.79	18 879.79	17 862.86	17 862.86	17 862.86
6	所得税后净现金流量(1−2−5)	−113 113.83	−120 201.90	−33 373.01	101 498.76	115 013.00	115 123.45	105 187.03	98 461.68	91 886.73	59 199.53	27 123.61	28 771.49	26 655.47	26 730.38	46 518.76
7	累计所得税后净现金流量	−113 113.83	−233 315.73	−266 688.74	−165 189.98	−50 176.99	64 946.47	170 133.50	268 595.18	360 481.91	419 681.43	446 805.04	475 576.54	502 232.00	528 962.39	575 481.15
计算指标	项目投资财务内部收益率(所得税前)为 29.23%;项目投资财务内部收益率(所得税后)为 23.33%;项目投资财务净现值(所得税前)(i_c=15%)为 174 400.52 万元;项目投资财务净现值(所得税后)(i_c=15%)为 91 310.74 万元;项目静态投资回收期(年)(所得税前)5.01 年;项目静态投资回收期(年)(所得税后)5.44 年;项目动态投资回收期(所得税前)6.19 年;项目动态投资回收期(所得税后)7.21 年															

附表 10-1-10　项目资本金现金流量表

单位：万元

序号	项目	年份														
		1	2	3	4	5	6	7	8	9	10	11	12	13	14	15
1	现金流入															
1.1	营业收入	0.00	0.00	0.00	217 944.98	226 979.17	225 066.70	204 728.06	193 504.54	182 557.88	174 912.26	89 639.07	75 519.16	71 451.44	71 451.44	71 451.44
1.3	补贴收入	0.00	0.00	0.00	0.00	0.00	0.00	0.00	0.00	0.00	0.00	0.00	0.00	0.00	0.00	0.00
1.4	回收固定资产余值	0.00	0.00	0.00	0.00	0.00	0.00	0.00	0.00	0.00	0.00	0.00	0.00	0.00	0.00	7443.79
1.5	回收流动资金	0.00	0.00	0.00	0.00	0.00	0.00	0.00	0.00	0.00	0.00	0.00	0.00	0.00	0.00	12 217.77
	小计	0.00	0.00	0.00	217 944.98	226 979.17	225 066.70	204 728.06	193 504.54	182 557.88	174 912.26	89 639.07	75 519.16	71 451.44	71 451.44	91 112.99
2	现金流出															
2.1	资本化的勘探投资	0.00	0.00	0.00	0.00	0.00	0.00	0.00	0.00	0.00	0.00	0.00	0.00	0.00	0.00	0.00
2.2	项目资本金	33 934.15	36 060.57	13 677.23	0.00	0.00	0.00	0.00	0.00	0.00	0.00	0.00	0.00	0.00	0.00	0.00
2.3	维持运营投资	0.00	0.00	0.00	0.00	0.00	0.00	0.00	0.00	0.00	0.00	0.00	0.00	0.00	0.00	0.00
2.4	弃置费用	0.00	0.00	0.00	0.00	0.00	0.00	0.00	0.00	0.00	0.00	0.00	0.00	0.00	0.00	0.00
2.5	借款本金偿还	0.00	0.00	0.00	56 047.13	59 086.79	62 320.99	65 762.17	8552.44	8552.44	8552.44	8552.44	8552.44	8552.44	8552.44	8552.44
2.6	借款利息支付	0.00	0.00	0.00	13 889.62	10 849.96	7615.76	4174.57	513.15	513.15	513.15	513.15	513.15	513.15	513.15	513.15
2.7	经营成本	0.00	0.00	0.00	68 896.72	72 887.68	70 366.18	64 607.43	63 100.97	61 594.87	60 638.11	34 883.15	22 937.65	22 273.33	22 197.50	22 069.12
2.9	营业税金及附加	0.00	0.00	0.00	10 897.25	14 211.85	14 673.60	13 342.29	12 592.35	11 861.39	11 349.63	5794.52	4930.23	4659.78	4660.70	4662.25
2.11	所得税	0.00	0.00	0.00	20 962.08	22 154.15	22 999.52	20 547.68	19 221.25	17 086.61	43 596.70	21 837.79	18 879.79	17 862.86	17 862.86	17 862.86
	小计	33 934.15	36 060.57	13 677.23	170 692.79	179 190.42	177 976.04	168 434.13	103 980.16	99 608.45	124 650.03	71 581.05	55 813.25	53 861.55	53 786.63	53 659.81
3	净现金流量(1－2)	－33 934.15	－36 060.57	－13 677.23	47 252.19	47 788.74	47 090.65	36 293.93	89 524.38	82 949.43	50 262.23	18 058.03	19 705.91	17 589.88	17 664.80	37 453.18

计算指标：资本金财务内部收益率(%)为 37.74%

附表 10-1-11　财务计划现金流量表

单位：万元

序号	项目	年份														
		1	2	3	4	5	6	7	8	9	10	11	12	13	14	15
1	经营活动净现金流量(1.1−1.2)	0.00	0.00	0.00	150 235.42	123 428.64	117 027.39	106 230.67	98 589.97	92 015.02	59 327.82	27 123.61	28 771.49	26 655.47	26 730.38	26 857.20
1.1	现金流入	0.00	0.00	0.00	254 995.63	265 565.62	263 328.03	239 531.83	226 400.31	213 592.72	204 647.35	104 877.72	88 357.42	83 598.18	83 598.18	83 598.18
1.1.1	营业收入	0.00	0.00	0.00	217 944.98	226 979.17	225 066.70	204 728.06	193 504.54	182 557.88	174 912.26	89 639.07	75 519.16	71 451.44	71 451.44	71 451.44
1.1.2	增值税销项税	0.00	0.00	0.00	37 050.65	38 586.46	38 261.34	34 803.77	32 895.77	31 034.84	29 735.08	15 238.64	12 838.26	12 146.74	12 146.74	12 146.74
1.1.3	补贴收入	0.00	0.00	0.00	0.00	0.00	0.00	0.00	0.00	0.00	0.00	0.00	0.00	0.00	0.00	0.00
1.1.4	其他流入	0.00	0.00	0.00	0.00	0.00	0.00	0.00	0.00	0.00	0.00	0.00	0.00	0.00	0.00	0.00
1.2	现金流出	0.00	0.00	0.00	104 760.21	142 136.98	146 300.64	133 301.16	127 810.35	121 577.71	145 319.53	77 754.11	59 585.93	56 942.71	56 867.80	56 740.98
1.2.1	经营成本	0.00	0.00	0.00	68 896.72	72 887.68	70 366.18	64 607.43	63 100.97	61 594.87	60 638.11	34 883.15	22 937.65	22 273.33	22 197.50	22 069.12
1.2.2	增值税进项税	0.00	0.00	0.00	4004.16	4254.41	4058.72	3744.93	3724.52	3699.89	3694.89	2112.94	1295.57	1274.62	1265.51	1249.94
1.2.3	营业税金及附加	0.00	0.00	0.00	10 897.25	14 211.85	14 673.60	13 342.29	12 592.35	11 861.39	11 349.63	5794.52	4930.23	4659.78	4660.70	4662.25
1.2.4	增值税	0.00	0.00	0.00	0.00	28 628.89	34 202.62	31 058.84	29 171.25	27 334.95	26 040.19	13 125.71	11 542.69	10 872.13	10 881.24	10 896.81
1.2.5	所得税	0.00	0.00	0.00	20 962.08	22 154.15	22 999.52	20 547.68	19 221.25	17 086.61	43 596.70	21 837.79	18 879.79	17 862.86	17 862.86	17 862.86
2	投资活动净现金流量(2.1−2.2)	−113 113.83	−120 201.90	−33 373.01	−12 217.77	0.00	0.00	0.00	0.00	0.00	0.00	0.00	0.00	0.00	0.00	0.00
2.1	现金流入	0.00	0.00	0.00	0.00	0.00	0.00	0.00	0.00	0.00	0.00	0.00	0.00	0.00	0.00	0.00
2.2	现金流出	113 113.83	120 201.90	33 373.01	12 217.77	0.00	0.00	0.00	0.00	0.00	0.00	0.00	0.00	0.00	0.00	0.00
2.2.1	资本化的勘探投资	0.00	0.00	0.00	0.00	0.00	0.00	0.00	0.00	0.00	0.00	0.00	0.00	0.00	0.00	0.00
2.2.2	建设投资	113 113.83	120 201.90	33 373.01	0.00	0.00	0.00	0.00	0.00	0.00	0.00	0.00	0.00	0.00	0.00	0.00
2.2.3	维持运营投资	0.00	0.00	0.00	0.00	0.00	0.00	0.00	0.00	0.00	0.00	0.00	0.00	0.00	0.00	0.00
2.2.4	流动资金	0.00	0.00	0.00	12 217.77	0.00	0.00	0.00	0.00	0.00	0.00	0.00	0.00	0.00	0.00	0.00
2.2.5	弃置费用	0.00	0.00	0.00	0.00	0.00	0.00	0.00	0.00	0.00	0.00	0.00	0.00	0.00	0.00	0.00

续附表 10-1-11

序号	项目	年份														
		1	2	3	4	5	6	7	8	9	10	11	12	13	14	15
3	筹资活动净现金流量(3.1－3.2)	113 113.83	120 201.90	37 038.34	－61 384.31	－61 384.31	－61 384.31	－61 384.31	－513.15	－513.15	－513.15	－513.15	－513.15	－513.15	－513.15	－513.15
3.1	现金流入	113 113.83	120 201.90	37 038.34	8552.44	8552.44	8552.44	8552.44	8552.44	8552.44	8552.44	8552.44	8552.44	8552.44	8552.44	8552.44
3.1.1	资本化勘探投资	0.00	0.00	0.00	0.00	0.00	0.00	0.00	0.00	0.00	0.00	0.00	0.00	0.00	0.00	0.00
3.1.2	项目资本金投入	33 934.15	36 060.57	13 677.23	0.00	0.00	0.00	0.00	0.00	0.00	0.00	0.00	0.00	0.00	0.00	0.00
3.1.3	维持运营投资	0.00	0.00	0.00	0.00	0.00	0.00	0.00	0.00	0.00	0.00	0.00	0.00	0.00	0.00	0.00
3.1.4	建设投资借款	79 179.68	84 141.33	23 361.11	0.00	0.00	0.00	0.00	0.00	0.00	0.00	0.00	0.00	0.00	0.00	0.00
3.1.5	流动资金借款	0.00	0.00	0.00	8552.44	8552.44	8552.44	8552.44	8552.44	8552.44	8552.44	8552.44	8552.44	8552.44	8552.44	8552.44
3.1.6	短期借款	0.00	0.00	0.00	0.00	0.00	0.00	0.00	0.00	0.00	0.00	0.00	0.00	0.00	0.00	0.00
3.2	现金流出	0.00	0.00	0.00	69 936.74	69 936.74	69 936.74	69 936.74	9065.58	9065.58	9065.58	9065.58	9065.58	9065.58	9065.58	9065.58
3.2.1	各种利息支出	0.00	0.00	0.00	13 889.62	10 849.96	7615.76	4174.57	513.15	513.15	513.15	513.15	513.15	513.15	513.15	513.15
3.2.2	偿还长期借款本金	0.00	0.00	0.00	47 494.69	50 534.35	53 768.55	57 209.74	0.00	0.00	0.00	0.00	0.00	0.00	0.00	0.00
3.2.3	偿还短期借款本金	0.00	0.00	0.00	0.00	0.00	0.00	0.00	0.00	0.00	0.00	0.00	0.00	0.00	0.00	0.00
3.2.4	偿还流动资金借款本金	0.00	0.00	0.00	8552.44	8552.44	8552.44	8552.44	8552.44	8552.44	8552.44	8552.44	8552.44	8552.44	8552.44	8552.44
3.2.5	投资者分配利润	0.00	0.00	0.00	0.00	0.00	0.00	0.00	0.00	0.00	0.00	0.00	0.00	0.00	0.00	0.00
4	净现金流量(1＋2＋3)	0.00	0.00	3665.33	76 633.34	62 044.34	55 643.09	44 846.37	98 076.82	91 501.87	58 814.67	26 610.46	28 258.35	26 142.32	26 217.24	26 344.06
5	累计盈余资金	0.00	0.00	3665.33	80 298.67	142 343.01	197 986.10	242 832.46	340 909.28	432 411.15	491 225.82	517 836.28	546 094.63	572 236.95	598 454.19	624 798.25

实例二　TH油田4号区块奥陶系油藏开发方案经济评价

一、项目概况

TH油田4号区块位于新疆维吾尔自治区轮台县与库车县交接处，距轮台县城西南约70km处。4号区块奥陶系油藏为局部非连片底水、强烈不规则形状、严重非均质块状的、碳酸盐岩古风化壳岩溶缝洞型重质不饱和油藏。根据TH油田4号区块奥陶系油藏滚动勘探开发的最新成果，TH油田4号区块奥陶系油藏探明含油面积56.7km^2，基本探明石油地质储量6345万吨，溶解气储量38.7亿方；控制含油面积23.6km^2，提交石油控制地质储量3033万吨。油藏一次开发采收率取值15%，计算可采石油储量951.8万吨，可采溶解气储量5.8亿方。截止到2000年9月底，TH油田4号区块奥陶系油藏共完钻井32口，投产22口，开井18口，日产油3946.8m^3/d，平均单井产量216.6m^3/d(按完钻井数计为123.34m^3/d)。油藏累计产油171.911 37万方，采出程度2.59%。

根据油藏地质条件和目前的认识程度，在油藏开发方案实施与部署的过程中坚持逐步加密井网的布置方式。油藏工程针对2%采油速度的不同井网推荐了5个方案：1000m井距井网(W1000方案)；700m井距井网直井(W700v、W700vinj方案)；700m井距井网水平井(W700h、W700hinj方案)。通过经济评价对上述方案进行分析、优选。

二、基础数据

(一)油田开发基础数据

TH油田4号区块奥陶系油藏开发各方案的开发基础数据见表10-2-1～表10-2-5。TH油田4号区块OTX油藏按动用储量5200万吨计算，采油速度2%，建成后年生产规模将达到100万吨，稳产期4年(含第0年)。根据开发方案本项目为边建设边生产，计算期为15年。

表10-2-1　W1000开发指标预测表(2%采油速度)

项目	年度															
	0	1	2	3	4	5	6	7	8	9	10	11	12	13	14	15
生产井数(口)	19	38	37	37	37	36	36	36	32	32	32	29	23	19	15	10
日均单井产量(t/d)	149	80	69	64	60	55	50	43	41	34	27	22	18	14	10	11
年产油量(万吨)	103.4	111.3	93.81	86.88	80.72	72.61	65.55	56.25	47.43	39.20	31.72	22.81	15.00	9.62	5.35	3.93
气油比(m^3/m^3)	46	46	46	46	46	46	46	46	46	46	46	46	46	46	46	46
地层压力(MPa)	57.73	55.28	52.98	50.35	47.48	44.62	41.82	39.20	36.81	34.65	32.79	31.33	30.37	29.69	29.31	29.02
采出程度(%)	2.74	4.39	5.78	7.07	8.27	9.34	10.32	11.15	11.86	12.44	12.91	13.25	13.47	13.61	13.69	13.75
年综合含水率(%)	8.30	27.50	37.20	49.70	57.10	61.20	64.00	66.80	69.20	71.60	73.40	75.40	75.50	77.50	78.20	78.60

表 10-2-2　W700v 开发指标预测表(2%采油速度)

项目	年度															
	0	1	2	3	4	5	6	7	8	9	10	11	12	13	14	15
生产井数(口)	19	62	61	60	60	59	59	59	58	56	48	25	12	8	6	5
日均单井产量(t/d)	149.2	48.50	48.10	46.00	44.40	43.00	40.30	36.50	31.40	23.60	16.70	13.90	12.10	9.10	7.00	6.20
年产油量(万吨)	103.5	109.6	107.2	100.7	97.27	92.51	86.85	78.59	66.53	48.31	29.18	12.71	5.28	2.66	1.53	1.13
气油比(m^3/m^3)	46	46	46	46	46	46	46	46	46	46	46	46	46	46	46	46
地层压力(MPa)	57.73	55.66	53.12	50.15	46.79	43.16	39.43	35.88	32.76	30.38	28.88	28.20	27.87	27.72	27.64	27.59
采出程度(%)	2.74	4.37	5.96	7.45	8.89	10.26	11.55	12.72	13.71	14.42	14.86	15.04	15.12	15.16	15.18	15.20
年综合含水率(%)	8.40	18.50	34.80	48.10	55.70	60.90	63.90	65.40	66.30	67.70	69.00	70.10	74.50	70.60	68.00	67.70

表 10-2-3　W700vinj 开发指标预测表(2%采油速度)

项目	年度															
	0	1	2	3	4	5	6	7	8	9	10	11	12	13	14	15
生产井数(口)	19	62	55	51	51	50	50	49	48	46	45	43	43	42	41	40
日均单井产量(t/d)	149.2	48.69	54.36	54.32	51.42	49.00	44.34	41.48	39.41	37.90	36.37	35.86	34.19	33.08	32.20	31.11
年产油量(万吨)	103.5	110.2	109.1	101.1	95.70	89.40	80.90	74.20	69.00	63.60	59.70	56.30	53.70	50.70	48.20	45.40
气油比(m^3/m^3)	46	46	46	46	46	46	46	46	46	46	46	46	46	46	46	46
地层压力(MPa)	0	0	83.72	191.1	218.9	251.5	258.6	265.8	268.8	263.3	258.6	253.8	249.8	244.4	239.6	237.3
采出程度(%)	57.73	55.68	54.42	54.23	54.00	53.88	53.71	53.66	53.66	53.73	53.84	53.99	54.03	54.11	54.15	54.22
年综合含水率(%)	2.74	4.37	5.99	7.49	8.91	10.24	11.44	12.54	13.56	14.51	15.40	16.23	17.03	17.78	18.49	19.17

表 10-2-4　W700h 开发指标预测表(2%采油速度)

项目	年度															
	0	1	2	3	4	5	6	7	8	9	10	11	12	13	14	15
生产井数(口)	19	52	51	50	49	48	48	48	46	46	46	40	37	24	15	13
日均单井产量(t/d)	149	56	53	50	50	49	47	43	41	37	32	23	10	8	6	4
年产油量(万吨)	103.5	105.9	97.93	91.49	88.81	85.16	81.64	75.72	68.95	61.60	53.18	33.25	13.79	6.69	3.34	2.07
气油比(m^3/m^3)	46	46	46	46	46	46	46	46	46	46	46	46	46	46	46	46
地层压力(MPa)	57.73	55.62	53.37	50.94	48.23	45.29	42.11	38.86	35.70	32.70	30.08	28.42	27.66	27.22	26.92	26.74
采出程度(%)	2.74	4.31	5.76	7.12	8.44	9.7	10.91	12.04	13.06	13.97	14.76	15.26	15.46	15.56	15.61	15.64
年综合含水率(%)	8.40	22.80	32.90	42.00	49.60	55.50	60.30	63.70	65.90	67.50	67.70	67.80	70.90	75.70	82.30	81.50

表 10-2-5 W700hinj 开发指标预测表(2%采油速度)

项目	年度															
	0	1	2	3	4	5	6	7	8	9	10	11	12	13	14	15
生产井数(口)	19	52	47	42	42	42	41	41	41	41	40	40	40	39	39	38
日均单井产量(t/d)	149	57	61	63	60	57	54	50	48	45	43	40	39	38	36	35
年产油量(万吨)	103.5	108.7	104.1	96.50	91.90	86.80	80.50	75.20	71.30	66.60	62.70	59.00	56.50	53.90	50.80	48.00
气油比(m^3/m^3)	46	46	46	46	46	46	46	46	46	46	46	46	46	46	46	46
地层压力(MPa)	0	0	81.97	170.7	187.2	200.8	210.8	216.0	221.4	228.9	236.9	240.9	237.5	232.9	228.9	224.8
采出程度(%)	57.73	55.62	54.40	54.20	54.04	53.86	53.69	53.54	53.37	53.26	53.31	53.45	53.49	53.46	53.39	53.32
年综合含水率(%)	2.74	4.35	5.90	7.33	8.69	9.98	11.17	12.29	13.35	14.33	15.26	16.14	16.98	17.78	18.53	19.25

(二)经济参数

1. 投资估算参数

(1)钻井工程投资。根据成本概算数据,开发井中直井和水平井的投资估算,详细估算项目见表 10-2-6。

表 10-2-6 TH 油田 4 号区块钻井成本概算表 单位:元

序号	项目	水平井	直井	备注
1	钻前工程	1 635 000	1 635 000	
2	钻井工程	17 481 588	9 549 193.5	
2.1	钻井日费	7 603 722	5 948 490	
2.2	钻头费	347 454	267 474	
2.3	泥浆材料	4 442 845.5	1 847 674.5	
2.4	水平井泥浆服务费	60 900		
2.5	封井器	212 278.5	212 278.5	
2.6	保温费	167 359.5	130 927.5	包含钻具、井控设备、钻机租金
2.7	欠平衡特殊工具费		126 000	
2.8	防垢系统		67 500	
2.9	平衡技术服务费		948 849	
2.10	水平井技术服务费	4 647 028.5		
3	录井、测井作业	3 326 325	1 849 650	
3.1	录井费用	611 325	481 650	
3.2	测井作业费	2 715 000	1 368 000	

续表 10-2-6

序号	项目	水平井	直井	备注
4	固井工程	9 445 062	8 946 670.5	包括套管头、分级箍费用
4.1	套管及附件	7 793 052	7 565 320.5	
4.2	水泥及添加剂	999 360	728 700	
4.3	固井作业费	652 650	652 650	
5	钻井施工风险费	269 266.5	184 958.7	1%
6	利润	643 144.8	443 309.4	2%
7	原钻机试油日费	302 640	302 640	
8	合计	33 103 026	22 911 422	
	平均井深(m)	9243	8400	
	预算单位投资(元/m)	5372.13	4091.325	

(2)采油工程投资。采油工程投资包括油层保护、完井作业、投产、酸压、压裂、防垢和动态监测设备等投资。各项投资按单井具体估算如表 10-2-7 所示。

表 10-2-7 采油工程投资概算表

序号	项目	金额
1	油层保护(万元/井次)	15.75
2	完井作业(万元/井次)	39.20
3	投产(万元/井次)	930.00
4	酸压(万元/井次)	180.00
5	压裂(万元/井次)	156.00
6	防垢(万元/井次)	94.50
7	动态监测设备(万元)	98.55

(3)地面建设工程投资。地面工程包括已建和新建两部分。已建公用工程按 100 万吨/年分摊,新建工程投资以 SL 油田设计研究院提供的概算数据为基础,详细估算项目如表 10-2-8 所示。

(4)其他费用。其他费用为 5363.01 万元,其中固定资产其他费用为 5363.01 万元。

(5)预备费。基本预备费以新建工程费用和其他费用之和为计算基础估算,基本预备费率取 12%;近几年物价运行比较平稳,价差预备费暂不考虑。

(6)流动资金。此次开发方案评价流动资金按扩大指标估算法估算,即按年经营成本的 25%估算。按国家规定项目的流动资金 30%自筹,70%向银行贷款;流动资金贷款年利率按 6.48%计算。

表 10-2-8 地面建设工程投资概算表

序号	项目	金额(万元)
1	已建地面工程投资	
1.1	输油气管线	1417.88
1.2	联合站及计转站	7330.08
1.3	天然气电站	3784.86
2	新建地面工程投资	
2.1	集输管网	8467.50
2.2	计量站及计转站	5178.00
2.3	原油及天然气外输	2758.50
2.4	二号联合站	11 919.00
2.5	污水处理	3135.00
2.6	注水工程	3367.50
2.7	消防、给排水	1177.50
2.8	供配电	5101.50
2.9	通信	207.00
2.10	道路及防洪	5538.00
2.11	阴极保护	450.00
2.12	绿化	1239.00

(7)建设期利息。该项目为滚动开发项目,边建设边生产,因此长期贷款利息计入当期财务费用,不计入总投资。按有关规定,固定资产投资中30%为自有资金,70%为银行贷款,年利率为7.29%。

(8)总投资。总投资为建设投资、建设期利息和流动资金之和。建设投资包括工程费用、其他费用和预备费。建设投资为含税价。

(9)资产。无形资产费用形成无形资产;其他资产费用形成其他资产;流动资金和流动负债形成流动资产。建设投资中的增值税不形成油气资产。固定资产为建设投资中除去增值税、无形资产、其他资产后,再加上建设期利息所形成的资产,即:

固定资产=建设投资-建设投资进项税-无形资产-其他资产+建设期利息

2. 成本费用估算参数

该项目的总成本费用包括生产成本和期间费。

(1)生产成本。根据TH油田近几年形成的实际成本资料进行测算,生产成本项及定额值如表10-2-9所示。

表 10－2－9　生产成本项及定额表

序号	项目	定额
1	材料费	21.14 元/吨
2	动力费	7.38 元/吨
3	燃料费	1.20 元/吨
4	生产工人工资	35.68 元/吨
5	职工福利费	工资的 14%
6	井下作业费	19.04 元/吨
7	测井试井费	9.34 元/吨
8	轻烃回收费	14.18 元/吨
9	修理费	4.04 元/吨
10	注水费	37.00 元/吨
11	污水处理费	5.60 元/吨
12	油气处理费	16.44 元/吨
13	其他开采费	55.92 元/吨
14	油田维护费	按销售收入的 23%计取
15	储量有偿使用费	按销售收入的 12%计取
16	折旧费	直线折旧法，10 年折旧，残值率 5%

(2)期间费。根据相关规定，确定期间费的项目及定额值如表 10－2－10 所示。

表 10－2－10　期间费项目定额表

序号	项目	定额值
1	管理费用	
1.1	石油特别收益金	85 元/吨油
1.2	矿产资源补偿费	营业收入的 1%
1.3	无形资产摊销费	无形资产 10 年摊销
1.4	其他资产摊销费	其他资产 5 年摊销
1.5	其他管理费	27.41 元/吨油
2	营业费用	按营业收入 0.5%计算
3	财务费用	利息支出

3. 油气产品营业收入估算参数

该项目商品率为93%，评价油价按不含税价格为1890元/吨。评价期内不考虑原油价格的上涨。

4. 税金估算参数

该项目缴纳的营业税金及附加包括城乡维护建设税、教育费附加和资源税。城乡建设维护税按增值税额的7%计征。教育费附加按增值税额的3%计征。资源税按营业收入的5%计征。增值税率为17%。建设投资为含税价，建设投资中购进设备需要估算建设投资进项税，该项目按建设投资的100%比例进行估算。所得税率为25%。

5. 利润分配参数

该项目可供利润分配的10%除提取盈余公积金外，其余为未分配利润(用于还款利润包括在内)。还清借款后，未分配利润转入分配。

6. 财务评价基准参数

(1)基准收益率。油气田开发建设项目基准收益率定为15%。

(2)基准投资回收期。油气田开发项目基准投资回收期一般不超过6年。

(3)项目总投资收益率和项目资本金净利润率，目前暂取80%。

(4)利息备付率、偿债备付率。利息备付率应大于2，偿债备付率应大于1.3。

三、财务经济评价

(一)经济要素估算

1. 投资估算与资金筹措

油田开发建设项目总投资包括建设投资、建设期利息和流动资金。该油田是滚动开发油田，边建设边生产，因此建设期利息直接进入财务费用，不计入总投资中。各个方案的总投资估算如表10-2-11所示。

表10-2-11 TH油田4号区块各方案总投资估算表 单位：万元

序号	项目	方案				
		W1000	W700v	W700vinj	W700h	W700hinj
1	钻井工程	96 694.94	158 555.76	158 555.76	150 669.87	150 669.87
1.1	已钻井(口)	34	34	34	34	34
1.1.1	已钻井投资	80 656.92	80 656.92	80 656.92	80 656.92	80 656.92
1.2	新钻直井(口)	7	34	34	6	6
1.2.1	新钻直井投资	16 038.00	77 898.83	77 898.83	13 746.86	13 746.86
1.3	新钻水平井(口)				17	17
1.3.1	新钻水平井投资				56 266.08	56 266.08

续表 10-2-11

序号	项目	方案				
		W1000	W700v	W700vinj	W700h	W700hinj
2	采油工程	8914.67	42 919.68	42 919.68	29 065.79	29 065.79
2.1	油层保护	110.25	535.50	535.50	362.25	362.25
2.2	完井作业	274.37	1332.63	1332.63	901.49	901.49
2.3	投产＋酸压＋防垢	8431.50	40 953.00	40 953.00	27 703.50	27 703.50
2.4	动态监测设备	98.55	98.55	98.55	98.55	98.55
3	地面建设工程	62 588.33	62 588.33	66 895.94	62 588.33	66 895.94
3.1	已建地面工程	12 532.82	12 532.82	12 532.82	12 532.82	12 532.82
3.2	新建地面工程	50 055.51	50 055.51	54 363.12	50 055.51	54 363.12
3.2.1	集输管网	8467.50	8467.50	8467.50	8467.50	8467.50
3.2.2	计量站及计转站	5178.00	5178.00	5178.00	5178.00	5178.00
3.2.3	原油天然气外输	2758.50	2758.50	2758.50	2758.50	2758.50
3.2.4	二号联合站	11 919.00	11 919.00	11 919.00	11 919.00	11 919.00
3.2.5	注水工程			3367.50		3367.50
3.2.6	污水处理	3135.00	3135.00	3135.00	3135.00	3135.00
3.2.7	消防、给排水	1177.50	1177.50	1177.50	1177.50	1177.50
3.2.8	供、配电	4635.00	4635.00	5101.50	4635.00	5101.50
3.2.9	通信	207.00	207.00	207.00	207.00	207.00
3.2.10	道路及防洪	5526.00	5526.00	5538.00	5526.00	5538.00
3.2.11	阴极保护	450.00	450.00	450.00	450.00	450.00
3.2.12	绿化	1239.00	1239.00	1239.00	1239.00	1239.00
4	其他费用	5363.01	5363.01	5363.01	5363.01	5363.01
4.1	固定资产其他费用	5363.01	5363.01	5363.01	5363.01	5363.01
5	预备费	9000.98	20 504.88	21 021.80	11 144.18	11 661.10
6	流动资金	13 739.60	15 071.63	18 295.77	15 522.12	18 338.21
7	总投资	196 301.48	305 003.30	313 051.95	274 353.28	281 993.91

2. 成本费用估算

根据成本取值，测算得到评价期内各方案的总成本费用和单位成本如表10－2－12所示。

表10－2－12 总成本及单位成本测算结果表 单位：元/吨

项目	方案				
	W1000	W700v	W700vinj	W700h	W700hinj
经营成本	824 373.55	904 298.05	1 097 745.90	931 326.97	1 100 292.87
操作成本	707 573.15	773 513.24	936 030.81	796 582.90	938 203.08
生产成本	855 807.18	1 008 927.84	1 175 362.75	1 006 744.96	1 152 282.49
总成本	1 010 050.02	1 194 584.32	1 394 885.65	1 191 881.23	1 367 422.98
单位经营成本	979.47	959.55	942.03	959.19	942.03
单位操作成本	840.70	820.77	803.25	820.42	803.26
单位生产成本	1016.82	1070.57	1008.64	1036.87	986.54
单位总成本	1200.08	1267.57	1197.02	1227.54	1170.74

3. 营业收入、税金及附加和利润估算

根据以上参数，计算项目累计原油营业收入、税金及附加和利润如表10－2－13所示。

表10－2－13 各方案营业收入、营业税金及附加、所得税估算表 单位：万元

项目	方案				
	W1000	W700v	W700vinj	W700h	W700hinj
累计原油产量(万吨)	841.65	942.42	1165.30	970.95	1168.00
累计原油商品量(万吨)	782.73	876.45	1083.73	902.98	1086.24
累计原油营业收入	1 479 368.21	1 656 491.63	2 048 247.81	1 706 638.82	2 052 993.60
累计营业税金及附加	91 747.24	103 049.68	128 450.99	106 750.50	129 210.40
利润总额	377 570.94	358 857.64	524 911.17	408 007.08	556 360.22
所得税	94 392.74	89 714.41	131 227.79	102 001.77	139 090.06
净利润	283 178.21	269 143.23	393 683.38	306 005.31	417 270.17

（二）财务分析

1. 盈利能力分析

对 TH 油田 4 号区块各方案进行财务分析，计算出各方案财务评价指标如表 10－2－14 所示。

表 10－2－14 项目主要财务评价指标计算表

序号	财务评价指标	单位	2%采油速度					基准值
			1000m 井距	700m 井距				
			W1000	W700v	W700vinj	W700h	W700hinj	
1	财务内部收益率	%	32.48	18.09	19.57	20.96	22.48	15%
2	静态投资回收期	年	3.53	5.05	5.11	4.82	4.75	6 年
3	动态投资回收期	年	4.58	8.38	8.74	7.49	7.33	6 年
4	财务净现值	万元	73 475.81	22 800.06	40 401.99	41 454.28	60 607.58	0
5	项目总投资收益率	%	14.09	9.04	12.41	11.14	14.41	—
6	项目资本金净利润率	%	32.06	19.61	27.95	24.79	32.88	—

从表 10－2－14 可以看出，在评价油价为 2290 元/吨条件下，5 个方案的税后财务内部收益率介于 18.09%～32.48%之间，均大于行业基准收益率 15%；税后财务净现值介于(22 800.06～73 475.81)万元之间，远大于零；静态投资回收期在 3.53～5.51 年之间，均小于 6 年。除动态投资回收期未能达到行业要求外，其他各个项目的总投资收益率和项目资本金净利润率基本都满足行业要求。表明这 5 个方案除能满足行业最低要求外，还有超额盈余。各个方案在盈利能力上都是可行的。

2. 偿债能力分析

该项目主要考察项目计算期内各年的财务状况及偿债能力，通过计算各方案偿债备付率和利息备付率如表 10－2－15 所示。

表 10－2－15 各方案项目主要偿债能力指标计算表

序号	财务评价指标	2%采油速度					基准值
		1000m 井距	700m 井距				
		W1000	W700v	W700vinj	W700h	W700hinj	
1	偿债备付率(%)	1533	1367	2145	1717	2306	80%
2	利息备付率(%)	149	161	178	165	178	80%

各方案的偿债备付率介于 1367%～2145%之间，利息备付率介于 149%～178%之间，均高于基准值 80%。表明各个方案都具备一定的偿债能力。

3. 财务生存能力分析

5个方案的财务计划现金流量表中,每年的盈余资金均大于零。表明5个方案都有足够的净现金流量维持正常运营,以实现财务的可持续性。

通过计算财务评价指标,5个方案的各项指标都满足石油行业的要求,因此在财务上5个方案都是可行的。

四、方案优选

方案的比选为互斥型方案的优选,采用净现值法。从可行的备选方案中,对比选出净现值最大的方案作为优选方案。

由表10-2-14可知,W1000方案的净现值最大为73 475.81万元;其次是W700hinj方案,净现值为60 607.58万元;再次是W700h方案,净现值为41 454.28万元;然后是W700vinj方案,净现值为40 401.99万元;最后是W770v方案,净现值为22 800.06万元。单纯从经济效益的角度考虑,W1000方案为优选方案。

从油藏工程技术的角度分析,认为700m井距井网随着采出程度增加含水率和水油比最低,累产油高,无水采油期和稳产期较长;在技术工艺指标上也最具优势,容易实施。因此优先考虑700m井距井网2%采油速度。

比较W700v和W700vinj,或者比较W700h和W700hinj,可以看出:利用底部注水开发比利用天然能力开发的效益要高。比较W700v和W700h,或者W700vinj和W700hinj,可以看出:利用水平井开发比利用直井开发的效益要高。

因此推荐700m井距井网2%采油速度底部注水利用水平井开发的方案作为主推荐方案(W700hinj方案)。

开发碳酸盐岩这类复杂油藏必须采取边认识、边开发、边调整的循序渐进的开发程序。《油藏工程》认为先期实施推荐方案(W700hinj方案)的时机并不成熟,提出了方案实施顺序和掌握方案转换时机的原则:完善1000m井距井网和生产系统。由1000m井距井网逐步加密到700m井距井网,查明连通压力系统及分布,查明边底水发育和活跃程度,查明裂缝闭合程度及其影响,为进一步实施W700hinj方案奠定可靠基础。

总之,从技术最优和经济合理的角度综合比选,认为700m井距井网2%采油速度底部注水开发的方案(W700hinj方案)为优选方案。按照方案实施顺序和原则,W1000和W700vinj方案可以作为实施W700hinj方案的过渡方案。W700hinj方案的财务报表见附表10-2-1~附表10-2-7。

五、不确定性分析

在项目寿命期限内,一些不确定性因素发生变化时会导致项目的经济效益发生相应的变化。对优选的W700hinj方案进行不确定性分析。

1. 敏感性分析

项目评价期内影响内部收益率的主要变化因素有价格、产量、建设投资、经营成本。为分析本项目抗风险能力,对4个主要变化因素进行了单因素变化敏感性分析,如表10-2-16所示。

表 10-2-16　W700hinj 方案敏感性分析表

项目			变化率(%)								临界点	临界值
			-20	-15	-10	-5	5	10	15	20		
不确定因素	价格	内部收益率	12.96	15.33	17.71	20.11	25.05	27.60	30.21	32.89	-15.52	1596.67
		敏感度系数	2.13	2.14	2.15	2.17	2.21	2.24	2.26	2.29		
	成本	内部收益率	36.83	33.00	29.36	25.88	19.36	16.27	13.27	10.34	12.11	1056.11
		敏感度系数	-3.16	-3.08	-3.02	-2.95	-2.84	-2.79	-2.75	-2.71		
	投资	内部收益率	30.97	28.45	26.24	24.29	21.00	19.60	18.32	17.15	24.00	326 933.06
		敏感度系数	-1.86	-1.74	-1.63	-1.54	-1.39	-1.31	-1.25	-1.20		
	产量	内部收益率	16.08	17.69	19.31	20.92	24.20	25.87	27.55	29.25	-23.12	897.96
		敏感度系数	1.55	1.61	1.73	2.06	0.75	1.09	1.21	1.27		
不确定因素	价格	财务净现值	-16 730	2604	21 939	41 273	79 942	99 277	118 611	137 945	-15.67	1593.84
		敏感度系数	6.38	6.38	6.38	6.38	6.38	6.38	6.38	6.38		
	成本	财务净现值	160 915	135 839	110 762	85 685	35 531	10 454	-14 623	-39 700	11.87	1053.85
		敏感度系数	-8.28	-8.28	-8.28	-8.28	-8.28	-8.28	-8.28	-8.28		
	投资	财务净现值	100 377	90 435	80 492	70 550	50 665	40 723	30 780	20 838	30.48	344 017.94
		敏感度系数	-3.28	-3.28	-3.28	-3.28	-3.28	-3.28	-3.28	-3.28		
	产量	财务净现值	8716	21 689	34 662	47 635	73 580	86 553	99 526	112 499	-22.00	911.04
		敏感度系数	4.28	4.28	4.28	4.28	4.28	4.28	6.75	6.38		

根据敏感性分析表所示数据，绘制敏感性分析图(图 10-2-1、图 10-2-2)。

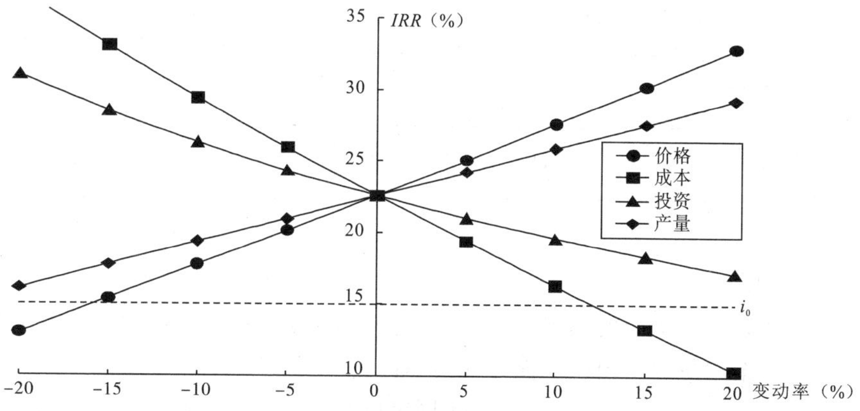

图 10-2-1　W700hinj 方案内部收益率敏感性分析图

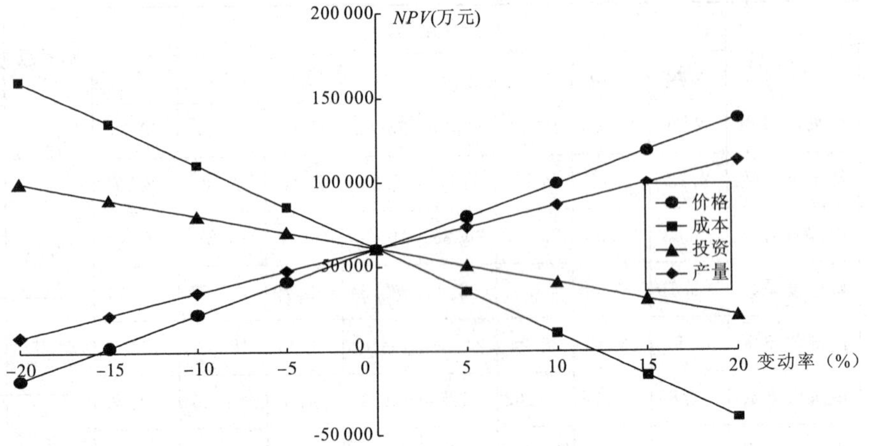

图 10－2－2　W700hinj 方案财务净现值敏感性分析图

从图 10－2－1、图 10－2－2 中可以看出，评价期内经营成本为最敏感因素，其次依次为价格、产量，建设投资相对最不敏感。当经营成本上升 11.87％或者原油价格下降 15.22％，项目就不能满足石油行业的基准要求，说明本项目评价期内抗风险能力一般。

2. 基准平衡分析

本次评价对影响项目收益率的主要敏感因素（即价格、产量、投资和成本）进行了基准平衡分析，如表 10－2－17 所示。该项目原油价格和产量均高于基准平衡点，经营成本和建设投资均低于基准平衡点，说明该项目的效益较好。

表 10－2－17　W700hinj 方案单因素变化的基准平衡值

序号	主要变化因素	单位	评价值	变化率(％)	基准平衡点
1	原油价格	元/吨	1890.00	－15.52	1596.67
2	单位经营成本	元/吨	942.03	12.11	1056.11
3	建设投资	万元	263 655.69	24.00	326 933.06
4	累产油量	万吨	1168.00	－23.12	897.96

3. 盈亏平衡分析

盈亏平衡分析取正常年份的数据，预测方案的风险程度。第二年达到正常生产年份，由下面公式可计算出方案的盈亏平衡生产能力利用率：

$$BEP=\frac{\text{年固定成本}}{\text{年营业收入}-\text{年可变成本}-\text{年营业税金及附加}}\times 100\%$$

$$=\frac{116\ 950.41}{191\ 061.99-19\ 465.72-11\ 245.20}\times 100\%=72.93\%$$

W700hinj 方案的盈亏平衡生产能力利用率为 72.93%(图 10-2-3),即该项目只要达到设计规模的 72.93%,也就是当年产量达到 79.27 万吨时,该项目就可以保本,故该项目风险一般。

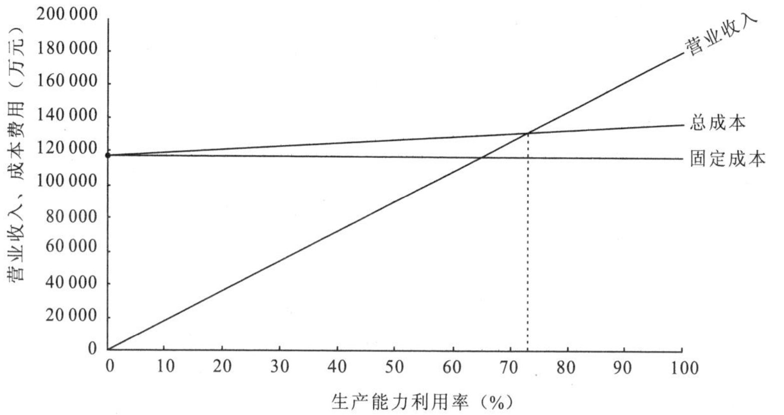

图 10-2-3　W700hinj 方案盈亏平衡图

六、结论与建议

(1)由财务分析结果可知,W1000、W700v、W700vinj、W700h 和 W700hinj 5 个方案评价期内都具有较强的盈利能力、清偿能力和财务生存能力。

(2)700m 井距井网 2%采油速度底部注水利用水平井开发的方案(W700hinj 方案)为技术上最优、经济合理的优选方案。

(3)敏感性分析和盈亏平衡分析表明优选的方案具有一定的抗风险能力。而经营成本是方案最敏感因素,其次是原油价格,这就要一方面严格控制经营成本,加强成本管理,增加方案的抗风险能力,提高经济效益,另一方面要积极进行原油销售市场的预测分析、促销,尽可能降低油价带来的风险。

(4)建设投资也是各方案较为敏感的因素,因此,在方案建设施工的过程中,应加强项目管理,降低工程造价,进一步提高经济效益。

(5)TH 油田 4 号区块奥陶系油藏的推荐方案虽能够产生较好的经济效益,但是,保持油田中、后期开采的稳产,仍是确保油田在开发全期获得盈利的重要条件。

(6)现行行业财务内部收益率为 15%,远远高于银行的贷款利率,从使用资金的成本看,15%的指标偏高。因此,在目前利率水平 TH 油田 4 号区块奥陶系油藏的开发应该具有更好的经济效益。

附表 10－2－1　W700hinj 方案借款还本付息计划表

单位：万元

序号	项目	年份															合计
		1	2	3	4	5	6	7	8	9	10	11	12	13	14	15	
1	借款及还本付息																
1.1	年初欠款累计	0.00	184 558.98	148 222.26	109 559.98	68 423.32	24 653.92	26 231.77	27 910.60	29 696.88	31 597.48	33 619.72	35 771.38	38 060.75	40 496.64	43 088.42	650 855.20
1.1.1	建设投资年初欠款累计	0.00	184 558.98	148 222.26	109 559.98	68 423.32	24 653.92	26 231.77	27 910.60	29 696.88	31 597.48	33 619.72	35 771.38	38 060.75	40 496.64	43 088.42	650 855.20
1.1.2	流动资金年初欠款累计	0.00	0.00	0.00	0.00	0.00	0.00	0.00	0.00	0.00	0.00	0.00	0.00	0.00	0.00	0.00	0.00
1.2	本年借款	197 395.73	12 836.75	12 836.75	12 836.75	12 836.75	12 836.75	12 836.75	12 836.75	12 836.75	12 836.75	12 836.75	12 836.75	12 836.75	12 836.75	12 836.75	312 926.48
1.2.1	建设投资本年借款	184 558.98	0.00	0.00	0.00	0.00	0.00	0.00	0.00	0.00	0.00	0.00	0.00	0.00	0.00	0.00	184 558.98
1.2.2	流动资金本年借款	12 836.75	12 836.75	12 836.75	12 836.75	12 836.75	12 836.75	12 836.75	12 836.75	12 836.75	12 836.75	12 836.75	12 836.75	12 836.75	12 836.75	12 836.75	128 367.50
1.3	当期应计利息	6737.71	14 286.17	10 423.17	7955.51	5329.93	831.82	831.82	831.82	831.82	831.82	831.82	831.82	831.82	831.82	831.82	48 891.60
1.3.1	建设投资当期应计利息	5905.89	13 454.35	9591.35	7123.69	4498.10	0.00	0.00	0.00	0.00	0.00	0.00	0.00	0.00	0.00	0.00	40 573.38
1.3.2	流动资金当期应计利息	831.82	831.82	831.82	831.82	831.82	831.82	831.82	831.82	831.82	831.82	831.82	831.82	831.82	831.82	831.82	8318.21
1.4	本年付息	6737.71	14 286.17	10 423.17	7955.51	5329.93	831.82	831.82	831.82	831.82	831.82	831.82	831.82	831.82	831.82	831.82	48 891.60
1.4.1	建设投资借款本年付息	5905.89	13 454.35	9591.35	7123.69	4498.10	0.00	0.00	0.00	0.00	0.00	0.00	0.00	0.00	0.00	0.00	40573.38
1.4.2	流动资金借款本年付息	831.82	831.82	831.82	831.82	831.82	831.82	831.82	831.82	831.82	831.82	831.82	831.82	831.82	831.82	831.82	8318.21
1.5	本年还本	12 836.75	47 530.90	51 393.90	53 861.56	56 487.15	12 836.75	12 836.75	12 836.75	12 836.75	12 836.75	12 836.75	12 836.75	12 836.75	12 836.75	12 836.75	286 294.00
1.5.1	建设投资借款本年还本	0.00	34 694.15	38 557.15	41 024.81	43 650.40	0.00	0.00	0.00	0.00	0.00	0.00	0.00	0.00	0.00	0.00	157 926.50
1.5.2	流动资金借款本年还本	12 836.75	12 836.75	12 836.75	12 836.75	12 836.75	12 836.75	12 836.75	12 836.75	12 836.75	12 836.75	12 836.75	12 836.75	12 836.75	12 836.75	12 836.75	128 367.50
1.6	期末借款余额	184 558.98	149 864.83	109 665.11	68 535.18	24 772.93	24 653.92	26 231.77	27 910.60	29 696.88	31 597.48	33 619.72	35 771.38	38 060.75	40 496.64	43 088.42	677 487.68
1.6.1	建设投资期末借款余额	184 558.98	149 864.83	109 665.11	68 535.18	24 772.93	24 653.92	26 231.77	27 910.60	29 696.88	31 597.48	33 619.72	35 771.38	38 060.75	40 496.64	43 088.42	677 487.68
1.6.2	流动资金期末借款余额	0.00	0.00	0.00	0.00	0.00	0.00	0.00	0.00	0.00	0.00	0.00	0.00	0.00	0.00	0.00	0.00
计算指标	利息备付率(%)	601.95	294.75	372.33	437.23	606.80	3563.15	3162.65	2825.73	2577.60	2279.13	3961.66	3726.79	3567.85	3402.73	3206.17	
	偿债备付率(%)	256.10	85.82	80.70	75.36	71.67	302.70	286.46	272.79	262.72	250.61	162.25	152.72	146.27	139.57	131.60	

附表 10-2-2 W700hinj 方案油气操作成本估算表

单位：万元

序号	项目	年份															合计
		1	2	3	4	5	6	7	8	9	10	11	12	13	14	15	
1	材料	2187.99	2297.92	2200.67	2040.01	1942.77	1834.95	1701.77	1589.73	1507.28	1407.92	1325.48	1247.26	1194.41	1139.45	1073.91	24 691.52
2	燃料	763.83	802.21	768.26	712.17	678.22	640.58	594.09	554.98	526.19	491.51	462.73	435.42	416.97	397.78	374.90	8619.84
3	动力	124.20	130.44	124.92	115.80	110.28	104.16	96.60	90.24	85.56	79.92	75.24	70.80	67.80	64.68	60.96	1401.60
4	工人工资	3692.88	3878.42	3714.29	3443.12	3278.99	3097.02	2872.24	2683.14	2543.98	2376.29	2237.14	2105.12	2015.92	1923.15	1812.54	41 674.24
5	职工福利	517.00	542.98	520.00	482.04	459.06	433.58	402.11	375.64	356.16	332.68	313.20	294.72	282.23	269.24	253.76	5834.39
6	注水注气费	1970.64	2069.65	1982.06	1837.36	1749.78	1652.67	1532.72	1431.81	1357.55	1268.06	1193.81	1123.36	1075.76	1026.26	967.23	22 238.72
7	井下作业费	966.69	1015.26	972.29	901.31	858.35	810.71	751.87	702.37	665.94	622.04	585.62	551.06	527.71	503.43	474.47	10 909.12
8	油田维护费	1467.63	1541.37	1476.14	1368.37	1303.14	1230.82	1141.49	1066.34	1011.03	944.39	889.09	836.62	801.17	764.30	720.34	16 562.24
9	储量使用费	418.14	439.15	420.56	389.86	371.28	350.67	325.22	303.81	288.05	269.06	253.31	238.36	228.26	217.76	205.23	4718.72
10	测井试井费	3829.50	4021.90	3851.70	3570.50	3400.30	3211.60	2978.50	2782.40	2638.10	2464.20	2319.90	2183.00	2090.50	1994.30	1879.60	43 216.00
11	修理费	579.60	608.72	582.96	540.40	514.64	486.08	450.80	421.12	399.28	372.96	351.12	330.40	316.40	301.84	284.48	6540.80
12	热采费	1770.76	1891.03	1840.83	1732.77	1674.75	1604.48	1507.96	1426.67	1369.22	1293.60	1231.21	1170.71	1132.45	1090.85	1037.57	21 774.86
13	轻烃回收费	5787.72	6078.50	5821.27	5396.28	5139.05	4853.86	4501.56	4205.18	3987.10	3724.27	3506.18	3299.28	3159.48	3014.09	2840.74	65 314.56
14	油气处理费	21 830.63	22 927.44	21 957.19	20 354.17	19 383.92	18 308.20	16 979.38	15 861.48	15 038.88	14 047.54	13 224.93	12 444.52	11 917.21	11 368.80	10 714.94	246 359.23
15	其他开采费	40 022.83	42 033.64	40 254.85	37 315.97	35 537.18	33 565.04	31 128.87	29 079.39	27 571.28	25 753.82	24 245.71	22 814.95	21 848.21	20 842.81	19 644.06	451 658.59
	操作成本合计	82 978.22	87 178.48	83 519.07	77 447.95	73 780.71	69 708.90	64 669.32	60 429.58	57 312.14	53 548.84	50 426.46	47 462.89	45 463.10	43 381.50	40 895.93	938 203.08
	单位操作成本（元/吨）	801.72	802.01	802.30	802.57	802.84	803.10	803.35	803.58	803.82	804.04	804.25	804.46	804.66	804.85	805.04	—

附表 10－2－3　W700hinj 方案总成本费用估算表

单位：万元

序号	项目	年份															合计
		1	2	3	4	5	6	7	8	9	10	11	12	13	14	15	
1	油气生产成本	104 386.17	108 586.42	104 927.01	98 855.89	95 188.65	91 116.85	86 077.26	81 837.52	78 720.09	74 956.78	50 426.46	47 462.89	45 463.10	43 381.50	40 895.93	1 152 282.49
1.1	油气操作成本	82 978.22	87 178.48	83 519.07	77 447.95	73 780.71	69 708.90	64 669.32	60 429.58	57 312.14	53 548.84	50 426.46	47 462.89	45 463.10	43 381.50	40 895.93	938 203.08
1.2	折旧费	21 407.94	21 407.94	21 407.94	21 407.94	21 407.94	21 407.94	21 407.94	21 407.94	21 407.94	21 407.94	0.00	0.00	0.00	0.00	0.00	214 079.41
2	期间费	21 100.97	29 371.07	24 869.70	21 347.35	18 083.39	12 877.53	12 003.25	11 267.74	10 726.51	10 074.27	9533.05	9019.58	8672.64	8311.82	7881.62	215 140.49
2.1	管理费	13 453.65	14 129.59	13 531.65	12 543.75	11 945.81	11 282.87	10 463.95	9775.02	9268.07	8657.13	8150.18	7669.23	7344.27	7006.30	6603.34	151 824.82
	其中：石油特别收益金	8797.50	9239.50	8848.50	8202.50	7811.50	7378.00	6842.50	6392.00	6060.50	5661.00	5329.50	5015.00	4802.50	4581.50	4318.00	99 280.00
	矿产资源补偿费	1819.22	1910.62	1829.77	1696.18	1615.33	1525.68	1414.95	1321.79	1253.24	1170.63	1102.08	1037.04	993.10	947.40	892.91	20 529.94
	无形资产摊销费	0.00	0.00	0.00	0.00	0.00	0.00	0.00	0.00	0.00	0.00	0.00	0.00	0.00	0.00	0.00	0.00
	其他资产摊销费	0.00	0.00	0.00	0.00	0.00	0.00	0.00	0.00	0.00	0.00	0.00	0.00	0.00	0.00	0.00	0.00
	其他管理费	2836.94	2979.47	2853.38	2645.07	2518.98	2379.19	2206.51	2061.23	1954.33	1825.51	1718.61	1617.19	1548.67	1477.40	1392.43	32 014.88
2.2	财务费用	6737.71	14 286.17	10 423.17	7955.51	5329.93	831.82	831.82	831.82	831.82	831.82	831.82	831.82	831.82	831.82	831.82	53 050.70
	其中：利息	6737.71	14 286.17	10 423.17	7955.51	5329.93	831.82	831.82	831.82	831.82	831.82	831.82	831.82	831.82	831.82	831.82	53 050.70
2.3	营业费用	909.61	955.31	914.88	848.09	807.66	762.84	707.47	660.90	626.62	585.31	551.04	518.52	496.55	473.70	446.46	10 264.97
3	总成本费用	125 487.14	137 957.49	129 796.71	120 203.24	113 272.04	103 994.38	98 080.51	93 105.26	89 446.60	85 031.05	59 959.50	56 482.47	54 135.73	51 693.32	48 777.54	1 367 422.98
3.1	固定成本	105 514.80	116 950.41	109 648.78	101 499.91	95 435.69	87 125.19	82 415.77	78 453.87	75 538.51	72 025.13	47 701.83	44 935.97	43 067.15	41 123.58	38 806.24	1 140 242.82
3.2	可变成本	18 504.71	19 465.72	18 671.79	17 334.96	16 533.21	15 638.36	14 523.26	13 585.05	12 897.06	12 061.53	11 368.59	10 709.87	10 267.41	9805.44	9250.95	210 617.92
4	经营成本	97 341.49	102 263.38	97 965.60	90 839.78	86 534.17	81 754.62	75 840.75	70 865.50	67 206.84	62 791.28	59 127.68	55 650.65	53 303.91	50 861.50	47 945.72	1 100 292.87
5	单位生产成本(元/吨)	1008.56	998.96	1007.94	1024.41	1035.79	1049.73	1069.28	1088.26	1104.07	1125.48	804.25	804.46	804.66	804.85	805.04	—
6	单位总成本(元/吨)	1212.44	1269.16	1246.85	1245.63	1232.56	1198.09	1218.39	1238.10	1254.51	1276.74	956.29	957.33	958.15	959.06	960.19	—
7	单位经营成本(元/吨)	940.50	940.79	941.07	941.34	941.61	941.87	942.12	942.36	942.59	942.81	943.03	943.23	943.43	943.63	943.81	—

附表 10－2－4　W700hinj 方案营业收入、营业税金及附加计算表

单位：万元

序号	项目	单价或税率	年份															合计
			1	2	3	4	5	6	7	8	9	10	11	12	13	14	15	
1	原油产量(万吨)		103.50	108.70	104.10	96.50	91.90	86.80	80.50	75.20	71.30	66.60	62.70	59.00	56.50	53.90	50.80	1168.00
2	商品量(万吨)	商品率(93%)	96.26	101.09	96.81	89.75	85.47	80.72	74.87	69.94	66.31	61.94	58.31	54.87	52.55	50.13	47.24	1086.24
3	营业收入	1890(元/吨)	181 921.95	191 061.99	182 976.57	169 618.05	161 532.63	152 568.36	141 494.85	132 179.04	125 324.01	117 062.82	110 207.79	103 704.30	99 310.05	94 740.03	89 291.16	2 052 993.60
4	增值税	17%	0.00	16 920.96	27 092.14	25 112.89	23 914.55	22 586.25	20 945.91	19 565.94	18 550.38	17 326.82	16 311.50	15 348.32	14 697.39	14 020.51	13 213.66	265 607.22
4.1	销项税		30 926.73	32 480.54	31 106.02	28 835.07	27 460.55	25 936.62	24 054.12	22 470.44	21 305.08	19 900.68	18 735.32	17 629.73	16 882.71	16 105.81	15 179.50	349 008.91
4.2	进项税		42 296.65	4189.65	4013.87	3722.18	3546.00	3350.37	3108.22	2904.49	2754.70	2573.86	2423.82	2281.41	2185.32	2085.29	1965.84	83 401.70
5	营业税金及附加		9096.10	11 245.20	11 858.04	10 992.19	10 468.09	9887.04	9169.33	8565.55	8121.24	7585.82	7141.54	6720.05	6435.24	6139.05	5785.92	129 210.40
5.1	城乡维护建设税	增值税的 7%	0.00	1184.47	1896.45	1757.90	1674.02	1581.04	1466.21	1369.62	1298.53	1212.88	1141.81	1074.38	1028.82	981.44	924.96	18 592.51
5.2	教育费附加	增值税的 3%	0.00	507.63	812.76	753.39	717.44	677.59	628.38	586.98	556.51	519.80	489.35	460.45	440.92	420.62	396.41	7968.22
5.3	资源税	营业额的 5%	9096.10	9553.10	9148.83	8480.90	8076.63	7628.42	7074.74	6608.95	6266.20	5853.14	5510.39	5185.22	4965.50	4737.00	4464.56	102 649.68

附表 10-2-5　W700hinj 方案利润与利润分配表

单位：万元

序号	项目	年份															合计
		1	2	3	4	5	6	7	8	9	10	11	12	13	14	15	
1	营业收入	181 921.95	191 061.99	182 976.57	169 618.05	161 532.63	152 568.36	141 494.85	132 179.04	125 324.01	117 062.82	110 207.79	103 704.30	99 310.05	94 740.03	89 291.16	2 052 993.60
2	总成本费用	125 487.14	137 957.49	129 796.71	120 203.24	113 272.04	103 994.38	98 080.51	93 105.26	89 446.60	85 031.05	59 959.50	56 482.47	54 135.73	51 693.32	48 777.54	1 367 422.98
3	补贴收入	0.00	0.00	0.00	0.00	0.00	0.00	0.00	0.00	0.00	0.00	0.00	0.00	0.00	0.00	0.00	0.00
4	营业税金及附加	9096.10	11 245.20	11 858.04	10 992.19	10 468.09	9887.04	9169.33	8565.55	8121.24	7585.82	7141.54	6720.05	6435.24	6139.05	5785.92	129 210.40
5	利润总额(1−2+3−4)	47 338.71	41 859.30	41 321.82	38 422.62	37 792.50	38 686.94	34 245.01	30 508.24	27 756.17	24 445.95	43 106.75	40 501.79	38 739.08	36 907.66	34 727.69	556 360.22
6	弥补的前年度亏损额	0.00	0.00	0.00	0.00	0.00	0.00	0.00	0.00	0.00	0.00	0.00	0.00	0.00	0.00	0.00	0.00
7	应纳税所得额(5−6)	47 338.71	41 859.30	41 321.82	38 422.62	37 792.50	38 686.94	34 245.01	30 508.24	27 756.17	24 445.95	43 106.75	40 501.79	38 739.08	36 907.66	34 727.69	556 360.22
8	所得税	11 834.68	10 464.83	10 330.45	9605.66	9448.13	9671.73	8561.25	7627.06	6939.04	6111.49	10 776.69	10 125.45	9684.77	9226.91	8681.92	139 090.06
9	净利润(5−8)	35 504.04	31 394.48	30 991.36	28 816.97	28 344.38	29 015.20	25 683.75	22 881.18	20 817.13	18 334.46	32 330.06	30 376.34	29 054.31	27 680.74	26 045.77	417 270.17
10	期初未分配利润	0.00	31 953.63	60 208.66	88 100.89	114 036.16	139 546.10	165 659.78	188 775.16	209 368.22	228 103.64	244 604.65	273 701.71	301 040.41	327 189.29	352 101.96	—
11	可供分配利润(9+10)	35 504.04	63 348.11	91 200.03	116 917.86	142 380.54	168 561.30	191 343.54	211 656.34	230 185.35	246 438.10	276 934.71	304 078.05	330 094.72	354 870.03	378 147.73	—
12	提取法定盈余公积金	3550.40	3139.45	3099.14	2881.70	2834.44	2901.52	2568.38	2288.12	2081.71	1833.45	3233.01	3037.63	2905.43	2768.07	2604.58	41 727.02
13	投资者分配利润	0.00	0.00	0.00	0.00	0.00	0.00	0.00	0.00	0.00	0.00	0.00	0.00	0.00	0.00	0.00	0.00
14	未分配利润(10−11−12)	31 953.63	60 208.66	88 100.89	114 036.16	139 546.10	165 659.78	188 775.16	209 368.22	228 103.64	244 604.65	273 701.71	301 040.41	327 189.29	352 101.96	375 543.15	—
15	息税前利润	54 076.42	56 145.47	51 744.99	46 378.14	43 122.43	39 518.76	35 076.83	31 340.06	28 587.99	25 277.77	43 938.57	41 333.61	39 570.90	37 739.48	35 559.52	609 410.93
16	调整所得税	13 519.11	14 036.37	12 936.25	11 594.53	10 780.61	9879.69	8769.21	7835.01	7147.00	6319.44	10 984.64	10 333.40	9892.72	9434.87	8889.88	152 352.73
17	息前税后利润(15−16)	40 557.32	42 109.11	38 808.74	34 783.60	32 341.82	29 639.07	26 307.62	23 505.04	21 441.00	18 958.33	32 953.93	31 000.20	29 678.17	28 304.61	26 669.64	457 058.19
18	息税折耗摊销前利润	75 484.36	77 553.41	73 152.93	67 786.08	64 530.37	60 926.70	56 484.77	52 748.00	49 995.93	46 685.71	43 938.57	41 333.61	39 570.90	37 739.48	35 559.52	823 490.33

附表 10－2－6　W700hinj 方案财务现金流量表

单位:万元

序号	项目	年份														
		1	2	3	4	5	6	7	8	9	10	11	12	13	14	15
1	现金流入															
1.1	营业收入	181 921.95	191 061.99	182 976.57	169 618.05	161 532.63	152 568.36	141 494.85	132 179.04	125 324.01	117 062.82	110 207.79	103 704.30	99 310.05	94 740.03	89 291.16
1.2	补贴收入	0.00	0.00	0.00	0.00	0.00	0.00	0.00	0.00	0.00	0.00	0.00	0.00	0.00	0.00	0.00
1.3	回收固定资产余值	0.00	0.00	0.00	0.00	0.00	0.00	0.00	0.00	0.00	0.00	0.00	0.00	0.00	0.00	11 267.34
1.4	回收流动资金	0.00	0.00	0.00	0.00	0.00	0.00	0.00	0.00	0.00	0.00	0.00	0.00	0.00	0.00	18 338.21
	小计	181 921.95	191 061.99	182 976.57	169 618.05	161 532.63	152 568.36	141 494.85	132 179.04	125 324.01	117 062.82	110 207.79	103 704.30	99 310.05	94 740.03	118 896.71
2	现金流出															
2.1	资本化的勘探投资	0.00	0.00	0.00	0.00	0.00	0.00	0.00	0.00	0.00	0.00	0.00	0.00	0.00	0.00	0.00
2.2	建设投资	263 655.69	0.00	0.00	0.00	0.00	0.00	0.00	0.00	0.00	0.00	0.00	0.00	0.00	0.00	0.00
2.3	流动资金	18 338.21	0.00	0.00	0.00	0.00	0.00	0.00	0.00	0.00	0.00	0.00	0.00	0.00	0.00	0.00
2.4	经营成本	97 341.49	102 263.38	97 965.60	90 839.78	86 534.17	81 754.62	75 840.75	70 865.50	67 206.84	62 791.28	59 127.68	55 650.65	53 303.91	50 861.50	47 945.72
2.5	营业税金及附加	9096.10	11 245.20	11 858.04	10 992.19	10 468.09	9887.04	9169.33	8565.55	8121.24	7585.82	7141.54	6720.05	6435.24	6139.05	5785.92
2.6	维持运营投资	0.00	0.00	0.00	0.00	0.00	0.00	0.00	0.00	0.00	0.00	0.00	0.00	0.00	0.00	0.00
	小计	388 431.49	113 508.58	109 823.64	101 831.97	97 002.26	91 641.66	85 010.08	79 431.04	75 328.08	70 377.11	66 269.22	62 370.69	59 739.15	57 000.55	53 731.64
3	所得税前净现金流量(1－2)	－206 509.54	77 553.41	73 152.93	67 786.08	64 530.37	60 926.70	56 484.77	52 748.00	49 995.93	46 685.71	43 938.57	41 333.61	39 570.90	37 739.48	65 165.07
4	累计所得税前净现金流量	－206 509.54	－128 956.13	－55 803.20	11 982.88	76 513.25	137 439.95	193 924.72	246 672.71	296 668.65	343 354.36	387 292.93	428 626.54	468 197.43	505 936.91	571 101.98
5	调整所得税	13 519.11	14 036.37	12 936.25	11 594.53	10 780.61	9879.69	8769.21	7835.01	7147.00	6319.44	10 984.64	10 333.40	9892.72	9434.87	8889.88
6	所得税后净现金流量(1－2－5)	－220 028.65	63 517.05	60 216.68	56 191.54	53 749.76	51 047.01	47 715.56	44 912.98	42 848.94	40 366.27	32 953.93	31 000.20	29 678.17	28 304.61	56 275.19
7	累计所得税后净现金流量	－220 028.65	－156 511.60	－96 294.92	－40 103.38	13 646.39	64 693.40	112 408.96	157 321.94	200 170.88	240 537.15	273 491.07	304 491.28	334 169.45	362 474.06	418 749.25
计算指标	项目投资财务内部收益率(%)(所得税前)	31.27														
	项目投资财务内部收益率(%)(所得税后)	22.48														
	项目投资财务净现值(所得税前)(i_c=15%)	125 520.86														
	项目投资财务净现值(所得税后)(i_c=15%)	60 607.58														
	项目静态投资回收期(年)(所得税前)	3.82														
	项目静态投资回收期(年)(所得税后)	4.75														
	项目动态投资回收期(所得税前)	5.08														
	项目动态投资回收期(所得税后)	7.33														

附表 10－2－7　W700hinj 方案财务计划现金流量表

单位：万元

序号	项目	年份														
		1	2	3	4	5	6	7	8	9	10	11	12	13	14	15
1	经营活动净现金流量(1.1—1.2)	90 588.71	78 458.51	62 822.48	58 180.42	55 082.24	51 254.96	47 923.52	45 120.94	43 056.89	40 574.23	33 161.88	31 208.16	29 886.13	28 512.56	26 877.59
1.1	现金流入	212 848.68	223 542.53	214 082.59	198 453.12	188 993.18	178 504.98	165 548.97	154 649.48	146 629.09	136 963.50	128 943.11	121 334.03	116 192.76	110 845.84	104 470.66
1.1.1	营业收入	181 921.95	191 061.99	182 976.57	169 618.05	161 532.63	152 568.36	141 494.85	132 179.04	125 324.01	117 062.82	110 207.79	103 704.30	99 310.05	94 740.03	89 291.16
1.1.2	增值税销项税	30 926.73	32 480.54	31 106.02	28 835.07	27 460.55	25 936.62	24 054.12	22 470.44	21 305.08	19 900.68	18 735.32	17 629.73	16 882.71	16 105.81	15 179.50
1.1.3	补贴收入	0.00	0.00	0.00	0.00	0.00	0.00	0.00	0.00	0.00	0.00	0.00	0.00	0.00	0.00	0.00
1.1.4	其他流入	0.00	0.00	0.00	0.00	0.00	0.00	0.00	0.00	0.00	0.00	0.00	0.00	0.00	0.00	0.00
1.2	现金流出	122 259.97	145 084.02	151 260.11	140 272.70	133 910.93	127 250.02	117 625.46	109 528.54	103 572.20	96 389.27	95 781.23	90 125.87	86 306.63	82 333.27	77 593.06
1.2.1	经营成本	97 341.49	102 263.38	97 965.60	90 839.78	86 534.17	81 754.62	75 840.75	70 865.50	67 206.84	62 791.28	59 127.68	55 650.65	53 303.91	50 861.50	47 945.72
1.2.2	增值税进项税	3987.71	4189.65	4013.87	3722.18	3546.00	3350.37	3108.22	2904.49	2754.70	2573.86	2423.82	2281.41	2185.32	2085.29	1965.84
1.2.3	营业税金及附加	9096.10	11 245.20	11 858.04	10 992.19	10 468.09	9887.04	9169.33	8565.55	8121.24	7585.82	7141.54	6720.05	6435.24	6139.05	5785.92
1.2.4	增值税	0.00	16 920.96	27 092.14	25 112.89	23 914.55	22 586.25	20 945.91	19 565.94	18 550.38	17 326.82	16 311.50	15 348.32	14 697.39	14 020.51	13 213.66
1.2.5	所得税	11 834.68	10 464.83	10 330.45	9605.66	9448.13	9671.73	8561.25	7627.06	6939.04	6111.49	10 776.69	10 125.45	9684.77	9226.91	8681.92
2	投资活动净现金流量(2.1—2.2)	—281 993.91	0.00	0.00	0.00	0.00	0.00	0.00	0.00	0.00	0.00	0.00	0.00	0.00	0.00	0.00
2.1	现金流入	0.00	0.00	0.00	0.00	0.00	0.00	0.00	0.00	0.00	0.00	0.00	0.00	0.00	0.00	0.00
2.2	现金流出	281 993.91	0.00	0.00	0.00	0.00	0.00	0.00	0.00	0.00	0.00	0.00	0.00	0.00	0.00	0.00
2.2.1	资本化的勘探投资	0.00	0.00	0.00	0.00	0.00	0.00	0.00	0.00	0.00	0.00	0.00	0.00	0.00	0.00	0.00
2.2.2	建设投资	263 655.69	0.00	0.00	0.00	0.00	0.00	0.00	0.00	0.00	0.00	0.00	0.00	0.00	0.00	0.00
2.2.3	维持运营投资	0.00	0.00	0.00	0.00	0.00	0.00	0.00	0.00	0.00	0.00	0.00	0.00	0.00	0.00	0.00
2.2.4	流动资金	18 338.21	0.00	0.00	0.00	0.00	0.00	0.00	0.00	0.00	0.00	0.00	0.00	0.00	0.00	0.00

续附表 10-2-7

序号	项目	年份														
		1	2	3	4	5	6	7	8	9	10	11	12	13	14	15
2.2.5	弃置费用	0.00	0.00	0.00	0.00	0.00	0.00	0.00	0.00	0.00	0.00	0.00	0.00	0.00	0.00	0.00
3	筹资活动净现金流量(3.1－3.2)	262 419.45	－48 980.32	－48 980.32	－48 980.32	－48 980.32	－831.82	－831.82	－831.82	－831.82	－831.82	－831.82	－831.82	－831.82	－831.82	－831.82
3.1	现金流入	281 993.91	12 836.75	12 836.75	12 836.75	12 836.75	12 836.75	12 836.75	12 836.75	12 836.75	12 836.75	12 836.75	12 836.75	12 836.75	12 836.75	12 836.75
3.1.1	资本化的勘探投资	0.00	0.00	0.00	0.00	0.00	0.00	0.00	0.00	0.00	0.00	0.00	0.00	0.00	0.00	0.00
3.1.2	项目资本金投入	84 598.17	0.00	0.00	0.00	0.00	0.00	0.00	0.00	0.00	0.00	0.00	0.00	0.00	0.00	0.00
3.1.3	维持运营投资	0.00	0.00	0.00	0.00	0.00	0.00	0.00	0.00	0.00	0.00	0.00	0.00	0.00	0.00	0.00
3.1.4	建设投资借款	184 558.98	0.00	0.00	0.00	0.00	0.00	0.00	0.00	0.00	0.00	0.00	0.00	0.00	0.00	0.00
3.1.5	流动资金借款	12 836.75	12 836.75	12 836.75	12 836.75	12 836.75	12 836.75	12 836.75	12 836.75	12 836.75	12 836.75	12 836.75	12 836.75	12 836.75	12 836.75	12 836.75
3.1.6	短期借款	0.00	0.00	0.00	0.00	0.00	0.00	0.00	0.00	0.00	0.00	0.00	0.00	0.00	0.00	0.00
3.2	现金流出	19 574.46	61 817.07	61 817.07	61 817.07	61 817.07	13 668.57	13 668.57	13 668.57	13 668.57	13 668.57	13 668.57	13 668.57	13 668.57	13 668.57	13 668.57
3.2.1	各种利息支出	6737.71	14 286.17	10 423.17	7955.51	5329.93	831.82	831.82	831.82	831.82	831.82	831.82	831.82	831.82	831.82	831.82
3.2.2	偿还长期借款本金	0.00	34 694.15	38 557.15	41 024.81	43 650.40	0.00	0.00	0.00	0.00	0.00	0.00	0.00	0.00	0.00	0.00
3.2.3	偿还短期借款本金	0.00	0.00	0.00	0.00	0.00	0.00	0.00	0.00	0.00	0.00	0.00	0.00	0.00	0.00	0.00
3.2.4	偿还流动资金借款本金	12 836.75	12 836.75	12 836.75	12 836.75	12 836.75	12 836.75	12 836.75	12 836.75	12 836.75	12 836.75	12 836.75	12 836.75	12 836.75	12 836.75	12 836.75
3.2.5	投资者分配利润	0.00	0.00	0.00	0.00	0.00	0.00	0.00	0.00	0.00	0.00	0.00	0.00	0.00	0.00	0.00
4	净现金流量(1＋2＋3)	71 014.25	29 478.19	13 842.15	9200.10	6101.92	50 423.14	47 091.69	44 289.12	42 225.07	39 742.40	32 330.06	30 376.34	29 054.31	27 680.74	26 045.77
5	累计盈余资金	71 014.25	100 492.44	114 334.60	123 534.70	129 636.62	180 059.76	227 151.46	271 440.57	313 665.64	353 408.05	385 738.11	416 114.45	445 168.75	472 849.50	498 895.27

实例三　BW气田调整开发方案经济评价

一、项目概况

BW 气田位于松辽盆地东南隆起区梨树坳陷 SW 断陷东北部，是一个被多条近南北向断层切割的破碎的背斜构造。2004 年以来 BW 气田营城组、沙河子组相继有 4 个块(SN57 块、SN104 块、SN135 块、BK20 块)18 口井先后投入试采，2006 年后随生产井数的增加，日产气量稳定在 1.0～2.5 万方，采气速度在 0.3%～0.7%间波动。截止 2012 年 12 月底，气井开井 7 口，天然气日产能力 2.71 万方，基本不产水，仅少数井产微量凝析油，累产天然气 3673 万方，按评价地质储量 13.55 亿方为基础，采气速度为 0.73%，采出程度为 2.71%。对 BW 气田开发方案进行调整。

BW 气田调整开发方案属于改扩建项目。经济评价方法采用“有无对比法”，用“增量效益”指标评价 BW 气田开发调整项目的经济性。在开发方式不变的情况下，一般可按“有无对比”的原则进行直接增量计算，即根据有项目和无项目的对比，直接计算出增量投资、增量成本和增量收入，从而直接计算增量效益指标。

二、基础数据

1. 项目进度安排及计算期的确定

根据开发方案，该项目建设投资期为 1 年，建设期和生产期同时进行，计算期为 15 年。

气田调整开发方案称为有项目，不调整开发方案为无项目。

2. 调整内容

根据气田调整意见，鉴于当前的实际生产技术条件及今后开发过程中可能出现的情况，从合理的井数、开采速度、开发井网等几方面综合考虑对气田未来几年的开发趋势进行预测。调整开发方案采用调整井网密度为 3.6 口/km^2，合理井数分别为 12 口和 6 口，目前井数分别为 10 口和 4 口，可布调整井 4 口，同时考虑在 SN163 井—SN69 井以南及 SN163 井以北部署 9 口滚动井来落实储量规模、砂体发育状况及评价产能。

(1)无项目开发基础数据。根据调整前的采气速度、储量和递减率，预测了以后的产量(表 10－3－1)。

(2)有项目开发基础数据。根据调整方案设计的采气速度、储量和递减率，预测了以后的产量(表 10－3－2)。

3. 经济评价参数

1)投资估算参数

BW 气田开发调整项目建设投资包括钻井工程投资、采油工程投资和地面建设工程投资。钻井工程投资又包括新建井钻井投资和老井改造钻井投资。气田开发调整项目建设投资即为“增量”建设投资。该研究设计总井数 28 口，其中 9 口新井、19 口老井，固定资产净值为 1000.00 万元。新增钻井工程投资为 8843.69 万元，新增采油工程投资为 644.00 万元，新增地面工程投资为710.00万元。其他费用中，固定资产其他费用增量为101.98万元，无形资产费用增量为61.19万元，其他资产费用增量为40.79万元。预备费应包括两部分：一是基本预备费；二是涨价预备费。该项目基本预备费为工程费用和其他费用之和的12%。近几年物价运行得比较平稳，涨价预备费可不考虑。流动资金按照扩大指标法估算，取正常生产年经营成本的25%。

表10-3-1　无项目开发基础数据

年份（年）	生产负荷（%）	开发总井数（口）	油井井数（口）	气井井数（口）	注气井数（口）	定员人数（人）	年产油（万吨）	年产气（亿方）	年产液（万吨）
1	11	19	0	19	0	20	0	0.02	0
2	9	19	0	19	0	20	0	0.02	0
3	7	19	0	19	0	20	0	0.02	0
4	6	19	0	19	0	20	0	0.02	0
5	6	19	0	19	0	20	0	0.01	0
6	5	19	0	19	0	20	0	0.01	0
7	4	19	0	19	0	20	0	0.01	0
8	4	19	0	19	0	20	0	0.01	0
9	3	19	0	19	0	20	0	0.01	0
10	3	19	0	19	0	20	0	0.01	0
11	3	19	0	19	0	20	0	0.01	0
12	3	19	0	19	0	20	0	0.01	0
13	2	19	0	19	0	20	0	0.01	0
14	2	19	0	19	0	20	0	0.01	0
15	2	19	0	19	0	20	0	0.01	0
总计	—	—	—	—	—	—	0	0.19	0

项目实施后将导致项目占流动资金减少，流动资金按零计算。原项目流动资金为100万元。由于该项目为调整项目，建设期利息直接进入财务费用，不计入总投资中。固定资产包括工程费用、固定资产其他费用、预备费和建设期利息。建设投资进项税不形成固定资产。

2）成本费用估算参数

该项目的总成费用包括生产成本和期间费。

（1）生产成本。根据类似气田采油厂成本运行情况，确定该项目评价的开采成本项目及定额值（表10-3-3）。

表 10-3-2 有项目开发基础数据

年份（年）	生产负荷（%）	开发总井数（口）	油井井数（口）	气井井数（口）	注气井数（口）	定员人数（人）	年产油（万吨）	年产气（亿方）	年产液（万吨）
1	100	28	0	28	0	25	0	0.46	0
2	100	28	0	28	0	25	0	0.46	0
3	100	28	0	28	0	25	0	0.46	0
4	80	28	0	28	0	25	0	0.36	0
5	64	28	0	28	0	25	0	0.29	0
6	51	28	0	28	0	25	0	0.23	0
7	43	28	0	28	0	25	0	0.20	0
8	37	28	0	28	0	25	0	0.17	0
9	31	28	0	28	0	25	0	0.14	0
10	28	28	0	28	0	25	0	0.13	0
11	25	28	0	28	0	25	0	0.11	0
12	23	28	0	28	0	25	0	0.10	0
13	23	28	0	28	0	25	0	0.10	0
14	23	28	0	28	0	25	0	0.10	0
15	23	28	0	28	0	25	0	0.10	0
总计	—	—	—	—	—	—	0	3.41	0

表 10-3-3 操作成本项目定额表

序号	参数名称	参数值
1	材料	11.736 元/千方
2	燃料	4.956 元/千方
3	动力	5.736 元/千方
4	其他直接支出	49.824 元/千方
5	井下作业费	29.22 元/千方
6	测井试井费	2.088 元/千方
7	油气处理费	3.132 元/千方
8	输油输气费	1.044 元/千方
9	修理费	3.132 元/千方
10	其他直接费	10.956 元/千方
11	制造费用(其他开采费)	32.868 元/千方
12	直接工资	3 万元/(年×人)
13	职工福利费	工资的 14%
14	折旧与折耗	采用直线折旧法，残值为 5%，折旧年限 10 年

(2)期间费。根据相关规定,确定期间费的项目及定额值(表 10-3-4)。

表 10-3-4　期间费项目定额表

序号	项目	定额值
1	管理费用	
1.1	石油特别收益金	0 元/千方
1.2	矿产资源补偿费	营业收入的 1%
1.3	无形资产摊销费	无形资产 10 年摊销
1.4	其他资产摊销费	其他资产 5 年摊销
1.5	其他管理费	0.25 万元/口井
2	营业费用	按营业收入 0.5%计算
3	财务费用	利息支出

3)油气产品营业收入估算参数

该项目商品率为 95%。评价气价为 1200 元/千方。评价期内不考虑油气价格的上涨。

4)税金估算参数

该项目缴纳的营业税金及附加包括城乡建设维护税、教育费附加税和资源税。城乡维护建设税按增值税额的 7%计征。教育费附加税按增值税额的 3%计征。资源税按营业收入的 5%计征。增值税率为 13%。建设投资为含税价,建设投资中购进主材和设备约占建设投资的 100%,需要估算建设投资进项税。该项目进行估算所得税率为 25%。

5)利润分配参数

该项目除按可供利润分配的 10%提取盈余公积金外,其余为未分配利润(用于还款利润包括在内)。还清借款后,未分配利润转入分配。

三、财务评价基准参数

(1)基准收益率。油气田开发建设项目基准收益率定为 15%。

(2)基准投资回收期。油气田开发项目基准投资回收期一般不超过 6 年。

(3)项目总投资收益率和项目资本金净利润率。目前暂取 80%。

(4)利息备付率、偿债备付率。利息备付率应大于 2,偿债备付率应大于 1.3。利息备付率一般应大于 1;偿债备付率一般应大于 1。

四、财务经济评价

1. 投资估算与资金筹措

无项目总投资为 1100.00 万元,其中无项目的已发生投资(固定资产净值)为 1000 万元,无项目的新增投资为 0,无项目的流动资金为 100 万元。

(1)无项目:在气田不调整开发方案下,总投资为 1100.00 万元,净值为 1000 万元。

(2)有项目:有项目总投资为 12 749.84 万元,其中有项目的已发生投资(固定资产净值)为 1000 万元。

(3)建设期利息直接进入财务费用,不计入总投资中。

(4)新增流动资金:新增流动资金为零。

(5)增量投资:增量投资为 11 649.84 万元,其中,钻井工程增量投资 8843.69 万元,采油工程增量投资 644.00 万元,地面工程增量投资 710.00 万元。其他费用增量为 203.95 万元。预备费增量为 1248.20 万元。建设投资进项税为 1328.52 万元,不形成固定资产。无项目形成的固定资产为 1000 万元,有项目形成的固定资产为 11 219.35 万元。固定资产增量为 10 219.35万元。如附表 10-3-1、附表 10-3-2。

2. 成本费用估算

(1)无项目:无项目的累计总成本 2608.45 万元。

(2)有项目:有项目的累计总成本 19 675.13 万元。

(3)增量成本费用:增量成本费用由附表 10-3-3～10-3-5 计算得到。累计增量总成本为 17 066.68 万元(附表 10-3-5),其中,增量操作成本为 5082 万元,单位增量操作成本为 162.9 元/千方;增量生产成本为 1 472 791 万元,单位增量生产成本为 474.1 元/千方;增量经营成本为 5650.16 万元,单位增量经营成本为 181.1 元/千方,如附表 10-3-4;增量折旧费为 9708.38 万元,新增财务费用为 1606.17 万元,如附表 10-3-3。

3. 营业收入、营业税金及附加估算

增量气田开发调整项目增量营业收入根据气藏工程方案确定的分年气产量增量、油气商品率和销售价格计算。根据相关参数,计算出项目累计原油营业收入、营业税金及附加表如表 10-3-5。

(1)无项目:无项目的累计油气产量为 0.29 亿方,无项目的累计营业收入为 3306.00 万元;累计营业税金及附加 204.06 万元。

(2)有项目:有项目的累计油气产量为 3.41 亿方,有项目的累计营业收入为 38 874.00 万元,累计营业税金及附加 2266.63 万元。

(3)增量营业收入、营业税金及附加:累计油气产量增量为 3.12 亿方,增长率为 1075.86%;累计增量营业收入为 35 568.00 万元,增长率为 1075.86%,累计营业税金及附加 2062.56 万元,如附表 10-3-6。

表 10-3-5 累计营业收入、营业税金及附加估算表

序号	项目	单位	无项目	有项目	增量
1	累计气产量	亿方	0.29	3.41	3.12
2	累计气商品量	亿方	0.28	3.24	2.96
3	累计气营业收入	万元	3306.00	38 874.00	35 568.00
4	累计营业税金及附加	万元	204.06	2266.63	2062.56

4. 利润总额

累计所得税、利润总额及净利润计算结果如表10-3-6。

(1)无项目:所得税为123.37万元,利润总额为493.49万元,净利润为370.12万元。

(2)有项目:所得税为4233.06万元,利润总额为16 932.24万元,净利润为12 699.18万元。

(3)增量利润:所得税为4109.69万元,利润总额为16 438.75万元,净利润为12 329.06万元,增长率为3331.09%,如附表10-3-7。

表10-3-6 所得税、利润总额及净利润估算表

序号	项目	单位	无项目	有项目	增量
1	利润总额	万元	493.49	16 932.24	16 438.75
2	所得税	万元	123.37	4233.06	4109.69
3	税后利润	万元	370.12	12 699.18	12 329.06

五、财务分析

1. 财务盈利能力分析

(1)现金流量分析。根据无项目投资现金流量和有项目投资现金流量计算结果,以时间为横轴,无项目和有项目的累计净现金流量和累计折现值为纵轴,绘制项目评价期内现金流量曲线(图10-3-1)。

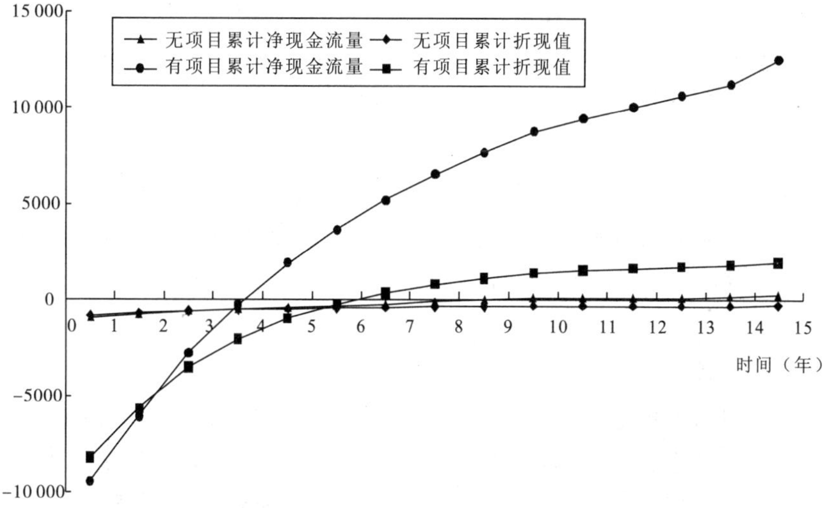

图10-3-1 有项目和无项目的累计现金流量和累计折现值曲线图

从图 10－3－1 中可以看出，无项目第 1 年净现金流量和折现值均为负值，累计净现金流量直到第 9 年才出现正值，评价期末为 317.37 万元。无项目的累计折现值曲线一直为负值，到评价期末为－272.91 万元。有项目第 1 年净现金流量和折现值均为负值，然后累计净现金和累计折现值都呈上升趋势，第 5 年开始累计净现金流量出现正值，评价期末为 12 522.54 万元，第 6 年累计折现值开始为正值，评价期末为 1999.47 万元。

分析表明，调整后的现金流趋势较好，调整项目能带来一定的增量收益，使项目扭亏为盈。

(2)增量现金流量分析。对调整项目增量进行盈利能力分析，编制增量现金流量表(附表 10－3－8)，遵循“有无对比”的原则，利用有项目与无项目的效益与费用计算增量效益与增量费用，用于分析项目的增量盈利能力，并作为项目决策的重要依据之一。计算得到项目的主要财务评价指标(增量)(表 10－3－7)。

表 10－3－7 项目主要财务评价指标计算表(增量)

序号	财务评价指标	单位	税前	税后
1	财务内部收益率	%	37.03	24.47
2	财务净现值(i_c=15%)	万元	4740.94	2271.45
3	静态投资回收期	年	3.00	3.88
4	项目总投资收益率	%	10.33	
5	项目资本金净利润率	%	23.52	

从表 10－3－7 可以看出，在评价气价为 1200 元/千方的条件下，项目的税前财务内部收益率为 37.03%，税后财务内部收益率为 24.47%，均高于行业基准值 15%。财务净现值税前为 4740.94 万元，税后为 2271.45 万元，均大于 0。项目的税前静态投资回收期为 3.00 年，税后静态投资回收期为 3.88 年，均小于行业基准 6 年。表明项目的各项指标都能满足行业最低要求，并还有部分盈余，项目在盈利能力上是可以接受的。

2. 偿债能力分析

偿债能力分析主要分析有项目的偿债能力。符合简化条件时，可直接用“增量”数据和相关指标进行分析。有项目的数据远大于无项目的数据，满足简化条件。通过借款还本付息表(附表 10－3－3)得到，利息备付率为 341.89%，大于 2，偿债备付率为 817.59%，大于 1.3，该项目具备一定的偿债能力。

3. 财务生存能力分析

改扩建项目只进行有项目状态的生存能力分析(附表 10－3－9)，分析的内容同新建项目。由增量财务计划现金流量表(附表 10－3－10)可以看出，每年的净现金流量和盈余资金均大于零，表明方案有足够的净现金流量维持正常运营，以实现财务可持续性，因此在财务上都是可行的。

六、不确定性分析

该项目选取增量数据进行不确定性分析。

1. 敏感性分析

该项目计算期内可能发生变化的因素有价格、产量、建设投资、经营成本。分析各因素变化时对财务内部收益率的影响程度，对 4 个主要变化因素进行了单因素变化敏感性分析（表 10－3－8）。

表 10－3－8　BW 气田调整方案敏感性分析表

项目			变化率（%）								临界点	临界值
			－40	－30	－20	－10	10	20	30	40		
不确定因素	价格	内部收益率	4.27	8.86	13.72	18.89	30.51	37.06	44.21	52.04	－18.57	977.12
		敏感度系数	2.06	2.13	2.20	2.28	2.47	2.57	2.69	2.82		
	成本	内部收益率	29.87	28.49	27.12	25.78	23.17	21.90	20.65	19.42	73.06	313.40
		敏感度系数	－0.55	－0.55	－0.54	－0.54	－0.53	－0.53	－0.52	－0.52		
	投资	内部收益率	65.26	48.4	37.56	30.02	20.21	16.83	14.08	11.80	－24.20	8830.33
		敏感度系数	－4.17	－3.26	－2.67	－2.27	－1.74	－1.56	－1.42	－1.29		
	产量	内部收益率	6.92	10.94	15.19	19.68	29.59	35.09	41.02	47.43	－21.05	2.46
		敏感度系数	1.79	1.84	1.90	1.96	2.09	2.17	2.25	2.35		

根据敏感性分析表所示数据，绘制敏感性分析图（图 10－3－2）。

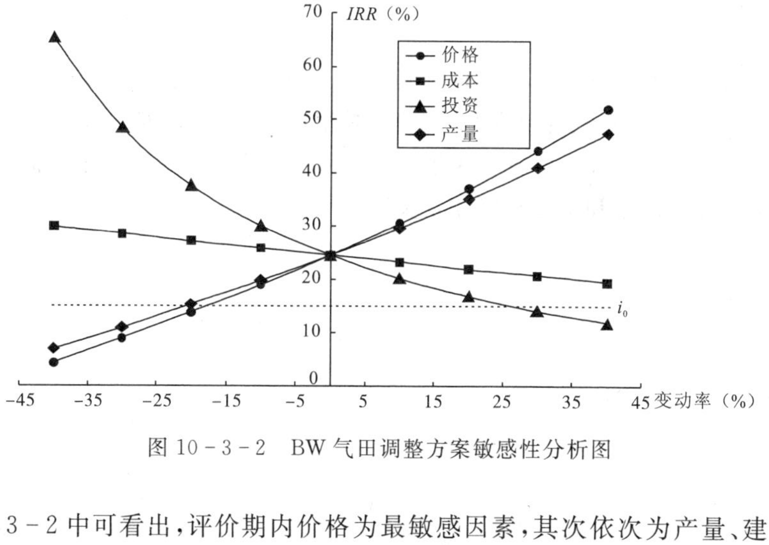

图 10－3－2　BW 气田调整方案敏感性分析图

从图 10－3－2 中可看出，评价期内价格为最敏感因素，其次依次为产量、建设投资，经营成本相对最不敏感。当原油价格下降 18.57%或者累产油量减少 21.05%，项目就不能满足石油行业基准要求，说明该项目评价期内抗风险能力一般。

2. 盈亏平衡分析

该项目在第 2 年达到设计生产能力，此时年固定成本为 1383.73 万元，可变成本为 263.11 万元，年营业收入为 4902.00 万元，年营业税金及附加为 245.10 万元。根据计算盈亏平衡点如下：

$$BEP=\frac{\text{年固定成本}}{\text{年营业收入}-\text{年可变成本}-\text{年营业税金及附加}}\times 100\%$$

$$=\frac{1383.73}{4902.00-263.11-245.10}\times 100\%=40.09\%$$

即该项目只要达到设计规模的 40.09%，也就是当年产量达到 $1749.57\times 10^4 m^3$ 时，企业就可以保本，故该项目风险较小(图 10－3－3)。

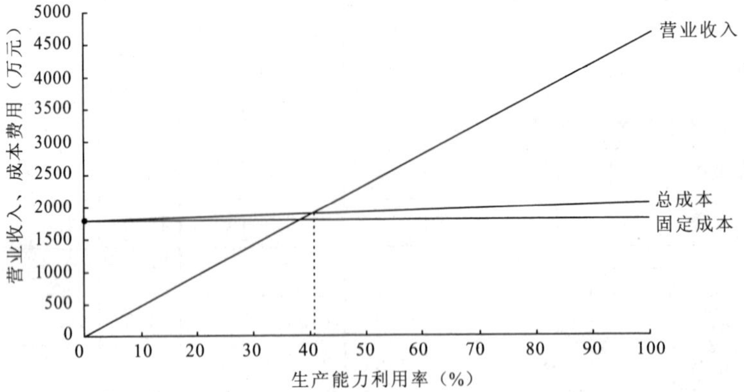

图 10－3－3　BW 气田调整方案盈亏平衡图

七、结论与建议

由上述分析可见，调整方案不仅有较大的增量产量，而且项目的盈利能力很强，有很强的贷款偿还能力。方案从技术经济角度看，该项目是很可靠的，也是安全可行的。

由于项目对油价、产量和投资都较为敏感，价格受国际市场的影响不断波动，因此针对企业而言，只有努力提高产量和优化投资才是关键。

附表 10-3-1　项目总投资估算表

序号	工程或费用名称	估算价值(万元)	占总投资的比例(%)	备注
		总计		
1	建设投资	11 649.84	100.00	
1.1	工程费用	10 197.69	87.54	
1.1.1	钻井工程投资	8843.69	75.91	
1.1.2	采油工程投资	644.00	5.53	
1.1.3	地面工程投资	710.00	6.09	
1.2	其他费用	203.95	1.75	
1.2.1	固定资产其他费用	101.98	0.88	
1.2.2	无形资产费用	61.19	0.53	
1.2.3	其他资产费用	40.79	0.35	
1.3	预备费	1248.20	10.71	
1.3.1	基本预备费	1248.20	10.71	
1.3.2	涨价预备费	0.00	0.00	
2	建设期利息	0.00	0.00	
3	流动资金	0.00	0.00	
	合计	11 649.84	100.00	

附表 10-3-2　投资计划与资金筹措表　单位:万元

序号	项目	建设期	总计
1	总投资		
1.1	建设投资	11 184.64	11 184.64
1.2	建设期利息	0.00	0.00
1.3	流动资金	0.00	0.00
	小 计	11 184.64	11 184.64
2	资金筹措		
2.1	项目资本金	6069.07	6069.07
2.1.1	用于建设投资	6069.07	6069.07
2.1.2	用于流动资金	0.00	0.00
2.1.3	用于建设期利息	0.00	0.00
2.2	债务资金	5115.56	5115.56
2.2.1	用于建设投资	5115.56	5115.56
2.2.2	用于流动资金	0.00	0.00
2.2.3	用于建设期利息	0.00	0.00
	小 计	11 184.64	11 184.64

附表 10－3－3　借款还本付息计划表（增量）

单位：万元

序号	项目	年份															合计
		1	2	3	4	5	6	7	8	9	10	11	12	13	14	15	
1	借款及还本付息																
1.1	年初欠款累计	0.00	8154.89	6301.78	4330.07	2232.17	0.00	0.00	0.00	0.00	0.00	0.00	0.00	0.00	0.00	0.00	21 018.90
1.1.1	固定资产年初欠款累计	0.00	8154.89	6301.78	4330.07	2232.17	0.00	0.00	0.00	0.00	0.00	0.00	0.00	0.00	0.00	0.00	21 018.90
1.1.2	流动资金年初欠款累计	0.00	0.00	0.00	0.00	0.00	0.00	0.00	0.00	0.00	0.00	0.00	0.00	0.00	0.00	0.00	0.00
1.2	本年借款	8154.89	0.00	0.00	0.00	0.00	0.00	0.00	0.00	0.00	0.00	0.00	0.00	0.00	0.00	0.00	8154.89
1.2.1	固定资产本年借款	8154.89	0.00	0.00	0.00	0.00	0.00	0.00	0.00	0.00	0.00	0.00	0.00	0.00	0.00	0.00	8154.89
1.2.2	流动资金本年借款	0.00	0.00	0.00	0.00	0.00	0.00	0.00	0.00	0.00	0.00	0.00	0.00	0.00	0.00	0.00	0.00
1.3	当期应计利息	260.96	521.91	403.31	277.12	142.86	0.00	0.00	0.00	0.00	0.00	0.00	0.00	0.00	0.00	0.00	1606.17
1.3.1	固定资产当期应计利息	260.96	521.91	403.31	277.12	142.86	0.00	0.00	0.00	0.00	0.00	0.00	0.00	0.00	0.00	0.00	1606.17
1.3.2	流动资金当期应计利息	0.00	0.00	0.00	0.00	0.00	0.00	0.00	0.00	0.00	0.00	0.00	0.00	0.00	0.00	0.00	0.00
1.4	本年付息	260.96	521.91	403.31	277.12	142.86	0.00	0.00	0.00	0.00	0.00	0.00	0.00	0.00	0.00	0.00	1606.17
1.4.1	固定资产借款本年付息	260.96	521.91	403.31	277.12	142.86	0.00	0.00	0.00	0.00	0.00	0.00	0.00	0.00	0.00	0.00	1606.17
1.4.2	流动资金借款本年付息	0.00	0.00	0.00	0.00	0.00	0.00	0.00	0.00	0.00	0.00	0.00	0.00	0.00	0.00	0.00	0.00
1.5	本年还本	0.00	1853.11	1971.71	2097.90	2232.17	0.00	0.00	0.00	0.00	0.00	0.00	0.00	0.00	0.00	0.00	8154.89
1.5.1	固定资产借款本年还本	0.00	1853.11	1971.71	2097.90	2232.17	0.00	0.00	0.00	0.00	0.00	0.00	0.00	0.00	0.00	0.00	8154.89
1.5.2	流动资金借款本年还本	0.00	0.00	0.00	0.00	0.00	0.00	0.00	0.00	0.00	0.00	0.00	0.00	0.00	0.00	0.00	0.00
1.6	期末借款余额	8154.89	6301.78	4330.07	2232.17	0.00	0.00	0.00	0.00	0.00	0.00	0.00	0.00	0.00	0.00	0.00	21 018.90
1.6.1	固定资产期末借款余额	8154.89	6301.78	4330.07	2232.17	0.00	0.00	0.00	0.00	0.00	0.00	0.00	0.00	0.00	0.00	0.00	21 018.90
1.6.2	流动资金期末借款余额	0.00	0.00	0.00	0.00	0.00	0.00	0.00	0.00	0.00	0.00	0.00	0.00	0.00	0.00	0.00	0.00
计算指标	利息备付率(%)	1116.56	558.28	712.64	706.69	993.79											
	偿债备付率(%)	1239.92	138.98	136.49	106.24	87.81											

附表 10-3-4　油气操作成本估算表(增量)

单位:万元

序号	项目	年份															合计
		1	2	3	4	5	6	7	8	9	10	11	12	13	14	15	
1	材料	50.46	50.46	50.46	38.73	31.69	24.65	21.12	17.60	14.08	12.91	11.74	10.56	10.56	10.56	10.56	366.16
2	燃料	21.31	21.31	21.31	16.35	13.38	10.41	8.92	7.43	5.95	5.45	4.96	4.46	4.46	4.46	4.46	154.63
3	动力	24.66	24.66	24.66	18.93	15.49	12.05	10.32	8.60	6.88	6.31	5.74	5.16	5.16	5.16	5.16	178.96
4	直接工资	15.00	15.00	15.00	15.00	15.00	15.00	15.00	15.00	15.00	15.00	15.00	15.00	15.00	15.00	15.00	225.00
5	提取福利费	2.10	2.10	2.10	2.10	2.10	2.10	2.10	2.10	2.10	2.10	2.10	2.10	2.10	2.10	2.10	31.50
6	其他直接支出	214.24	214.24	214.24	164.42	134.52	104.63	89.68	74.74	59.79	54.81	49.82	44.84	44.84	44.84	44.84	1554.51
7	井下作业费	125.65	125.65	125.65	96.43	78.89	61.36	52.60	43.83	35.06	32.14	29.22	26.30	26.30	26.30	26.30	911.66
8	测井试井费	8.98	8.98	8.98	6.89	5.64	4.38	3.76	3.13	2.51	2.30	2.09	1.88	1.88	1.88	1.88	65.15
9	油气处理费	13.47	13.47	13.47	10.34	8.46	6.58	5.64	4.70	3.76	3.45	3.13	2.82	2.82	2.82	2.82	97.72
10	输油输气费	4.49	4.49	4.49	3.45	2.82	2.19	1.88	1.57	1.25	1.15	1.04	0.94	0.94	0.94	0.94	32.57
11	修理费	13.47	13.47	13.47	10.34	8.46	6.58	5.64	4.70	3.76	3.45	3.13	2.82	2.82	2.82	2.82	97.72
12	其他直接费	47.11	47.11	47.11	36.15	29.58	23.01	19.72	16.43	13.15	12.05	10.96	9.86	9.86	9.86	9.86	341.83
13	制造费用(其他开采费)	141.33	141.33	141.33	108.46	88.74	69.02	59.16	49.30	39.44	36.15	32.87	29.58	29.58	29.58	29.58	1025.48
	操作成本合计	682.28	682.28	682.28	527.58	434.77	341.95	295.55	249.14	202.73	187.26	171.79	156.32	156.32	156.32	156.32	5082.89
	单位操作成本(元/千方)	158.67	158.67	158.67	159.87	161.03	162.83	164.19	166.09	168.94	170.24	171.79	173.69	173.69	173.69	173.69	—

附表 10－3－5　总成本费用估算表(增量)

单位:万元

序号	项目	年份															合计
		1	2	3	4	5	6	7	8	9	10	11	12	13	14	15	
1	油气生产成本	1653.11	1653.11	1653.11	1498.42	1405.61	1312.79	1266.38	1219.98	1173.57	1158.10	171.79	156.32	156.32	156.32	156.32	14 791.27
1.1	油气操作成本	682.28	682.28	682.28	527.58	434.77	341.95	295.55	249.14	202.73	187.26	171.79	156.32	156.32	156.32	156.32	5082.89
1.2	折旧费	970.84	970.84	970.84	970.84	970.84	970.84	970.84	970.84	970.84	970.84	0.00	0.00	0.00	0.00	0.00	9708.38
2	期间费	351.01	611.97	493.37	350.08	205.56	44.28	39.15	34.02	28.89	27.18	19.35	17.64	17.64	17.64	17.64	2275.41
2.1	管理费	65.55	65.55	65.55	54.15	47.31	32.31	28.89	25.47	22.05	20.91	13.65	12.51	12.51	12.51	12.51	491.41
	其中:石油特别收益金	0.00	0.00	0.00	0.00	0.00	0.00	0.00	0.00	0.00	0.00	0.00	0.00	0.00	0.00	0.00	0.00
	矿产资源补偿费	49.02	49.02	49.02	37.62	30.78	23.94	20.52	17.10	13.68	12.54	11.40	10.26	10.26	10.26	10.26	355.68
	无形资产摊销费	6.12	6.12	6.12	6.12	6.12	6.12	6.12	6.12	6.12	6.12	0.00	0.00	0.00	0.00	0.00	61.19
	其他资产摊销费	8.16	8.16	8.16	8.16	8.16	0.00	0.00	0.00	0.00	0.00	0.00	0.00	0.00	0.00	0.00	40.79
	其他管理费	2.25	2.25	2.25	2.25	2.25	2.25	2.25	2.25	2.25	2.25	2.25	2.25	2.25	2.25	2.25	33.75
2.2	财务费用	260.96	521.91	403.31	277.12	142.86	0.00	0.00	0.00	0.00	0.00	0.00	0.00	0.00	0.00	0.00	1606.17
	其中:利息	260.96	521.91	403.31	277.12	142.86	0.00	0.00	0.00	0.00	0.00	0.00	0.00	0.00	0.00	0.00	1606.17
2.3	营业费用	24.51	24.51	24.51	18.81	15.39	11.97	10.26	8.55	6.84	6.27	5.70	5.13	5.13	5.13	5.13	177.84
3	总成本费用	2004.13	2265.08	2146.48	1848.50	1611.16	1357.07	1305.53	1253.99	1202.46	1185.28	191.14	173.96	173.96	173.96	173.96	17 066.68
3.1	固定成本	1526.78	1787.73	1669.13	1482.16	1311.43	1123.94	1105.71	1087.48	1069.24	1063.16	80.13	74.05	74.05	74.05	74.05	13 603.11
3.2	可变成本	263.11	263.11	263.11	201.92	165.21	128.49	110.14	91.78	73.43	67.31	61.19	55.07	55.07	55.07	55.07	1909.07
4	经营成本	758.06	758.06	758.06	586.26	483.19	380.11	328.58	277.04	225.50	208.32	191.14	173.96	173.96	173.96	173.96	5650.16
5	单位生产成本(元/千方)	384.45	384.45	384.45	454.07	520.60	625.14	703.55	813.32	977.97	1052.82	171.79	173.69	173.69	173.69	173.69	—
6	单位总成本(元/千方)	466.08	526.76	499.18	560.15	596.73	646.22	725.30	836.00	1002.05	1077.53	191.14	193.29	193.29	193.29	193.29	—
7	单位经营成本(元/千方)	176.29	176.29	176.29	177.66	178.96	181.01	182.54	184.69	187.92	189.38	191.14	193.29	193.29	193.29	193.29	—

附表 10－3－6　营业收入、营业税金及附加估算表(增量)

单位:万元

序号	项目	单价或税率	1	2	3	4	5	6	7	8	9	10	11	12	13	14	15	合计
1	天然气产量(亿方)		0.43	0.43	0.43	0.33	0.27	0.21	0.18	0.15	0.12	0.11	0.10	0.09	0.09	0.09	0.09	3.12
2	商品量(万吨)	商品率 95%	0.41	0.41	0.41	0.31	0.26	0.20	0.17	0.14	0.11	0.10	0.10	0.09	0.09	0.09	0.09	2.96
3	营业收入	1200 元/千方	4902.00	4902.00	4902.00	3762.00	3078.00	2394.00	2052.00	1710.00	1368.00	1254.00	1140.00	1026.00	1026.00	1026.00	1026.00	35 568.00
4	增值税	17%	0.00	0.00	395.69	441.07	360.88	280.68	240.59	200.49	160.39	147.02	133.66	120.29	120.29	120.29	120.29	2841.65
4.1	销项税		637.26	637.26	637.26	489.06	400.14	311.22	266.76	222.30	177.84	163.02	148.20	133.38	133.38	133.38	133.38	4623.84
4.2	进项税		1391.04	62.53	62.53	47.99	39.26	30.54	26.17	21.81	17.45	16.00	14.54	13.09	13.09	13.09	13.09	1782.19
5	营业税金及附加		245.10	245.10	284.67	232.21	189.99	147.77	126.66	105.55	84.44	77.40	70.37	63.33	63.33	63.33	63.33	2062.56
5.1	城乡维护建设税	增值税的 7%	0.00	0.00	27.70	30.88	25.26	19.65	16.84	14.03	11.23	10.29	9.36	8.42	8.42	8.42	8.42	198.92
5.2	教育费附加	增值税的 3%	0.00	0.00	11.87	13.23	10.83	8.42	7.22	6.01	4.81	4.41	4.01	3.61	3.61	3.61	3.61	85.25
5.3	资源税	营业额的 5%	245.10	245.10	245.10	188.10	153.90	119.70	102.60	85.50	68.40	62.70	57.00	51.30	51.30	51.30	51.30	1778.40

附表 10-3-7　利润与利润分配表(增量)

单位:万元

序号	项目	年份															合计
		1	2	3	4	5	6	7	8	9	10	11	12	13	14	15	
1	营业收入	4902.00	4902.00	4902.00	3762.00	3078.00	2394.00	2052.00	1710.00	1368.00	1254.00	1140.00	1026.00	1026.00	1026.00	1026.00	35 568.00
2	总成本费用	2004.13	2265.08	2146.48	1848.50	1611.16	1357.07	1305.53	1253.99	1202.46	1185.28	191.14	173.96	173.96	173.96	173.96	17 066.68
3	补贴收入	0.00	0.00	0.00	0.00	0.00	0.00	0.00	0.00	0.00	0.00	0.00	0.00	0.00	0.00	0.00	0.00
4	营业税金及附加	245.10	245.10	284.67	232.21	189.99	147.77	126.66	105.55	84.44	77.40	70.37	63.33	63.33	63.33	63.33	2062.56
5	利润总额(1－2＋3－4)	2652.77	2391.82	2470.85	1681.29	1276.85	889.16	619.81	350.46	81.10	－8.68	878.49	788.71	788.71	788.71	788.71	16 438.75
6	弥补的前年度亏损额	0.00	0.00	0.00	0.00	0.00	0.00	0.00	0.00	0.00	0.00	0.00	0.00	0.00	0.00	0.00	0.00
7	应纳税所得额(5－6)	2652.77	2391.82	2470.85	1681.29	1276.85	889.16	619.81	350.46	81.10	－8.68	878.49	788.71	788.71	788.71	788.71	16 438.75
8	所得税	663.19	597.95	617.71	420.32	319.21	222.29	154.95	87.61	20.28	－2.17	219.62	197.18	197.18	197.18	197.18	4109.69
9	净利润(5－8)	1989.58	1793.86	1853.14	1260.97	957.64	666.87	464.86	262.84	60.83	－6.51	658.87	591.53	591.53	591.53	591.53	12 329.06
10	期初未分配利润	0.00	1790.62	3405.10	5072.92	6207.79	7069.66	7669.85	8088.22	8324.78	8379.52	8373.66	8966.65	9499.02	10 031.40	10 563.78	—
11	可供分配利润(9＋10)	1989.58	3584.48	5258.23	6333.89	7165.43	7736.54	8134.71	8351.06	8385.61	8373.01	9032.53	9558.18	10 090.55	10 622.93	11 155.31	—
12	提取法定盈余公积金	198.96	179.39	185.31	126.10	95.76	66.69	46.49	26.28	6.08	－0.65	65.89	59.15	59.15	59.15	59.15	1232.91
13	投资者分配利润	0.00	0.00	0.00	0.00	0.00	0.00	0.00	0.00	0.00	0.00	0.00	0.00	0.00	0.00	0.00	0.00
14	未分配利润(10－11－12)	1790.62	3405.10	5072.92	6207.79	7069.66	7669.85	8088.22	8324.78	8379.52	8373.66	8966.65	9499.02	10 031.40	10 563.78	11 096.16	—
15	息税前利润	2913.73	2913.73	2874.16	1958.41	1419.71	889.16	619.81	350.46	81.10	－8.68	878.49	788.71	788.71	788.71	788.71	18 044.92
16	调整所得税	728.43	728.43	718.54	489.60	354.93	222.29	154.95	87.61	20.28	－2.17	219.62	197.18	197.18	197.18	197.18	4511.23
17	息前税后利润(15－16)	2185.30	2185.30	2155.62	1468.81	1064.78	666.87	464.86	262.84	60.83	－6.51	658.87	591.53	591.53	591.53	591.53	13 533.69
18	息税折耗摊销前利润	3898.84	3898.84	3859.28	2943.53	2404.82	1866.12	1596.77	1327.41	1058.06	968.28	878.49	788.71	788.71	788.71	788.71	27 855.27

附表 10-3-8　项目投资现金流量表(增量)

单位:万元

序号	项目	年份 1	2	3	4	5	6	7	8	9	10	11	12	13	14	15
1	现金流入															
1.1	营业收入	4902.00	4902.00	4902.00	3762.00	3078.00	2394.00	2052.00	1710.00	1368.00	1254.00	1140.00	1026.00	1026.00	1026.00	1026.00
1.2	补贴收入	0.00	0.00	0.00	0.00	0.00	0.00	0.00	0.00	0.00	0.00	0.00	0.00	0.00	0.00	0.00
1.3	回收固定资产余值	0.00	0.00	0.00	0.00	0.00	0.00	0.00	0.00	0.00	0.00	0.00	0.00	0.00	0.00	510.97
1.4	回收流动资金	0.00	0.00	0.00	0.00	0.00	0.00	0.00	0.00	0.00	0.00	0.00	0.00	0.00	0.00	0.00
	小计	4902.00	4902.00	4902.00	3762.00	3078.00	2394.00	2052.00	1710.00	1368.00	1254.00	1140.00	1026.00	1026.00	1026.00	1536.97
2	现金流出															
2.1	资本化的勘探投资	0.00	0.00	0.00	0.00	0.00	0.00	0.00	0.00	0.00	0.00	0.00	0.00	0.00	0.00	0.00
2.2	建设投资	11 649.84	0.00	0.00	0.00	0.00	0.00	0.00	0.00	0.00	0.00	0.00	0.00	0.00	0.00	0.00
2.3	流动资金	0.00	0.00	0.00	0.00	0.00	0.00	0.00	0.00	0.00	0.00	0.00	0.00	0.00	0.00	0.00
2.4	经营成本	758.06	758.06	758.06	586.26	483.19	380.11	328.58	277.04	225.50	208.32	191.14	173.96	173.96	173.96	173.96
2.5	营业税金及附加	245.10	245.10	284.67	232.21	189.99	147.77	126.66	105.55	84.44	77.40	70.37	63.33	63.33	63.33	63.33
2.6	维持运营投资	0.00	0.00	0.00	0.00	0.00	0.00	0.00	0.00	0.00	0.00	0.00	0.00	0.00	0.00	0.00
	小计	12 653.00	1003.16	1042.72	818.47	673.18	527.88	455.23	382.59	309.94	285.72	261.51	237.29	237.29	237.29	237.29
3	所得税前净现金流量(1—2)	−7751.00	3898.84	3859.28	2943.53	2404.82	1866.12	1596.77	1327.41	1058.06	968.28	878.49	788.71	788.71	788.71	1299.68
4	累计所得税前净现金流量	−7751.00	−3852.15	7.12	2950.65	5355.48	7221.59	8818.36	10 145.77	11 203.83	12 172.11	13 050.60	13 839.31	14 628.02	15 416.73	16 716.40
5	调整所得税	728.43	728.43	718.54	489.60	354.93	222.29	154.95	87.61	20.28	−2.17	219.62	197.18	197.18	197.18	197.18
6	所得税后净现金流量(1—2—5)	−8479.43	3170.41	3140.74	2453.93	2049.90	1643.83	1441.81	1239.80	1037.78	970.45	658.87	591.53	591.53	591.53	1102.50
7	累计所得税后净现金流量	−8479.43	−5309.02	−2168.28	285.64	2335.54	3979.37	5421.18	6660.98	7698.77	8669.21	9328.08	9919.61	10 511.14	11 102.67	12 205.17
计算指标	项目投资财务内部收益率(%)(所得税前):36.70% 项目投资财务内部收益率(%)(所得税后):24.24% 项目投资财务净现值(所得税前)(i_c=15%):4669.68 万元 项目投资财务净现值(所得税后)(i_c=15%):2218.00 万元 项目静态投资回收期(年)(所得税前):3.02 年 项目静态投资回收期(年)(所得税后):3.9 年															

附表 10-3-9　财务计划现金流量表（有项目）

单位：万元

序号	项目	年份														
		1	2	3	4	5	6	7	8	9	10	11	12	13	14	15
1	经营活动净现金流量(1.1—1.2)	4235.20	3955.72	3384.36	2682.85	2180.31	1740.58	1539.59	1338.60	1137.61	1070.61	668.63	601.64	601.64	601.64	601.64
1.1	现金流入	6135.48	6135.48	6135.48	4801.68	3868.02	3067.74	2667.60	2267.46	1867.32	1733.94	1467.18	1333.80	1333.80	1333.80	1333.80
1.1.1	营业收入	5244.00	5244.00	5244.00	4104.00	3306.00	2622.00	2280.00	1938.00	1596.00	1482.00	1254.00	1140.00	1140.00	1140.00	1140.00
1.1.2	增值税销项税	891.48	891.48	891.48	697.68	562.02	445.74	387.60	329.46	271.32	251.94	213.18	193.80	193.80	193.80	193.80
1.1.3	补贴收入	0.00	0.00	0.00	0.00	0.00	0.00	0.00	0.00	0.00	0.00	0.00	0.00	0.00	0.00	0.00
1.1.4	其他流入	0.00	0.00	0.00	0.00	0.00	0.00	0.00	0.00	0.00	0.00	0.00	0.00	0.00	0.00	0.00
1.2	现金流出	1900.28	2179.76	2751.12	2118.83	1687.71	1327.16	1128.01	928.86	729.71	663.33	798.55	732.16	732.16	732.16	732.16
1.2.1	经营成本	882.74	882.74	882.74	710.95	590.70	487.62	436.08	384.55	333.01	315.83	281.47	264.29	264.29	264.29	264.29
1.2.2	增值税进项税	66.89	66.89	66.89	52.35	42.17	33.44	29.08	24.72	20.36	18.90	16.00	14.54	14.54	14.54	14.54
1.2.3	营业税金及附加	262.20	294.27	344.66	269.73	217.29	172.33	149.85	127.37	104.90	97.40	82.42	74.93	74.93	74.93	74.93
1.2.4	增值税	0.00	320.67	824.59	645.33	519.85	412.30	358.52	304.74	250.96	233.04	197.18	179.26	179.26	179.26	179.26
1.2.5	所得税	688.45	615.19	632.24	440.47	317.71	221.47	154.48	87.48	20.48	−1.85	221.48	199.15	199.15	199.15	199.15
2	投资活动净现金流量(2.1—2.2)	−12 749.84	0.00	0.00	−100.00	0.00	0.00	0.00	0.00	0.00	0.00	0.00	0.00	0.00	0.00	0.00
2.1	现金流入	0.00	0.00	0.00	0.00	0.00	0.00	0.00	0.00	0.00	0.00	0.00	0.00	0.00	0.00	0.00
2.2	现金流出	12 749.84	0.00	0.00	100.00	0.00	0.00	0.00	0.00	0.00	0.00	0.00	0.00	0.00	0.00	0.00
2.2.1	资本化的勘探投资	0.00	0.00	0.00	0.00	0.00	0.00	0.00	0.00	0.00	0.00	0.00	0.00	0.00	0.00	0.00
2.2.2	建设投资	12 649.84	0.00	0.00	0.00	0.00	0.00	0.00	0.00	0.00	0.00	0.00	0.00	0.00	0.00	0.00
2.2.3	维持运营投资	0.00	0.00	0.00	0.00	0.00	0.00	0.00	0.00	0.00	0.00	0.00	0.00	0.00	0.00	0.00
2.2.4	流动资金	100.00	0.00	0.00	100.00	0.00	0.00	0.00	0.00	0.00	0.00	0.00	0.00	0.00	0.00	0.00

续附表 10 - 3 - 9

序号	项目	年份														
		1	2	3	4	5	6	7	8	9	10	11	12	13	14	15
2.2.5	弃置费用	0.00	0.00	0.00	0.00	0.00	0.00	0.00	0.00	0.00	0.00	0.00	0.00	0.00	0.00	0.00
3	筹资活动净现金流量(3.1－3.2)	12 414.68	－2379.22	－2379.22	－2379.22	－2379.22	－4.20	－4.20	－4.20	－4.20	－4.20	－4.20	－4.20	－4.20	－4.20	－4.20
3.1	现金流入	12 749.84	70.00	70.00	70.00	70.00	70.00	70.00	70.00	70.00	70.00	70.00	70.00	70.00	70.00	70.00
3.1.1	资本化的勘探投资	0.00	0.00	0.00	0.00	0.00	0.00	0.00	0.00	0.00	0.00	0.00	0.00	0.00	0.00	0.00
3.1.2	项目资本金投入	4524.95	0.00	0.00	0.00	0.00	0.00	0.00	0.00	0.00	0.00	0.00	0.00	0.00	0.00	0.00
3.1.3	维持运营投资	0.00	0.00	0.00	0.00	0.00	0.00	0.00	0.00	0.00	0.00	0.00	0.00	0.00	0.00	0.00
3.1.4	建设投资借款	8154.89	0.00	0.00	0.00	0.00	0.00	0.00	0.00	0.00	0.00	0.00	0.00	0.00	0.00	0.00
3.1.5	流动资金借款	70.00	70.00	70.00	70.00	70.00	70.00	70.00	70.00	70.00	70.00	70.00	70.00	70.00	70.00	70.00
3.1.6	短期借款	0.00	0.00	0.00	0.00	0.00	0.00	0.00	0.00	0.00	0.00	0.00	0.00	0.00	0.00	0.00
3.2	现金流出	335.16	2449.22	2449.22	2449.22	2449.22	74.20	74.20	74.20	74.20	74.20	74.20	74.20	74.20	74.20	74.20
3.2.1	各种利息支出	265.16	526.11	407.51	281.32	147.06	4.20	4.20	4.20	4.20	4.20	4.20	4.20	4.20	4.20	4.20
3.2.2	偿还长期借款本金	0.00	1853.11	1971.71	2097.90	2232.17	0.00	0.00	0.00	0.00	0.00	0.00	0.00	0.00	0.00	0.00
3.2.3	偿还短期借款本金	0.00	0.00	0.00	0.00	0.00	0.00	0.00	0.00	0.00	0.00	0.00	0.00	0.00	0.00	0.00
3.2.4	偿还流动资金借款本金	70.00	70.00	70.00	70.00	70.00	70.00	70.00	70.00	70.00	70.00	70.00	70.00	70.00	70.00	70.00
3.2.5	投资者分配利润	0.00	0.00	0.00	0.00	0.00	0.00	0.00	0.00	0.00	0.00	0.00	0.00	0.00	0.00	0.00
4	净现金流量(1＋2＋3)	3900.05	1576.50	1005.13	203.62	－198.92	1736.38	1535.39	1334.40	1133.41	1066.41	664.43	597.44	597.44	597.44	597.44
5	累计盈余资金	3900.05	5476.54	6481.68	6685.30	6486.38	8222.76	9758.14	11 092.54	12 225.95	13 292.37	13 956.80	14 554.24	15 151.67	15 749.11	16 346.54

附表 10-3-10　增量财务计划现金流量表(增量)

单位:万元

序号	项目	年份														
		1	2	3	4	5	6	7	8	9	10	11	12	13	14	15
1	经营活动净现金流量(1.1—1.2)	4092.45	3902.67	3280.15	2578.64	2143.09	1703.36	1502.38	1058.96	857.97	790.97	655.45	588.45	588.45	588.45	588.45
1.1	现金流入	5868.72	5868.72	5868.72	4534.92	3734.64	2934.36	2534.22	2134.08	1733.94	1600.56	1333.80	1200.42	1200.42	1200.42	1200.42
1.1.1	营业收入	5016.00	5016.00	5016.00	3876.00	3192.00	2508.00	2166.00	1824.00	1482.00	1368.00	1140.00	1026.00	1026.00	1026.00	1026.00
1.1.2	增值税销项税	852.72	852.72	852.72	658.92	542.64	426.36	368.22	310.08	251.94	232.56	193.80	174.42	174.42	174.42	174.42
1.1.3	补贴收入	0.00	0.00	0.00	0.00	0.00	0.00	0.00	0.00	0.00	0.00	0.00	0.00	0.00	0.00	0.00
1.1.4	其他流入	0.00	0.00	0.00	0.00	0.00	0.00	0.00	0.00	0.00	0.00	0.00	0.00	0.00	0.00	0.00
1.2	现金流出	1776.27	1966.05	2588.57	1956.28	1591.55	1231.00	1031.84	1075.12	875.97	809.59	678.35	611.97	611.97	611.97	611.97
1.2.1	经营成本	775.23	775.23	775.23	603.44	500.37	397.29	345.75	294.22	242.68	225.50	191.14	173.96	173.96	173.96	173.96
1.2.2	增值税进项税	63.98	63.98	63.98	49.44	40.71	31.99	27.63	23.27	18.90	17.45	14.54	13.09	13.09	13.09	13.09
1.2.3	营业税金及附加	250.80	274.52	329.67	254.75	209.79	164.84	142.36	119.88	97.40	89.91	74.93	67.43	67.43	67.43	67.43
1.2.4	增值税	0.00	237.23	788.74	609.48	501.93	394.37	340.59	286.81	233.04	215.11	179.26	161.33	161.33	161.33	161.33
1.2.5	所得税	686.25	615.08	630.94	439.17	338.75	242.51	175.51	350.95	283.95	261.62	218.48	196.15	196.15	196.15	196.15
2	投资活动净现金流量(2.1—2.2)	—11 649.84	0.00	0.00	0.00	0.00	0.00	0.00	0.00	0.00	0.00	0.00	0.00	0.00	0.00	0.00
2.1	现金流入	0.00	0.00	0.00	0.00	0.00	0.00	0.00	0.00	0.00	0.00	0.00	0.00	0.00	0.00	0.00
2.2	现金流出	11 649.84	0.00	0.00	0.00	0.00	0.00	0.00	0.00	0.00	0.00	0.00	0.00	0.00	0.00	0.00
2.2.1	资本化的勘探投资	0.00	0.00	0.00	0.00	0.00	0.00	0.00	0.00	0.00	0.00	0.00	0.00	0.00	0.00	0.00
2.2.2	建设投资	11 649.84	0.00	0.00	0.00	0.00	0.00	0.00	0.00	0.00	0.00	0.00	0.00	0.00	0.00	0.00
2.2.3	维持运营投资	0.00	0.00	0.00	0.00	0.00	0.00	0.00	0.00	0.00	0.00	0.00	0.00	0.00	0.00	0.00
2.2.4	流动资金	0.00	0.00	0.00	0.00	0.00	0.00	0.00	0.00	0.00	0.00	0.00	0.00	0.00	0.00	0.00

续附表 10-3-10

序号	项目	年份														
		1	2	3	4	5	6	7	8	9	10	11	12	13	14	15
2.2.5	弃置费用	0.00	0.00	0.00	0.00	0.00	0.00	0.00	0.00	0.00	0.00	0.00	0.00	0.00	0.00	0.00
3	筹资活动净现金流量(3.1－3.2)	11 388.88	－2375.02	－2375.02	－2375.02	－2375.02	0.00	0.00	0.00	0.00	0.00	0.00	0.00	0.00	0.00	0.00
3.1	现金流入	11 649.84	0.00	0.00	0.00	0.00	0.00	0.00	0.00	0.00	0.00	0.00	0.00	0.00	0.00	0.00
3.1.1	资本化的勘探投资	0.00	0.00	0.00	0.00	0.00	0.00	0.00	0.00	0.00	0.00	0.00	0.00	0.00	0.00	0.00
3.1.2	项目资本金投入	3494.95	0.00	0.00	0.00	0.00	0.00	0.00	0.00	0.00	0.00	0.00	0.00	0.00	0.00	0.00
3.1.3	维持运营投资	0.00	0.00	0.00	0.00	0.00	0.00	0.00	0.00	0.00	0.00	0.00	0.00	0.00	0.00	0.00
3.1.4	建设投资借款	8154.89	0.00	0.00	0.00	0.00	0.00	0.00	0.00	0.00	0.00	0.00	0.00	0.00	0.00	0.00
3.1.5	流动资金借款	0.00	0.00	0.00	0.00	0.00	0.00	0.00	0.00	0.00	0.00	0.00	0.00	0.00	0.00	0.00
3.1.6	短期借款	0.00	0.00	0.00	0.00	0.00	0.00	0.00	0.00	0.00	0.00	0.00	0.00	0.00	0.00	0.00
3.2	现金流出	260.96	2375.02	2375.02	2375.02	2375.02	0.00	0.00	0.00	0.00	0.00	0.00	0.00	0.00	0.00	0.00
3.2.1	各种利息支出	260.96	521.91	403.31	277.12	142.86	0.00	0.00	0.00	0.00	0.00	0.00	0.00	0.00	0.00	0.00
3.2.2	偿还长期借款本金	0.00	1853.11	1971.71	2097.90	2232.17	0.00	0.00	0.00	0.00	0.00	0.00	0.00	0.00	0.00	0.00
3.2.3	偿还短期借款本金	0.00	0.00	0.00	0.00	0.00	0.00	0.00	0.00	0.00	0.00	0.00	0.00	0.00	0.00	0.00
3.2.4	偿还流动资金借款本金	0.00	0.00	0.00	0.00	0.00	0.00	0.00	0.00	0.00	0.00	0.00	0.00	0.00	0.00	0.00
3.2.5	投资者分配利润	0.00	0.00	0.00	0.00	0.00	0.00	0.00	0.00	0.00	0.00	0.00	0.00	0.00	0.00	0.00
4	净现金流量(1＋2＋3)	3831.50	1527.64	905.12	203.61	－231.93	1703.36	1502.38	1058.96	857.97	790.97	655.45	588.45	588.45	588.45	588.45
5	累计盈余资金	3831.50	5359.14	6264.26	6467.87	6235.94	7939.31	9441.68	10 500.64	11 358.61	12 149.58	12 805.03	13 393.48	13 981.93	14 570.39	15 158.84

案例分析　鄂尔多斯盆地CQ油气藏开发项目经济评价

一、项目概况

该项目位于陇东地区，包括5个区块，面积约4164km^2。地表为黄土覆盖，沟谷纵横，地面海拔1050～1460m，相对高差410m，区内气候干燥，交通便利。

（一）勘探简况

2000年，该地区在长8钻遇油层后，由于长6至长8油层物性差，试油产量低，未进行全面勘探。随着钻井、试油、采油工艺技术的提高和研究的深入，认为该区长6至长8油层是一个油气丰富并可获得高产的有利地区，是陇东地区增储上产的重要层位。目前共完全钻探井76口，发现了延9、长3、长6、长7_2、长8_1、长8_2等7个含油层，其中长7_2、长8_1、长8_2为主力含油层。根据长8含油层的分布，圈定了A、B、C、D 4个含油有利区，各类含油面积983.7km^2，地质储量36 155万吨。其中探明石油地质储量3675万吨；控制石油地质储量20 177万吨；预测地质储量12 303万吨。

（二）开发简况

1. A区

到目前为止，已钻开发井91口，平均油层厚度为11.5m，试油井59口，井均日产油36.0t。投产井59口，井均日产油初期6.5t，含水2.0%。动用含油面积11km^2，储量825吨，建产10.3万吨。

2. B区

完钻开发井10口，平均油层厚度为18m，试油井3口，平均日产纯油13.3t，试采井2口，平均单井日产油5.3t，含水4.8%。

（三）开发方案设计

1. 动用面积和储量预测

根据该项目勘探开发现状分析，认为应加快评价速度尽早投入开发，为此在油藏地质评价、储量评价、产能评价、油藏工程评价基础上，设计建成年产150万吨规模。

2002—2005年，主要选择油藏控制程度高、油层厚度大、试油、试采产量高、物性好、储量可靠评价区部署建产150万吨，动用含油气面积213km^2，动用地质储量1107万吨。

2. 开发层系、开发方式及井网部署方案

1）开发层系

主力层含油层系为长8_1、长8_2，长8_1、长8_2油层跨度小，流体性质相似，采用一套井网、一套层系开发。

2)开发方式

根据该盆地三叠系油藏开发经验，结合理论分析与现场实施效果，认为采用注水开发是经济易行的补充能量开发方式，因此，该项目设计实施超前注水开发。

3)井网设计

(1)井网形式。考虑到注采井比和经济效益，推荐采用菱形九点井网开发。

(2)井网密度。根据满足最终采收率的井网密度和满足单井控制可采储量下限的井网密度以及经济极限与合理井网密度分析，综合确定井网密度为 8.1～15.0 口/km^2。

4)井距、排距的确定

根据井网密度及储层物性特征，并结合同类油藏的开发经验综合考虑，A 区井排距为 520m×180m，B 区井排距为 540m×130m。

3.单井产能评价

(1)视流度法。根据鄂尔多斯盆地三叠系油田资料统计，采用单位厚度采油指数与视流度的关系计算单井产能。

A 区长 8_1 油层比采油指数为 0.048t/(d·MPa·m)，生产压差按设计的 6～8 MPa，油层厚度 17.3m，单距产能 9.0～12.0t/d；B 区长 8_1 油层比采油指数为 0.13t/(d·MPa·m)，生产压差按设计的 6～8 MPa，油层厚度 11.5m，单距产能 5.0～6.6t/d。

(2)试油产能折算法。根据鄂尔多斯盆地已开发油田的实际经验，油井产能一般为试油产能的 1/3～1/4。

A 区试油 78 口，日产油 4.4～96.0t，平均 32.1t，长 8 油层单井产能可达 8.0～10.7t。

B 区试油 9 口，日产油 2.1～65.5t，平均 22.5t，长 8 油层单井产能可达 5.6～7.5t。

(3)试采情况。按 A 试采资料统计，开发井投产 59 口，前 3 个月平均单井日产油 6.5t。探井、评价井试采 17 口，前 3 个月平均单井日产油 4.7t。因此，在考虑注水开发的条件下，A 区单井产能可达 5.6～6.0t。

B 区目前投产开发井 2 口，前 3 个月平均单井日产油 5.3t。探井、评价井试采 10 口，前 3 个月平均单井日产油 4.2t。因此，在考虑注水开发的条件下，B 区单井产能可达 5.0t/d 左右。

依据上述单井产能综合分析，设计单井产能 5.2t/d。

4.预测开发指标

依据前述动用面积和储量预测，开发层系、开发方式及井网部署方案设计，单井产量分析情况，要达到产能 150×10^4t，需动用含油气面积 213km^2，动用地质储量 11 077×10^4t，新钻井总数 1236 口，利用探井和油藏评价井 48 口，建油井 956 口，建水井 314 口。

在开发方案设计中，平均井深 2179m，设计单井日产油 5.2t，平均万吨产建进尺 1.796×10^4m。2002—2005 年分别建产 10.3×10^4t、42×10^4t、50×10^4t、48×10^4t，预测生产指标如表 1。

二、基础数据与经济参数

1.基础数据

评价期为 17 年，其中建设期 4 年，生产期 13 年。

2. 经济参数

1)主要经济参数

原油价格:根据近年来国际油价的变化趋势,选取 1400 元/吨。

表 1 开发指标预测

项目	建设期(年)				生产期(年)												
	1	2	3	4	5	6	7	8	9	10	11	12	13	14	15	16	17
设计井数(口)	68	308	424	436	0	0	0	0	0	0	0	0	0	0	0	0	0
其中利用探井(口)	2	9	18	19	0	0								0	0	0	0
生产井(口)	52	237	329	338	0	0											
注水井(口)	18	77	108	111	0	0											
平均井深(m)	2137	2201	2173	2177	0	0											
当年生产井(口)	52	289	618	956	956	956	956	955	949	937	918	900	882	864	847	830	813
当年注水井(口)	18	95	203	314	314	314	314	314	314	314	314	314	314	314	314	314	314
年产原油(万吨)	4.53	22.62	60.96	102.7	127.11	125.18	121.72	117.07	112.91	108.55	103.37	97.14	90.18	82.75	75.54	68.87	63.08
年注水量(万方)	0	2.95	8.34	16.7	25.2	32.15	40.59	48.38	57.31	66.98	76.74	85.7	93.38	99.32	103.84	107.35	110.36

原油商品率:考虑部分自用和损耗,确定为 96%。

行业基准收益率:12%。

行业基准投资回收期:6 年。

2)投资估算与资金筹措

(1)固定资产投资前期投资,该项目已利用已钻井 48 口,投资约 13 600 万元(沉没)。

开发钻井投资总额为 288 205 万元,其中第 1 年投资 15 547 万元,第 2 年投资 72 525 万元,第 3 年投资 98 590 万元,第 4 年投资 101 543 万元。

地面建设投资总额为 132 672 万元,其中第 1 年投资 5596 万元,第 2 年投资 45 167 万元,第 3 年投资 46 759 万元,第 4 年投资 35 150 万元。

(2)流动资金。该项目第 5 年投入流动资金为 9465 万元。

(3)资金筹措。该项目固定资产投资的 55%为自有资金,其余 45%考虑银行贷款,贷款利率为 8%;流动资金投资中 30%为自有资金,70%为银行贷款,贷款利率为 5%,采用复利法计算。

3)成本估算

根据公司低成本发展战略,结合同类区块历年开采成本测算,评价期该项目平均分项成本为:材料费 22 元/吨;燃料费 24 元/吨;动力费 53 元/吨;生产人员工资 19 元/吨;职工福利费按工资 14%提取,取 2.66 元/吨;驱油物注入费 12 元/吨;井下作业费 38 元/吨;油田维护及修理费 31 元/吨；测井试井费 4 元/吨；油气处理费 32 元/吨；运输费 25 元/吨；其他直接费 30 元/吨；间接费 36 元/吨；营业费用按营业收入的 0.018%提取；财务费用根据生产期间的利息计算；管理费用取平均每吨原油的 53.3 元；折旧年限 8 年。

4)税金及附加估算

(1)增值税。原油增值税税率为 17%。

应纳税额=当期销项税额−当期进项税额

(2)城乡维护建设税：城乡维护建设税以增值税为计税依据，税率为 5%。

(3)教育费附加：教育费附加按增值税的 3%计取。

(4)资源税：资源税按营业额的 5%计取。

(5)矿产资源补偿费：根据营业收入的 1%计取。

(6)所得税：根据国家规定一律按 25%的统一税率征收企业所得税。

三、财务评价基准参数

(1)基准收益率。油气田开发建设项目基准收益率定为 15%。

(2)基准投资回收期。油气田开发项目基准投资回收期一般不超过 6 年。

(3)项目总投资收益率和项目资本金净利润率。目前暂取 80%。

(4)利息备付率、偿债备付率。利息备付率应大于 2，偿债备付率应大于 1.3。

四、经济评价

根据上述基本数据，对 CQ 油气藏开发项目进行财务评价、风险分析、评价结果并进行决策。具体要求如下。

(1)编制辅助报表：项目总投资估算表、投资计划与资金筹措表、借款还本付息表、油气操作成本估算表、折旧与摊销估算表、总成本费用估算表、营业收入与营业税金及附加估算表。

(2)编制财务评价基本表：利润与利润分配表、项目投资现金流量表(全部投资)、财务计划现金流量表。

(3)根据财务报表，计算财务净现值、财务内部收益率、投资回收期、总投资收益率、资本金净利润、利息备付率、偿债备付率等经济效果指标。

(4)进行盈亏平衡分析、敏感性分析。

(5)绘制现金流量图、盈亏平衡分析图和敏感性分析图。

参考文献

[1]蔡鹏展.油田开发经济评价[M].北京:石油工业出版社,1997.
[2]陈效正.石油工业经济学[M].山东:石油大学出版社,1992.
[3]傅家骥,仝允桓.工业技术经济学(第三版)[M].北京:清华大学出版社,1996.
[4]国家发展改革委建设部.建设项目经济评价方法与参数[M].北京:中国计划出版社,2006.
[5]黄渝祥,邢爱芳.工程经济学[M].上海:同济大学出版社,1995.
[6]黄耀琴.动态盈亏平衡点法在油气田开发投资中的应用[J].西南石油学院学报,2001(4):74—76.
[7]黄耀琴.净现值法评价十屋断陷最小经济储量规模[J].天然气工业,2004,(4):148—150.
[8]何亚伯,张海涛,杨海红.工程经济学[M].北京:机械工业出版社,2008.
[9]何建洪,任志霞,卢安文.技术经济学原理与方法[M].北京:清华大学出版社,2012.
[10]刘圣志,等译.油气勘探开发经济评价译文集[M].北京:石油工业出版社,2002.
[11]刘晓君.技术经济学(第二版)[M].北京:科学出版社,2013.
[12]李南.工程经济学(第四版)[M].北京:科学出版社,2013.
[13]李华启,黄旭楠,马振炎,等.油气勘探项目可行性研究指南[M].北京:石油工业出版社,2003.
[14]李慧珠.石油工业技术经济学[M].山东:石油大学出版社,1991.
[15]Peter R. Rose/窦立荣,等译.油气勘探项目的风险分析与管理[M].北京:石油工业出版社,2002.
[16]R. E.麦格尔/李国玉,等译.油气勘探经济学概论[M].北京:石油工业出版社,1982.
[17]孙薇,李金颖.技术经济学[M].北京:机械工业出版社,2009.
[18]邵颖红.工程经济学概论(第二版)[M].北京:电子工业出版社,2009.
[19]孙彦彬.石油技术经济方法与应用[M].哈尔滨:黑龙江科学技术出版社,1992.
[20]童晓光,崔耀南.海外油气田新项目评价技术和方法[M].北京:石油工业出版社,2005.
[21]陶树人.技术经济学[M].北京:石油工业出版社,2003.
[22]谭大璐,赵世强.工程经济学[M].武汉:武汉理工大学出版社,2012.
[23]夏恩君.技术经济学[M].北京:中国人民大学出版社,2013.
[24]袁自学,郦君一.油气储量资产评估方法和资产化管理探讨[M].北京:石油工业出版社,2002.
[25]查全衡.石油天然气资源经营管理基础[M].北京:石油工业出版社,1999.
[26]张今弘,袁致中,等.石油天然气储量商品化[M].北京:石油工业出版社,1995.
[27]张树林,黄耀琴.净现值法——一种计算经济极限井网密度的新方法[J].地质科技情报,2004,(1):78—80.
[28]中华人民共和国住房和城乡建设部.石油建设项目经济评价方法与参数[M].北京:中国计划出版社,2010.
[29]中国石油天然气总公司勘探局编.油气勘探经营管理[M].北京:石油工业出版社,1997.

附 录

0.25%复利系数表

周期 n	一次偿付		等额系列				递增(减)序列	
	复利系数	现值系数	现值系数	资本回收系数	复利系数	资金积累系数	等额递增(减)系数	递增(减)现值系数
	$(F/P, i,n)$	$(P/F, i,n)$	$(P/A, i,n)$	$(A/P, i,n)$	$(F/A, i,n)$	$(A/F, i,n)$	$(A/G, i,n)$	$(P/G, i,n)$
1	1.0025	0.9975	0.9975	1.0025	1.0000	1.0000	0.0000	0.0000
2	1.0050	0.9950	1.9925	0.5019	2.0025	0.4994	0.4994	0.9950
3	1.0075	0.9925	2.9851	0.3350	3.0075	0.3325	0.9983	2.9801
4	1.0100	0.9901	3.9751	0.2516	4.0150	0.2491	1.4969	5.9503
5	1.0126	0.9876	4.9627	0.2015	5.0251	0.1990	1.9950	9.9007
6	1.0151	0.9851	5.9478	0.1681	6.0376	0.1656	2.4927	14.8263
7	1.0176	0.9827	6.9305	0.1443	7.0527	0.1418	2.9900	20.7223
8	1.0202	0.9802	7.9107	0.1264	8.0704	0.1239	3.4869	27.5839
9	1.0227	0.9778	8.8885	0.1125	9.0905	0.1100	3.9834	35.4061
10	1.0253	0.9753	9.8639	0.1014	10.1133	0.0989	4.4794	44.1842
11	1.0278	0.9729	10.8368	0.0923	11.1385	0.0898	4.9750	53.9133
12	1.0304	0.9705	11.8073	0.0847	12.1664	0.0822	5.4702	64.5886
13	1.0330	0.9681	12.7753	0.0783	13.1968	0.0758	5.9650	76.2053
14	1.0356	0.9656	13.7410	0.0728	14.2298	0.0703	6.4594	88.7587
15	1.0382	0.9632	14.7042	0.0680	15.2654	0.0655	6.9534	102.2441
16	1.0408	0.9608	15.6650	0.0638	16.3035	0.0613	7.4469	116.6567
17	1.0434	0.9584	16.6235	0.0602	17.3443	0.0577	7.9401	131.9917
18	1.0460	0.9561	17.5795	0.0569	18.3876	0.0544	8.4328	148.2446
19	1.0486	0.9537	18.5332	0.0540	19.4336	0.0515	8.9251	165.4106
20	1.0512	0.9513	19.4845	0.0513	20.4822	0.0488	9.4170	183.4851
21	1.0538	0.9489	20.4334	0.0489	21.5334	0.0464	9.9085	202.4634
22	1.0565	0.9466	21.3800	0.0468	22.5872	0.0443	10.3995	222.3410
23	1.0591	0.9442	22.3241	0.0448	23.6437	0.0423	10.8901	243.1131
24	1.0618	0.9418	23.2660	0.0430	24.7028	0.0405	11.3804	264.7753
25	1.0644	0.9395	24.2055	0.0413	25.7646	0.0388	11.8702	287.3230
26	1.0671	0.9371	25.1426	0.0398	26.8290	0.0373	12.3596	310.7516
27	1.0697	0.9348	26.0774	0.0383	27.8961	0.0358	12.8485	335.0566
28	1.0724	0.9325	27.0099	0.0370	28.9658	0.0345	13.3371	360.2334
29	1.0751	0.9301	27.9400	0.0358	30.0382	0.0333	13.8252	386.2776
30	1.0778	0.9278	28.8679	0.0346	31.1133	0.0321	14.3130	413.1847
31	1.0805	0.9255	29.7934	0.0336	32.1911	0.0311	14.8003	440.9502
32	1.0832	0.9232	30.7166	0.0326	33.2716	0.0301	15.2872	469.5696
33	1.0859	0.9209	31.6375	0.0316	34.3547	0.0291	15.7736	499.0386
34	1.0886	0.9186	32.5561	0.0307	35.4406	0.0282	16.2597	529.3528
35	1.0913	0.9163	33.4724	0.0299	36.5292	0.0274	16.7454	560.5076
36	1.0941	0.9140	34.3865	0.0291	37.6206	0.0266	17.2306	592.4988
37	1.0968	0.9118	35.2982	0.0283	38.7146	0.0258	17.7154	625.3219
38	1.0995	0.9095	36.2077	0.0276	39.8114	0.0251	18.1998	658.9727
39	1.1023	0.9072	37.1149	0.0269	40.9109	0.0244	18.6838	693.4468
40	1.1050	0.9050	38.0199	0.0263	42.0132	0.0238	19.1673	728.7399

0.5%复利系数表

周期 n	一次偿付		等额系列				递增(减)序列	
	复利系数	现值系数	现值系数	资本回收系数	复利系数	资金积累系数	等额递增(减)系数	递增(减)现值系数
	$(F/P, i,n)$	$(P/F, i,n)$	$(P/A, i,n)$	$(A/P, i,n)$	$(F/A, i,n)$	$(A/F, i,n)$	$(A/G, i,n)$	$(P/G, i,n)$
1	1.0050	0.9950	0.9950	1.0050	1.0000	1.0000	0.0000	0.0000
2	1.0100	0.9901	1.9851	0.5038	2.0050	0.4988	0.4988	0.9901
3	1.0151	0.9851	2.9702	0.3367	3.0150	0.3317	0.9967	2.9604
4	1.0202	0.9802	3.9505	0.2531	4.0301	0.2481	1.4938	5.9011
5	1.0253	0.9754	4.9259	0.2030	5.0503	0.1980	1.9900	9.8026
6	1.0304	0.9705	5.8964	0.1696	6.0755	0.1646	2.4855	14.6552
7	1.0355	0.9657	6.8621	0.1457	7.1059	0.1407	2.9801	20.4493
8	1.0407	0.9609	7.8230	0.1278	8.1414	0.1228	3.4738	27.1755
9	1.0459	0.9561	8.7791	0.1139	9.1821	0.1089	3.9668	34.8244
10	1.0511	0.9513	9.7304	0.1028	10.2280	0.0978	4.4589	43.3865
11	1.0564	0.9466	10.6770	0.0937	11.2792	0.0887	4.9501	52.8526
12	1.0617	0.9419	11.6189	0.0861	12.3356	0.0811	5.4406	63.2136
13	1.0670	0.9372	12.5562	0.0796	13.3972	0.0746	5.9302	74.4602
14	1.0723	0.9326	13.4887	0.0741	14.4642	0.0691	6.4190	86.5835
15	1.0777	0.9279	14.4166	0.0694	15.5365	0.0644	6.9069	99.5743
16	1.0831	0.9233	15.3399	0.0652	16.6142	0.0602	7.3940	113.4238
17	1.0885	0.9187	16.2586	0.0615	17.6973	0.0565	7.8803	128.1231
18	1.0939	0.9141	17.1728	0.0582	18.7858	0.0532	8.3658	143.6634
19	1.0994	0.9096	18.0824	0.0553	19.8797	0.0503	8.8504	160.0360
20	1.1049	0.9051	18.9874	0.0527	20.9791	0.0477	9.3342	177.2322
21	1.1104	0.9006	19.8880	0.0503	22.0840	0.0453	9.8172	195.2434
22	1.1160	0.8961	20.7841	0.0481	23.1944	0.0431	10.2993	214.0611
23	1.1216	0.8916	21.6757	0.0461	24.3104	0.0411	10.7806	233.6768
24	1.1272	0.8872	22.5629	0.0443	25.4320	0.0393	11.2611	254.0820
25	1.1328	0.8828	23.4456	0.0427	26.5591	0.0377	11.7407	275.2686
26	1.1385	0.8784	24.3240	0.0411	27.6919	0.0361	12.2195	297.2281
27	1.1442	0.8740	25.1980	0.0397	28.8304	0.0347	12.6975	319.9523
28	1.1499	0.8697	26.0677	0.0384	29.9745	0.0334	13.1747	343.4332
29	1.1556	0.8653	26.9330	0.0371	31.1244	0.0321	13.6510	367.6625
30	1.1614	0.8610	27.7941	0.0360	32.2800	0.0310	14.1265	392.6324
31	1.1672	0.8567	28.6508	0.0349	33.4414	0.0299	14.6012	418.3348
32	1.1730	0.8525	29.5033	0.0339	34.6086	0.0289	15.0750	444.7618
33	1.1789	0.8482	30.3515	0.0329	35.7817	0.0279	15.5480	471.9055
34	1.1848	0.8440	31.1955	0.0321	36.9606	0.0271	16.0202	499.7583
35	1.1907	0.8398	32.0354	0.0312	38.1454	0.0262	16.4915	528.3123
36	1.1967	0.8356	32.8710	0.0304	39.3361	0.0254	16.9621	557.5598
37	1.2027	0.8315	33.7025	0.0297	40.5328	0.0247	17.4317	587.4934
38	1.2087	0.8274	34.5299	0.0290	41.7354	0.0240	17.9006	618.1054
39	1.2147	0.8232	35.3531	0.0283	42.9441	0.0233	18.3686	649.3883
40	1.2208	0.8191	36.1722	0.0276	44.1588	0.0226	18.8359	681.3347

1%复利系数表

周期 n	一次偿付		等额系列				递增(减)序列	
	复利系数	现值系数	现值系数	资本回收系数	复利系数	资金积累系数	等额递增(减)系数	递增(减)现值系数
	$(F/P, i,n)$	$(P/F, i,n)$	$(P/A, i,n)$	$(A/P, i,n)$	$(F/A, i,n)$	$(A/F, i,n)$	$(A/G, i,n)$	$(P/G, i,n)$
1	1.0100	0.9901	0.9901	1.0100	1.0000	1.0000	0.0000	0.0000
2	1.0201	0.9803	1.9704	0.5075	2.0100	0.4975	0.4975	0.9803
3	1.0303	0.9706	2.9410	0.3400	3.0301	0.3300	0.9934	2.9215
4	1.0406	0.9610	3.9020	0.2563	4.0604	0.2463	1.4876	5.8044
5	1.0510	0.9515	4.8534	0.2060	5.1010	0.1960	1.9801	9.6103
6	1.0615	0.9420	5.7955	0.1725	6.1520	0.1625	2.4710	14.3205
7	1.0721	0.9327	6.7282	0.1486	7.2135	0.1386	2.9602	19.9168
8	1.0829	0.9235	7.6517	0.1307	8.2857	0.1207	3.4478	26.3812
9	1.0937	0.9143	8.5660	0.1167	9.3685	0.1067	3.9337	33.6959
10	1.1046	0.9053	9.4713	0.1056	10.4622	0.0956	4.4179	41.8435
11	1.1157	0.8963	10.3676	0.0965	11.5668	0.0865	4.9005	50.8067
12	1.1268	0.8874	11.2551	0.0888	12.6825	0.0788	5.3815	60.5687
13	1.1381	0.8787	12.1337	0.0824	13.8093	0.0724	5.8607	71.1126
14	1.1495	0.8700	13.0037	0.0769	14.9474	0.0669	6.3384	82.4221
15	1.1610	0.8613	13.8651	0.0721	16.0969	0.0621	6.8143	94.4810
16	1.1726	0.8528	14.7179	0.0679	17.2579	0.0579	7.2886	107.2734
17	1.1843	0.8444	15.5623	0.0643	18.4304	0.0543	7.7613	120.7834
18	1.1961	0.8360	16.3983	0.0610	19.6147	0.0510	8.2323	134.9957
19	1.2081	0.8277	17.2260	0.0581	20.8109	0.0481	8.7017	149.8950
20	1.2202	0.8195	18.0456	0.0554	22.0190	0.0454	9.1694	165.4664
21	1.2324	0.8114	18.8570	0.0530	23.2392	0.0430	9.6354	181.6950
22	1.2447	0.8034	19.6604	0.0509	24.4716	0.0409	10.0998	198.5663
23	1.2572	0.7954	20.4558	0.0489	25.7163	0.0389	10.5626	216.0660
24	1.2697	0.7876	21.2434	0.0471	26.9735	0.0371	11.0237	234.1800
25	1.2824	0.7798	22.0232	0.0454	28.2432	0.0354	11.4831	252.8945
26	1.2953	0.7720	22.7952	0.0439	29.5256	0.0339	11.9409	272.1957
27	1.3082	0.7644	23.5596	0.0424	30.8209	0.0324	12.3971	292.0702
28	1.3213	0.7568	24.3164	0.0411	32.1291	0.0311	12.8516	312.5047
29	1.3345	0.7493	25.0658	0.0399	33.4504	0.0299	13.3044	333.4863
30	1.3478	0.7419	25.8077	0.0387	34.7849	0.0287	13.7557	355.0021
31	1.3613	0.7346	26.5423	0.0377	36.1327	0.0277	14.2052	377.0394
32	1.3749	0.7273	27.2696	0.0367	37.4941	0.0267	14.6532	399.5858
33	1.3887	0.7201	27.9897	0.0357	38.8690	0.0257	15.0995	422.6291
34	1.4026	0.7130	28.7027	0.0348	40.2577	0.0248	15.5441	446.1572
35	1.4166	0.7059	29.4086	0.0340	41.6603	0.0240	15.9871	470.1583
36	1.4308	0.6989	30.1075	0.0332	43.0769	0.0232	16.4285	494.6207
37	1.4451	0.6920	30.7995	0.0325	44.5076	0.0225	16.8682	519.5329
38	1.4595	0.6852	31.4847	0.0318	45.9527	0.0218	17.3063	544.8835
39	1.4741	0.6784	32.1630	0.0311	47.4123	0.0211	17.7428	570.6616
40	1.4889	0.6717	32.8347	0.0305	48.8864	0.0205	18.1776	596.8561

3%复利系数表

周期 n	一次偿付		等额系列				递增(减)序列	
	复利系数	现值系数	现值系数	资本回收系数	复利系数	资金积累系数	等额递增(减)系数	递增(减)现值系数
	(F/P, i,n)	(P/F, i,n)	(P/A, i,n)	(A/P, i,n)	(F/A, i,n)	(A/F, i,n)	(A/G, i,n)	(P/G, i,n)
1	1.0300	0.9709	0.9709	1.0300	1.0000	1.0000	0.0000	0.0000
2	1.0609	0.9426	1.9135	0.5226	2.0300	0.4926	0.4926	0.9426
3	1.0927	0.9151	2.8286	0.3535	3.0909	0.3235	0.9803	2.7729
4	1.1255	0.8885	3.7171	0.2690	4.1836	0.2390	1.4631	5.4383
5	1.1593	0.8626	4.5797	0.2184	5.3091	0.1884	1.9409	8.8888
6	1.1941	0.8375	5.4172	0.1846	6.4684	0.1546	2.4138	13.0762
7	1.2299	0.8131	6.2303	0.1605	7.6625	0.1305	2.8819	17.9547
8	1.2668	0.7894	7.0197	0.1425	8.8923	0.1125	3.3450	23.4806
9	1.3048	0.7664	7.7861	0.1284	10.1591	0.0984	3.8032	29.6119
10	1.3439	0.7441	8.5302	0.1172	11.4639	0.0872	4.2565	36.3088
11	1.3842	0.7224	9.2526	0.1081	12.8078	0.0781	4.7049	43.5330
12	1.4258	0.7014	9.9540	0.1005	14.1920	0.0705	5.1485	51.2482
13	1.4685	0.6810	10.6350	0.0940	15.6178	0.0640	5.5872	59.4196
14	1.5126	0.6611	11.2961	0.0885	17.0863	0.0585	6.0210	68.0141
15	1.5580	0.6419	11.9379	0.0838	18.5989	0.0538	6.4500	77.0002
16	1.6047	0.6232	12.5611	0.0796	20.1569	0.0496	6.8742	86.3477
17	1.6528	0.6050	13.1661	0.0760	21.7616	0.0460	7.2936	96.0280
18	1.7024	0.5874	13.7535	0.0727	23.4144	0.0427	7.7081	106.0137
19	1.7535	0.5703	14.3238	0.0698	25.1169	0.0398	8.1179	116.2788
20	1.8061	0.5537	14.8775	0.0672	26.8704	0.0372	8.5229	126.7987
21	1.8603	0.5375	15.4150	0.0649	28.6765	0.0349	8.9231	137.5496
22	1.9161	0.5219	15.9369	0.0627	30.5368	0.0327	9.3186	148.5094
23	1.9736	0.5067	16.4436	0.0608	32.4529	0.0308	9.7093	159.6566
24	2.0328	0.4919	16.9355	0.0590	34.4265	0.0290	10.0954	170.9711
25	2.0938	0.4776	17.4131	0.0574	36.4593	0.0274	10.4768	182.4336
26	2.1566	0.4637	17.8768	0.0559	38.5530	0.0259	10.8535	194.0260
27	2.2213	0.4502	18.3270	0.0546	40.7096	0.0246	11.2255	205.7309
28	2.2879	0.4371	18.7641	0.0533	42.9309	0.0233	11.5930	217.5320
29	2.3566	0.4243	19.1885	0.0521	45.2189	0.0221	11.9558	229.4137
30	2.4273	0.4120	19.6004	0.0510	47.5754	0.0210	12.3141	241.3613
31	2.5001	0.4000	20.0004	0.0500	50.0027	0.0200	12.6678	253.3609
32	2.5751	0.3883	20.3888	0.0490	52.5028	0.0190	13.0169	265.3993
33	2.6523	0.3770	20.7658	0.0482	55.0778	0.0182	13.3616	277.4642
34	2.7319	0.3660	21.1318	0.0473	57.7302	0.0173	13.7018	289.5437
35	2.8139	0.3554	21.4872	0.0465	60.4621	0.0165	14.0375	301.6267
36	2.8983	0.3450	21.8323	0.0458	63.2759	0.0158	14.3688	313.7028
37	2.9852	0.3350	22.1672	0.0451	66.1742	0.0151	14.6957	325.7622
38	3.0748	0.3252	22.4925	0.0445	69.1594	0.0145	15.0182	337.7956
39	3.1670	0.3158	22.8082	0.0438	72.2342	0.0138	15.3363	349.7942
40	3.2620	0.3066	23.1148	0.0433	75.4013	0.0133	15.6502	361.7499

5%复利系数表

周期 n	一次偿付		等额系列				递增(减)序列	
	复利系数	现值系数	现值系数	资本回收系数	复利系数	资金积累系数	等额递增(减)系数	递增(减)现值系数
	$(F/P, i,n)$	$(P/F, i,n)$	$(P/A, i,n)$	$(A/P, i,n)$	$(F/A, i,n)$	$(A/F, i,n)$	$(A/G, i,n)$	$(P/G, i,n)$
1	1.0500	0.9524	0.9524	1.0500	1.0000	1.0000	0.0000	0.0000
2	1.1025	0.9070	1.8594	0.5378	2.0500	0.4878	0.4878	0.9070
3	1.1576	0.8638	2.7232	0.3672	3.1525	0.3172	0.9675	2.6347
4	1.2155	0.8227	3.5460	0.2820	4.3101	0.2320	1.4391	5.1028
5	1.2763	0.7835	4.3295	0.2310	5.5256	0.1810	1.9025	8.2369
6	1.3401	0.7462	5.0757	0.1970	6.8019	0.1470	2.3579	11.9680
7	1.4071	0.7107	5.7864	0.1728	8.1420	0.1228	2.8052	16.2321
8	1.4775	0.6768	6.4632	0.1547	9.5491	0.1047	3.2445	20.9700
9	1.5513	0.6446	7.1078	0.1407	11.0266	0.0907	3.6758	26.1268
10	1.6289	0.6139	7.7217	0.1295	12.5779	0.0795	4.0991	31.6520
11	1.7103	0.5847	8.3064	0.1204	14.2068	0.0704	4.5144	37.4988
12	1.7959	0.5568	8.8633	0.1128	15.9171	0.0628	4.9219	43.6241
13	1.8856	0.5303	9.3936	0.1065	17.7130	0.0565	5.3215	49.9879
14	1.9799	0.5051	9.8986	0.1010	19.5986	0.0510	5.7133	56.5538
15	2.0789	0.4810	10.3797	0.0963	21.5786	0.0463	6.0973	63.2880
16	2.1829	0.4581	10.8378	0.0923	23.6575	0.0423	6.4736	70.1597
17	2.2920	0.4363	11.2741	0.0887	25.8404	0.0387	6.8423	77.1405
18	2.4066	0.4155	11.6896	0.0855	28.1324	0.0355	7.2034	84.2043
19	2.5270	0.3957	12.0853	0.0827	30.5390	0.0327	7.5569	91.3275
20	2.6533	0.3769	12.4622	0.0802	33.0660	0.0302	7.9030	98.4884
21	2.7860	0.3589	12.8212	0.0780	35.7193	0.0280	8.2416	105.6673
22	2.9253	0.3418	13.1630	0.0760	38.5052	0.0260	8.5730	112.8461
23	3.0715	0.3256	13.4886	0.0741	41.4305	0.0241	8.8971	120.0087
24	3.2251	0.3101	13.7986	0.0725	44.5020	0.0225	9.2140	127.1402
25	3.3864	0.2953	14.0939	0.0710	47.7271	0.0210	9.5238	134.2275
26	3.5557	0.2812	14.3752	0.0696	51.1135	0.0196	9.8266	141.2585
27	3.7335	0.2678	14.6430	0.0683	54.6691	0.0183	10.1224	148.2226
28	3.9201	0.2551	14.8981	0.0671	58.4026	0.0171	10.4114	155.1101
29	4.1161	0.2429	15.1411	0.0660	62.3227	0.0160	10.6936	161.9126
30	4.3219	0.2314	15.3725	0.0651	66.4388	0.0151	10.9691	168.6226
31	4.5380	0.2204	15.5928	0.0641	70.7608	0.0141	11.2381	175.2333
32	4.7649	0.2099	15.8027	0.0633	75.2988	0.0133	11.5005	181.7392
33	5.0032	0.1999	16.0025	0.0625	80.0638	0.0125	11.7566	188.1351
34	5.2533	0.1904	16.1929	0.0618	85.0670	0.0118	12.0063	194.4168
35	5.5160	0.1813	16.3742	0.0611	90.3203	0.0111	12.2498	200.5807
36	5.7918	0.1727	16.5469	0.0604	95.8363	0.0104	12.4872	206.6237
37	6.0814	0.1644	16.7113	0.0598	101.6281	0.0098	12.7186	212.5434
38	6.3855	0.1566	16.8679	0.0593	107.7095	0.0093	12.9440	218.3378
39	6.7048	0.1491	17.0170	0.0588	114.0950	0.0088	13.1636	224.0054
40	7.0400	0.1420	17.1591	0.0583	120.7998	0.0083	13.3775	229.5452

8%复利系数表

周期 n	一次偿付		等额系列				递增(减)序列	
	复利系数	现值系数	现值系数	资本回收系数	复利系数	资金积累系数	等额递增(减)系数	递增(减)现值系数
	$(F/P, i,n)$	$(P/F, i,n)$	$(P/A, i,n)$	$(A/P, i,n)$	$(F/A, i,n)$	$(A/F, i,n)$	$(A/G, i,n)$	$(P/G, i,n)$
1	1.0800	0.9259	0.9259	1.0800	1.0000	1.0000	0.0000	0.0000
2	1.1664	0.8573	1.7833	0.5608	2.0800	0.4808	0.4808	0.8573
3	1.2597	0.7938	2.5771	0.3880	3.2464	0.3080	0.9487	2.4450
4	1.3605	0.7350	3.3121	0.3019	4.5061	0.2219	1.4040	4.6501
5	1.4693	0.6806	3.9927	0.2505	5.8666	0.1705	1.8465	7.3724
6	1.5869	0.6302	4.6229	0.2163	7.3359	0.1363	2.2763	10.5233
7	1.7138	0.5835	5.2064	0.1921	8.9228	0.1121	2.6937	14.0242
8	1.8509	0.5403	5.7466	0.1740	10.6366	0.0940	3.0985	17.8061
9	1.9990	0.5002	6.2469	0.1601	12.4876	0.0801	3.4910	21.8081
10	2.1589	0.4632	6.7101	0.1490	14.4866	0.0690	3.8713	25.9768
11	2.3316	0.4289	7.1390	0.1401	16.6455	0.0601	4.2395	30.2657
12	2.5182	0.3971	7.5361	0.1327	18.9771	0.0527	4.5957	34.6339
13	2.7196	0.3677	7.9038	0.1265	21.4953	0.0465	4.9402	39.0463
14	2.9372	0.3405	8.2442	0.1213	24.2149	0.0413	5.2731	43.4723
15	3.1722	0.3152	8.5595	0.1168	27.1521	0.0368	5.5945	47.8857
16	3.4259	0.2919	8.8514	0.1130	30.3243	0.0330	5.9046	52.2640
17	3.7000	0.2703	9.1216	0.1096	33.7502	0.0296	6.2037	56.5883
18	3.9960	0.2502	9.3719	0.1067	37.4502	0.0267	6.4920	60.8426
19	4.3157	0.2317	9.6036	0.1041	41.4463	0.0241	6.7697	65.0134
20	4.6610	0.2145	9.8181	0.1019	45.7620	0.0219	7.0369	69.0898
21	5.0338	0.1987	10.0168	0.0998	50.4229	0.0198	7.2940	73.0629
22	5.4365	0.1839	10.2007	0.0980	55.4568	0.0180	7.5412	76.9257
23	5.8715	0.1703	10.3711	0.0964	60.8933	0.0164	7.7786	80.6726
24	6.3412	0.1577	10.5288	0.0950	66.7648	0.0150	8.0066	84.2997
25	6.8485	0.1460	10.6748	0.0937	73.1059	0.0137	8.2254	87.8041
26	7.3964	0.1352	10.8100	0.0925	79.9544	0.0125	8.4352	91.1842
27	7.9881	0.1252	10.9352	0.0914	87.3508	0.0114	8.6363	94.4390
28	8.6271	0.1159	11.0511	0.0905	95.3388	0.0105	8.8289	97.5687
29	9.3173	0.1073	11.1584	0.0896	103.9659	0.0096	9.0133	100.5738
30	10.0627	0.0994	11.2578	0.0888	113.2832	0.0088	9.1897	103.4558
31	10.8677	0.0920	11.3498	0.0881	123.3459	0.0081	9.3584	106.2163
32	11.7371	0.0852	11.4350	0.0875	134.2135	0.0075	9.5197	108.8575
33	12.6760	0.0789	11.5139	0.0869	145.9506	0.0069	9.6737	111.3819
34	13.6901	0.0730	11.5869	0.0863	158.6267	0.0063	9.8208	113.7924
35	14.7853	0.0676	11.6546	0.0858	172.3168	0.0058	9.9611	116.0920
36	15.9682	0.0626	11.7172	0.0853	187.1021	0.0053	10.0949	118.2839
37	17.2456	0.0580	11.7752	0.0849	203.0703	0.0049	10.2225	120.3713
38	18.6253	0.0537	11.8289	0.0845	220.3159	0.0045	10.3440	122.3579
39	20.1153	0.0497	11.8786	0.0842	238.9412	0.0042	10.4597	124.2470
40	21.7245	0.0460	11.9246	0.0839	259.0565	0.0039	10.5699	126.0422

10%复利系数表

周期 n	一次偿付		等额系列				递增(减)序列	
	复利系数	现值系数	现值系数	资本回收系数	复利系数	资金积累系数	等额递增(减)系数	递增(减)现值系数
	$(F/P, i, n)$	$(P/F, i, n)$	$(P/A, i, n)$	$(A/P, i, n)$	$(F/A, i, n)$	$(A/F, i, n)$	$(A/G, i, n)$	$(P/G, i, n)$
1	1.1000	0.9091	0.9091	1.1000	1.0000	1.0000	0.0000	0.0000
2	1.2100	0.8264	1.7355	0.5762	2.1000	0.4762	0.4762	0.8264
3	1.3310	0.7513	2.4869	0.4021	3.3100	0.3021	0.9366	2.3291
4	1.4641	0.6830	3.1699	0.3155	4.6410	0.2155	1.3812	4.3781
5	1.6105	0.6209	3.7908	0.2638	6.1051	0.1638	1.8101	6.8618
6	1.7716	0.5645	4.3553	0.2296	7.7156	0.1296	2.2236	9.6842
7	1.9487	0.5132	4.8684	0.2054	9.4872	0.1054	2.6216	12.7631
8	2.1436	0.4665	5.3349	0.1874	11.4359	0.0874	3.0045	16.0287
9	2.3579	0.4241	5.7590	0.1736	13.5795	0.0736	3.3724	19.4215
10	2.5937	0.3855	6.1446	0.1627	15.9374	0.0627	3.7255	22.8913
11	2.8531	0.3505	6.4951	0.1540	18.5312	0.0540	4.0641	26.3963
12	3.1384	0.3186	6.8137	0.1468	21.3843	0.0468	4.3884	29.9012
13	3.4523	0.2897	7.1034	0.1408	24.5227	0.0408	4.6988	33.3772
14	3.7975	0.2633	7.3667	0.1357	27.9750	0.0357	4.9955	36.8005
15	4.1772	0.2394	7.6061	0.1315	31.7725	0.0315	5.2789	40.1520
16	4.5950	0.2176	7.8237	0.1278	35.9497	0.0278	5.5493	43.4164
17	5.0545	0.1978	8.0216	0.1247	40.5447	0.0247	5.8071	46.5819
18	5.5599	0.1799	8.2014	0.1219	45.5992	0.0219	6.0526	49.6395
19	6.1159	0.1635	8.3649	0.1195	51.1591	0.0195	6.2861	52.5827
20	6.7275	0.1486	8.5136	0.1175	57.2750	0.0175	6.5081	55.4069
21	7.4002	0.1351	8.6487	0.1156	64.0025	0.0156	6.7189	58.1095
22	8.1403	0.1228	8.7715	0.1140	71.4027	0.0140	6.9189	60.6893
23	8.9543	0.1117	8.8832	0.1126	79.5430	0.0126	7.1085	63.1462
24	9.8497	0.1015	8.9847	0.1113	88.4973	0.0113	7.2881	65.4813
25	10.8347	0.0923	9.0770	0.1102	98.3471	0.0102	7.4580	67.6964
26	11.9182	0.0839	9.1609	0.1092	109.1818	0.0092	7.6186	69.7940
27	13.1100	0.0763	9.2372	0.1083	121.0999	0.0083	7.7704	71.7773
28	14.4210	0.0693	9.3066	0.1075	134.2099	0.0075	7.9137	73.6495
29	15.8631	0.0630	9.3696	0.1067	148.6309	0.0067	8.0489	75.4146
30	17.4494	0.0573	9.4269	0.1061	164.4940	0.0061	8.1762	77.0766
31	19.1943	0.0521	9.4790	0.1055	181.9434	0.0055	8.2962	78.6395
32	21.1138	0.0474	9.5264	0.1050	201.1378	0.0050	8.4091	80.1078
33	23.2252	0.0431	9.5694	0.1045	222.2515	0.0045	8.5152	81.4856
34	25.5477	0.0391	9.6086	0.1041	245.4767	0.0041	8.6149	82.7773
35	28.1024	0.0356	9.6442	0.1037	271.0244	0.0037	8.7086	83.9872
36	30.9127	0.0323	9.6765	0.1033	299.1268	0.0033	8.7965	85.1194
37	34.0039	0.0294	9.7059	0.1030	330.0395	0.0030	8.8789	86.1781
38	37.4043	0.0267	9.7327	0.1027	364.0434	0.0027	8.9562	87.1673
39	41.1448	0.0243	9.7570	0.1025	401.4478	0.0025	9.0285	88.0908
40	45.2593	0.0221	9.7791	0.1023	442.5926	0.0023	9.0962	88.9525

12%复利系数表

周期 n	一次偿付		等额系列				递增(减)序列	
	复利系数	现值系数	现值系数	资本回收系数	复利系数	资金积累系数	等额递增(减)系数	递增(减)现值系数
	$(F/P, i, n)$	$(P/F, i, n)$	$(P/A, i, n)$	$(A/P, i, n)$	$(F/A, i, n)$	$(A/F, i, n)$	$(A/G, i, n)$	$(P/G, i, n)$
1	1.1200	0.8929	0.8929	1.1200	1.0000	1.0000	0.0000	0.0000
2	1.2544	0.7972	1.6901	0.5917	2.1200	0.4717	0.4717	0.7972
3	1.4049	0.7118	2.4018	0.4163	3.3744	0.2963	0.9246	2.2208
4	1.5735	0.6355	3.0373	0.3292	4.7793	0.2092	1.3589	4.1273
5	1.7623	0.5674	3.6048	0.2774	6.3528	0.1574	1.7746	6.3970
6	1.9738	0.5066	4.1114	0.2432	8.1152	0.1232	2.1720	8.9302
7	2.2107	0.4523	4.5638	0.2191	10.0890	0.0991	2.5515	11.6443
8	2.4760	0.4039	4.9676	0.2013	12.2997	0.0813	2.9131	14.4714
9	2.7731	0.3606	5.3282	0.1877	14.7757	0.0677	3.2574	17.3563
10	3.1058	0.3220	5.6502	0.1770	17.5487	0.0570	3.5847	20.2541
11	3.4785	0.2875	5.9377	0.1684	20.6546	0.0484	3.8953	23.1288
12	3.8960	0.2567	6.1944	0.1614	24.1331	0.0414	4.1897	25.9523
13	4.3635	0.2292	6.4235	0.1557	28.0291	0.0357	4.4683	28.7024
14	4.8871	0.2046	6.6282	0.1509	32.3926	0.0309	4.7317	31.3624
15	5.4736	0.1827	6.8109	0.1468	37.2797	0.0268	4.9803	33.9202
16	6.1304	0.1631	6.9740	0.1434	42.7533	0.0234	5.2147	36.3670
17	6.8660	0.1456	7.1196	0.1405	48.8837	0.0205	5.4353	38.6973
18	7.6900	0.1300	7.2497	0.1379	55.7497	0.0179	5.6427	40.9080
19	8.6128	0.1161	7.3658	0.1358	63.4397	0.0158	5.8375	42.9979
20	9.6463	0.1037	7.4694	0.1339	72.0524	0.0139	6.0202	44.9676
21	10.8038	0.0926	7.5620	0.1322	81.6987	0.0122	6.1913	46.8188
22	12.1003	0.0826	7.6446	0.1308	92.5026	0.0108	6.3514	48.5543
23	13.5523	0.0738	7.7184	0.1296	104.6029	0.0096	6.5010	50.1776
24	15.1786	0.0659	7.7843	0.1285	118.1552	0.0085	6.6406	51.6929
25	17.0001	0.0588	7.8431	0.1275	133.3339	0.0075	6.7708	53.1046
26	19.0401	0.0525	7.8957	0.1267	150.3339	0.0067	6.8921	54.4177
27	21.3249	0.0469	7.9426	0.1259	169.3740	0.0059	7.0049	55.6369
28	23.8839	0.0419	7.9844	0.1252	190.6989	0.0052	7.1098	56.7674
29	26.7499	0.0374	8.0218	0.1247	214.5828	0.0047	7.2071	57.8141
30	29.9599	0.0334	8.0552	0.1241	241.3327	0.0041	7.2974	58.7821
31	33.5551	0.0298	8.0850	0.1237	271.2926	0.0037	7.3811	59.6761
32	37.5817	0.0266	8.1116	0.1233	304.8477	0.0033	7.4586	60.5010
33	42.0915	0.0238	8.1354	0.1229	342.4294	0.0029	7.5302	61.2612
34	47.1425	0.0212	8.1566	0.1226	384.5210	0.0026	7.5965	61.9612
35	52.7996	0.0189	8.1755	0.1223	431.6635	0.0023	7.6577	62.6052
36	59.1356	0.0169	8.1924	0.1221	484.4631	0.0021	7.7141	63.1970
37	66.2318	0.0151	8.2075	0.1218	543.5987	0.0018	7.7661	63.7406
38	74.1797	0.0135	8.2210	0.1216	609.8305	0.0016	7.8141	64.2394
39	83.0812	0.0120	8.2330	0.1215	684.0102	0.0015	7.8582	64.6967
40	93.0510	0.0107	8.2438	0.1213	767.0914	0.0013	7.8988	65.1159

15%复利系数表

周期 n	一次偿付		等额系列				递增(减)序列	
	复利系数	现值系数	现值系数	资本回收系数	复利系数	资金积累系数	等额递增(减)系数	递增(减)现值系数
	$(F/P, i, n)$	$(P/F, i, n)$	$(P/A, i, n)$	$(A/P, i, n)$	$(F/A, i, n)$	$(A/F, i, n)$	$(A/G, i, n)$	$(P/G, i, n)$
1	1.1500	0.8696	0.8696	1.1500	1.0000	1.0000	0.0000	0.0000
2	1.3225	0.7561	1.6257	0.6151	2.1500	0.4651	0.4651	0.7561
3	1.5209	0.6575	2.2832	0.4380	3.4725	0.2880	0.9071	2.0712
4	1.7490	0.5718	2.8550	0.3503	4.9934	0.2003	1.3263	3.7864
5	2.0114	0.4972	3.3522	0.2983	6.7424	0.1483	1.7228	5.7751
6	2.3131	0.4323	3.7845	0.2642	8.7537	0.1142	2.0972	7.9368
7	2.6600	0.3759	4.1604	0.2404	11.0668	0.0904	2.4498	10.1924
8	3.0590	0.3269	4.4873	0.2229	13.7268	0.0729	2.7813	12.4807
9	3.5179	0.2843	4.7716	0.2096	16.7858	0.0596	3.0922	14.7548
10	4.0456	0.2472	5.0188	0.1993	20.3037	0.0493	3.3832	16.9795
11	4.6524	0.2149	5.2337	0.1911	24.3493	0.0411	3.6549	19.1289
12	5.3503	0.1869	5.4206	0.1845	29.0017	0.0345	3.9082	21.1849
13	6.1528	0.1625	5.5831	0.1791	34.3519	0.0291	4.1438	23.1352
14	7.0757	0.1413	5.7245	0.1747	40.5047	0.0247	4.3624	24.9725
15	8.1371	0.1229	5.8474	0.1710	47.5804	0.0210	4.5650	26.6930
16	9.3576	0.1069	5.9542	0.1679	55.7175	0.0179	4.7522	28.2960
17	10.7613	0.0929	6.0472	0.1654	65.0751	0.0154	4.9251	29.7828
18	12.3755	0.0808	6.1280	0.1632	75.8364	0.0132	5.0843	31.1565
19	14.2318	0.0703	6.1982	0.1613	88.2118	0.0113	5.2307	32.4213
20	16.3665	0.0611	6.2593	0.1598	102.4436	0.0098	5.3651	33.5822
21	18.8215	0.0531	6.3125	0.1584	118.8101	0.0084	5.4883	34.6448
22	21.6447	0.0462	6.3587	0.1573	137.6316	0.0073	5.6010	35.6150
23	24.8915	0.0402	6.3988	0.1563	159.2764	0.0063	5.7040	36.4988
24	28.6252	0.0349	6.4338	0.1554	184.1678	0.0054	5.7979	37.3023
25	32.9190	0.0304	6.4641	0.1547	212.7930	0.0047	5.8834	38.0314
26	37.8568	0.0264	6.4906	0.1541	245.7120	0.0041	5.9612	38.6918
27	43.5353	0.0230	6.5135	0.1535	283.5688	0.0035	6.0319	39.2890
28	50.0656	0.0200	6.5335	0.1531	327.1041	0.0031	6.0960	39.8283
29	57.5755	0.0174	6.5509	0.1527	377.1697	0.0027	6.1541	40.3146
30	66.2118	0.0151	6.5660	0.1523	434.7451	0.0023	6.2066	40.7526
31	76.1435	0.0131	6.5791	0.1520	500.9569	0.0020	6.2541	41.1466
32	87.5651	0.0114	6.5905	0.1517	577.1005	0.0017	6.2970	41.5006
33	100.6998	0.0099	6.6005	0.1515	664.6655	0.0015	6.3357	41.8184
34	115.8048	0.0086	6.6091	0.1513	765.3654	0.0013	6.3705	42.1033
35	133.1755	0.0075	6.6166	0.1511	881.1702	0.0011	6.4019	42.3586
36	153.1519	0.0065	6.6231	0.1510	1014.3457	0.0010	6.4301	42.5872
37	176.1246	0.0057	6.6288	0.1509	1167.4975	0.0009	6.4554	42.7916
38	202.5433	0.0049	6.6338	0.1507	1343.6222	0.0007	6.4781	42.9743
39	232.9248	0.0043	6.6380	0.1506	1546.1655	0.0006	6.4985	43.1374
40	267.8635	0.0037	6.6418	0.1506	1779.0903	0.0006	6.5168	43.2830

20%复利系数表

周期 n	一次偿付		等额系列				递增(减)序列	
	复利系数	现值系数	现值系数	资本回收系数	复利系数	资金积累系数	等额递增(减)系数	递增(减)现值系数
	(F/P, i,n)	(P/F, i,n)	(P/A, i,n)	(A/P, i,n)	(F/A, i,n)	(A/F, i,n)	(A/G, i,n)	(P/G, i,n)
1	1.2000	0.8333	0.8333	1.2000	1.0000	1.0000	0.0000	0.0000
2	1.4400	0.6944	1.5278	0.6545	2.2000	0.4545	0.4545	0.6944
3	1.7280	0.5787	2.1065	0.4747	3.6400	0.2747	0.8791	1.8519
4	2.0736	0.4823	2.5887	0.3863	5.3680	0.1863	1.2742	3.2986
5	2.4883	0.4019	2.9906	0.3344	7.4416	0.1344	1.6405	4.9061
6	2.9860	0.3349	3.3255	0.3007	9.9299	0.1007	1.9788	6.5806
7	3.5832	0.2791	3.6046	0.2774	12.9159	0.0774	2.2902	8.2551
8	4.2998	0.2326	3.8372	0.2606	16.4991	0.0606	2.5756	9.8831
9	5.1598	0.1938	4.0310	0.2481	20.7989	0.0481	2.8364	11.4335
10	6.1917	0.1615	4.1925	0.2385	25.9587	0.0385	3.0739	12.8871
11	7.4301	0.1346	4.3271	0.2311	32.1504	0.0311	3.2893	14.2330
12	8.9161	0.1122	4.4392	0.2253	39.5805	0.0253	3.4841	15.4667
13	10.6993	0.0935	4.5327	0.2206	48.4966	0.0206	3.6597	16.5883
14	12.8392	0.0779	4.6106	0.2169	59.1959	0.0169	3.8175	17.6008
15	15.4070	0.0649	4.6755	0.2139	72.0351	0.0139	3.9588	18.5095
16	18.4884	0.0541	4.7296	0.2114	87.4421	0.0114	4.0851	19.3208
17	22.1861	0.0451	4.7746	0.2094	105.9306	0.0094	4.1976	20.0419
18	26.6233	0.0376	4.8122	0.2078	128.1167	0.0078	4.2975	20.6805
19	31.9480	0.0313	4.8435	0.2065	154.7400	0.0065	4.3861	21.2439
20	38.3376	0.0261	4.8696	0.2054	186.6880	0.0054	4.4643	21.7395
21	46.0051	0.0217	4.8913	0.2044	225.0256	0.0044	4.5334	22.1742
22	55.2061	0.0181	4.9094	0.2037	271.0307	0.0037	4.5941	22.5546
23	66.2474	0.0151	4.9245	0.2031	326.2369	0.0031	4.6475	22.8867
24	79.4968	0.0126	4.9371	0.2025	392.4842	0.0025	4.6943	23.1760
25	95.3962	0.0105	4.9476	0.2021	471.9811	0.0021	4.7352	23.4276
26	114.4755	0.0087	4.9563	0.2018	567.3773	0.0018	4.7709	23.6460
27	137.3706	0.0073	4.9636	0.2015	681.8528	0.0015	4.8020	23.8353
28	164.8447	0.0061	4.9697	0.2012	819.2233	0.0012	4.8291	23.9991
29	197.8136	0.0051	4.9747	0.2010	984.0680	0.0010	4.8527	24.1406
30	237.3763	0.0042	4.9789	0.2008	1181.8816	0.0008	4.8731	24.2628
31	284.8516	0.0035	4.9824	0.2007	1419.2579	0.0007	4.8908	24.3681
32	341.8219	0.0029	4.9854	0.2006	1704.1095	0.0006	4.9061	24.4588
33	410.1863	0.0024	4.9878	0.2005	2045.9314	0.0005	4.9194	24.5368
34	492.2235	0.0020	4.9898	0.2004	2456.1176	0.0004	4.9308	24.6038
35	590.6682	0.0017	4.9915	0.2003	2948.3411	0.0003	4.9406	24.6614
36	708.8019	0.0014	4.9929	0.2003	3539.0094	0.0003	4.9491	24.7108
37	850.5622	0.0012	4.9941	0.2002	4247.8112	0.0002	4.9564	24.7531
38	1020.6747	0.0010	4.9951	0.2002	5098.3735	0.0002	4.9627	24.7894
39	1224.8096	0.0008	4.9959	0.2002	6119.0482	0.0002	4.9681	24.8204
40	1469.7716	0.0007	4.9966	0.2001	7343.8578	0.0001	4.9728	24.8469

25%复利系数表

周期 n	一次偿付		等额系列				递增(减)序列	
	复利系数	现值系数	现值系数	资本回收系数	复利系数	资金积累系数	等额递增(减)系数	递增(减)现值系数
	$(F/P, i, n)$	$(P/F, i, n)$	$(P/A, i, n)$	$(A/P, i, n)$	$(F/A, i, n)$	$(A/F, i, n)$	$(A/G, i, n)$	$(P/G, i, n)$
1	1.2500	0.8000	0.8000	1.2500	1.0000	1.0000	0.0000	0.0000
2	1.5625	0.6400	1.4400	0.6944	2.2500	0.4444	0.4444	0.6400
3	1.9531	0.5120	1.9520	0.5123	3.8125	0.2623	0.8525	1.6640
4	2.4414	0.4096	2.3616	0.4234	5.7656	0.1734	1.2249	2.8928
5	3.0518	0.3277	2.6893	0.3718	8.2070	0.1218	1.5631	4.2035
6	3.8147	0.2621	2.9514	0.3388	11.2588	0.0888	1.8683	5.5142
7	4.7684	0.2097	3.1611	0.3163	15.0735	0.0663	2.1424	6.7725
8	5.9605	0.1678	3.3289	0.3004	19.8419	0.0504	2.3872	7.9469
9	7.4506	0.1342	3.4631	0.2888	25.8023	0.0388	2.6048	9.0207
10	9.3132	0.1074	3.5705	0.2801	33.2529	0.0301	2.7971	9.9870
11	11.6415	0.0859	3.6564	0.2735	42.5661	0.0235	2.9663	10.8460
12	14.5519	0.0687	3.7251	0.2684	54.2077	0.0184	3.1145	11.6020
13	18.1899	0.0550	3.7801	0.2645	68.7596	0.0145	3.2437	12.2617
14	22.7374	0.0440	3.8241	0.2615	86.9495	0.0115	3.3559	12.8334
15	28.4217	0.0352	3.8593	0.2591	109.6868	0.0091	3.4530	13.3260
16	35.5271	0.0281	3.8874	0.2572	138.1085	0.0072	3.5366	13.7482
17	44.4089	0.0225	3.9099	0.2558	173.6357	0.0058	3.6084	14.1085
18	55.5112	0.0180	3.9279	0.2546	218.0446	0.0046	3.6698	14.4147
19	69.3889	0.0144	3.9424	0.2537	273.5558	0.0037	3.7222	14.6741
20	86.7362	0.0115	3.9539	0.2529	342.9447	0.0029	3.7667	14.8932
21	108.4202	0.0092	3.9631	0.2523	429.6809	0.0023	3.8045	15.0777
22	135.5253	0.0074	3.9705	0.2519	538.1011	0.0019	3.8365	15.2326
23	169.4066	0.0059	3.9764	0.2515	673.6264	0.0015	3.8634	15.3625
24	211.7582	0.0047	3.9811	0.2512	843.0329	0.0012	3.8861	15.4711
25	264.6978	0.0038	3.9849	0.2509	1054.7912	0.0009	3.9052	15.5618
26	330.8722	0.0030	3.9879	0.2508	1319.4890	0.0008	3.9212	15.6373
27	413.5903	0.0024	3.9903	0.2506	1650.3612	0.0006	3.9346	15.7002
28	516.9879	0.0019	3.9923	0.2505	2063.9515	0.0005	3.9457	15.7524
29	646.2349	0.0015	3.9938	0.2504	2580.9394	0.0004	3.9551	15.7957
30	807.7936	0.0012	3.9950	0.2503	3227.1743	0.0003	3.9628	15.8316
31	1009.7420	0.0010	3.9960	0.2502	4034.9678	0.0002	3.9693	15.8614
32	1262.1774	0.0008	3.9968	0.2502	5044.7098	0.0002	3.9746	15.8859
33	1577.7218	0.0006	3.9975	0.2502	6306.8872	0.0002	3.9791	15.9062
34	1972.1523	0.0005	3.9980	0.2501	7884.6091	0.0001	3.9828	15.9229
35	2465.1903	0.0004	3.9984	0.2501	9856.7613	0.0001	3.9858	15.9367

30%复利系数表

周期 n	一次偿付		等额系列				递增(减)序列	
	复利系数	现值系数	现值系数	资本回收系数	复利系数	资金积累系数	等额递增(减)系数	递增(减)现值系数
	$(F/P, i,n)$	$(P/F, i,n)$	$(P/A, i,n)$	$(A/P, i,n)$	$(F/A, i,n)$	$(A/F, i,n)$	$(A/G, i,n)$	$(P/G, i,n)$
1	1.3000	0.7692	0.7692	1.3000	1.0000	1.0000	0.0000	0.0000
2	1.6900	0.5917	1.3609	0.7348	2.3000	0.4348	0.4348	0.5917
3	2.1970	0.4552	1.8161	0.5506	3.9900	0.2506	0.8271	1.5020
4	2.8561	0.3501	2.1662	0.4616	6.1870	0.1616	1.1783	2.5524
5	3.7129	0.2693	2.4356	0.4106	9.0431	0.1106	1.4903	3.6297
6	4.8268	0.2072	2.6427	0.3784	12.7560	0.0784	1.7654	4.6656
7	6.2749	0.1594	2.8021	0.3569	17.5828	0.0569	2.0063	5.6218
8	8.1573	0.1226	2.9247	0.3419	23.8577	0.0419	2.2156	6.4800
9	10.6045	0.0943	3.0190	0.3312	32.0150	0.0312	2.3963	7.2343
10	13.7858	0.0725	3.0915	0.3235	42.6195	0.0235	2.5512	7.8872
11	17.9216	0.0558	3.1473	0.3177	56.4053	0.0177	2.6833	8.4452
12	23.2981	0.0429	3.1903	0.3135	74.3270	0.0135	2.7952	8.9173
13	30.2875	0.0330	3.2233	0.3102	97.6250	0.0102	2.8895	9.3135
14	39.3738	0.0254	3.2487	0.3078	127.9125	0.0078	2.9685	9.6437
15	51.1859	0.0195	3.2682	0.3060	167.2863	0.0060	3.0344	9.9172
16	66.5417	0.0150	3.2832	0.3046	218.4722	0.0046	3.0892	10.1426
17	86.5042	0.0116	3.2948	0.3035	285.0139	0.0035	3.1345	10.3276
18	112.4554	0.0089	3.3037	0.3027	371.5180	0.0027	3.1718	10.4788
19	146.1920	0.0068	3.3105	0.3021	483.9734	0.0021	3.2025	10.6019
20	190.0496	0.0053	3.3158	0.3016	630.1655	0.0016	3.2275	10.7019
21	247.0645	0.0040	3.3198	0.3012	820.2151	0.0012	3.2480	10.7828
22	321.1839	0.0031	3.3230	0.3009	1067.2796	0.0009	3.2646	10.8482
23	417.5391	0.0024	3.3254	0.3007	1388.4635	0.0007	3.2781	10.9009
24	542.8008	0.0018	3.3272	0.3006	1806.0026	0.0006	3.2890	10.9433
25	705.6410	0.0014	3.3286	0.3004	2348.8033	0.0004	3.2979	10.9773
26	917.3333	0.0011	3.3297	0.3003	3054.4443	0.0003	3.3050	11.0045
27	1192.5333	0.0008	3.3305	0.3003	3971.7776	0.0003	3.3107	11.0263
28	1550.2933	0.0006	3.3312	0.3002	5164.3109	0.0002	3.3153	11.0437
29	2015.3813	0.0005	3.3317	0.3001	6714.6042	0.0001	3.3189	11.0576
30	2619.9956	0.0004	3.3321	0.3001	8729.9855	0.0001	3.3219	11.0687
31	3405.9943	0.0003	3.3324	0.3001	11 349.9811	0.0001	3.3242	11.0775
32	4427.7926	0.0002	3.3326	0.3001	14 755.9755	0.0001	3.3261	11.0845
33	5756.1304	0.0002	3.3328	0.3001	19 183.7681	0.0001	3.3276	11.0901
34	7482.9696	0.0001	3.3329	0.3000	24 939.8985	0.0000	3.3288	11.0945
35	9727.8604	0.0001	3.3330	0.3000	32 422.8681	0.0000	3.3297	11.0980

40%复利系数表

周期 n	一次偿付		等额系列				递增(减)序列	
	复利系数	现值系数	现值系数	资本回收系数	复利系数	资金积累系数	等额递增(减)系数	递增(减)现值系数
	$(F/P, i,n)$	$(P/F, i,n)$	$(P/A, i,n)$	$(A/P, i,n)$	$(F/A, i,n)$	$(A/F, i,n)$	$(A/G, i,n)$	$(P/G, i,n)$
1	1.4000	0.7143	0.7143	1.4000	1.0000	1.0000	0.0000	0.0000
2	1.9600	0.5102	1.2245	0.8167	2.4000	0.4167	0.4167	0.5102
3	2.7440	0.3644	1.5889	0.6294	4.3600	0.2294	0.7798	1.2391
4	3.8416	0.2603	1.8492	0.5408	7.1040	0.1408	1.0923	2.0200
5	5.3782	0.1859	2.0352	0.4914	10.9456	0.0914	1.3580	2.7637
6	7.5295	0.1328	2.1680	0.4613	16.3238	0.0613	1.5811	3.4278
7	10.5414	0.0949	2.2628	0.4419	23.8534	0.0419	1.7664	3.9970
8	14.7579	0.0678	2.3306	0.4291	34.3947	0.0291	1.9185	4.4713
9	20.6610	0.0484	2.3790	0.4203	49.1526	0.0203	2.0422	4.8585
10	28.9255	0.0346	2.4136	0.4143	69.8137	0.0143	2.1419	5.1696
11	40.4957	0.0247	2.4383	0.4101	98.7391	0.0101	2.2215	5.4166
12	56.6939	0.0176	2.4559	0.4072	139.2348	0.0072	2.2845	5.6106
13	79.3715	0.0126	2.4685	0.4051	195.9287	0.0051	2.3341	5.7618
14	111.1201	0.0090	2.4775	0.4036	275.3002	0.0036	2.3729	5.8788
15	155.5681	0.0064	2.4839	0.4026	386.4202	0.0026	2.4030	5.9688
16	217.7953	0.0046	2.4885	0.4018	541.9883	0.0018	2.4262	6.0376
17	304.9135	0.0033	2.4918	0.4013	759.7837	0.0013	2.4441	6.0901
18	426.8789	0.0023	2.4941	0.4009	1064.6971	0.0009	2.4577	6.1299
19	597.6304	0.0017	2.4958	0.4007	1491.5760	0.0007	2.4682	6.1601
20	836.6826	0.0012	2.4970	0.4005	2089.2064	0.0005	2.4761	6.1828
21	1171.3556	0.0009	2.4979	0.4003	2925.8889	0.0003	2.4821	6.1998
22	1639.8978	0.0006	2.4985	0.4002	4097.2445	0.0002	2.4866	6.2127
23	2295.8569	0.0004	2.4989	0.4002	5737.1423	0.0002	2.4900	6.2222
24	3214.1997	0.0003	2.4992	0.4001	8032.9993	0.0001	2.4925	6.2294
25	4499.8796	0.0002	2.4994	0.4001	11 247.1990	0.0001	2.4944	6.2347
26	6299.8314	0.0002	2.4996	0.4001	15 747.0785	0.0001	2.4959	6.2387
27	8819.7640	0.0001	2.4997	0.4000	22 046.9099	0.0000	2.4969	6.2416
28	12 347.6696	0.0001	2.4998	0.4000	30 866.6739	0.0000	2.4977	6.2438
29	17 286.7374	0.0001	2.4999	0.4000	43 214.3435	0.0000	2.4983	6.2454
30	24 201.4324	0.0000	2.4999	0.4000	60 501.0809	0.0000	2.4988	6.2466

50%复利系数表

周期 n	一次偿付		等额系列				递增(减)序列	
	复利系数	现值系数	现值系数	资本回收系数	复利系数	资金积累系数	等额递增(减)系数	递增(减)现值系数
	$(F/P, i,n)$	$(P/F, i,n)$	$(P/A, i,n)$	$(A/P, i,n)$	$(F/A, i,n)$	$(A/F, i,n)$	$(A/G, i,n)$	$(P/G, i,n)$
1	1.5000	0.6667	0.6667	1.5000	1.0000	1.0000	0.0000	0.0000
2	2.2500	0.4444	1.1111	0.9000	2.5000	0.4000	0.4000	0.4444
3	3.3750	0.2963	1.4074	0.7105	4.7500	0.2105	0.7368	1.0370
4	5.0625	0.1975	1.6049	0.6231	8.1250	0.1231	1.0154	1.6296
5	7.5938	0.1317	1.7366	0.5758	13.1875	0.0758	1.2417	2.1564
6	11.3906	0.0878	1.8244	0.5481	20.7813	0.0481	1.4226	2.5953
7	17.0859	0.0585	1.8829	0.5311	32.1719	0.0311	1.5648	2.9465
8	25.6289	0.0390	1.9220	0.5203	49.2578	0.0203	1.6752	3.2196
9	38.4434	0.0260	1.9480	0.5134	74.8867	0.0134	1.7596	3.4277
10	57.6650	0.0173	1.9653	0.5088	113.3301	0.0088	1.8235	3.5838
11	86.4976	0.0116	1.9769	0.5058	170.9951	0.0058	1.8713	3.6994
12	129.7463	0.0077	1.9846	0.5039	257.4927	0.0039	1.9068	3.7842
13	194.6195	0.0051	1.9897	0.5026	387.2390	0.0026	1.9329	3.8459
14	291.9293	0.0034	1.9931	0.5017	581.8585	0.0017	1.9519	3.8904
15	437.8939	0.0023	1.9954	0.5011	873.7878	0.0011	1.9657	3.9224
16	656.8408	0.0015	1.9970	0.5008	1311.6817	0.0008	1.9756	3.9452
17	985.2613	0.0010	1.9980	0.5005	1968.5225	0.0005	1.9827	3.9614
18	1477.8919	0.0007	1.9986	0.5003	2953.7838	0.0003	1.9878	3.9729
19	2216.8378	0.0005	1.9991	0.5002	4431.6756	0.0002	1.9914	3.9811
20	3325.2567	0.0003	1.9994	0.5002	6648.5135	0.0002	1.9940	3.9868
21	4987.8851	0.0002	1.9996	0.5001	9973.7702	0.0001	1.9958	3.9908
22	7481.8276	0.0001	1.9997	0.5001	14 961.6553	0.0001	1.9971	3.9936
23	11 222.7415	0.0001	1.9998	0.5000	22 443.4829	0.0000	1.9980	3.9955
24	16 834.1122	0.0001	1.9999	0.5000	33 666.2244	0.0000	1.9986	3.9969
25	25 251.1683	0.0000	1.9999	0.5000	50 500.3366	0.0000	1.9990	3.9979